# 지속가능한 북한개발협력

## -새로운 접근과 파트너십의 모색

SUSTAINABLE
DEVELOPMENT
GOALS

# 지속가능한 북한개발협력

## -새로운 접근과 파트너십의 모색

김석우
문경연
홍지영
엮음

인간사랑

차례

## 제3부 지속가능한 북한개발협력을 위한 모델리티

서문

# 북한 국제개발협력 논의를 위하여

김석우(서울시립대학교)

북한은 한국정부와 국민에게 희망과 위험을 동시에 주고 있다. 북한과 관련해 한편에는 남북 간의 평화, 공존, 협력, 발전, 통일에 대한 기대와 희망이 있다. 다른 한편에는 핵과 미사일, 군사적 도발과 경쟁, 이념과 체제 대립, 고립과 갈등, 문화적 거리감의 위험이 있다. 남북한이 갈라진 이후 지난 70여 년간 우리는 7·4남북공동성명, 남북한 UN(United Nations, 이하 UN) 동시 가입, 올림픽 동시 입장, 이산가족상봉, 금강산관광과 개성공단, 남북정상회담과 합의 등의 희망적인 일들을 겪었다. 반면에 한국전쟁, 구장공비 도발, 아웅산 묘소 폭파사건, 천안함 사건, 서해 교전, 핵실험과 미사일 발사 등의 갈등들도 겪었다. 지금도 우리는 여전히 희망과 위험이 공존하는 시대에 살고 있다.

남북 간 경제협력도 부침이 있었다. 1984년 남한 내 수해로 인한 피해 복구 당시에 북한이 쌀을 지원하면서 남북 간 상호지원이 시작되었다. 하지만 이후의 남북 간 경제지원은 한국이 일방적으로 북한에 지원을 하는 모습으로 이뤄졌다. 북한에 대한 쌀과 비료 지원, 보건 관련 인도적 지원, 다양한 분야에서의 개발협력지원, 국제사회와 연계한 지원 등이 지속되었다. 그러나 남북경제협력과 대북경제지원의 정책방향과 내용은 한국의 정권 교체에 따른 국내적 변화와 북한의 핵과 미사일 개발에 따른 대외적 변화, 그리고 미국을 중심으로 한 국제사회와 UN의 대북한 대응의 국제적 변화로 인해 크게 변했다.

이와 같이 한국이 북한에 대한 개발협력정책을 수립하는 데 있어서 영향을 주는 많은 요인들이 있다. 우선 북한의 핵·미사일 실험 및 개발과 관련된 UN을 중심으로 한 국제사회의 대북제재가 제약요인으로 작동하고 있다. 반면에 SDGs 이행과 관련하여 북한이 부분적으로 실행의지를 보이고 국제사회와 일부분 협력했던 경험은 기회요인으로 작동하고 있다. 여러 국제개발기구들과 NGO들이 북한에 대한 인도적 지원과 개발협력사업 수행을 위하여 노력하고 있다는 점도 긍정적 요인이라고 할 수 있다. 국제사회에서 국가, 국제기구, 국제비정부기구(Non Governmental Organizations, 이하 국제NGO) 등 다양한 행위자들이 북한개발협력에 관심을 가지고 있고, 또 실행 경험이 있다는 점 역시 긍정적 요인이라 할 것이다. 미국, 중국, 일본, 러시아 등 한반도 주변 4강 국가들과 일부 유럽 국가들 그리고 일부 아세안 국가들도 대북한 외교정책의 일환으로 경제적 지원과 대북개발협력사업을 수행한 경험이 있다.

남북관계도 중요한 요인이다. 한국의 정권변화와 북한의 대남한 정책 변화에 따라서 대북개발협력사업은 크게 영향을 받아왔다. 대북협력을 두고 정당, 지역, 세대 간 남남갈등이 있고, 이러한 갈등은 정치화 과정을 통하여 고착되고 증폭되었다. 특히 긴급구호와 인도적 지원이 아닌 중장기 개발협력사업들을 두고 갈등이 크다. 또한 다양한 정부기관들과 지방자치단체들, 그리고 국내 인도적 지원과 개발협력 관련 NGO들이 대북개발협력을 둘러싸고 경쟁하는 현상도 있다. 정책조율과 역할분담체제의

미비가 개발협력사업의 효과성을 저하하는 부정적 요인이 된다.

또 다른 요인은 북한의 태도와 정책이다. 주체사상과 자력갱생 이념을 고수해 온 북한이 개발협력사업에 대하여 취해온 소극적이고 때론 비협조적인 태도가 북한과의 개발협력사업을 어렵게 만든 측면도 있다. 북한 사회의 불투명성과 폐쇄성이 개발협력사업의 효과적 수행에 부정적 요인으로 작동하기도 한다. 또한 북한체제의 거버넌스 특성이 개발협력을 어렵게 하는 측면도 있다.

북한개발협력사업은 대부분 소규모로 분절적으로 이루어져 왔다. 북한 당국과의 협의과정이 어렵고, 실질적 사업 수행도 어렵기 때문에, 높은 위험성을 내포한 형태의 대규모 개발협력사업 수행이 이루어지지 않은 것이다. 따라서 경험의 축적도 제한적이었고, 정보와 평가도 제한적이었다. 국제개발협력사업의 표준화된 절차인 '수요조사 → 타당성 조사 → 개발협력사업 실행 → 평가와 피드백'의 방법이 북한과의 개발협력에서는 잘 지켜지지 않는 것이 현실이다.

어려운 현실에도 불구하고 한국이 좀 더 적극적으로 북한개발협력사업을 수행해야 하는 당위성도 있다. 첫째로, 한국과 북한 간 경제 및 사회적 발전수준격차의 확대라는 현실이 있다. 상대적으로 정체되고 낙후된 북한 경제사회를 발전시켜 북한주민의 삶을 향상시킬 수 있는 방안으로 북한개발협력사업을 수행하는 것이다. 둘째로, 이와 연관한 북한의 개발수요와 경제발전수요가 존재한다. 북한은 국제사회에 인도적 지원보다는 중장기적 개발협력사업 확대를 요구하였다. 경제를 발전시키기 위하여 해외투자를 유치하고, 경제특구를 설치하며, 시장을 확대하는 정책을 채택하였다. 따라서 북한의 이러한 요구와 결합해 북한개발협력사업을 수행할 수 있다. 셋째로, 한국은 경제협력개발기구(Economic Cooperation and Development, 이하 OECD 개발원조위원회(Development Assistance Committee, 이하 DAC) 가입 후 지속적으로 공적개발원조(Official Development Assistance, 이하 ODA) 규모를 확대해왔다. 2020년 기준 한국은 22억 5천만 달러 규모의 ODA를 공여하였고, 이는 OECD DAC 29개 국가 중 16위에 해당하는 규모이다. 한국의 상대적으로 짧은 공여 경험과 OECD DAC 회원국 자격을 고려할 때 결코 작은 규모가 아니다. 또한 한국은 지난 몇 년간 OECD DAC 회원국 중 가장 빠른 속도로 공여액수를 증가시켜왔다. 한국은 20여 개가 넘는 중점대상국을 선정하고 3차 국제개발협력 종합계획을 수립하여 2030년까지 ODA 규모를 2019년 3.2조 원의 두 배가 되도록 하는 목표를 설정하였다. 또한 포용적이고, 상생하며, 혁신적이고, 함께하는 ODA를 전략 목표로 설정하였다. 개발협력재원 규모 확대와 포용-상생이라는 전략목표의 설정에서 북한이 배제될 필요는 없다. 오히려 지리적으로 가장 인접한, 같은 민족이 살고 있는 상대적으로 낙후된 북한에 대한 개발협력사업을 확대해야 한다는 당위성이 존재한다.

현재 북한 비핵화 문제, UN 대북제재, 남북한 대화와 협력의 단절, 북한사회의 고립화, 코로나-19위기 등의 현실적 문제에 봉착하여 북한개발협력사업이 사실상 중단된 상태다. 그러나 상황은 언제든 바뀔 수 있다. 2000년 남북정상회담과 2018년 평창올림픽을 기점으로 남북한 관계 개선과 북미협상이 급진전되었던 상황이 언제든 또 발생할 가능성이 있다. 따라서 북한개발협력사업은 현재의 봉착상태에도 불구하고 논의하고 준비해야 할 필요가 있다.

북한개발협력사업의 한계, 정보와 데이터의 부족, 분절화된 국내외 북한개발협력체제 등으로 인하여 객관적이고 중립적인 학문적 연구 또한 부족한 것이 현실이다. 북한 국제개발협력 관련 기존의 연구들은 대부분 국제개발협력 관련 개념과 정책의 북한 적용 가능성, 기존 개발협력정책의 문제점 그리고 정책적 제안에 초점을 맞추고 있다. 사실관계를 설명하고, 인과관계성을 증명하고, 객관적 평가를 하는 등의 과학적 논문들은 많지 않다. 국내 연구들도 부족하지만 해외에서도 관련 연구가 거의 없다. 그만큼 북한 국제개발협력 사안은 아직까지 학문적으로 '저발전' 수준에 머물러 있는 것이다.

실제적, 학문적 한계에도 불구하고 기존의 연구들과 실제 북한개발협력사업에 대한 정보들을 취합하여 북한개발협력에서 적어도 무엇이 문제이고, 이를 개선하기 위하여 어떤 방향의 변화가 필요한 것인가에 대한 논의는 가능하다. 예를 들면, 다양한 행위자들 간의 효율적 파트너십 구축, 효과적 거버넌스 구축, 국내외 개발협력 행위자들 간의 정책 조율 필요성, 객관적 절차를 통한 표준화된 사업 수행, 평가 자료의 축적 필요성, 경험과 정보의 공유 필요성, 북한 개발수요와 경제발전수요와의 정합성 등 다양한 내용에 대한 논의와 제안을 할 수 있다. 물론 이러한 논의들이 과학적·학문적 발전으로 귀착되기까지는 시간이 필요하다. 지식, 논리, 증명 등을 위해서는 더 많은 정보와 자료가 필요하기 때문이다.

이 책은 실제적·학문적 필요성 때문에 발간하게 되었다. 이 책에 실린 대부분의 논문들은 이미 전문 학술지에 발표된 것들이다. 새롭지 않다는 의미이다. 하지만 실제적으로 남북 간, 그리고 북한과 국제사회 사이에 중단되어 있는 개발협력의 재개 가능성을 보면서 북한 국제개발협력 논의를 할 필요가 있다고 판단하였다. 학문적으로는 북한 국제개발협력과 직간접적으로 연관되어 있는 국내 여러 논문들을 단행본으로 출판하여 학문적 '저발전' 상태에 놓여있는 이 분야 연구를 활성화시키고 학문적 심화와 확대를 도모할 필요가 있다고 판단하였다. 위기의 시대에 희망을 던지기 위하여 이 책을 출판하려 한다.

이 책은 모두 9장으로 구성되어 있다. 북한 국제개발협력과 관련된 평화, SDGs, 인도적 지원, 개발협력, 거버넌스 등에 관한 다양한 개념, 이론과 정책들을 주요 내용으로 포함하고 있다. 또한 북한 국제개발협력의 다양한 방식인 남북협력, 삼각협력, 다자기구와 NGO의 역할, 북한과 아세안 관계, 북한 수원체계 등의 내용들도 포함하고 있다. 그리고 북한 국제개발협력의 주요 이슈인 기술협력, 에너지협력, 그리고 식량과 과학 분야에서의 협력 가능성 등에 관한 내용들도 포함하고 있다. 이 책에 포함된 각 장의 내용들을 간략히 소개하면 다음과 같다.

1장, '북한개발협력의 평화–개발 연계'에서 김태균은 북한에 대한 국제개발협력이 직면한 문제점이 북한당국의 비협조라는 북한 내 문제뿐만 아니라 원고공여기관들 간의 정책조율 미비라는 북한 외의 문제를 포함하는 '이중적 딜레마'의 성격을 띠고 있음을 강조한다. 또한 평화를 원조의 조건으로 삼는 평화조건을, 향후 지속가능한 대북국제개발협력을 수행함에 있어 하나의 중요한 조건으로 수립하여 추진해야 함을 주장하고 있다.

2장, '삼각협력을 통한 북한개발협력 접근 모색'에서 손혁상은 북한에 대한 국제개발협력의 기제로 삼각협력을 제시하고 있다. 남북한이 각각 처한 대내외적 문제들로 인하여 남북 간 직접개발협력 실행이 어려운 상태에서 삼각협력이 하나의 대안이 될 수 있다는 것을 강조하고 있다. 또한, 북한개발협력수요, 북한과의 경제외교관계, 주축국 경험, 제도적 조건 충족 등의 다양한 사안들을 고려하여 삼각협력에 참여가 가능한 주축국과 다자기구 선정의 중요성을 설명하고 있다.

3장, '거버넌스 이론의 한반도 통일 거버넌스에의 함의'에서 문경연, 허인혜와 김석우는 한반도 평화구축과 궁극적 통일에 기여할 수 있는 바람직한 거버넌스 체제의 형성을 설명하고 있다. 분권화 원칙 적용, 합의에 의한 제도 형성, 효율적 네트워크 형성을 기반으로 하는 다층적 한반도 통일 거버넌스 구축을 통하여 한반도에서 일어나고 있는 다양한 사안들을 효과적으로 관리할 수 있다고 주장한다. 국제개발협력 사안에 대한 직접적 설명을 하고 있지는 않지만, 이 연구는 남북 간 혹은 삼자협력과 다자협력을 통한 대북 국제개발협력을 위한 거버넌스 체제 구축 논의에 기여할 수 있다.

4장, '김정은 집권 이후 북한과 아세안(ASEAN) 국가 간 관계 변화 연구'에서 이진영과 손혁상은 북한과 아세안 국가들 간의 정치·외교·경제관계의 변화를 설명하고 있다. 북한 외교관계에 대한 분석에서 주요 대상이었던 미국, 중국, 러시아, 일본 등과의 외교관계를 벗어나서 향후 북한을 국제사회로 이끌기 위한 노력 과정에서 중요한 역할을 담당할 수 있는 아세안 국가들과의 관계 변화를 분석하고 있다. 이들은 기존 연구 리뷰, 통계 분석, 그리고 노동신문 내용 분석 등을 통하여 북한과 아세안 간의 관계 변화를 분석하고 있다. 국제개발협력 사안에 있어서의 관계 변화를 직접적으로 설명하고 있지는 않지만, 이 연구는 향후 한반도 정세 변화에 따라서 전개될 가능성이 있는 다양한 대북 국제개발협력 방식에서 중요한 역할을 담당할 수 있는 북한과 아세안 간의 일반적 관계 변화를 설명하여 미래 협력 가능성을 진단하고 있다.

5장, '대북 인도적 지원을 위한 정부–NGO 파트너십 관계 변천사'에서 김지영과 이지선은 대북 인도적 지원 사안에서 한국정부와 NGO 간의 관계 변천사를 설명하고 있다. 이들은 김영삼 정부 시기부터 박근혜 정부 시기까지의 한국정부와 NGO의 관계를 아딜 나잠(Adil Najam)의 4C(Cooperation, Confrontation, Complementarity, Co–optation)의 개념을 적용하여 특징짓고 김영삼 정부에서의 대립관계, 김대중 정부에서의 상호보완관계, 노무현 정부에서의 협력관계, 그리고 이명박, 박근혜 정부에서의 대립관계까지 대북 인도적 지원 사안에서의 정부와 NGO 간의 관계성 변화를 추적하고 있다.

6장, '북한의 국제원조 수원거버넌스 변화 연구'에서 홍지영과 문경연은 북한 수원거버넌스의 형성과 변화 과정을 설명하고 있다. 1995년부터 2003년까지 대북 인도적 지원이 주를 이루던 시기의 단일적 거버넌스가 2004년 이후 북한이 개발협력으로의 전환을 요구하면서 분절적 형태의 거버넌스 체제로 변화한 과정과 원인들을 분석하고 있다. 이들은 북한이 다양한 정치·경제적 이유로 분절적 수원거버넌스를 유지할 경우, 향후 대북개발협력사업의 효과성을 제고하기 위한 대안으로서 공여기관들 간의 조정 메커니즘 강화를 제시하고 있다.

7장, '북한 대상 기술협력의 특징과 협력 방안'에서 최창용과 문경연은 대북 기술협력정책의 변화를 주장하고 있다. 이들은 1995년부터 2019년까지 수행한 대북 역량강화와 기술협력 사업을 실증적으로 분석하여 다양한 문제들을 발견하였다. 이 사업들의 문제점들은 정치적 환경 변화에 따른 불안정성, 사업 지속성과 일관성의 부재, 사업 간 연계성과 조정의 취약성, 사업 공급 주체 간 조정–협업 기제 부족 등을 포함한다. 향후 대북국제개발협력사업에서 이러한 문제들을 해결하기 위하여 거버넌스 개선과 효과성 제고를 위한 협력과 공유의 필요성을 강조하고 있다.

8장, 'LRRD 접근을 통한 남북 신재생에너지 협력'에서 우창빈은 북한의 에너지문제 해결을 위한 대북국제개발협력에 초점을 맞추고 있다. 인권 개선, 대북지원 효과성 제고와 역량 발전, 통일 이후 발전 격차 축소 등에서 중요한 북한의 에너지문제 해결을 위하여 단기적 구호와 중장기적 개발협력을 연계하는 LRRD(Linking Relief, Rehabilitation and Development) 개념을 적용하는 방안을 제시하고 있다. 이를 통하여 북한의 단기적 에너지 접근성을 개선하고, 중장기적으로 에너지 자급능력을 확대하고 역량발전을 도모할 수 있는 다양한 국내외적 전략을 제시하고 있다.

9장, '북한개발협력을 위한 취약국 지원 접근에 대한 비판적 검토'에서 손혁상과 김선주는 북한을 취약국으로 간주하여 기존의 취약국 대상 개발협력정책의 일반적 방식을 대북협력정책에도 적용하는 전략의 문제점을 지적하고 있다. 이들은 기존의 취약성 평가결과를 재검토할 필요성을 제기하며, 대안전략으로서 북한의 개발수요와 개발우선순위를 바탕으로 대북국제개발협력정책을 접근할 필요성을 제기하고 있다. 즉, 북한 내부의 개발전략과 국제사회와 북한당국이 합의한 전략프레임의 공통분모를 기반으로 식량, 데이터, 과학기술 등의 분야에 집중하는 북한개발협력 정책의 수립을 제안하고 있다.

# 제1부
# 유엔 SDGs 시대 북한개발협력에 대한 접근법 고찰

# 제1장
# 북한개발협력의 평화-개발 연계: 평화조건과 대북원조의 이중적 딜레마*

김태균(서울대학교 국제대학원)

## I. 들어가며

2018년 2월 평창 동계올림픽을 필두로 4월 남북한 판문점 선언과 9월 평양공동선언, 그리고 동년 6월 싱가포르 북미정상회담 성사까지 2018년 한 해는 한반도 평화체제 구축에 대한 희망의 메시지가 다시 만개하기 시작했던 시기였다. 그러나 2019년 2월 베트남 하노이에서 개최된 제2차 북미정상회담에서 미국과 북한은 뚜렷한 성과 없이 차후 협상의 여지만

* 이 장은 2018년 대한민국 교육부와 한국연구재단의 지원을 받아 수행된 연구(NRF-2018S1A3A2075117)로 2019년 『국제개발협력연구』 제11권 3호에 게재된 "국제개발 조건으로서의 '평화': 대북원조의 이중적 딜레마와 북한개발협력의 평화-개발 연계"를 토대로 작성되었다. 논문이 책으로 나올 수 있도록 허락해준 국제개발협력연구 편집위원회에 감사드린다.

남긴 채 회담을 종료하게 되었고 이는 한반도 평화체제에 대한 회의적 시각이 재부상하는 데 일조하였다. 한반도를 둘러싸고 급박하게 돌아가는 비핵화 문제, 그리고 이와 맞물린 대북제재 완화 논의는 필연적으로 한반도 평화프로세스의 상수로 작동할 것이다. 즉, 대북제재가 지속되는 동안에는 제한적인 인도적 원조만이 북한에 적용할 수 있는 유일한 원조방식인 반면, 북미 간 대화가 다시 본 궤도에 오르고 평화협정(Peace Accords)과 유사한 정치적 선언이 공식화되는 상황에서는 남북 간의 협력이 본격화될 수 있는 중장기적인 북한개발협력 방안이 추진되어야 한다. 따라서 이제는 평화협정 또는 종전선언과 같은 정치적 선언 이후의 한반도 평화체제 구축을 위한 전략적 로드맵을 준비하는 전략이 필요하다. 본 연구는 북미 간에 평화협정 또는 이와 유사한 종전선언이 일정 정도 합의되었을 때 한반도에서 발생할 수 있는 북한개발협력환경(북한과 다수의 원조기관 사이에 조성되는 관계성)이 매우 혼란스러울 것으로 상정하고 이에 대하여 한국이 대비할 수 있는 전략적 접근을 모색하고자 한다.

지금까지 국제사회가 특정 국가의 갈등 또는 내전이 종료된 후 재건을 위하여 개입했던 방식을 분석해 보면 공통적으로 다음과 같은 세 단계의 평화프로세스가 제도화될 수 있다.[1] 첫째, 국가의 내전 및 심각한 물리적

1 Stephen John Stedman, "Introduction," in Stephen John Stedman, Donald Rothchild and Elizabeth M. Cousens (eds.), *Ending Civil Wars: The Implementation of Peace Agreements* (Boulder: Lynne Rienner, 2002), pp. 1-42; James K. Boyce, "Aid Conditionality as a Tool for Peacebuilding: Opportunities and Constraints," *Development and Change* 33-5 (2002), pp. 1025-1048; Georg Frerks, *The Use of Peace Conditionalities in Conflict and Post-conflict Settings: A Conceptual Framework and a Checklist* (Hague: Netherlands Institute of International Relations, Clingendael, 2006); David Cortright, *Peace: A History of Movements and Ideas* (Cambridge: Cambridge University Press, 2008); Houston Wood, *Invitation to Peace Studies* (New York: Oxford University Press, 2016).

갈등을 종결하기 위한 공식적인 평화협정을 분쟁당사자들의 합의로 공식화한다. 평화협정을 선포하게 되면 그 이후 경제개발 및 사회 안정을 위하여 투입되는 원조가 평화협정의 목적과 내용에 부합하도록 평화프로세스를 조율할 수 있는 정치적 정당성을 부여한다. 둘째, 평화협정으로 평화프로세스를 효과적으로 통제 및 관리할 수 있도록 이른바 '평화조건(Peace Conditionality)'이 다양한 원조 공여기관에게 적용된다. 무질서하게 투입되는 개발원조에 평화를 조건으로 부과함으로써 원조기관 간의 정책 및 프로젝트 조율이 가능해진다. 이는 개발원조의 투입방식을 단기적인 인도주의 원조에서 개발협력의 중장기 방식으로 변환할 수 있도록 잠정적인 시간을 제공하는 전환기의 역할을 수행한다. 셋째, 이러한 인도적 원조에서 개발협력으로의 전환기를 거쳐 원조 협력대상국(수원국) 정부가 스스로 국정을 관리하고 사회경제발전을 주도하는 자립단계로 진입하게 된다. 평화프로세스의 3단계 방안은 주로 UN이 주도적으로 분쟁국가 내지 취약국가에 적용해 왔던 사후갈등관리정책이기 때문에 한반도에서도 평화협정과 유사한 정치적 조치가 이루어지면 UN을 통한 평화조건 중심의 대북원조가 대대적으로 추진될 가능성이 높다고 예상할 수 있다.[2]

따라서 평화협정과 이에 뒤따르는 평화조건에 기반을 둔 '평화와 개발의 연계(Peace- Development Nexus)'는 남북한과 한반도 주변이 대북제재에서 평화공존으로의 새로운 귀착점, 즉 '뉴 노멀(New Normal)'로 전환하는 과정을 의미한다. 다시 말해, 한반도의 현 상황이, 평화협정 체결의 실패와 북미관계의 교착상태가 지속되더라도 평화조건과 평화협정 이후 단

2 Dam Smith, *Towards a Strategic Framework for Peacebuilding: Getting Their Act Together: Overview Report of the Joint Utstein Study of Peacebuilding* (Oslo: Royal Norwegian Ministry of Foreign Affairs, 2004).

계에 대한 개발협력 거버넌스의 청사진을 UN과 한반도 평화프로세스의 주요 당사국이 공동으로 준비해야 한다는 갈등예방(Conflict Prevention) 전략을 뜻한다. 특히, '뉴 노멀'로의 전환에 필요한 평화조건의 역할, 대북제재 하에서도 북한에 지원이 가능한 단기적인 원조방식, 그리고 인도적 지원에서 장기적인 개발협력으로의 이행과정에 관한 분석 등이 평화–개발 연계 프레임을 북한의 맥락에 적용하는 데 수반되어야 하는 필수 연구영역이다.

평화조건과 평화–개발 연계프레임을 적극적으로 한반도 평화프로세스에 대입함으로써, 본 연구는 크게 세 가지 이슈를 연구의 중점영역으로 분석하고자 한다. 첫째, 현재 대북제재 상황에서 북한에 지원할 수 있는 인도주의적 원조를 개발협력으로 이관하기 전에 지금까지 나타난 대북 인도적 지원 내부의 이중적 딜레마를 분석한다. 대북원조에서 나타나는 딜레마에 관해 기존 연구는 북한정부의 비협조적 태도와 인도적 원조의 다른 용도로 전횡, 그리고 공여기관의 모니터링의 제한적인 허용 등을 강조하고 있어 대북원조의 딜레마는 기본적으로 북한이라는 수원주체에서 발생한다고 중론을 모으고 있다. 본 연구는 북한 내부의 딜레마뿐만 아니라 공여기관 간의 내부에서도 정책조율의 미비라는 딜레마가 새롭게 발견된다는 주장을 북한 외부에서 발생하는 딜레마로 해석하여 이른바 '이중적 딜레마'로 이슈화한다. 둘째, 단기적인 인도주의적 원조에서 중장기적인 개발협력으로 전환의 필요성과 이러한 전환이 제재 국면에서 가능한 시나리오인가, 그리고 북한과 대북원조 공여기관이 개발협력으로의 전환을 지지할 것인가에 대한 분석을 시도한다. 마지막으로, 대북원조의 이중적 딜레마와 개발협력으로의 전환을 모두 포괄할 수 있는 전략적 대응방안으로 한반도 평화프로세스와 북한개발협력의 지속가능성에 입각한 평화–개발 연계 전략과 평화조건의 적극적 활용에 관한 분석을 시도한다.

## Ⅱ. 대북원조의 이중적 딜레마

평화-개발 연계를 한반도에 본격적으로 추진하기 위해서는 지금까지 대북원조의 역사와 경험이 보여주는 딜레마를 우선적으로 분석하고 이에 적절한 해결책을 도출하는 과정이 필요하다. 1995년 북한에서 대기근이 발생하고 북한정부가 역사상 최초로 국제사회에 식량원조를 요청한 이후 지금까지 북한에 지원된 인도주의적 원조는 최근 강화된 대북제재와 맞물려 제한된 방식의 원조가 허용되기까지 인도주의적 수준에서 진화해 왔다고 평가할 수 있다.[3] 대북지원에서 항상 거론되었던 인도주의적 원조의 딜레마를 재검토하고 전통적인 딜레마와 달리 대북원조의 공여기관 내부에서 발생하는 새로운 딜레마에 대한 분석을 시도한다. 특히, 대북원조의 이중적 딜레마를 대북제재와 대북원조 간의 상관관계 측면에서 다층적인 공여기관 간의 소통과 조율의 중요성을 강조한다.

### 전통적 대북원조의 딜레마

일단 1995년 북한정부의 식량원조를 위한 긴급요청 이후 1996년부터 이어진 대북식량원조의 추이를 정리하고 거의 20년 이상 진행되어 온 대북 인도주의적 원조에서 발생한 딜레마에 대한 재검토가 필요하다. 지금까지 대북원조에 관한 기존 연구에서 강조해 온 딜레마를 '전통적 딜레마'라고 명명할 수 있다면, 전통적 딜레마는 근원적으로 외부에서 제공되는 식량원조를 받는 수원주체인 북한정부의 문제에서 시작된다. 많은 연구가 북한 기근 현황의 근본적인 원인이 북한정권의 실정에서 발생된다

3 Kim Dong Jin, "Aid to the Enemy: Linking Development and Peacebuilding on the Korean Peninsula," *The Pacific Review* 29-4 (2016), pp. 473-498.

고 분석하고 있으며, 선군정치 등 군비확충에 필요한 재원확보 및 인도주의적 원조의 전횡으로 이러한 대북원조의 전통적 딜레마가 발생한다고 평가하고 있다.[4]

〈그림 1〉 북한 식량공급 구성(1996-2008)[5]

(단위: 1,000 Mt)

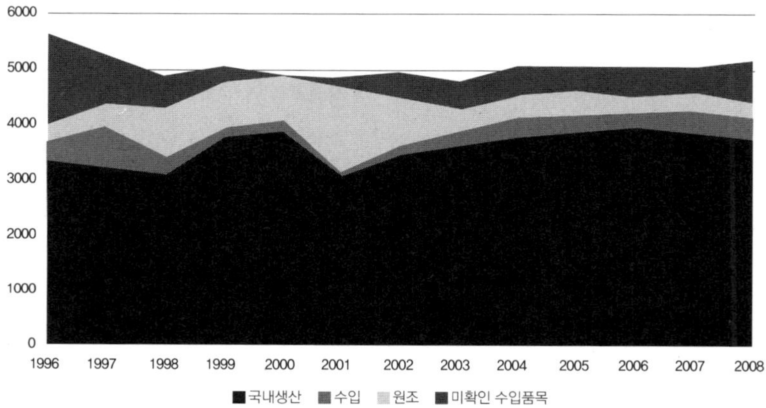


〈그림 1〉을 통해 1995년 북한에서 대기근이 발생한 이후 북한 식량수급의 주요 원천 중 하나가 외부에서 수혈되는 대북식량원조라는 사실과 2001년까지 이러한 대북원조가 계속 확대되었다는 사실을 알 수 있다.

---

4 Nicholas Eberstadt, *The End of North Korea* (Washington, D.C.: American Enterprise Institute, 1999); Stephan Haggard and Marcus Noland, *Hard Target: Sanctions, Inducements, and the Case of North Korea* (Stanford: Stanford University Press, 2017); Andrew S. Natsios, *The Great North Korean Famine: Famine, Politics, and Foreign Policy* (Washington, D.C.: United States Institute of Peace, 2001); Hazel Smith, *Hungry for Peace: International Security, Humanitarian Assistance, and Social Change in North Korea* (Washington, D.C.: United States Institute of Peace, 2005).

5 Stephan Haggard and Marcus Noland, "Famine in North Korea Redux?" *Journal of Asian Economics* 20-4 (2009), pp. 384-395.

1995년 북한에서 발생한 대홍수 이후에 동년 8월에 북한 UN대표부가 공식적으로 UN기구에 식량원조를 비롯한 긴급구호 요청을 했으며, 이 요청에 UN인도지원국(United Nations Department of Humanitarian Affairs, UNDHA)이 긴급하게 대응하면서 대북 인도주의적 원조가 시작되었다. 초기 단계부터 대북원조에 적극적인 반응을 보인 공여기관은 세계식량계획(World Food Programme, WFP), UN아동기금(United Nations Children's Fund, UNICEF, 이하 유니세프), UN개발계획(United Nations Development Programme, UNDP), 식량농업기구(Food and Agriculture Organization of the United Nations, FAO), 세계보건기구(World Health Organization, WHO) 등의 UN 산하기구들과, 국제적십자연맹(International Federation of Red Cross and Red Crescent Societies, IFRC)과 가톨릭구호단체인 까리따스(Caritas Internationalis) 등의 국제NGO로 대표되며, WFP은 1995년 11월, 유니세프는 1996년 1월, WHO는 1997년 후반에 북한에 현지사무소를 설치하고 상주 활동을 시작하였다. UN 산하기구와 국제NGO는 1998년 대북긴급구호의 인도적 사업을 충실히 이행하고 효과성을 증대하기 위하여 9가지의 인도주의 원칙(Humanitarian Principle)을 수립하고 공유하여 왔다(〈표 1〉 참조).

**〈표 1〉 대북 인도적 지원을 위한 인도주의 원칙**[7]

| |
|---|
| 1. 예측된 필요에 따라 현지의 전반적인 인도적 위기상황에 관한 지식·정보 보유하기<br>2. 인도적 지원이 가장 필요한 분야에 전달되도록 보장하기<br>3. 평가·모니터링을 위한 현장 접근 및 이에 관한 정보접근 보장하기<br>4. 접근이 허용되는 지역에 한해 인도적 지원이 배분되며, 접근이 거부되는 특정 지역에서는 모니터링과 평가가 수반되지 않을 경우 인도적 지원이 시행되지 않는다는 원칙에 동의하는 기관에만 지원 배분하기<br>5. 지역 주민의 인도적 이해관계 보호하기 |

6. 지역 역량강화 지원하기
7. 프로그램 기획과 이행에 수혜자 참여하기
8. 국제 원조기구 요원의 적절한 역량 지원하기
9. 국제인도적 기구의 건강과 안전 요건(특히, 긴급상황 시 필요한 인도적 지원 요원의 의료시설 요건) 충족하기

그러나 대북 인도적 지원의 실효성을 분석하기 위해 국제적으로 통용되었던 투명성(Transparency), 책무성(Accountability), 접근성(Accessibility) 등 인도주의의 기본원칙 및 목표가 대북원조사업에 준수되었는가를 평가하는 것은 매우 어려운 작업이다.[7] 특히 WFP는 북한당국에게 식량지원사업에 관하여 전국적인 접근성을 보장하고, 사전 통보 없이 방문할 수 있으며, 면담 대상자의 임의적 선택이 가능하게 해달라는 조건을 견지했지만, 북한정부는 이에 대한 허용방침을 일관성 없이 추진하였고 이러한 북한정부의 통제로 인하여 WFP는 다른 국가에서 적용하는 표준치에 미치지 못하는 실적을 보이게 되었다. 북한정부의 불투명한 인도적 원조 대응으로 인해 미국을 위시한 UN회원국의 WFP에 대한 식량원조 지원이 급감함에 따라 2010년 7월부터 대북식량지원이 중단될 위기가 도래하기도 하였다.[8] 1996년부터 시작된 국제사회의 대북 인도적 지원은 1998년 9월 국경없는 의사회(Médecins Sans Frontières, MSF)의 활동중단 선언과 철수로 인하여 초반부터 대북원조기관과 북한정부와의 불협화음 및 위기

---

6 Jike Yang, "Conference Proceedings of May 35, 1999 International NGO Conference on Humanitarian Assistance to the DPR Korea: Past, Present and Future" https://reliefweb.int/sites/reliefweb.int/files/resources/dprkconf.pdf (검색일: 2021.5.5.).

7 이금순, 『대북 인도적 지원의 영향력 분석』(서울: 통일연구원, 2003).

8 윤원섭, "WFP 대북 식량지원 7월부터 중단 위기," https://www.mk.co.kr/news/politics/view/2010/03/112480/ (검색일: 2021.2.3.).

상황에 노출되었다. 〈표 2〉에서 확인할 수 있듯이, 국경없는 의사회의 철수 이후에도 1999년 옥스팜(Oxfam), 2000년 기아대책행동(Action Against Hunger, ACF), 2006년 칠드런즈에이드디렉트(Children's Aid Direct, CAD) 등의 국제NGO가 북한정부의 간섭과 통제로 인하여 구호활동을 중단하고 철수하는 사례가 빈번하게 나타났다.[9] 또한 북한정부가 국제NGO의 구호프로그램에 대한 집행과 검증, 접근 등을 제약하고 규제한다는 차원에서 지나치게 개입한 끝에 심지어는 2015년 독일의 세계기아원조(Welt-hungerhilfe)와 미국의 위트미션(Wheat Mission) 구호활동가가 추방되는 일까지 벌어졌다.

〈표 2〉 국제원조기관의 대북 긴급구호지원의 중단과 철수 기록[10]

| 일시 | 추방기관 |
|---|---|
| 1998년 9월 | MSF 대북지원 중단 및 철수 |
| 1999년 12월 | 옥스팜 대북지원 중단 및 철수 |
| 2000년 2월 | ACF 대북지원 중단 및 철수 |
| 2002년 6월 | CAD 대북지원 중단 및 철수 |
| 2015년 2월 | 평양에서 세계기아원조 대표와 위트미션 대표 강제추방 |
| 2016년 9월 | WFP의 2017년 대북 인도적 지원 프로젝트의 잠정 중단 |

북한 대기근 이후 북한정부와 다양한 식량긴급구호활동을 벌이는 공여기관 간의 구호사업에 대한 평가 및 모니터링(Evaluation & Monitoring)

9 MSF, ACF, 세계의 의사회(Médecins du Monde, MDM), 헬프 에이지 인터내셔널(Help Age International), 옥스팜 등의 국제 구호단체가 북한에서의 식량구호활동을 접고 북한을 떠나는 이유는 다양했지만, 구호사업에 대한 적절한 평가와 모니터링에 대한 제한 등 북한당국의 구호활동에 대한 통제가 공통적인 이유로 거론되었다.

10 저자 작성.

을 둘러싼 갈등과 긴장관계는 인도적 원조의 안보화(Securitization) 현상으로 이어지게 되며, 결국은 북한에서 계속해서 발생하는 기근과 기아사태에 적극적으로 개입하고자 하는 국제NGO 및 UN기구들이 그 추동력이 상실하게 되고 적극적인 개입에서 유보적인 자세를 취하거나 구호활동을 중단하는 전형적인 딜레마에 빠지게 되는 것이다. 이러한 전통적 딜레마에 더해 2010대 중반부터 다시 심각한 교착상태로 빠지게 된 북한의 핵개발과 국제사회의 대북제재 강화에 따라 대북원조는 더욱 어려운 상황으로 귀착되고 대북제재 하에서 인도적 지원을 추진하는 공여기관 사이에서 또 다른 딜레마 현상이 발생하게 된다.

### 대북제재와 개발협력으로의 전환

북한의 핵개발과 국제안보에 심각한 도전에 따라 2016년부터 국제사회는 UN안전보장이사회(United Nations Security Council, 이하 UN안보리) 중심의 다자제제와 미국과 한국 중심의 양자제재를 통해 대북제재를 다층적으로 강화하고, 이에 따라 북한에 제공할 수 있는 원조방식에 조직적인 제한을 가하게 된다. 다자 및 양자제재를 받게 되는 북한은 과거에는 상대적으로 국제사회와 협상에서 운신의 폭이 있었던 것과 달리 지금은 가장 강력한 대북제재 하에서 조직적 통제의 표적이 되어 대단히 제한된 방식의 인도적 지원만을 제공받을 수 있게 되었다. 대북제제가 지속된다는 가정 하에 동원이 가능한 대북원조 방식은 인도적 원조가 유일하며, 인도적 원조에서도 북한주민의 기본적인 생활에 필수적으로 필요한 생필품 이외의 인도적 차원에서 사용될 기자재 또는 의류 등은 다른 제재조치에 따른 제한사항에 해당하기 때문에 현재 상태에서 북한에 지원이 불가능하다. 다만 이런 가운데, 2018년 8월 6일 UN안보리의 1718호(2006년) 제재위원회가 예외적으로 북한에 대한 인도적 지원을 목적으로 일부 제재 면제를 승인한 사실과[12] 2019년 2월 6일 UN안보리 대북제재위원회(DPRK Sanctions Committee)가 스위스개발협력청(Swiss Agency for Development and Cooperation, SDC) 산하 '스위스인도주의지원국(Swiss Humanitarian Aid, SHA)'과 월드비전 인터내셔널(World Vision International, 이하 월드비전)의 인도주의 지원에 대한 제재 면제요청을 승인해준 사실[13]에서 대북제재 상황에서도 일부 인도적 지원에 대한 요청은 UN안보리 대북제재위원회를 통과하면 어느 정도 허용이 가능하다는 것을 확인할 수 있다.

그러나 역설적으로 대북제재가 더욱 공고해질수록 인도적 지원보다 개발협력으로 원조방식이 전환되는 것이 필요하다는 주장이 강해지고 있다. 사실, 북한정부는 2000년대 중반부터 대북 인도적 지원을 하는 국제 NGO 및 UN기구들에게 인도적 원조보다 중장기적으로 북한 경제와 사회를 개발할 수 있는 개발협력 프로젝트에 대한 요구를 공공연하게 해왔

11 United Nations, "Security Council Committee Established Pursuant to Resolution 1718 (2006)," https://www.un.org/securitycouncil/sites/www.un.org.securitycouncil/files/1718_implementation_assistance_notice_7.pdf (검색일: 2021.1.28.).

12 2019년 2월 6일에 제재 면제를 받은 스위스인도주의지원국과 월드비전의 인도적 지원 프로젝트는 각각 스위스인도주의지원국이 황해남·북도에 '식수공급용 태양열 펌프'와 '홍수방지를 위한 돌망태' 프로젝트를, 월드비전이 '식수와 위생, 보건' 프로그램을 신청했고, 이에 대한 대북제재위원회의 심의가 진행된 후 최종적으로 2019년 7월 30일까지 6개월간의 면제기간이 허용되어 대단히 제한적인 제재 면제 절차라고 평가할 수 있다. 스위스 스위스인도주의지원국과 월드비전 이전에도 유니세프, 조선의 그리스도인 벗들(CFK), 유진벨 재단 등이 제한적으로 대북제재위원회의 승인을 받았으며, 그 이후에도 WHO, 아일랜드의 국제구호조직인 컨선월드와이드(Concern Worldwide), 독일의 세계기아원조가 제출한 북한으로 물품 반입 계획이 예외적으로 대북제재위원회의 승인을 받게 되었다. 자세한 사항은 아래 참고.

https://www.un.org/securitycouncil/sanctions/1718/exemptions-measures/humanitarian-exemption-requests

다.[13] 무엇보다 인도주의적 원조만으로는 실제로 북한이 빈곤에서 벗어나기 위한 경제개발 등 중장기적인 발전계획을 수립하고 이행하는 데 큰 도움이 되지 않는다는 주장이 있다.[14] 단기적인 인도적 지원에서 중장기적인 개발협력으로의 전환을 강조하는 것은 사실상 북한정부뿐만 아니라, 대북원조를 시행하는 대부분의 공여기관들도 동의하는 앞으로의 원조 방안이라 할 수 있다.[15] 북한정부, UN기구, 국제NGO, 한국의 대북지원단체가 공히 장기적 개발협력으로의 전환을 선호하고 있다는 균형점을 대북제재가 강화되고 있는 시점에서 더욱 확실하게 확인할 수 있는 것이다. 당연히 북한개발협력은 전적으로 대북제재와 연계된다는 한계점이 항상 상수로 작동되고 있는 조건부 프레임 안에서 통제받고 있으며, 북한정부의 비핵화 노력과 미국과의 정치적 협상에 따라 북한에 투입할 수 있는

---

13 2017년 10월 중국에서 UN아시아태평양경제사회위원회(UNESCAP) 개최한 UN의 SDGs(SDGs) 관련 아시아지역회의에 북한대표가 참석하였고, 이 회의에서 북한정부가 발표한 자료에 따르면 북한은 SDGs를 주로 북한경제가 장기적으로 발전할 수 있는 경제개발계획에 입각한 목표와 등가물로 인식하고 있다는 것을 확인할 수 있다. 문경연, "평화와 개발협력: 북한개발협력방향과 전략," 임원혁 편, 『국제협력 비전, 전략, 추진체계: 국제개발협력을 중심으로』(세종: 경제·인문사회연구회, 2019).

14 김태균, "북한개발협력을 위한 이론적 소고: 국제사회론을 중심으로," 『국가전략』 제23권 (2)호 (2017), pp. 117-145.

15 2018년 10월 31일 경기도, 우리민족서로돕기운동, 그리고 한국 프리드리히 에버트 재단(Friedrich-Ebert-Stiftung Korea)이 공동으로 개최한 '2018 대북지원 국제회의: 남북 공동선언의 이행과 한반도 평화를 위한 협력 강화'의 논의 내용으로, 국내외 학계, 대북지원 국내외 민간단체, 북한에 상주하는 UN기구 등 대부분의 대북지원기관들이 공유하고 있는 앞으로의 대북지원 방향성이라고 분석할 수 있다.
참고: 우리민족서로돕기운동, "2018 대북지원 국제회의 자료집,"
http://ksm.or.kr/?charity-project=download&uid=1272&mod=document&pageid=1(검색일: 2021.2.6.).

원조의 성격과 방식이 수정되고 보완될 수 있다. 이러한 배경에서 2018년 2월부터 시작된 한반도 평화프로세스의 긍정적인 시도가 북미정상회담까지 지속되자 대북제재가 종전선언과 같은 정치적 협상에 따라 완화될 전망이 확산되고 대북원조의 방식도 보다 중장기적인 개발협력으로 전환되어야 한다는 주장이 더욱 힘을 받게 되었다.

### 대북원조의 새로운 딜레마: 공여기관 간 조정기능의 빈곤

대북원조의 전통적인 딜레마와 동시에 새롭게 검토해야 하는 또 하나의 딜레마가 인도적 지원에서 개발협력으로의 전환에 앞서 먼저 선결되어야 하는 기존 인도적 원조방식에 배태된 문제점이다. 이는 평화와 개발을 연계하려는 새로운 대북원조 프레임의 가능성과 상관없이 대북원조를 이행하는 공여기관 간의 이슈이기 때문에 대북원조의 근본적인 문제라 할 수 있다. 전통적 딜레마가 원조공여기관에 대한 북한정권의 비협조적인 태도, 핵개발의 자금으로 원조 전횡의 문제, 원조기관과 북한정권 간의 불협화음에서 기인하는 반면, 대북원조 딜레마에 대한 대안적 시각은 원조기관과 북한정권 간의 마찰과 함께 원조기관 간의 조정기능이 없거나 미약하다는 사실에 근원한다. 다음 장에서 본격적으로 다룰 예정이지만, 지금까지의 대북지원기관들이 보유하고 있는 정책 및 사업조정 기제는 동종의 공여기관 네트워크 내부에서는 어느 정도 제도화되었지만, 공여기관 네트워크 사이의 조정 장치는 실제로 활성화되지 못했다는 한계점이 있다.

대북원조에 있어 공여기관 그룹 간의 조정기능이 문제되는 경우는 다층적으로 나타난다. 크게 UN 산하기구 그룹, 국제NGO그룹, 한국 대북지원단체그룹, 그리고 개별 공여국그룹으로 나누어 그룹별 조정기능을 분석할 수 있는데, 이 중 가장 분절화가 심하여 그룹 내 조정기능이 거의 불가한 경우를 개별 공여국그룹의 미국과 중국 사례에서 확인할 수 있다.

〈그림 2〉 미국과 중국의 대북식량원조 전달방식(1996-2004)[16]

(단위: Mt)

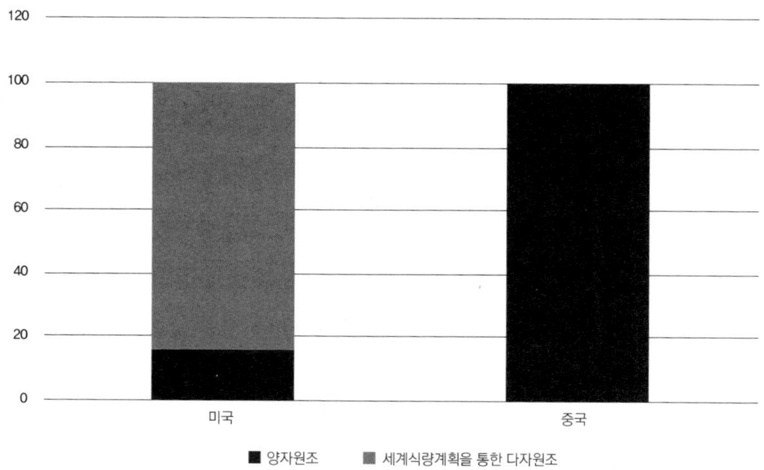


〈그림 2〉가 보여주듯이, 1996년부터 2004년까지 중국이 북한에 제공한 원조는 전부 양자원조방식을 채택하고 있어서 WFP과 같은 다자원조기관을 통해서 전달되는 원조는 거의 없다고 해도 무방하다. 반면, 미국의 경우는 1999년 전까지는 대북원조가 주로 WFP 중심의 다자원조 방식으로 전달되었는데 1999년 이후에 미국도 중국과 같이 양자원조방식으로 직접 북한에게 인도적 원조를 지급하기 시작하였다.[17] 중국과 달리, 미국은 양자원조방식을 일부 채택하였지만 대부분의 대북원조를 국제기구를 통해 전달하는 다자원조 방식을 선호하였다. 이렇게 극단적으로 다른 방식의 대북원조를 진행해 온 미국과 중국은 개별적 원조공여국으로서, 양 국가 사이에 정책조율 없이, 정도의 차이가 있지만 1996년 이후 지금

16 WFP INTERFAIS Database를 바탕으로 저자 작성.

17 Kim Taekyoon, "Strategizing Aid: U.S.-China Food Aid Relations to North Korea in the 1990s," *International Relations of the Asia-Pacific* 12-1 (2012), pp. 41-70.

까지 대북원조를 멈추지 않고 있다는 점에서 조정기제 빈곤의 딜레마를 여실히 보여주고 있다. 미국과 중국 간의 조정기제가 부재한 이유는 다분히 정치공학적인 측면에서 기인하는데, 중국은 미국과 UN기구와 상관없이 독자적인 대북지원 채널을 유지함으로써 한반도 정세의 현상유지 및 북한에 대한 영향력을 강화하려는 정치적 의도가 강한 반면, 미국의 대북원조 인센티브 구조는 북한의 급변사태에 대한 최소한의 대비책으로 대북원조를 활용하는 대신 국내 의회 등 정치적 반발을 대비해서 주로 국제기구를 통해 대북지원을 추진하는 동시에 인도적 지원에서 점차 북한 인권에 개입하는 민주주의 원조(Democracy Aid) 방식으로 전환하는 경향을 보이고 있기 때문이다.[18]

공여기관 그룹 간의 조정기능이 미비한 문제는 대북원조 방식이 인도주의적 원조에서 개발협력으로 이관될 경우 더더욱 심각한 수준으로 발전할 가능성이 있다. 더욱이 평화협정이 체결되고 국제사회가 북한개발협력의 개방적 정치기회구조와 조우하는 순간 걷잡을 수 없을 정도로 많은 수의 공여기관들이 북한에 진입할 것이며, 이를 조율할 수 있는 제도가 미리 공고하게 구축되지 않으면 심각한 수준으로 대북원조가 중복되고 비효율적으로 관리될 가능성이 농후하다. 따라서 대북원조의 맥락에서는 2005년 파리선언의 5가지 원칙 중 공여기관 내부의 정책조화(Harmonization)가 절대적으로 부족할 가능성이 높기 때문에 현재의 대북제재

18 Jasmine Lam, "Refugee Policy and Foreign Policy: Examining Policy Linkage in Chinese Relations with North Korea, Myanmar, and Vietnam," *Inquiries: Social Sciences, Arts, and Humanities* 5-10 (2013), pp. 1-6; Ramon Pacheco Pardo, "Dandong and Sinuiju: The Sino-North Korean Border Shadow Economy," in Leila Simona Talani, Alexander Clarkson and Ramon Pacheco Pardo (eds), *Dirty Cities: Towards a Political Economy of the Underground in Global Cities* (Basingstoke: Palgrave, 2013), pp. 89-109.

상황에서도 동원이 가능한 인도적 원조의 조화를 위한 제도적 조정기제를 확충하는 것이 관건이다.[19] 따라서, 대북제재 하에서의 인도적 지원 프레임에서는 원조기관 간의 조정기능 강화가 최우선과제로 인식되어야 한다. 효율적인 조정기능 메커니즘이 시급히 체계화되지 않으면 앞으로 다가올 한반도 평화프로세스와 북한개발협력의 혼란스러운 상황을 대처하지 못하는 문제가 발생할 것이다. 이러한 대북원조의 새로운 딜레마는 각각의 내부 조정기제와 그룹 상호 간의 조정기제에 대한 분석을 통해 미국·중국 등 개별 원조공여국뿐만 아니라, 인도주의적 대북원조를 시행하는 UN 산하기구그룹과 국제NGO그룹, 그리고 한국의 대북원조단체에서도 나타나는 더욱 복잡다단한 구조적 문제라는 사실을 확인할 수 있다.

## Ⅲ. 인도주의적 대북원조기관의 조정기제와 UN의 SDGs

앞서 분석한 대북원조의 이중적 딜레마 중 조정기제 문제에 대한 자세한 분석은 미·중 간 문제와 함께 대북제재 하에 인도적 원조를 시행하고 있는 다양한 대북원조기관들 사이의 정책조정기제를 살펴보는 작업이 필요하다. 북한에서 활동하는 대북지원 국제단체 현황은 크게 UN 산하기구, 국제NGO그룹, 그리고 북한에 상주하는 유럽 공여국의 원조기구

19 파리선언(Paris Declaration)은 2005년 파리에서 개최된 제2차 원조효과성 고위급포럼에서 통과된 5가지 원칙으로 구성되어 있는데, (1) 오너십(Ownership), (2) 공여기관 간의 정책조화(Harmonization), (3) 공여기관과 협력대상국 간의 정책일치(Alignment), (4) 상호책무성(Mutual Accountability), (5) 성과중심관리(Managing with Results)의 5대 원칙이 그 주요 내용이다.

로 나눌 수 있다. 여기에 UN 산하기구는 북한에 상주하고 있는 UN기구와 상주하지 않고 외부에서 지원하는 UN기구로 구분할 수 있고, 국제적십자사연맹을 포함해 국제NGO그룹도 마찬가지로 상주와 비상주로 구분이 가능하다(〈그림 3〉 참조).

〈그림 3〉 대북지원단체 분포 현황[20]

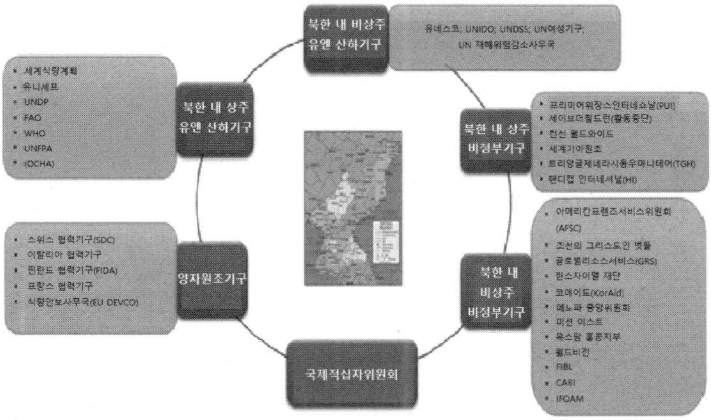


우선, 북한 평양의 현지사무소를 통해 상주, 활동하며 대북지원에 참여하는 주요 UN 산하기구로는 WFP, 유니세프, UNDP, FAO, WHO, UN인구기금(United Nations Population Fund, UNFPA) 등 6개가 있으며, 여기에 더해 긴급사태 발생에 따라 북한 상주를 결정하는 UN인도지원조정국(United Nations' Office for the Coordination of Humanitarian Affairs, UNOCHA)이 있다. 이외에 북한에 상주하지는 않지만 UN의 대북원조 프로젝트를 외부에서 지원하는 UN교육과학문화기구(United Nations Educational, Scientific and Cultural Organization, UNESCO), UN산업개발기구

20 Laurent De Ruyt, "Cooperation between Resident and Non-Resident Organizations," Presented at the 2018 International Conference on Humanitarian and Development Assistance to the DPRK, Seoul, Korea, 1 November 2018.

(United Nations Industrial Development Organization, UNIDO), UN여성기구(UN Women), UN환경계획(United Nations Environment Programme, UNEP), UN아시아태평양경제사회위원회(United Nations Economic and Social Commission for Asia and the Pacific, UNESCAP), 국제농업개발기금(International Fund for Agricultural Development, IFAD), UN프로젝트조달기구(United Nations' Office for Project Services, UNOPS), UN훈련조사연구소(United Nations' Institute for Training and Research, UNITAR), UN재해경감국제전략사무국(United Nations' Office for Disaster Risk Reduction, UNISDR), UN안전보안국(United Nations Department for Safety and Security, UNDSS) 등의 다양한 비상주 UN 산하기구가 있다. UN기구 간에는 UNOCHA 산하 'UN 인도주의북한팀(UN DPRK Humanitarian Country Team, CT)'을 UNDP 북한사무소에 설치하고 UNDP 북한사무소장이 보통 UN북한상주조정관(UN Resident Coordinator for DPRK, RC)을 겸하며 모든 상주·비상주 기구들의 활동을 조정하고 UN의 인도적 대북원조 중장기 계획 전체를 UN 기구 간 그리고 북한당국과 협의하는 역할을 수행한다(〈그림 3〉과 〈그림 4〉 참조).[21] 현재 CT와 RC를 중심으로 북한의 인도주의 상황을 평가하는 데 중요한 지침서가 되는 *DPRK Needs and Priorities*라는 보고서를 2016년부터 매년 외부에 공개하고 있으며, 북한에 관한 'UN전략프레임워크(UN Strategic Framework)'를 북한 외무성과 12개 또는 13개의 UN기구 간의 합의문으로 1차(2011년–2015년)와 2차(2017년–2021년)로 나누어 추진하고 있다. 따라서 인도적 대북원조를 시행하고 있는 UN 산하기구 내부의 조

---

21 2015년 5월 이후부터 UNDP 북한사무소장 겸 UN인도주의조정국 북한담당자로 인도 출신의 Tapan Mishra가 활동하였다가 현재는 노르웨이 출신의 Frode Mauring이 UN상주조정관으로 활동하고 있다. 참고: United Nations in DPR Korea, "The UN Resident Coordinator Office," https://dprkorea.un.org/en/about/about-the-resident-coordinator-office (검색일: 2021.5.5.).

정기제는 기존 UNOCHA가 인도적 긴급사태에 대응하는 방식대로 북한에도 적용되고 있다는 점에서 상대적으로 체계적으로 운영되고 있다고 평가할 수 있다.

〈그림 4〉 대북지원 UN기구의 구조도[22]

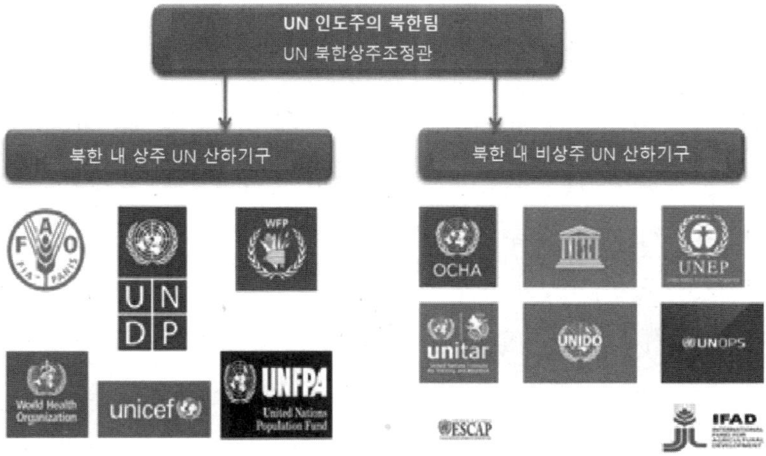


〈그림 3〉이 보여주듯이, UN기구 이외에는 주로 유럽연합(European Union, EU) 중심의 유럽계 국제NGO가 북한의 긴급구호에 적극적으로 참여하고 있다는 것을 확인할 수 있다.[23] 현재 북한에 상주하면서 대북지

22 저자 작성.

23 EU 지원으로 추진되어 온 유럽계 국제NGO의 대북지원 이외에 다른 지역의 민간단체들도 활발하게 대북원조에 동참해왔다. 다만 북한에 직접 상주하면서 대북원조를 이행하고 있는 국제NGO는 모두 유럽민간단체라는 점에서 차별성을 가진다. 비유럽 비상주 민간단체는 다음과 같은 방식으로 지금까지 대북원조 프로젝트를 시행해 왔다. 첫째, WFP의 식량지원연락사무소(Food Aid Liaison Unit, FALU)를 통해 다양한 NGO가 WFP의 후원단체가 되기도 하고 WFP의 지원금을 받기도 한다. 여기에 해당하는 민간단체는 까리따스, ACT, 월드비전, 캐나다곡물은행(CFGB), 재림교개발구호기구(ADRA) 등이다. 둘

원사업을 벌이고 있는 국제NGO는 모두 EU의 EU사업지원(European Union Programme Support, EUPS) 하에 내부적으로 유닛(Unit) 1–7 중에 소속되어 대북지원 활동을 하고 있는데, EU의 지원은 철저하게 인도주의적 차원으로 제한되어 있으며 현재 6개 EUPS 단체가 북한에 상주하고 있는 것으로 확인되고 있다. EUPS의 유닛은 1부터 7까지 각각의 사업목표와 영역이 차별적으로 분리되어 특정 유닛에 소속되면 그 유닛에서 특화하는 전문성과 영역에 집중적으로 재정지원을 받게 된다. 이런 맥락에서 판단할 때, EUPS는 이미 내부에서 정책과 사업의 분업이 제도화되어 있기 때문에 EUPS 내부에서 대북지원을 하는 국제NGO 간의 정책조정은 이미 어느 정도 활성화되어 있다고 볼 수 있다.[24]

EUPS 유닛 1부터 2까지는 주로 여성과 아동의 보건 및 영양문제를 다루는 인도적 사업을 추진하고 있는데, 여기에 해당하는 유럽민간단체는 프랑스의 프리미어 위장스 인터네쇼날(Premiere Urgence Internationale, PUI)와 영국의 세이브더칠드런(Save the Children)이 있다. EUPS 1(PUI)은 2002년부터 황해도에서 여성과 아동의 보건과 영양 개선 프로젝트를 운영해 왔으며, 주로 돌봄 및 보건 서비스 증진, 아동 영양의 다양화, 그리고 재난

---

째, 미국의 NGO가 미국의 연합구호단체인 민간자원봉사기구(Private Voluntary Organization Consortium, PVOC)를 통해 북한에 인도적 지원을 전달하는 방식이다(Smith, 2005). 1997년부터 PVOC를 통해 대북지원을 했던 미국 민간단체는 ADRA, Amigos Internationales, CARE, 가톨릭구호서비스(CRS), Korean-American Sharing Movement, Latter Day Saints Charities, 머시코(MCI), 월드비전 등이다. 셋째, 주로 일본, 미국에 근거를 두고 북한당국과 직접 교섭하여 대북원조 활동을 진행하는 단체들인데, 까리따스 일본지부, Relief Campaign Committee for Children, National Christian 등이 이러한 유형에 해당된다.

24 컨선월드와이드, "'잊혀진 위기국가' 북한에서 활동 중인 6개 NGO," https://m.blog.naver.com/PostView.nhn?blogId=concernworldwide&logNo=221039666140&proxyReferer=https%3A%2F%2Fwww.google.com%2F (검색일: 2021.1.7.).

위험 감소를 위한 지역커뮤니티의 역량강화 사업을 해 왔다. EUPS 2(세이브더칠드런)는 2003년부터 함경남도와 강원도에서 아동보호사업을 집중적으로 시행해 왔으며 주로 아동영양관리 개선, 모자보건, 식량가공공장 건설, 급수시스템 개선, 화장실 제공 등의 인도적 사업을 해 왔다. 한편, EUPS 유닛 3부터 4까지는 기아와 빈곤문제 해결과 연관된 인도적 지원을 하게 되어 있으며, 북한에서 가장 오래 활동한 아일랜드의 컨선월드와이드(Concern Worldwide)와 독일의 세계기아원조가 여기에 속한다. EUPS 3(컨선월드와이드)은 1998년 북한 대홍수 긴급구호사업으로 대북지원을 시작하였으며, 황해북도·강원도·함경북도 등의 지역에서 긴급구호와 식수·위생시설 개선, 태양광 온실 건설 등의 사업을 추진하고 있다. EUPS 4(세계기아원조)의 경우는 1997년부터 대북사업을 추진해 왔는데, 주로 평안남북도·황해남북도·강원도 지역에 영양과 농촌개발사업을 진행하였다. 마지막으로, EUPS 유닛 5부터 7까지는 취약계층의 권리신장에 집중하는 사업영역을 선정하고 프랑스의 트리앙글 제네라시옹 위마니테르(Triangle Génération Humanitaire, TGH)와 벨기에의 핸디캡 인터내셔널(Handicap International, HI)이 여기에 소속되었다. EUPS 5(TGH)가 주로 황해북도·평안북도·함경남도·남포의 아동과 노인 기관에 집중해서 지원하는 반면, EUPS 7(HI)은 평안북도·함경남도·평양 지역 장애인의 권리신장을 위하여 장애인 재활서비스 개선 등의 사업을 추진해 왔다.

현재 북한에 상주하면서 인도적 지원 사업을 하고 있는 마지막 대북원조기관 유형은 개별 공여국그룹이라 할 수 있다(〈그림 3〉 참조). 스위스(SDC), 이탈리아(AICS), 핀란드(FIDA), 프랑스(AFD), EU(DEVCO) 등 주로 유럽의 선진공여국과 EU의 개발협력국이 대북원조를 직접 집행하기 위해 양자원조 방식을 채택하고 있다. 아직까지 각각의 개별 공여국이 다른 UN기구, 국제NGO 등과 어떠한 관계를 형성하고 있고 원조효과성을 높이기 위해 어떤 소통 및 조정 과정을 동원하고 있는지 잘 알려지지 않았다. 그러나 대북원조를 양자방식으로 집행하는 개별 공여국 간에 정책과 사업에 대한 사전 조율 및 조정기제가 작동하는가에 대한 명확한 정보가 부족한 가운데 대북제재가 지속되는 작금의 조건하에서도 다양한 공여주체가 정치한 조정 프로세스를 필수적으로 통과하도록 제도화한다면 인도주의적 대북원조가 분절화를 피하고 좀 더 효과적인 성과물을 도출할 수 있다고 예상할 수 있다.

### 대북원조 조정기제의 한계

앞서 대북원조의 새로운 딜레마로 공여주체 사이에 정책조화를 강화할 수 있는 조정기제가 미비하다는 문제점을 제기하고 각 공여주체그룹별로 어떠한 행위주체가 현재 대북원조를 시행하고 있는가에 대한 간단한 분석을 시도하였다. 거시적 차원에서 다시 대북원조의 효과성과 책무성 제고를 위한 조정기제를 다양한 공여주체그룹 간의 관계성을 중심으로 재검토해보면, 다음과 같은 4가지 차원의 분명한 한계가 내재되어 있다는 사실을 재확인할 수 있다.

〈표 4〉 대북 인도적 지원 예외적 허용 사례(2019-2020)[25]

| 기관 | 인도적 지원 내용 | 면제기간<br>(6개월까지) |
|---|---|---|
| 세계보건기구<br>(WHO) | WHO의 북한 내 인도적 활동 시 직원 안전보장을 위한 사전준비 필수품목이면서 WHO 현지사무소의 비상대비정책 상 해당하는 물자의 반입: 제독키트, 방사능측정키트, 무선통신장비 등 | 2019.02.14. ~<br>2019.08.14. |

25 United Nations Security Council, "Humanitarian Exemption Requests," https://www.un.org/securitycouncil/sanctions/1718/exemptions-measures/humanitarian-exemption-requests (검색일: 2020.1.1.).

| 컨선월드와이드<br>(Concern World-wide) | 아일랜드 NGO인 컨선월드와이드의 북한 내 식량, 영양, 물 공급 및 보건위생 관련 인도적 대민 지원과 구호사업을 위한 물자 확보 및 북한 내 반입 | 2019.02.15. ~<br>2019.08.15. |
|---|---|---|
| 세계기아원조<br>(Welthungerhilfe) | 독일 NGO 세계기아원조의 안전한 음용수 공급 활동에 필요한 인도적 목적의 물자와 장비 북한 반입 | 2019.02.20. ~<br>2019.08.20. |
| 프리미어 위장스 인터네쇼날<br>(PUI) | 장기 지속된 식량위기에 대응하고자 황해남도 내에서 탁아소 및 보육원 식단의 영양적 다양성을 개선하려는 PUI의 활동계획 수행을 위한 물품 북한 반입 | 2019.03.11. ~<br>2019.08.11. |
| 트리앙글 제네라시옹 우마니테어<br>(TGH) | 북한 노년층 주민의 요양환경 및 회복능력 증진을 위한 TGH의 북한 대민 지원에 필요한 물품 북한 반입 | 2019.03.12. ~<br>2019.08.12. |
| 퍼스트 스텝스<br>(First Steps Health Society) | 캐나다 NGO 퍼스트 스텝스의 북한 내 대민 지원 및 구호활동의 일환으로 두유가공설비의 북한 내 반입 | 2019.03.12. ~<br>2019.08.12. |
| UN인구기금<br>(UN Fund for Population Activi-ties, UNFPA) | 북한 여성의 생명보호를 위한 성 및 생식보건(RH)서비스 제공에 필요한 비상생식보건키트(Emergency Reproductive Health Kit) 확보 및 반입 | 2019.03.12. ~<br>2019.08.12. |
| 국경없는 의사회<br>(MSF) | 함경북도 주민 대상 결핵(Tuberculosis, TB)과 다제내성결핵(Multi-drug Resistant Tu-berculosis, MDR-TB) 진단 및 치료수준 향상; 함경북도 경성군 내 공동체 단위에서 시급한 전반적 보건수요 충족 등에 중점을 둔 MSF의 인도적 활동 전개 및 의료관련 계획 실시에 필요한 물품의 북한 반입 | 2019.03.19. ~<br>2019.08.14. |
| 메노파중앙위원회<br>(Mennonite Central Commit-tee, MCC) | 북한 내 아동 건강 및 영양상태 증진을 통해 취약층 주민에 직접적으로 도움이 되는 MCC의 계획 수행에 필요한 긴급한 인도적 물품 북한 반입. | 2019.03.14. ~<br>2019.08.14. |
| 러브노스 코리아미션<br>(Love North Korea Missions, LNKM) | 라선직할시 일원의 식수 접근성 향상을 위한 인도적 활동에 필요한 물품 반입 | 2019.04.04. ~<br>2019.10.04. |

| | | |
|---|---|---|
| 유니세프<br>(UNICEF) | 지역공동체 내 안전한 물 공급 및 효과적인 입원환자(특히 영양실조 상태의 아동 및 어머니) 치료에 필요한 각종 보건, 영양, 물 공급, 위생 등 유니세프의 북한 내 프로그램에 필요한 물품 반입 | 2019.04.11. ~<br>2019.10.11. |
| 국제적십자위원회<br>(ICRC) | 신체재활치료, 보건의료지원, 도시 근교 상수도 공급, 북한적십자사 긴급대응활동 지원 등 ICRC의 인도적 프로그램 수행에 필요한 물품 북한 반입 | 2019.06.11. ~<br>2019.12.11. |
| 주식회사 아그리컨설팅<br>(Agriconsulting SA, AESA) | EU의 식량관련 대북 기술지원 사업을 수주한 이탈리아 회사인 AESA의 북한 내 인도적 지원활동을 위한 EU 식량안보사무국(European Union Food Security Office)의 활동비용 이체 | 2019.07.01. ~<br>2020.01.01. |
| 월드비전<br>인터내셔널<br>(World Vision International) | 월드비전의 수도, 보건위생 프로젝트(WASH) 수행에 필요한 장비 및 물자의 북한 반입 | 2019.07.22. ~<br>2020.01.22. |
| 아그로텍<br>합자회사<br>(AGROTEC SpA) | 북한의 식량안보 개선을 목적으로 한 유럽집행위원회(European Commission)와의 수출계약에 따른 이탈리아 기업 아그로텍의 농기계 및 농업장비 북한 반입 | 2019.07.25. ~<br>2020.01.25. |
| 세계기아원조<br>(Welthungerhilfe) | 독일 NGO인 세계기아원조의 종자 생산 및 보관, 식량공급 및 영양상태 향상, 인도적 재난방지 활동에 필요한 인도적 목적의 물자 및 장비 북한 반입 | 2019.07.25. ~<br>2020.01.25. |
| 트리앙글 제네라시옹 우마니테어<br>(TGH) | TGH가 주도하는 식단 개선, 노인 복리후생 증진, 아동 영양상태의 지속적 증진을 위한 북한주민 지원 및 구호활동 수행에 필요한 물자의 북한 반입 | 2019.07.25. ~<br>2020.01.25. |
| 조선의 그리스도인 벗들<br>(Christian Friends of Korea, CFK) | CFK의 결핵 및 간염 취약계층 및 소아환자 지원을 위한 인도적 지원계획에 필요한 물자와 장비의 확보 및 북한 내 반입 | 2019.08.07. ~<br>2020.02.07. |

첫째, 지금과 같은 대북제재 국면에서는 UN대북제재위원회가 승인할

수 있는 제재 면제기간이 최장 6개월로 고정되어 있어서 중장기적으로 긴 호흡의 체계화된 인도적 지원을 기획한다는 것이 불가능하다(〈표 4〉 참조). 2018년 8월 6일자로 UN대북제재위원회가 대북원조 중 인도적 지원일 경우 조건부로 제재 예외로 승인할 수 있다고 발표한 이후, 〈표 4〉에 정리했듯이 지금까지 총 20여 건이 넘는 제재 면제가 UN대북제재위원회에 의해 승인되었는데, 이 중 같은 단체가 지속적으로 6개월 내에 다음 단계로 이어서 면제를 요청한 경우는 유니세프, 프랑스의 PUI, 독일의 세계기아원조, 퍼스트 스텝스(First Steps Health Society) 등 소수인 것으로 확인된다. 까다로운 UN대북제재위원회의 인도적 원조에 대한 제재 면제 절차, 그리고 면제를 승인받을지라도 그 기간이 6개월로 한정되어 있기 때문에 실제로 대북원조단체 간에 정책과 사업을 조율할 수 있는 프로세스를 추진하기에 무리가 따르는 것이다.

둘째, 앞서도 살펴보았지만, 미국과 중국 등의 핵심 공여국 간의 정책과 사업을 공유하거나 조정하는 노력은 거의 불가능하며, UN 산하기구 및 국제NGO와 비교하여 개별 공여국의 대북지원사업 간의 조정 프로세스는 절대적으로 미비할 것으로 예상한다. 사실상, UN기구의 대북지원 활동과 국제NGO의 인도적 지원 사업을 지원하는 재원은 개별 공여국 정부기관에서 나오는 경향이 강하다는 점에서, 공여국 정부그룹의 대북원조 기조가 사전적으로 조정되고 협의되지 않으면 공여국의 개별적 대북사업에도 파리선언의 조화원칙이 생략될뿐더러 UN기구 그룹과 국제NGO그룹 내에서도 조화원칙은 준수되기 어렵다.[26]

26 UN기구의 경우, 대부분 회원국의 신탁기금 또는 다자성양자(multi-bi)방식의 원조에 의해 대북지원사업을 집행하는 사례가 대부분이다. 국제NGO의 경우, 대표적인 사례로 컨선월드와이드 대북사업의 실질적인 후원이 아일랜드의 Irish Aid, 스웨덴의 Sida, 스위스의 SDC에 의해 제공되었다는 사실에서 아직 선진공여국 정부의 재정적 지원이 중요하다는 것을 확인할 수 있다. 특히, 스웨덴 Sida

셋째, 현재 운영되고 있는 대북지원단체 간의 조정메커니즘을 보면 상부에서 모든 대북지원단체를 포용하는 조직화된 우산(Umbrella)으로서의 조정기제가 아직까지는 작동하지 않는 것으로 해석된다. 북한에 상주하는 UN상주조정관(RC)을 중심으로 현재 UN기구의 현지사무소와 6개의 EUPS 유럽 민간단체, 그리고 비상주기구를 아우르는 협의체가 〈표 5〉와 같이 4가지 방식으로 구축되어 운영되고 있다. 즉, 대북원조단체 간의 조정메커니즘은 (1) 단체 간 회의(Interagency Meeting, IAM), (2) 섹터별 작업반(Sector Working Group, SWG), (3) 인도적 북한지원팀(Humanitarian Country Team, HCT), (4) 식량안보조정(Food Security Coordination, FSC)으로 구성되어 있으며, 각각의 조정기제가 특수한 임무와 역할을 수행하도록 조직되어 있다. IAM의 경우 매주 금요일 UNDP 사무소에서 RC 주재로 대북지원을 하는 모든 기구가 참석할 수 있으며, 모든 주제가 협의 가능하고 새로운 정보를 교환하는 취지에도 중요한 협의체라 볼 수 있다. HCT와 FSC는 각각 인도적 지원과 식량안보에 관한 이슈를 협의하는 공론장 역할을 수행하고 있다. 무엇보다 중요한 조정기제로서 SWG를 꼽을 수 있는데, 이는 SWG라는 조정공간에 다른 기제와는 달리 북한 관계자가 대북지원단체들과 함께 물과 위생시설·식량안보·보건·재난경감·영양 등 특정 섹터별로 협의를 할 수 있다는 장점이 있기 때문이다. 하지만 이러한 대북지원단체 간의 조정기제는 사전적으로 정책과 사업에 대한 로드맵을 상호교환하고 거시적인 협력관계를 구축하여 유기적으로 각 기

는 컨선월드와이드, PUI, 핸디캡 인터내셔널, TGH 등의 대북지원 EUPS 국제 NGO에게 재정적 지원을 해 주고 있다.

참고: 컨선월드와이드, "'잊혀진 위기국가' 북한에서 활동 중인 6개 NGO," https://m.blog.naver.com/PostView.nhn?blogId=concernworldwide&logNo=221039666140&proxyReferer=https%3A%2F%2Fwww.google.com%2F (검색일: 2021.1.7.).

관이 추진하는 프로젝트가 연결되도록 조율하는 것이 아니라, 단순히 기술적 이슈에 대한 조정이고 사후적 관리 측면에서의 조율과 정보교환의 역할을 수행하는 대단히 제한적인 조정메커니즘이라는 단점이 있다.

〈표 5〉 북한 내 인도적 지원 기구 간 조정기제[27]

| 단체 간 회의(IAM) | 물/위생, 식량안보, 보건, 재난위기경감, 영양 섹터별 작업반(SWG) |
|---|---|
| – 사안: 신규 기관 및 활동가 등을 포함한 모든 이슈에 대한 정보 공유<br>– 시기: 매주 금요일 UN 상주조정관 주재하에 UNDP 사무실에서 실시함<br>– 주체: 국제인도적 지원단체 전체(UN 산하기구, 국제NGO, 비상주기구 등) | – 사안: 각 섹터별 조정이 필요한 이슈<br>– 시기: 섹터별로 2달에 한 번<br>– 주체: UN 산하기구, 국제NGO, 양자원조기구, 북한 관계자 |
| 인도적 북한지원팀(HCT) | 식량안보조정(FSC) |
| – 사안: 긴급구호활동 관련 조정<br>– 시기: 임시회의 또는 긴급회의소집 시<br>– 주체: UN 산하기구, 국제NGO, UN 상주조정관, 양자원조기구 | – 사안: 기술적 문제 조정<br>– 시기: 3달에 한 번<br>– 주체: 북한 내 상주/비상주 NGO, 양자원조기구 |

마지막으로, 현재 운영되는 대북지원단체 간의 다양한 조정기제에 한국의 대북지원 민간단체들이 아직까지 적극적으로 참여하지 않았다는 한계점에 주목해야 한다. 한국의 대북지원 민간단체들은 1995년 북한에 대기근이 발생한 직후부터 계속 대북지원사업을 이어오고 있으나, 언어소통 면에서 UN기구 또는 국제NGO보다 이점이 있을지 몰라도 상주활동과 평양 이외 지역 방문에는 다른 국제단체들보다 심각한 통제를 받아 왔다. 특히, 천안함 사건 이후로 남북관계가 경색국면으로 치달으면서 이명박 정부와 박근혜 정부까지 이른바 '잃어버린 10년' 동안 한국의 민간단체들은 방북이 전면 금지되고 지금까지 닦아 온 대북사업을 중단하

27 De Ruyt (2018).

게 되면서 다른 국제단체들과의 정보교환과 사업조율의 끈까지 끊어지게 되는 딜레마에 빠지게 되었다.[28] 그러나 2018년 두 차례의 남북정상회담과 북미정상회담이 이어지면서 다시 국내 대북지원단체의 사업이 활성화될 것이라는 기대가 커지고 있으며, 국내 대북지원단체는 대부분 단기적인 인도적 지원보다는 장기적인 개발협력으로 전환하는 새로운 방향을 강조하고 한반도 평화구축을 통해서 북한의 인도적 문제를 해결할 수 있다고 전망하고 있다.

결론적으로, 인도주의적 대북원조에 내재된 한계는 인도적 지원에 관한 모니터링과 평가를 위한 조건을 북한정부에게 전달하고 설득하는 데 실패했고, 인도적 지원의 효과성을 제고하기 위한 내부적/외부적 파트너십 구성과 조정메커니즘의 제도화에도 실패했다는 이중적 딜레마에 근본적인 원인을 두고 있다. 따라서 대북제재 하에서 발생하는 이중적 딜레마를 극복하기 위해서는 대북지원단체 간의 실질적인 조정메커니즘을 구축하고 인도적 지원에서 개발협력으로의 전환이 가능할 수 있도록 평화–개발 연계의 노력이 시급히 필요한 것이다.

---

28 국내 민간단체는 통일부의 승인을 얻어 대북지원단체로 활동할 수 있게 되는데, 대북협력민간단체협의회(북민협)을 중심으로 대북지원사업단체 간의 협력체를 운영하고 있으며, 북측의 민족화해협력범국민회의(민화협)를 주요 사업 파트너로 협력관계를 유지해 왔다. 2008년 6월 북민협은 '대북협력민간단체협의회 공동행동규범'(이하 북민협 행동규범)을 제정하고 대북지원사업을 인도주의 정신에 기초하여 공정성, 중립성, 독립성, 투명성을 핵심적 가치로 하여 수행할 것을 선언하였다. 북민협 행동규범 제5조 1항을 보면, "대북지원단체는 지원사업의 중복과 비효율성을 피하기 위하여 지원사업계획을 수립하고 단체들 간에 공유하여야 한다"라고 되어 있으나, 실제로 국내 대북지원민간단체 사이에 적극적인 조정기제가 관리되지 못하는 것으로 평가되고 있다.

〈표 6〉 인도적 지원과 개발협력 비교[29]

| 인도적 지원 | 개발협력 |
|---|---|
| • 대북제재 하에서 북한에 제공할 수 있는 지원방법<br>• 단기적 처방<br>• 식량위기, 기근, 지진, 홍수 등 자연재해와 긴급구호 상황에 대한 인도적 대응방식<br>• 주로 UN기구와 국제NGO에 의해 지원 가능<br>• 인도적 지원에 관해 북한정부와 정책 조정 가능성이 상대적으로 낮음. | • 대북제재 종료 이후 개발협력 방식의 원조 지원 가능<br>• 중장기 개발의 포괄적인 처방<br>• 북한의 국가경제개발계획과 조율 및 일치를 위한 프로세스 필요<br>• UN기구, 국제NGO 및 세계은행과 같은 다자개발은행에 의해 지원 가능<br>• 개발협력을 위해 북한정부와 정책 조정 가능성이 매우 높음. |

### 인도적 지원에서 개발협력으로 전환: UN의 SDGs 활용

대북지원 공여주체 간의 적극적인 조정기제를 도입하는 과제는 실제 인도적 원조에서 개발협력으로 전환을 도모하지 않는 현재의 제한된 인도적 지원 단계에서도 절대적으로 필요한 제도적 조건이다. 그러나 개발협력이라는 중장기적 개발계획을 추진할 때 더더욱 모든 참여주체 간의 사전적 조화를 위한 조율기제가 절대적으로 필요하게 된다. 앞으로 북미협상이 어떠한 방향으로 전개될지 명확히 전망할 수는 없지만, 대북지원 방식이 단기적인 인도적 원조라는 전통방식에서 중장기적 개발협력으로 전환하려는 움직임은 대북원조에 개입하는 모든 행위주체 간에 암묵적으로 합의된 인식이라 해석할 수 있다. 우선, 북한정부는 2000년대 중반부터 공식적으로 인도주의적 식량원조는 수용하지 않고 개발협력 방식의 개발원조를 국제사회에 요구하기 시작하였다.[30] 한국에선 북민협이 중심이 되어 대북지원사업의 인도적 지원이 갖는 한계를 지적하고 인도적 지원과 개발협력이 동시에 추진될 수 있도록 2016년 11월 이른바 '남북

29 저자 작성.

30 문경연(2019).

인도지원 및 개발협력에 관한 법률안'을 이인영 의원을 통해 국회에 발의하였다.[31] 또한 북한에 상주하는 UN기구, 그리고 비상주 UN기구 중 13개 단체가 북한 외무성과 협의를 거쳐 '2017–2021 UN전략프레임워크(UN Strategic Framework, 2017–2021)'에 서명을 했는데, 이 프레임워크의 가장 핵심적인 내용은 UN이 2015년 선포한 'SDGs'의 중장기적 목표에 입각하여 북한의 개발협력 프로그램을 강조하고 있다는 점이다. 이렇게 북한개발이라는 거시적 수준의 발전방향은 차후 제재 조건 하에서 단기적 처방인 인도주의적 원조에서 제재완화 국면에서 가능한 중장기적 개발협력으로 변환되어야 한다는 주장에 힘이 실리고 있다(〈표 6〉 참조). 특히, 인도적 지원의 경우 북한의 특수성과 인도주의의 특성으로 인하여 대북지원주체가 강력하게 북한정부에게 정책조율과 철저한 평가를 요구하기가 상대적으로 어려운 반면, 개발협력으로 전환할 경우 보편적인 국제규범(SDGs 등)을 적용하여 북한정부로 하여금 적극적인 협조와 정책조정을 요구할 수 있게 된다.

그러나 북한개발협력은 전적으로 대북제재와 연계되어 있다는 한계가 분명하다. 이렇게 노정된 북한개발협력의 한계는 북한정부, UN기구, 국제NGO, 한국의 대북지원단체가 공히 중장기적 개발협력으로의 전환을 선호한다는 새로운 균형점에서 새로운 돌파구를 모색할 수 있다. 다시 말해, UN의 북한개발협력을 위한 전략프레임워크에서 전략적으로 활용하고 있는 SDGs를 중심으로 다양한 대북지원단체 간의 조정메커니즘을 구축하고 이를 통한 국제개발규범의 보편성을 북한의 특수성에 접목할 경우 기존 이중적 딜레마에서 새로운 정치기회구조가 만들어지고 대북지원 행위자이 개입할 수 있는 영역이 확장될 수 있다. 〈그림 5〉가 요약하

31 이를 더욱 발전시켜 2018년 6월에는 유진벨-이인영 의원실 주최로 '대북제재 아래 인도적 대북지원사업 활성화 방안' 회의를 국회에서 개최하였다.

〈그림 5〉 UN전략프레임워크의 SDG 요소[33]

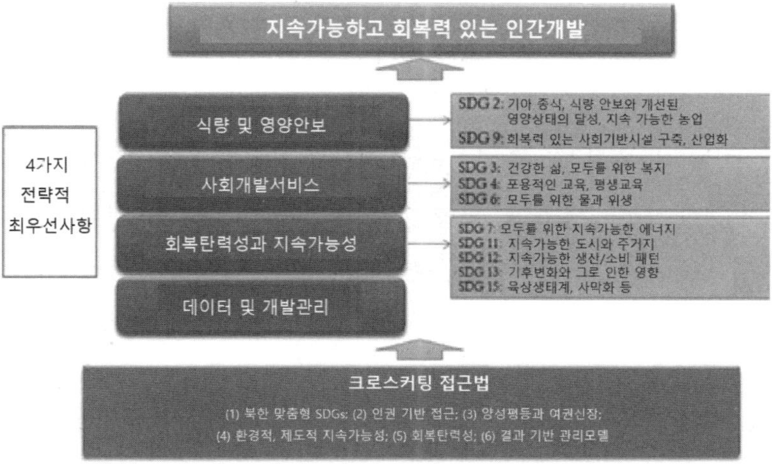


고 있듯이, UN전략프레임워크는 최종적으로 북한이 지속가능하고 복원력이 있는 발전을 할 수 있도록 식량/영양안보, 사회개발서비스, 복원력과 지속가능성, 데이터관리라는 4대 의제로 선정하고 각 의제를 SDGs의 구체적인 목표와 연계시킴으로써 북한의 특수상황을 보편적인 글로벌 목표와 연계하여 외부의 대북지원단체가 개입할 수 있는 물리적 공간과 정당성을 확보하고 내부의 북한당국도 큰 거부감 없이 SDGs를 자국의 경제개발과 사회발전계획과 접목시킬 수 있게 한다. SDGs 중심으로 대북원조에 참여하는 다양한 공여기관을 재배치하고 파리선언의 조화원칙을 북한개발협력에 적용할 수 있다면 사실상 대북원조의 이중적 딜레마를 해결할 수 있는 실마리가 확보된다.

32 United Nations DPRK Office of the Resident Coordinator, *Towards Sustainable and Resilient Human Development: The Strategic Framework for Cooperation between the United Nations and the Government of the Democratic People's Republic of Korea, 2017-2021* (Pyongyang: Office of the Resident Coordinator, 2016)을 토대로 저자가 정리함.

## IV. 평화-개발 연계를 위한 '뉴 노멀'? 원조조건으로서 평화

인도적 원조에서 개발협력으로의 전환이라는 거시적인 대북원조 흐름의 변화가 다분히 당위적인 방향성을 제시한 것이라면, 이 전환에서 발생할 수 있는 예상치 못한 현상을 통제할 수 있는 방법론적 전략을 준비하는 것이 중요하다. 평화선언 또는 종전선언과 같은 정치적 협상으로 제재국면이 일정 정도 완화가 가능하다면 그 이후에 우후죽순으로 북한개발협력에 개입하는 다양한 공여주체에 대한 사전 조정과 원조의 질서를 확보하는 전략적 수순이 절대적으로 필요하게 될 것이다.[33] 바꿔 말해, 차후 한반도 평화프로세스와 개발협력을 전략적으로 연계하는 새로운 평화–개발 환경이 정착되고 평화–개발 연계가 이른바 '뉴 노멀'로 구조화되어야 한다는 북한개발협력의 사전정비작업을 준비하자는 것이다. 이는 평화–개발 연계의 '뉴 노멀' 상황에서는 한반도 평화프로세스에 참여하는 모든 공여주체가 평화에 부합하지 않는 원조를 배제하고 평화와 상생하는 원조의 목표가 조건으로 작동하는 북한개발협력의 조건으로서 평화를 적극적으로 수용하자는 맥락과 상통한다. 평화조건의 제도화를 선제적으로 전략화 함으로써, 인도적 원조에서 개발협력으로 전환을 안정적으로 가속화하고 과도기적 혼란을 미연에 방지할 수 있다.

다시 강조하지만, 평화조건의 개념적 정의는 분쟁당사자가 평화를 모색

33 George Downs and Stephen John Stedman, "Evaluation Issues in Peace Implementation," in Stephen John Stedman, Donald Rothchild and Elizabeth M. Cousensin (eds.), *Ending Civil Wars: The Implementation of Peace Agreements* (Boulder: Lynne Rienner, 2002), pp. 43-70.

하고 평화협정을 이행하며 평화를 공고화하도록 종용할 수 있는 압력수단으로서 원조를 사용하는 것을 의미한다.[34] 보통 국제개발에 있어 원조기관이 개발 프로젝트를 수행할 때 협력대상국에게 특정 원조조건(Aid Conditionality)을 부과하는 경우가 일반적이다.[35] 원조조건의 유형은 프로젝트 또는 프로그램에 따라 다양하게 구성되며, 원조기관에 따라서 그리고 원조가 유상원조 또는 무상원조인가에 따라서 차별화된다. 원조조건을 부과하는 이유 또한 다양하지만 대부분의 경우 협력대상국의 원조이행 투명성과 책무성을 담보하기 위하여 시행되는 경향이 강하며, 원조조건이 적절하게 부여되면 공여국이 자국 납세자에게 책무성을 제고할 수 있는 동시에 협력대상국도 개발원조를 효과적으로 이행할 수 있는 규제장치가 된다.[36] 반대로 지나친 수준의 원조조건을 협력대상국에 요청할 경우 원조효과성 제고가 아니라 개발원조 이행 자체가 거부되는 결과로 이어질 수 있으며 협력대상국의 주인의식(Ownership)에 대한 심각한 권리침해로 발전할 수 있다.[37]

기존의 통일 논의가 민족주의 내지 국가주의에 함몰되거나 세계시민주의론이라는 거대한 보편적 지향이라는 극단에서 한반도 평화프로세스

34 Smith (2004).

35 Olav Stokke, "Aid and Political Conditionality: Core Issues and State of the Art," in Olav Stokke (ed.), *Aid and Political Conditionality* (London: Frank Cass, 1995), pp. 1-87.

36 Jakob Svensson, "When is foreign aid policy credible? Aid dependence and conditionality," *Journal of Development Economics* 61-1 (2000), pp. 61-84; Tony Killick, *Aid and the Political Economy of Policy Change* (London: Routledge, 1998).

37 김태균, "개발원조의 변용성과 원조조건의 정치경제학," 『경제와 사회』 제99호 (2013), pp. 122-152; 김태균, 『대항적 공존: 글로벌 책무성의 아시아적 재생산』 (서울: 서울대학교출판문화원, 2018).

를 접목하는 데 실패했다는 성찰적 비판이 있다. 이러한 한계를 넘어서기 위하여 기존의 한반도통일문제를 평화학의 시각에서 분석하고 재구성해 보려는 학술적 노력이 지속적으로 시도되었다.[38] 여기서 무엇보다 한반도 통일문제를 글로벌 수준의 보편적 시각에서 재조명함으로써 남북협력과 국제협력을 유도할 수 있는 창의적 사유공간과 혁신적 정책이 창출될 수 있다는 접근법을 공론화할 수 있다는 발견에 주목할 필요가 있다. 한편, 한반도통일문제에서 벗어나 국제개발 분야에서 평화와 개발을 적극적으로 연계하려는 노력은 최근에 시도된 새로운 접근이 아니라, 이미 국제개발학의 세부분과 주제로 정립되어 안보·갈등을 포괄하는 개념으로 평화가 적극적으로 분쟁지역의 개발 및 국가재건의 주요 조건으로 논의되어 왔다.[39] 1990년대의 협소한 의미로서 평화는 주로 분쟁지역의 갈등예방과 폭력방지에 초점이 맞춰진 반면, 2000년대에 들어와서 좀 더 확장된 개념으로서 평화가 안보와 등가물로 인식되었으며 최근에 들어와 광의의 개념으로 평화가 개발협력의 전제조건으로 UN과 세계은행(World Bank)에 의해 적극 활용되고 있다.

국제개발 조건으로서의 평화는 이론적으로 분쟁국가에서 분쟁 이후

38 구갑우, 『비판적 평화연구와 한반도』(서울: 후마니타스, 2007); 서보혁, "통일문제의 평화학적 재구성," 『한국민족문화』 제63권 (2017), pp. 33-64; 서보혁·박순성, "중간국가의 평화외교 구상: 한국 통일·외교·안보 정책의 전환과 과제," 『동향과 전망』 제71권 (2007), pp. 153-189.

39 World Bank, *Pathways for Peace: Inclusive Approaches to Preventing Violent Conflict* (Washington, D.C.: World Bank, 2018); Paul Jackson and Danielle Beswick, *Conflict, Security and Development: An Introduction* (Abingdon: Routledge, 2018); Joanna Spear and Paul D. Williams, "Conceptualizing the Security-Development Relationships: An Overview of the Debate," in Joanna Spear and Paul D. Williams (eds.), *Security and Development in Global Politics: A Critical Comparison* (Washington, D.C.: Georgetown University Press, 2012), pp. 7-36.

평화선언이 발효되고 국가가 재건되는 과정에서 혼란스럽게 투입되는 개발원조에 평화에 입각한 원조분배라는 조건을 전제함으로써 국가재건의 과도기적 상황에서 상업적·정치적 이해관계를 관철하려는 공여주체를 차단 내지 규제할 수 효율적인 도구이다.[40] 지금까지 UN을 중심으로 국제사회가 제3세계의 분쟁지역에 적용해 온 평화조건은 실제로 많은 실패를 경험했지만, 1990년대 말 코소보 사태, 2000년대의 모잠비크 내전 이후에 국제사회가 적극적인 평화조건을 도입하여 성공적으로 국가재건을 도모했던 긍정적인 사례도 있다.[41] 분쟁지역에 평화조건을 적용하는 과정에서 반드시 만족해야하는 조건은 UN과 같은 명확한 평화조건 집행주체가 글로벌 수준에서 구축되어야 하고 원조행위자 간에 평화조건에 대한 합의가 필요하다는 것이다. 이는 다분히 정치적 협의과정의 산물일 가능성이 높고, 높은 수위의 정당성과 리더십을 보유한 제3의 정치주체가 이러한 합의를 도출해 낼 수 있다.

한반도 평화프로세스에 평화조건을 도입하게 되면, 먼저 정치적 협상을 통해 북미 간에 평화선언 내지 종전선언을 통해 대북제재가 완화되어야 하는 전제조건이 필요하다. 이러한 역사적 계기가 마련된다는 가정 하에 평화조건을 위한 원조조정 프로세스가 진행되어야 한다. 평화조건을 통해 한반도에 대한 중국과 미국의 상충하는 정치적 인센티브 구조를 변화시킬 수 있으며, 대북원조를 시행하는 모든 공여주체들을 평화조건 원칙 안으로 흡수 및 조율할 수 있는 전략적 통합이 가능해진다. 이는 대북지원을 제공하는 모든 공여주체들의 원조방식을 일정 정도 통합하고 제

40 Boyce (2002).

41 Carrie Manning and Monica Malbrough, "Bilateral Donors and Aid Conditionality in Post-Conflict Peacebuilding: The Case of Mozambique," *Journal of Modern African Studies* 48-1 (2010), pp. 143-169.

어할 수 있는 제도가 마련된다는 것을 의미하기 때문에 평화조건이 기존의 대북원조에서 발생하는 이중적 딜레마를 해결할 수 있는 단초를 제공하는 정치적 수단이자 목표가 된다는 의미기도 하다. 북한에게도 평화조건은 북한과 공여기관 간에 발생할 수 있는 이해관계의 충돌을 사전에 예방할 수 있어 안정적인 개발협력을 추진할 수 있는 기회를 제공하게 된다. 아울러 평화조건을 통해 단기적인 인도적 지원이 장기적인 개발협력으로 전환하는 과정에서 큰 혼란과 충돌을 피할 수 있는 한반도 평화프로세스의 마중물 역할을 수행할 수 있다는 점에서 평화조건의 적극적인 도입은 한반도 평화프로세스의 모든 이해당사자들에게 정치적 기회구조의 긍정적인 확대효과를 창출하게 될 것이다.

## V. 맺으며

한반도 평화프로세스에 평화조건을 주체적으로 도입하고 운영할 수 있는 주체는 대부분 UN을 상정할 가능성이 높지만 UN과 함께 한국정부가 평화조건을 통해 대북지원의 이중적 딜레마를 해결할 수 있는 주체로서 전략적인 행보를 취해야 할 것이다. 현재의 대북제재 하에서 평화조건을 추진하기에는 시기상조일 수 있으나, 종전선언과 동시에 한국정부 및 시민사회단체가 평화조건을 추진할 수 있도록 지금부터 전략적인 대응방안을 모색해야 할 것이다. 지금까지의 대북지원이 북한의 비협조적인 태도와 대북지원단체 간의 정책조정이 미비했다는 이중적 딜레마의 고리를 끊어내기 위해서 평화조건의 제도화를 고민해야 하며, 평화조건은 개발협력으로의 전환이라는 중장기적인 문제를 풀어나가는 데 한국이 정치적 이니셔티브를 가질 수 있는 전략적 해법이 될 것이다.

평화조건을 제도적으로 도입하는 방안이 중요한 이유는 '뉴 노멀' 시대에 평화선언이 선포된 이후 우후죽순으로 들어올 해외자본과 개발원조를 통합적으로 관리하고 북한의 난개발을 미연에 방지하며 종합적으로 북한의 국내 경제개발정책과 긴밀히 조율할 수 있는 제도적 토대를 평화조건이 제공할 수 있다는 점이다. 특히, 중국의 개입은 국제원조 기준을 충족하지 않고 북한과의 전통적인 관계를 강조하면서 북한의 경제개발을 독점할 가능성이 높다. 또한, 일본의 자본도 일본 자체의 이해관계에 기반을 두고 동북아 안보와 경제발전의 영향력을 확보하기 위하여 남한과 북한의 통합과 관련 없이 개입할 가능성이 농후하다. 미국과 러시아도 이러한 계산법에서 예외는 아닐 것이다. 따라서 국제기준을 미리 제도화하고 '뉴 노멀' 단계에서 적극적으로 개입하려는 다양한 원조 행위자를 통합적으로 관리하고 통제하는 평화조건의 유용성을 국제기구와 협력해서 한국정부가 선제적으로 주도하고 이를 제도화하는 작업에 착수하는 것이 관건이다. 이를 위해 앞으로 평화조건을 도입해서 평화-개발 연계를 시도하였던 기존의 다양한 사례에 관한 비교연구가 활발하게 이루어져 하며, 성공사례와 실패사례를 관통하는 핵심 요인을 선별하여 향후 한반도 평화프로세스의 전제조건으로 어떠한 요인들을 대비하여야 하는가에 대한 학문적·정책적 컨센서스가 필요한 때이다.

## 더 읽을거리


구갑우, 『비판적 평화연구와 한반도』(서울: 후마니타스, 2007).

서보혁, 『한국 평화학의 탐구』(서울: 박영사, 2019).

Kim, Dong Jin. *The Korean Peace Process and Civil Society: Towards Strategic Peacebuilding* (Basingstoke: Palgrave Macmillan, 2019).

Stedman, Stephen John., Rothchild, Donald., and Cousensin, Elizabeth M. (eds.). *Ending Civil Wars: The Implementation of Peace Agreements* (Boulder: Lynne Rienner, 2002).

Stokke, Olav (ed.). *Aid and Political Conditionality* (London: Frank Cass, 1995).

# 제2장
# 삼각협력을 통한 북한개발협력 접근 모색*

손혁상(경희대학교)

## Ⅰ. 들어가며

북한개발협력은 남북 간 양자적 협력이나 국제사회 지원의 두 축으로 접근하는 동향을 보인다. 그러나 남북의 분위기 개선과는 별개로 남한과 북한 각자의 대내외적 정치 문제가 존재한다. 그로 인해 남북 양자 간의 직접 접촉을 통한 남북한 양자 간 개발협력을 본격화하는 데는 현실적 장애요인들이 예상된다. 이러한 상황에서 제3국이 연결고리 역할을 하는 삼각협력 방식은 북한개발협력의 장애요인이 모두 제거되기 이전에 중단

* 이 장은 2018년 대한민국 교육부와 한국연구재단의 지원을 받아 수행된 연구(NRF-2018S1A3A2075117)로 2019년 『한국정치연구』 제28권 1호에 게재된 "북한개발협력을 위한 삼각협력 모색: 북한의 개발수요와 주축국 선정을 중심으로"를 토대로 작성되었다. 논문이 책으로 나올 수 있도록 허락해준 한국정치연구 편집위원회에 감사드린다.

기적인 차원에서 대안적 또는 보완적 개발협력 접근으로 제시될 수 있다.

최근 연구들이 이러한 가능성을 뒷받침하고 있는데, 삼각협력에서 공여국과 수원국 간의 관계는 주축국(Pivotal State)의 존재로 인하여 양자협력에서보다 직접 접촉의 여지가 상대적으로 낮고, 공여국과 수원국 사이에 '적당한' 거리를 둘 수 있다.[1] 북한 지원의 경우, 체제의 폐쇄성과 북핵위기 등으로 인해 주요 공여국들이 양자 간 사업을 통한 직접지원에는 부담을 느끼기 때문에 제3국을 매개로 하는 삼각협력을 선호하는 경향이 있다.[2] 또한 본 연구에서 삼각협력의 일환으로 다루고자 하는 다자성양자(Multi–bi)원조의 경우, 국제기구는 개별 국가에 비하여 정치적으로 자유로우며 개별 국가보다 사업에 대한 모니터링이 용이하다는 점에서 북한개발협력에 중요한 축으로 작용할 수 있다.[3]

삼각협력이란 일반적으로 공여국인 OECD DAC 회원국과 주축국 역할을 하는 신흥국이 협력하여, 개발도상국을 원조하는 것을 의미한다.[4] 삼각협력은 1978년 부에노스아이레스 계획(Buenos Aires Plan of Action, BAPA)에서 처음 언급되었는데, 당시에는 개발도상국 간 기술협력을 지원

---

1 정혁, "삼각협력과 국제개발협력 전략," 『삼각협력과 국제개발협력 전략』 제26권 (4)호 (2017), pp. 213-236.

2 문경연, "북한개발협력: 북한 경제 KSP와 삼각협력," 『KDI 북한경제리뷰』(2014), p. 6.

3 김성한 외, "한반도통일기반 조성을 위한 대북지원 방향–국가와 국제기구의 역할 비교분석," 『국제관계연구』 제23권 (1)호 (2018), pp. 5-43.

4 Guido Ashoff, "Triangular Cooperation: Opportunities, risks, and conditions for effectiveness," *Development Outreach* 12(2) (2010); Sachin Chaturvedi, "Triangular cooperation in German development cooperation," *BMZ Strategy Paper* 5 (2012); OECD DAC, "Triangular Co-operation: What's the Literature Telling Us?," *Literature review prepared by the OECD Development Co-operation Directorate* (Paris: OECD, 2013), p. 13.

하고 촉진하는 것을 지칭하였다.[5] 삼각협력은 남북협력(North–South Co-operation)과 남남협력(South–South Cooperation)의 한계를 극복하고 개발효과성을 제고하기 위해 대두되었다. 기존의 남북협력은 개발도상국의 현실적 여건들을 북반구 공여국이 충분히 고려할 수 없었기 때문에 발생되는 문제점들이 존재했다. 또한 남남협력은 이를 보완할 수 있는 대안으로 주목받았으나, 신흥국의 개발역량 부족이 드러나며 실패하는 경우가 잦았다. 결과적으로 북반구 공여국과 신흥국이 각자가 지닌 우위를 바탕으로 파트너십을 맺는다면 개발원조가 보다 효과적으로 진행될 수 있을 것이라는 논의가 확대되었다. 그러나 이후 삼각협력 개념에 대한 국제사회의 통일된 합의는 이루어지지 않고 있다. 삼각협력에 참여하는 행위자들이 광범위하며 공여국, 주축국에 대한 일관된 개념이 없기 때문이다. 개별 국가 및 국제기구에 따라 삼각협력을 지칭하는 용어 또한 'Tri–lateral Co–operation', 'Triangular South–South Co–operation', 'Tripartite Co–operation' 등으로 다양하게 사용된다.[6]

본 연구에서는 주축국을 개도국으로 한정하지 않는 광의의 삼각협력 접근 방식을 택하였다. 삼각협력을 협의로 접근하면 공여국은 OECD DAC 회원국으로, 주축국은 세계은행(World Bank)이 제시한 개도국의 범주 내에 한정되면서 보다 다양한 경제적 수준을 지닌 국가들이 참여하는 협력사업들을 삼각협력으로 다룰 수 없는 한계가 발생한다.

더불어 본 연구는 다자성양자원조 또한 광의의 삼각협력 범주에 포함시키고자 한다. 다자성양자원조란 공여국이 특정 지역 및 사업목적을 지정해 다자기구에 재원을 위탁하여 해당 다자기구를 통해 시행되는 사업을 의미하며, 이러한 측면에서 지정기여(Non–core Contribution)라고도 일

5 OECD DAC (2013), p. 13.

6 OECD DAC (2013), p. 17.

컬어진다. OECD는 삼각협력 파트너십의 대상으로 다자기구를 명시하고 있다.[7] UN경제사회이사회(United Nations Economic and Social Council, UN ECOSOC)는 다자기구가 삼각협력에 공여적 지위를 갖는다고 밝히고 있다[8]. 따라서 다자성양자원조 또한 다양한 주체들 간 협력을 통한 원조의 효과성 제고라는 삼각협력의 취지와 부합한다.

본 연구는 대북 삼각협력이 실행에서 핵심 쟁점이 되는 삼각협력 분야와 주축국 선정을 분석 대상으로 한다. 이를 위해 다음 장에서는 삼각협력 및 다자성양자원조의 유형과 특징을 검토한다. III장에서는 조선로동당 제7차 대회(2016)에서 나온『국가경제발전 5개년 전략』과 UN(2016)의 『전략 프레임워크(Strategic Framework for Cooperation between the United Nations and the DPRK 2017–2021)』, UN인도적 지원조정실(United Nations Office for the Coordination of Humanitarian Affairs, UNOCHA) 북한인도적 지원팀(2017)의『북한의 수요와 우선순위(DPR Korea Needs and Priorities 2018)』 등의 정책문서를 바탕으로 북한의 개발수요를 파악하고, 이와 함께 대북 삼각협력 및 다자성양자원조 현황 분석을 통해 북한의 개발수요와 국제사회 지원 간의 조응성 정도를 논의한다. 마지막 장은 북한 삼각협력을 실행 할 때 주축국이나 주축 국제기구 후보를 제안하고자 한다.

---

7 OECD DAC, *Building the knowledge base on triangular co-operation: Findings from the 2015 OECD survey on triangular co-operation* (Paris: OECD), p. 6.

8 UN ECOSOC (2008), p. 1

# Ⅱ. 삼각협력의 현황과 유형 및 사례

### 삼각협력

여러 국가들과 국제기구가 삼각협력을 실행하고 있으나, 삼각협력에 대한 정보를 종합하는 시스템이 없기 때문에, 삼각협력에 대한 총체적인 현황과 구체적 규모를 측정하는 데는 현실적인 제약이 있다.[9] 그러나 국제기구 및 국가별 개발협력 담당 기관에서 발간한 보고서, 간행물, 웹사이트, 보도자료 등을 참고하여 주요 활용분야와 대략적인 규모를 조사한 최근 연구에 따르면[10] 삼각협력의 활용도는 농/축/수산업에서 가장 많았으며 보건/의료, 정부와 시민사회(거버넌스)가 그 뒤를 이었다.[11] 이들 분야에서의 삼각협력이 활발한 이유는 기술지원 및 전문가 파견, 재정적 지원을 비교적 용이하게 할 수 있기 때문이었다. 공여국으로서 OECD DAC 회원국 중에서는 일본과 독일이 삼각협력에 가장 적극적이었다. 개발도상국 중 주축국 역할을 하고 있는 국가들을 지역별로 구분해보면 다음과 같았다.

**〈표 1〉 지역별 삼각협력 주요 주축국[12]**

| 지역 | 주축국 |
|---|---|
| 아프리카 | 이집트, 케냐, 모로코, 남아프리카공화국, 튀니지 |

9 UN ECOSOC (2008), pp. 7-8.

10 손혁상·김태균은 ABC et al. (2012), Chaturvedi (2012), UNECOSCO (2008), OECD (2013), JICA (2012), UNDP (2009)와 주요 양자원조기관의 웹사이트, 보도자료 등을 분석하였다.

11 손혁상·김태균 (2014).

12 손혁상·김태균 (2014) p. 109를 바탕으로 저자 작성.

| 아시아 | 중국, 인도, 말레이시아, 싱가포르, 필리핀, 스리랑카, 태국, 베트남 |
|---|---|
| 남아메리카 | 아르헨티나, 브라질, 칠레, 콜롬비아, 멕시코 |

정혁·염유식[13]은 각국의 삼각협력 공여국별, 주축국별, 수원국별 참여 빈도수 현황을 정리했다. 전반적으로 북미 및 중남미 국가들이 삼각협력에 대한 참여도가 높았으며, 단일 국가로는 일본, 독일, 스페인에서 삼각협력이 많이 시행되고 있었다. 덧붙여 아시아에서는 인도네시아, 아프리카에서는 남아프리카공화국이 삼각협력을 통해 신흥국으로서 지역 영향력을 확대하고자 하는 경향을 보였다.

#### 다자성양자원조

국제사회의 다자원조 규모는 지속적으로 확대되고 있다. 물론, 양자원조 대비 다자원조 비율은 2000년 이후 약 7:3 수준을 유지하고 있으나, 세계적 차원에서 해결해야 할 지구적 과제와 국제 공공재에 대한 관심이 확대되면서 현재 글로벌 거버넌스(Global Governance) 차원에서 다자기구의 역할은 어느 시기보다 중요하게 고려되고, 이에 따라 전략적이고 적극적인 다자협력 수요가 보다 높아질 전망이다.[14] 여기서 다자원조 자금공여방식을 살펴보면 다자기구를 활용한 지정기여(Earmarked Contribution) 방식의 다자성양자원조가 상대적으로 더 큰 증가율을 보이고 있다. 2016년 기준으로 OECD DAC 회원국의 경우 다자성양자원조의 비중이 전체 ODA에서 약 13%까지 확대되었다.

13 정혁·염유식, 『삼각협력을 활용한 우리나라 ODA 발전방안,』 서울대학교 산학협력단 국무조정실 연구용역 최종보고서 (2015), pp. 10-14.

14 권율, "우리나라 다자원조정책에 대한 비판적 고찰," 『국제개발협력연구』 제2권 (2)호 (2010), pp. 1-27.

OECD DAC 회원국들의 다자성양자원조의 분야별 지원액 현황을 살펴보면, 긴급구호의 비중이 40.2%로 가장 높으며, 정부 및 시민사회 지원(12.4%), 교육(6.2%), 보건(5.2%), 농·어업 및 임업(4.8%)이 그 뒤를 이었다.[15] 긴급구호가 다자성양자원조에서 많은 비중을 차지하는 이유는 해당 국가들이 긴급구호를 진행할 때 다자기구를 통하는 것이 양자원조에 비하여 자금 운용상 효율성이 높다는 것을 경험했고 이를 원조정책에 반영하고 있기 때문이다. 다만 본 연구에서는 긴급구호와 더불어 상대적으로 연구가 미진한, 개발에 사용되는 다자성양자원조에 초점을 맞추고자 한다. 북한은 이미 긴급구호보다 개발원조의 필요성을 수차례 주창해왔으며, 국제사회의 제재 국면 이후 실제로 북한과의 삼각협력이 진행될 경우 긴급구호보다는 개발원조의 성격을 지닐 가능성이 높기 때문이다.

북한에 대한 국제지원을 연관시켜 다자성양자원조 동향을 다룬 기존 연구는 거의 없는 상태이다. 따라서 본 연구는 'OECD DAC Creditor Reporting System(CRS) Database' 분석을 통해 현황파악을 시도하였다.[16] 북한에 다자성양자원조 경험이 있는 국가들 중 일부는 체제전환국에 대하여 긴급구호가 아닌 개발 목적의 다자성양자원조를 제공한 경험이 있었다. 먼저, 스위스는 국제금융공사(International Finance Corporation, IFC)와 함께 베트남에 은행 및 금융 업무 관리와 관련된 교육 및 훈련을 목적으로 다자성양자원조를 실시했다. 또한 국제부흥개발은행(International Bank for Reconstruction and Development, IBRD)으로 하여금 재생에너지 개발 프로그램을 진행하게 하였다. 스웨덴은 유럽안보협력기구(Organization

15 OECD DAC, Multilateral Aid Report (2015) p. 23; OECD DAC Creditor Reporting System (CRS) Database를 바탕으로 저자 재구성 (검색일: 2018.11.23.).

16 OECD DAC CRS. https://stats.oecd.org/Index.aspx?DataSetCode=crs1 (검색일: 2018.11.25.).

for Security and Co-operation in Europe, OSCE)를 통해 우크라이나의 민주주의 및 인권 관련 기관을 지원했으며, UN과 함께 미얀마의 모성 및 아동사망률 감소를 위한 다자성양자원조를 실시했다. 마지막으로 캐나다와 세계은행그룹(World Bank Group, WBG)은 캄보디아의 산림탄소협력기구(Forest Carbon Partnership Facility, FCPF)를 위한 준비기금 마련을 도왔다.

〈표 2〉 스위스, 스웨덴, 캐나다의 체제전환국 대상 다자성양자원조 사례[17]

| 공여국 | 다자 기구 | 수혜국 | 년도/금액 (백만 USD) | 분야 | 내용 |
|---|---|---|---|---|---|
| 스위스 | IFC | 베트남 | 2016/ 7.29 | 은행 및 금융서비스 교육 훈련 | 베트남 은행의 환경적, 사회적 위험 관리 |
| 스위스 | IBRD | 베트남 | 2015/ 2.34 | 에너지 재생 기술 | 재생에너지 개발 프로그램 |
| 스웨덴 | OSCE | 우크라이나 | 2014/ 0.13 | 민간인 평화구축, 갈등 예방 및 해결 | 민주적 제도와 인권을 위한 사무소 지원 |
| 스웨덴 | UN | 미얀마 | 2014/ 6.06 | 기본적인 의료 보호 | UN 시스템과 미얀마보건부의 접근성이 좋지 않은 지역의 모성사망률 및 아동사망률 감소 |
| 캐나다 | WBG | 캄보디아 | 2011/ 0.85 | 임업정책 및 행정 관리 | 산림 탄소 협력기구 준비기금 지원 |

## III. 북한의 개발수요와 대(對)북한 삼각협력 현황

### 북한의 개발수요 분석

북한은 김일성 정권 수립 이후 경제발전을 위한 재원조달의 필요성을

17 OECD DAC CRS를 바탕으로 저자 재구성 (검색일: 2018.11.25.).

인정하면서도 동시에 외부의 원조에 종속되는 것을 경계해왔다. 하지만 최근에는 경제뿐만 아니라 기술 및 과학 분야 차원에서의 협력을 장려하는 방침을 내놓고 있는 경향을 보인다. 개발을 위해 재원이 필요하나, 북한이 자체적으로 재원을 조달할 수 있는 방법은 매우 제한적이기 때문이다.[18] 또한 북한은 경제 수준이 비슷한 개발도상국 간의 협력을 강조하며 동남아시아국가연합(Association of Southeast Asian Nations, ASEAN), 중앙아시아경제협력기구(Economic Cooperation Organization, ECO), 남아시아지역협력연합(South Asian Association for Regional Cooperation, SAARC)등에 대해 긍정적인 평가를 내리기도 했다.[19]

또한 임을출은 북한이 2009년 UN총회 기조연설에서 경제 강국 건설로 새천년개발목표(Millenium Development Goals, MDGs)에 기여할 수 있음을 언급했다는 것을 제시하며 이를 통해 국제사회와 개발협력에 대한 북한의 인식이 조금씩 변화의 양상을 보이고 있음을 밝혔다.[20] 한편 UN개발계획(United Nations Development Programme, UNDP)은 북한의 기초교육 및 성평등은 비교적 개선의 여지가 보이고 있으나, 보건, 위생, 환경, 및 글로벌 파트너십 측면에서는 한계를 드러냈다고 평가했다.[21]

최근 북한의 개발수요 분석이 중요한 쟁점으로 등장했는데, 삼각협력의 분야와 파트너 선정을 위해서도 북한개발수요 분석은 필수적이다. 본

---

18 박지연 외, ""국제사회의 개발협력 패러다임과 북한개발협력: 새천년개발목표(MDGs)와 지속가능개발목표(SDGs)를 중심으로," 『아태연구』 제23권 (2)호 (2016), pp. 249-275.

19 임을출, "동북아 개발협력: 북한의 인식과 법제적 대응," 『통일정책연구』 제19권 (2)호 (2010), pp. 237-270.

20 임을출, "글로벌 개발협력 거버넌스에 대한 북한의 시각과 대응: 새천년개발목표(MDGs) 체제와의 관계를 중심으로," 『통일정책연구』 제22권 (2)호 (2013), pp. 137-164.

21 임을출 (2013), pp. 145-147.

연구는 가장 최근 자료인 조선로동당 제7차 대회(2016)의 『국가경제발전 5개년 전략』, UN(2016)의 『전략 프레임워크 2017-2021』, 그리고 UNOCHA 북한인도적 지원팀(2017)의 『북한의 수요와 우선순위 2018』을 중심으로 북한의 개발수요의 우선순위를 검토하고자 한다. 『국가경제발전 5개년 전략』은 북한의 시각에서 바라본 개발수요를 제시하고 있으며, 『전략프레임워크 2017-2021』은 경제제재 상황을 고려하여 국제기구가 북한의 개발수요와 정합성이 높은 분야를 선정하였다. 또한 『북한수요와 우선순위 2018』은 인도적 지원 차원에서 최근 북한지원 필요 영역을 다루었다. 이 세 가지 문건을 종합하여 정리하면 북한은 정보화와 과학기술 발전에 기반을 둔 경제개발, 즉 각종 산업 및 공업 발전의 필요성을 주창하고 있는 반면, 국제원조기관은 인도주의적 차원의 사회개발에 초점을 맞추고 있음을 알 수 있다. 따라서 향후 북한개발협력이 본격적으로 시작되면 이러한 간극은 원조 과정에서 긴장 발생 요인이 될 수 있다. 이 때문에 북한의 개발수요를 무엇으로 파악하고 어느 분야에 집중할 것인가는 북한개발협력전략의 중요한 요소가 된다. 아래 〈표 3〉은 이들 세 문건이 제시한 개발수요 분야를 표로 정리한 결과이다.

북한이 5개년 전략에서 첫 번째로 제시한 경제·과학·기술 분야는 전략 프레임워크와 북한의 수요와 우선순위에는 포함되지 않았다. 반면에 세 가지 문건에 공통으로 포함된 분야는 식량안보·농업, 보건·위생, 환경·재난과 같이 인도적 성격이 강한 구호나 사회개발 분야이다. 또한, 제재가 가장 엄격하게 시행된 2018년에 발표된 수요와 우선순위 문건에서는 사회개발의 핵심인 교육이 제외되었으며, 전략 프레임워크의 주요 분야인 에너지 분야도 포함되지 않는다. 북한의 과학기술과 경제발전에 대한 전략적 우선순위가 북한과 UN기구들이 합의한 문서에는 반영되지 않고, 점점 인도적 지원 성격에 국한되는 경향을 볼 수 있다.

〈표 3〉 북한당국, UN, UNOCHA 북한인도적 지원팀의 북한개발수요 비교[22]

| 분야 | 국가경제발전 5개년 전략<br>(조선로동당 제7차 대회) | Strategic Framework for Cooperation between the United Nations and the DPRK 2017–2021 | DPR Korea Needs and Priorities 2018 |
|---|---|---|---|
| 경제<br>·<br>과학<br>·<br>기술 | (1) 수입 의존 원료, 자재, 설비들의 국산화<br>(2) 경공업부문 현대화<br>(3) 과학기술인재 발굴, 전문 과학 연구기관 조직<br>(4) 기초공업부문 발전<br>(5) 원유 등의 자원 개발<br>(6) 생산 공정의 자동화, 지능화. 공장, 기업소 무인화<br>(7) 정보산업, 나노산업, 생물산업 등 첨단산업 창설<br>(8) 석탄공업, 금속공업, 철도운수부문 발전<br>(9) 기계공업, 화학공업 발전<br>(10) 건설, 건재공업 발전<br>(11) 농업, 수산업, 경공업 생산력 확대<br>(12) 무역구조 개선: 가공품 수출, 기술무역, 봉사무역<br>(13) 경제개발구 투자환경 조성, 관광 활성화 | – | – |
| 에너지 | (1) 전력문제 해결: 수력, 화력, 원자력, 기타 재생에너지<br>(2) 통합전력관리체계 구축, 송배전망 개건보수, 유연교류송전계통 도입 | (1) 가장 취약한 지역공동체의 경제적이고 안정적이며 지속가능한 현대적인 에너지에 대한 접근성 향상 | – |

22 오마이뉴스. 2016. "[전문] 김정은 제1비서 7차당대회 중앙위원회 사업총화보고." (5월 8일), UN(2016), UNOCHA 북한인도적 지원팀(2017) 참고, 저자 재구성.

| | | | |
|---|---|---|---|
| 식량 안보 · 농업 | (1) 식량자급자족<br>(2) 농업생산 과학화, 공업화 | (1) 지속가능한 식량 생산 증가<br>(2) 농업, 원예업, 어업, 축산업의 지속가능한 식품 생산, 생산성 및 가공 증가<br>(3) 일 년 내내 다양하고 충분한 식량에 대한 접근성 향상을 통해 취약층 생계 강화 | (1) 지속가능한 식량 기반 접근법의 확대를 통한 식량 생산 제고 |
| 보건 · 위생 | (1) 예방의학적 방침 강화: 위생 방역기관 현대화<br>(2) 원거리의료봉사체계 완비, 의료봉사 질 향상<br>(3) 고려의학 과학화, 최신의학 과학기술 도입<br>(4) 지역 의료봉사거점 확립 | (1) 지속가능하고 공평한 보편적 건강 보장: 가장 취약한 외곽지역으로 일차 보건 의료 중점<br>(2) 가임기 여성, 5세 미만 어린이, 노인 등 취약집단의 영양상태 개선<br>(3) 가장 취약층인 여성, 어린이가 특히 겪는 전염성 및 비전염성 질병, 모성 및 유년기 질환을 다루는 서비스 강화<br>(4) 건강상의 위급상황에 대한 준비 및 대응 체계 강화<br>(5) 가정, 학습 기관, 보건시설 및 가장 열악한 공간에서 공평하며 지속가능한 물 공급 및 위생 보장 | (1) 주민들에게의 적절한 수준의 주곡 및 고영양 식품 공급<br>(2) 미량영양소 및 보충재 지원을 통한 취약계층의 영양가 높고 안전하며 충분한 식품에의 접근성 향상<br>(3) 5세 이하 아동 및 임산부, 수유부의 양질의 질병 예방 조치에 대한 접근성 향상<br>(4) 예방 가능한 전염성, 비전염성 질환 및 질병에 대한 모성, 영아, 5세 미만 아동의 사망률, 유병률 감소<br>(5) 북한의 전국적 백신 접종률 95% 이상 유지<br>(6) 안전하고 지속가능한 식수 및 위생시설에 대한 접근성 향상<br>(7) 가정 및 각종 시설에서의 위생적인 생활습관 교육, 확대 |
| 교육 | (1) 주요 대학 교육학부 강화를 통한 역량 있는 교원 양성<br>(2) 공장대학, 농장대학, 어장대학 등을 통한 기술 및 직업실무 고등교육<br>(3) 원격교육체계 발전 | (1) 유아·초중고등 기술 및 직업교육의 질과 형평성 향상 | - |

| | | | |
|---|---|---|---|
| 환경<br>·<br>재난 | (1) 풍력, 조력, 태양열 등 재생에너지 확대<br>(2) 산림녹화사업 실시<br>(3) 환경보호사업 개선<br>(4) 강, 하천, 바다 오염 근절<br>(5) 유기농법 장려 및 고리형순환생산체계 확립 | (1) 지역사회의 재난 및 기후변화에 대한 대처, 대응능력 향상 (특별히 여성을 포함한 취약층 중심)<br>(2) 환경 관리, 에너지, 기후변화, 재난위험관리에 대한 정부기관의 통합적이고 형평성 있는 접근 적용 | (1) 협동농장과 소농 가구의 회복력을 제고를 바탕으로 반복되는 자연재해 및 기후변화에 대한 대응능력 향상 |
| 국제<br>사회<br>참여 | (1) 대외경제관계 발전 | (1) 프로그래밍과 의사결정을 위한 신뢰성 있고 분야별로 분리된 인도주의 및 개발 데이터의 입수 가능성과 접근성 증가<br>(2) 국제적 기술의 규범과 기준 적용을 위한 북한의 역량 강화<br>(3) 북한의 국제 협약, 조약 및 기타 메커니즘의 준수 및 증거에 기반 한 보도 강화 | - |

다자 국제기구는 2008년 이후로 최근까지 국제사회의 제재 국면에서 대북지원에 있어 인도적 지원에 집중하는 경향을 나타내고 있으나, 북한의 경제개발의 필요성도 분명히 인식하고 있다고 볼 수 있다. 실제로 국제사회의 대북제재가 본격화되기 전인 2000년대 초반까지만 하더라도 국제기구 또한 북한 개발수요에 경제 부문을 포함시켜 포괄적인 발전 방향을 제시했다. UN(2006)의 『전략프레임워크 2007-2009』는 경제 관리, 지속가능한 에너지, 환경 관리, 식품 가용성, 기초 사회 서비스를 모두 포괄하는 북한의 주요 발전 목표를 제시했다. 유럽위원회(European Commission, EC, 2002)는 『유럽위원회-북한 국가 전략 보고서 2001-2004 (The EC-Democratic People's Republic of Korea Country Strategy Paper 2001-2004)』에서 정부기관 지원 및 역량 구축, 천연자원의 지속적인 관리 및 이용, 지속가능한 농촌개발을 북한 개발수요의 우선순위로 명시했다. 당시에는 최근 경향과는 다르게 국제기구가 사회개발뿐만 아니라 경제개발에 보다

초점을 맞추고 있음을 알 수 있다.

**대(對)북한 삼각협력 현황**

북한과의 삼각협력에 대한 정보를 다룬 원조기관 보고서 및 학계의 연구는 거의 없는 상황이다. OECD DAC 회원국들도 삼각협력에 대한 자료를 따로 제공하지 않고 있기 때문이다.[23] 조명철 외(2008)와 이종무 외(2011), 문경연(2014)의 북한과의 삼각협력은 현재까지 보기 드문 연구였다. 해당 세 건의 연구에 따르면 북한을 대상으로 한 한국의 삼각협력은 주로 중국을 파트너로 하고 있고, 그 밖에도 러시아, 일본, 캄보디아와 함께 이를 진행했다. 협력 파트너 4개국 중에서 중국, 러시아, 캄보디아 3개국이 체제전환국이었다. 내용 측면에서는 주로 시장경제교육, IT기술교육 및 경제개발관련 논의에 집중되었다. 세 건의 연구는 북한과의 삼각협력을 다루는 유일한 연구였다는 점에서 가치가 있으나, 연구의 범위가 기술협력에 한정되어 있거나 기술협력 장소 파악이 주를 이룬다. 또한 삼각협력 사례도 비공개 자료(박지연, 2014)를 기반으로 하고 있어, 주축국이 구체적으로 어떤 역할을 하였는지는 짚어내지 못했다는 한계가 있다.

**〈표 4〉 삼각협력 방식의 북한 기술협력사업 추진 사례[24]**

| 기간 | 프로그램명 | 주최기관 | 주축국 | 참가대상 | 교육내용 |
|---|---|---|---|---|---|
| 2001. 10.9. ~10.13. | IT 관계자 해외 방문 | KDI 대학원, 하나비즈 | 중국 | 평양 정보센터 엔지니어 | - IT, 무역 분야 교육<br>- 산업시찰 |

23 정지원 외, 『국제사회의 남남협력 현황과 우리의 추진방안』, 대외경제정책연구원 연구보고서 11-17 (2011), p.177.

24 조명철 외(2008), 박지연(2014), 문경연(2014)에서 재인용. 저자 일부 수정.

| | | | | | |
|---|---|---|---|---|---|
| 2001.<br>10.15. | 한반도 문제 해결을 위한 지식교류 회의 (1차) | KDI 대학원, North Pacific Region Advanced Research Center | 일본 | 한국 사회학회, 고려대학교 학자 | – 협력관계 구축 전략 교육 |
| 2002.<br>4.29<br>~9.3. | 북–중 세계경제 공동연구 (1회) | KDI 대학원, 중국사회과학원 | 중국 | 경제전문가 | – 경제교육<br>– 산업시찰 |
| 2002.<br>10.05. | 한반도 문제 해결을 위한 지식교류 회의 (2차) | KDI 대학원, 북태평양 지역연구소 | 일본 | 한국 사회학회, 조선대학교 학자 | – 협력망 구축방법 교육 |
| 2002.<br>12.16.<br>~12.17. | 동아시아 경제개발 국제 워크숍 (1차) | KDI 대학원, 경제금융연구소 | 캄보디아 | 재정성 관료 | – 체제전환국의 개발전략 |
| 2003.<br>9.25.~26. | 동아시아 경제, 무역, 교육 협력 컨퍼런스 | KDI 대학원, 블라디보스토크 대학 경제학과 | 러시아 | 북한 외교관 | – 동북아시아 에너지 협력, 지역안보, 인프라 개발 및 무역 관련 교육 |
| 2005<br>(50일 간) | 개성공단 북한 경제인력 양성 | 통일부 | 중국 | – | – 경제특구 및 경제지식<br>– 해외공단 시찰 |
| 2007<br>(가을) | ICPC(IBM) | 시러큐스 대학, 통일부 | 중국 | 김책공대 연구진 | – IT 교육 |
| 2008.<br>9.10.<br>~11.19. | 시장경제 지식공유 사업 | 기획재정부 | 중국 | 국제기술 경제교류 위원회, 김책공대, 평양외대, 국영기업관리부 국장 | – 경영, 경제, 외국어 훈련<br>– 고위급 현장 학습 |

| 2009.<br>10.3.<br>~12.11. | 시장경제<br>지식공유<br>사업 | 서울대<br>통일평화연구소,<br>대련대학<br>중조교류센터,<br>기획재정부 | 중국 | 무역성,<br>외무성,<br>조선<br>국제무역<br>중재<br>위원회,<br>국가계획위<br>원회,<br>기업인 등 | - 국제무역, 국제경제, 지적재산권, 중국 중재법, 주식시장 및 기념품 산업 활성화<br>- 인민소비품 보장을 위한 경공업 활성화 |
|---|---|---|---|---|---|
| 2010.<br>1.24.<br>~1.29. | 김책공대<br>-시러큐스<br>대 협력<br>연구 | 시러큐스 대학,<br>통일부 | 중국 | 김책공대<br>총장 등 | - 김책공대 내 IT연구소 건립 관련 논의 |

**대(對)북한 다자성양자원조 현황**

북한에 대한 OECD DAC 회원국의 다자성양자원조는 2011년 약 1,700만 달러에서 2016년에는 약 1,000만 달러로 점차 감소하는 경향을 보이고 있다. 이는 당시 북한의 연이은 핵실험 및 장거리 미사일 발사 실험 등으로 인한 국제사회의 대북제재가 강화되었기 때문이다. 북한에 다자성양자원조를 제공한 것으로 OECD DAC CRS에 나타난 DAC 회원국은 호주, 캐나다, 프랑스, 아일랜드, 룩셈부르크, 네덜란드, 노르웨이, 스웨덴, 스위스 9개국이다. 그중에서도 호주, 캐나다, 스웨덴, 스위스가 비교적 큰 규모의 원조를 제공했는데, 특히 스위스는 2014년을 제외하면 국제사회의 대북제재 국면에도 불구하고 북한에 대한 원조 규모를 유지 및 증가시켰다.

〈그림 1〉 OECD DAC 회원국의 대(對)북한 다자성양자원조 추이(2011–2016)[25]

(단위: 백만 USD)

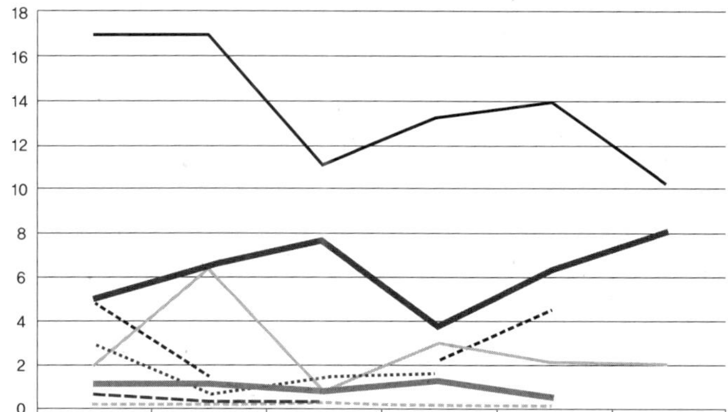


| | 2011 | 2012 | 2013 | 2014 | 2015 | 2016 |
|---|---|---|---|---|---|---|
| DAC회원국 전체 | 16.935 | 16.867 | 11.026 | 13.17 | 13.85 | 10.176 |
| 호주 | 4.92 | 1.518 | | 2.244 | 4.518 | |
| 캐나다 | 1.973 | 6.388 | 0.798 | 3.013 | 2.072 | 2.037 |
| 프랑스 | | | | 1.01 | | |
| 아일랜드 | 0.305 | 0.239 | 0.296 | 0.297 | 0.277 | |
| 룩셈부르크 | 0.586 | 0.286 | 0.281 | | | |
| 네덜란드 | 0.029 | | | | | |
| 노르웨이 | 1.216 | 1.177 | 0.597 | 1.258 | 0.589 | |
| 스웨덴 | 3.021 | 0.746 | 1.426 | 1.638 | | |
| 스위스 | 4.886 | 6.513 | 7.619 | 3.706 | 6.395 | 8.138 |

〈주〉 2016년 변동가격을 적용함.

2011년부터 2016년까지 OECD DAC 회원국의 대(對)북한 다자성양자원조 프로젝트는 총 94건으로, 이중 73건이 구호성 프로젝트였으며, 나머지 21건이 개발 프로젝트였다.[26] 구호성 프로젝트의 집행규모는 약 8,674

25 OECD DAC CRS를 바탕으로 저자 재구성. 참고: OECD DAC CRS. https://stats.oecd.org/Index.aspx?DataSetCode=crs1 (검색일: 2018.10.11.).

26 구호성 프로젝트와 개발성 프로젝트의 분류는 OECD Statistics에서 제시된 사업별 분야를 저자가 나눈 것이다.

* 구호 분야: 'Emergency food aid', 'Material relief assistance and services', 'Relief Coordination; protection and support services', 'Relief cooperation; protection and

만 달러, 개발 프로젝트의 경우는 약 4,444만 달러로, 구호성 프로젝트에 비해 개발 프로젝트가 건수와 규모 모두 적었다. 개발 프로젝트는 2013년과 2014년에 급증했으나, 이후 다시 급감하였다. 이는 2013년과 2014년에만 캐나다의 개발협력 프로젝트가 다양한 분야에 걸쳐 동시에 실시되었기 때문이다.

〈그림 2〉 OECD DAC 회원국의 대(對)북한 다자성양자원조 성격에 따른 분류와 추이[27]

(단위: 백만 USD)

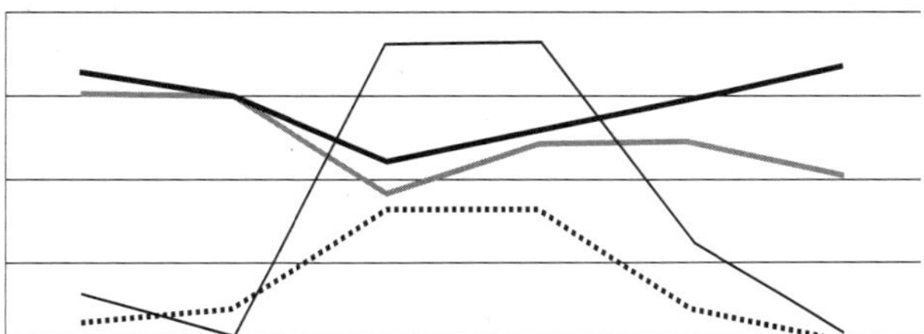

| | 2011 | 2012 | 2013 | 2014 | 2015 | 2016 |
|---|---|---|---|---|---|---|
| 구호 프로젝트 수 | 15 | 15 | 9 | 12 | 12 | 10 |
| 구호 원조액 | 16,069 | 15,265 | 11,022 | 13,046 | 14,934 | 16,403 |
| 개발 프로젝트 수 | 1 | 2 | 8 | 8 | 2 | 0 |
| 개발 원조액 | 2,589 | 0 | 17,95 | 18,328 | 5,575 | 0 |

〈주〉 2016년 변동가격을 적용함.

---

support services', 'Food aid/ Food security programmes'.

* 개발 분야: 'Public sector policy and administrative management', 'Participation in international peacekeeping operations', 'Public sector policy and administrative management', 'Public finance management', 'Trade policy and administrative management', 'Environmental policy and administrative management', 'Anti-corruption organisations and institutions', 'Democratic participation and civil society', 'Civilian peace-building, conflict prevention and resolution', 'Industrial policy and administrative management', 'Water sector policy and administrative management', 'Disaster prevention and preparedness', 'Basic life skills for youth and adults'.

27 OECD DAC CRS를 바탕으로 저자 재구성 (검색일: 2018.10.11.).

개발을 목적으로 한 대(對)북한 다자성양자원조는 주로 캐나다(총 21건 중 12건)와 스위스(6건)에 의해 진행되었다. 캐나다의 경우, 2013년과 2014년에 모든 개발 목적 다자성양자원조가 집중되었고, 그 외 년도에는 개발 프로젝트를 진행하지 않았다. 캐나다의 개발 목적 다자성양자원조는 2013년에는 OECD를 통해 약 1,553만 달러, 그리고 2014년에는 특정되지 않은 기타 다자기구(Other Multilateral Institutions)를 통해 약 1,526만 달러가 집행되었다. 반면에 스위스의 경우 2011년부터 2014년까지 매년 1건씩, 그리고 2015년에는 2건의 개발 목적 다자성양자원조를 실시하는 등 지속적인 면모를 보였다. 국제기구 파트너 또한 UN인구기금(United Nations Population Fund, UNFPA), UN아동기금(United Nations International Children's Emergency Fund, UNICEF), 특정되지 않은 기타 다자기구 등 비교적 다양하였다.

〈표 5〉 OECD DAC 각 회원국의 개발 목적 다자성양자원조[28]

(단위: 백만 USD)

| 국가 | 년도 | 파트너 국제기구 | 분야 | 원조액 |
|---|---|---|---|---|
| 캐나다 | 2013 | OECD | 공공재정관리 | 2.797 |
| | 2013 | OECD | 무역정책 및 행정관리 | 1.554 |
| | 2013 | OECD | 환경정책 및 행정관리 | 2.797 |
| | 2013 | OECD | 부패 방지 조직 및 제도 | 2.797 |
| | 2013 | OECD | 민주적 참여 및 시민사회 | 2.797 |
| | 2013 | OECD | 시민 평화구축, 갈등 예방 및 해결 | 2.797 |
| | 2014 | 기타 다자기구 | 무역정책 및 행정관리 | 2.748 |
| | 2014 | 기타 다자기구 | 환경정책 및 행정관리 | 1.528 |
| | 2014 | 기타 다자기구 | 부패 방지 조직 및 제도 | 2.748 |
| | 2014 | 기타 다자기구 | 민주적 참여 및 시민사회 | 2.748 |
| | 2014 | 기타 다자기구 | 시민 평화구축, 갈등 예방 및 해결 | 2.748 |
| | 2014 | 기타 다자기구 | 산업정책 및 행정관리 | 2.748 |
| | 총계 | | | 30.807 |

28 OECD DAC CRS를 바탕으로 저자 재구성 (검색일: 2018.10.11.).

| | | | | |
|---|---|---|---|---|
| 스위스 | 2011 | UNFPA | 공공정책 및 행정관리 | 2.589 |
| | 2012 | UNFPA | 공공정책 및 행정관리 | − |
| | 2013 | UNICEF | 수자원 정책 및 행정관리 | 0.192 |
| | 2014 | UNICEF | 수자원 정책 및 행정관리 | 0.346 |
| | 2015 | 기타 다자기구 | 재난 예방 및 방지 | 4.083 |
| | 2015 | 기타 다자기구 | 청소년과 성인을 위한 Basic life skills | 1.492 |
| | 총계 | | | 8.702 |
| 독일 | 2013 | OECD | 공공금융관리 | 2.219 |
| | 2014 | OECD | 공공금융관리 | 2.714 |
| | 총계 | | | 4.933 |
| 스웨덴 | 2012 | UN기관, 기금 및 위원회, 기타 | 국제 평화 유지 활동 참여 | − |

〈표 6〉에서 확인할 수 있듯이, 북한에 대한 다자성양자원조는 주로 긴급구호에 집중되어 있다. 개발원조는 2013년(8건)과 2014년(8건)을 제외하고는 미비한 실정이다. 그마저도 캐나다의 단기성 원조가 당시 개발원조 총 16건 중 12건을 차지했다(나머지 4건은 독일 2건, 스위스 2건). 결과적으로 국제사회의 대북 다자성양자원조는 앞서 살펴본 북한당국의 개발원조에 대한 수요와 일치하지 않고 있다는 점을 확인할 수 있다.

**〈표 6〉 OECD DAC 각 회원국, 다자기구의 목적별 대(對)북한 다자성양자원조 프로젝트 수(2011–2016)[29]**

| 국가 | 구호성 프로젝트 수 | 개발성 프로젝트 수 |
|---|---|---|
| 미국 | 1 | 0 |
| 호주 | 6 | 0 |
| 독일 | 0 | 2 |
| 캐나다 | 13 | 12 |
| 프랑스 | 2 | 0 |
| 아일랜드 | 5 | 0 |
| 룩셈부르크 | 3 | 0 |
| 노르웨이 | 7 | 0 |

| 다자기구 | 구호성 프로젝트 수 | 개발성 프로젝트 수 |
|---|---|---|
| WFP | 44 | 0 |
| FAO | 5 | 0 |
| UNICEF | 13 | 2 |
| UNFPA | 0 | 2 |
| UNOCHA | 1 | 0 |
| 기타 UN기관 | 1 | 1 |
| OECD | 0 | 8 |
| 기타 다자기관 | 8 | 8 |

29 OECD DAC CRS를 바탕으로 저자 재구성(검색일: 2018.10.11.).

| 네덜란드 | 1 | 0 |
|---|---|---|
| 스웨덴 | 20 | 1 |
| 스위스 | 15 | 6 |
| 총계 | 73 | 21 |

| 총계 | 73 | 21 |
|---|---|---|

대(對)북한 다자성양자원조의 구체적 사례를 파악할 수 있는 연구 및 원조기관 보고서가 거의 없는 상황에서 스위스는 개발협력청(Swiss Agency for Development and Cooperation, SDC) 차원에서 북한에 대한 원조의 일부 정보를 공개하고 있는데, 이를 통해 부분적으로나마 관련 정보에 대한 접근이 가능했다. 스위스는 2012년부터 대(對)북한 다자성양자원조로 UN아동기금과 협력하여 WASH(Water, Sanitation and Hygiene) 프로젝트를 진행하고 있다. SDC(2017)가 발행한 '북한 협력전략보고서 2017–2020(Cooperation Strategy 2017–2020 for the DPR Korea)'에 따르면, 북한 지방의 물 공급 및 위생 향상을 목적으로 시행된 이 프로젝트를 위해, 사업 착수 이후 2016년까지 약 344만 달러가 집행되었으며, 약 65,000명의 사람들이 물 및 위생 서비스 혜택을 받았고, 10,000여 명이 넘는 사람들이 1,500개의 개선된 재래식 화장실을 사용할 수 있게 되었다고 전하고 있다. 이 프로젝트에 대하여 2020년까지 약 268만 달러가 더 사용될 예정이다.

덧붙여 스위스는 북한의 모자보건 향상을 위해 매년 약 100만 명의 아동, 임산부 및 수유중인 여성에게 건조시킨 탈지분유(Dried Skimmed Milk, DSM)를 제공하여 기본적인 영양소를 공급하고 있다. 세계식량계획(World Food Programme, WFP)이 건조시킨 탈지분유의 운송, 처리 및 분배와 모니터링을 담당한다. 2012년부터 2016년까지 약 406만 달러가 지원되었고, 2020년까지 약 335만 달러의 예산이 계획되어 있다.

# Ⅳ. 한국의 대(對)북한 삼각협력

### 삼각협력 주축국 선정

본 연구는 한국의 대(對)북한 삼각협력 주축국 선정에의 고려 요소를 다음과 같이 설정했다. 일단 한국과의 경제관계는 교역량 상위 20개국 해당여부를 기준으로 삼았다. 북한의 대외무역에서 중국이 절대적인 비중을 차지하기 때문에 무역량만을 고려할 경우 북한과 경제관계를 맺고 있는 국가들을 파악하기 어렵다. 따라서 북한과의 경제관계는 교역량 상위 10개국 해당 여부, 투자여부(보고 기준)와 투자 장려 및 보호에 관한 협정 체결국 여부를 중심으로 살펴보았다. 한국과 북한의 외교관계는 위의 조건에 부합하는 국가들에 대하여 한국과 북한에 상주대사관이 있는지의 여부를 지표로 삼았다.

우선 한국의 20대 교역국은 2017년 교역액(수입액+수출액)을 기준으로 중국, 미국, 일본, 베트남, 홍콩(중국), 호주, 대만, 독일, 사우디아라비아, 싱가포르, 인도, 러시아, 인도네시아, 말레이시아, 멕시코, 아랍에미리트 연합, 필리핀, 태국, 카타르, 쿠웨이트 순이었다. 그 중에서 한국과 북한에 모두 상주 대사관이 있어 대북 삼각협력의 주축국 역할을 기대할 수 있는 국가는 중국, 베트남, 인도, 러시아, 인도네시아 5개국이다.

**〈표 7〉 한국 20대 교역국(2017)과 각국 별 주한대사관, 주북한대사관 유무**[31]

(단위: 백만 USD)

| 교역 순위 | 국가 | 교역량 | 교역 비중 | 주한대사관 | 주북한대사관 |
|---|---|---|---|---|---|
| 1 | 중국 | 239,980 | 22.80% | O | O |
| 2 | 미국 | 119,359 | 11.34% | O | - |
| 3 | 일본 | 81,941 | 7.78% | O | - |
| 4 | 베트남 | 63,931 | 6.07% | O | O |
| 5 | 홍콩(중국) | 40,991 | 3.89% | - | - |

| 6 | 호주 | 39,022 | 3.70% | O | - |
|---|---|---|---|---|---|
| 7 | 대만 | 32,971 | 3.13% | O | - |
| 8 | 독일 | 28,233 | 2.68% | O | - |
| 9 | 사우디아라비아 | 24,737 | 2.35% | O | - |
| 10 | 싱가포르 | 20,557 | 1.95% | O | - |
| 11 | 인도 | 20,004 | 1.90% | O | O |
| 12 | 러시아 | 18,947 | 1.80% | O | O |
| 13 | 인도네시아 | 17,975 | 1.70% | O | O |
| 14 | 말레이시아 | 16,760 | 1.59% | O | - |
| 15 | 멕시코 | 15,340 | 1.45% | O | - |
| 16 | 아랍에미리트 연합 | 14,946 | 1.42% | O | - |
| 17 | 필리핀 | 14,296 | 1.35% | O | - |
| 18 | 태국 | 12,672 | 1.20% | O | - |
| 19 | 카타르 | 11,702 | 1.11% | O | - |
| 20 | 쿠웨이트 | 10,757 | 1.02% | O | - |

〈주〉 교역액은 수입액과 수출액을 합한 수치.

북한의 10대 교역국은 2017년 수출입액 합계 기준 중국, 러시아, 인도, 필리핀, 스리랑카, 파키스탄, 홍콩, 멕시코, 에티오피아, 모잠비크였다.[31] 이들 중 중국의 무역 비중이 94.75%로 절대적으로 많았다. 특이사항으로는 태국, 싱가포르, 대만, 우크라이나가 북한의 10대 교역국에서 이탈했으며, 홍콩, 멕시코, 에티오피아, 모잠비크가 새롭게 북한의 10대 교역국에 진입했다. 일본의 경우 2009년 이후 교역량이 전무했다.

북한에 대한 투자(2004-2011 기준)에서도 미국 국가정보국 산하 오픈

30 한국무역협회(검색일: 2018.12.16.), 국가통계포털(검색일: 2018.12.16.)을 바탕으로 저자 재구성.
참고: 한국무역협회, http://www.kita.net/ (검색일: 2018.12.16.); 국가통계포털, http://kosis.kr/statHtml/statHtml.do?orgId=101&tblId=DT_1ZGAA16&vw_cd=&list_id=&seqNo=&lang_mode=ko&language=kor&obj_var_id=&itm_id=&conn_path=I3 (검색일: 2018.12.16.).

31 KOTRA, 『2017 북한 대외무역 동향』, KOTRA 자료 18-038 (2018), p. 12.

소스센터(Open Source Center, OSC)에 보고된 351건 중 205건(58%)을 중국이 차지했다(OSC 2012). 또한 일본(15건), 한국(10건), 이탈리아(7건), 영국(7건), 싱가포르(4건), 네덜란드(4건), 독일(3건), 이집트(3건), 미국(2건), 러시아(2건), 호주(2건), 폴란드(2건), 태국(1건), 덴마크(1건), 스위스(1건)가 그 뒤를 이었다. 기타 82건에 대하여는 투자국이 파악되지 않았다.

한편 북한은 2014년 기준 27개국과 투자 장려 및 보호에 관한 협정을 체결한 것으로 언론을 통해 보도되었다.[32] 해당 국가들은 나이지리아, 덴마크, 라오스, 러시아, 루마니아, 리비아, 마케도니아, 말레이시아, 말리, 몽골, 방글라데시, 베트남, 벨라루스, 불가리아, 세르비아, 스위스, 슬로바키아, 시리아, 싱가포르, 예맨, 이란, 이집트, 인도네시아, 중국, 체코, 캄보디아, 태국 등이다.

교역량, 투자 건수, 투자협정 체결에서 북한과 유의미한 관계를 보인 총 44개국에 대하여 주북한대사관 및 주한대사관 유무를 정리해보면 다음과 같다.

**〈표 8〉 북한의 10대 교역국(2017), 투자국(2004-2011), 투자협정 체결국과 각국 별 주북한대사관, 주한대사관 유무[34]**

| 국가 | 교역국 | 투자국 | 투자협정 체결국 | 주북한 대사관 | 주한 대사관 |
|---|---|---|---|---|---|
| 나이지리아 | - | - | O | O | O |
| 네덜란드 | - | O(4건) | - | - | O |
| 대한민국 | - | O(10건) | - | - | - |
| 덴마크 | - | O(1건) | O | - | O |
| 독일 | - | O(3건) | - | O | O |
| 라오스 | - | - | O | O | O |
| 러시아 | O(1.40%) | O(2건) | O | O | O |
| 루마니아 | - | - | O | O | O |

32 박성의, "[北투자①] [단독] 북한판 외국인투자 촉진법 지침서 입수," https://news.v.daum.net/v/20180625081805410 (검색일: 2018.12.14.).

| 리비아 | - | - | O | - | O |
|---|---|---|---|---|---|
| 마케도니아 | - | - | O | - | - |
| 말레이시아 | - | - | O | O | O |
| 말리 | - | - | O | - | - |
| 멕시코 | O(0.12%) | - | - | - | O |
| 모잠비크 | O(0.11%) | - | - | - | - |
| 몽골 | - | - | O | O | O |
| 미국 | - | O(2건) | - | - | O |
| 방글라데시 | - | - | O | - | O |
| 베트남 | - | - | O | O | O |
| 벨라루스 | - | - | O | - | O |
| 불가리아 | - | - | O | O | O |
| 세르비아 | - | - | O | - | O |
| 스리랑카 | O(0.21%) | - | - | - | O |
| 스위스 | - | O(1건) | O | O | O |
| 슬로바키아 | - | - | O | - | O |
| 시리아 | - | - | O | O | - |
| 싱가포르 | - | O(4건) | O | - | O |
| 에티오피아 | O(0.11%) | - | - | - | O |
| 영국 | - | O(7건) | - | O | O |
| 예멘 | - | - | O | O | - |
| 이란 | - | - | O | O | O |
| 이집트 | - | O(3건) | O | O | O |
| 이탈리아 | - | O(7건) | - | - | O |
| 인도 | O(0.99%) | - | - | O | O |
| 인도네시아 | - | - | O | O | O |
| 일본 | - | O(15건) | - | - | O |
| 중국 | O(94.75%) | O(205건) | O | O | O |
| 체코 | - | - | O | O | O |
| 캄보디아 | - | - | O | O | O |
| 태국 | - | O(1건) | O | - | O |
| 파키스탄 | O(0.20%) | - | - | O | O |
| 폴란드 | - | O(2건) | - | O | O |
| 필리핀 | O(0.35%) | - | - | - | O |
| 호주 | - | O(2건) | - | - | O |
| 홍콩 | O(0.17%) | - | - | - | - |

러시아, 스위스, 이집트, 중국이 위의 조건 5개 중 4개 이상을 충족하며 북한과의 경제적, 외교적 관계를 기준으로 삼각협력 주축국으로서 높은 적합도를 보였다. 그밖에도 나이지리아, 덴마크, 독일, 라오스, 루마니아, 말레이시아, 몽골, 베트남, 불가리아, 싱가포르, 영국, 이란, 인도, 인도네시아, 체코, 캄보디아, 태국, 파키스탄, 폴란드가 3개 조건을 만족하며 가능성을 나타냈다. 이 국가들 중에서도 말레이시아, 베트남, 싱가포르, 인도, 인도네시아, 체코, 태국은 남남협력 및 삼각협력 주축국 경험을 보유하고 있다는 점에서 주축국으로서의 역량을 다른 국가들보다 더 보유하고 있다고 볼 수 있다.

양자 간 원조를 통한 대북 원조는 주로 선진 공여국들에 의해 실시되었다. 그중에서도 스위스와 스웨덴은 지속적으로 적지 않은 규모의 원조를 진행하였다. 러시아, 캐나다, 독일, 노르웨이 또한 주목할 만하다. 프랑스의 원조 규모는 작은 편이었으나, 북한에 대한 지원을 계속 해왔다는 점에서 참작할만하다. 한편, 일시적이긴 하였으나 인도가 북한에 100만 달러를 원조한 것 역시 눈에 띈다. 정리하면 북한에 대한 원조의 규모 및 연속성 측면에서 스위스, 스웨덴, 러시아, 캐나다, 프랑스가 한국의 대(對)북한 삼각협력 파트너 후보로서의 적합성이 비교적 높아 보인다.

33 KOTRA(2018), 박성의(2018), 국가통계포털 (검색일: 2018.12.15.)을 바탕으로 저자 재구성.
참고: KOTRA (2018); 박성의, "[北투자①] [단독] 북한판 외국인투자 촉진법 지침서 입수," https://news.v.daum.net/v/20180625081805410 (검색일: 2018.12.14.); 국가통계포털, http://kosis.kr/statHtml/statHtml.do?orgId=101&tblId=DT_1ZGAA16&vw_cd=&list_id=&seqNo=&lang_mode=ko&language=kor&obj_var_id=&itm_id=&conn_path=I3 (검색일: 2018.12.15.).

〈표 9〉 원조국별 대북지원액(2015-2017)[34]

(단위: USD)

| 국가 | 2015 | 2016 | 2017 | 총계 |
|---|---|---|---|---|
| 스위스 | 10,274,573 | 10,380,599 | 6,998,470 | 27,653,642 |
| 스웨덴 | 4,441,883 | 3,181,161 | 2,390,173 | 10,013,217 |
| 러시아 | – | 3,000,000 | 3,000,000 | 6,000,000 |
| 캐나다 | 2,154,641 | 2,015,270 | 1,486,989 | 5,656,900 |
| 독일 | 936,257 | 2,958,212 | – | 3,894,469 |
| 노르웨이 | 2,182,642 | – | 887,103 | 3,069,745 |
| 호주 | 2,288,330 | (2,189,781) | – | 2,288,330 |
| 프랑스 | 565,372 | 327,868 | 494,056 | 1,387,296 |
| 인도 | – | 1,000,000 | – | 1,000,000 |
| 미국 | – | – | 1,000,000 | 1,000,000 |
| 핀란드 | – | – | 318,134 | 318,134 |
| 리히텐슈타인 | 97,087 | 97,561 | 105,708 | 300,356 |
| 아일랜드 | 264,550 | – | – | 264,550 |
| 덴마크 | – | 177,925 | 55,933 | 233,858 |

〈주〉 지원액은 북한에 이미 전달되었거나, 기부 이행 책임이 있는 액수 (2016년 호주)를 포함.

지금까지 ① 한국과의 경제·외교 관계, ② 북한과의 경제·외교 관계, ③ 대(對)북한 원조의 규모 및 연속성에 따라 어떤 국가들이 한국의 대(對)북한 삼각협력 주요 주축국으로서 정합성이 높은지 검토하였다. 각 기준에 의거한 국가들에 대하여 ④ 삼각협력에서의 주축국 경험 여부, ⑤ 체제전환국 여부를 살펴보았다. 먼저 중국, 베트남, 러시아가 5개의 삼각협력 주축국 선정 고려 요소 중에서 4개를 충족하는 것으로 나타났다. 인도, 인

34 UNOCHA Financial Tracking Database를 바탕으로 저자 작성.
: UNOCHA Financial Tracking Database, https://fts.unocha.org (검색일: 2018.11.26.).

도네시아, 말레이시아, 싱가포르, 체코, 태국, 독일의 경우 3개를 충족하며 그 뒤를 이었다. 이들 중 중국, 베트남, 러시아, 체코는 주축국과 체제전환 모두를 경험한 국가로서 주목할 만하다. 독일의 경우 전통적 서방 공여국 중에서 다양한 요소를 충족함으로서 주축국으로서의 가능성을 보였다.

스위스, 스웨덴, 캐나다, 노르웨이, 프랑스는 대북 원조의 규모 및 연속성 외에는 별다른 강점이 없다고 볼 수 있으나, 이것이 삼각협력의 주축국으로서 다른 국가들에 비해 적합성이 낮다는 것을 의미하지는 않는다. 삼각협력 또한 원조의 일환인 점에서 다른 고려 요소들보다 대(對)북한 원조 경험 가중치를 둘 수 있기 때문이다. 결론적으로 북한과의 삼각협력을 위한 주축국 파트너 선정에 대하여 절대적 기준이 아닌 다양한 기준을 활용한 결정이 요구된다. 지금까지 논의한 기준에 의한 국가별 주축국 선정 고려 요소 충족여부를 정리하면 다음 〈표 10〉과 같다.

**〈표 10〉 국가별 삼각협력 주축국 선정 고려 요소 충족 여부**[35]

| 국가 | 한국과의 경제, 외교 관계 | 북한과의 경제, 외교 관계 | 대(對)북한 원조의 규모 및 연속성 | 삼각협력에서의 주축국 경험 여부 | 체제전환국 여부 |
|---|---|---|---|---|---|
| 중국 | O | O | – | O | O |
| 베트남 | O | O | – | O | O |
| 인도 | O | O | – | O | – |
| 러시아 | O | O | – | O | O |
| 인도네시아 | O | O | – | O | – |
| 말레이시아 | O | O | – | O | – |
| 싱가포르 | O | O | – | O | – |
| 체코 | – | O | – | O | O |
| 태국 | O | O | – | O | – |
| 스위스 | – | – | O | – | – |
| 스웨덴 | – | – | O | – | – |

35 KOTRA(2018), 박성의(2018), 국가통계포털 (검색일: 2018.12.15.), UNOCHA Financial Tracking Database(검색일: 2018.11.26.)를 바탕으로 저자 재구성.

| | | | | | |
|---|---|---|---|---|---|
| 캐나다 | – | – | O | – | – |
| 독일 | O | O | O | – | – |
| 노르웨이 | – | – | O | – | – |
| 프랑스 | – | – | O | – | – |
| 이집트 | – | O | – | O | – |

한편, 정혁·염유식[36]은 한국의 삼각협력 주축국 파트너로 베트남, 중국, 인도네시아, 필리핀, 터키, 브라질을 제시했는데, 이 결과는 파트너국의 "한국과의 경제협력관계, 개발협력관계", "경제 및 제도적 역량", "사회문화적 요인", "국제사회에서의 가시성", "한국과의 중점 협력국 관계 여부", "지역 패권주의 가능성", "영토 분쟁 등의 국제정치적 위험요소", "기존 주축국으로서 삼각협력 경험" 등을 검토하여 이루어졌다. 해당 연구를 북한을 수혜국으로 하는 삼각협력에 직접적으로 적용하는 것은 다소 무리가 있을 수 있으나, 삼각협력 주축국 파트너 선정에 대한 함의를 제공해 준다. 또한 북한과의 양자적 개발협력관계가 없지만, 체제전환 경험을 한 비세그라드 그룹(Visegrád Group: 체코, 헝가리, 폴란드, 슬로바키아 4개국) 중 특히 헝가리에 주목할 필요도 있다. 헝가리는 점진적 개혁을 통해 사회불안정과 거시적 경제 위기에 비교적 잘 대처하며 발전했기 때문이다.

### 다자성양자원조 국제기구 파트너 선정

본 연구는 한국의 대북 다자성양자원조 국제기구 파트너 선정 고려 요소를 다음과 같이 설정했다.

① 북한 상주 국제기구 여부

② 한국 다자협력 중점 국제기구 여부

③ 대(對)북한 다자원조 기금 규모 및 연속성

36 정혁·염유식 (2015), p. 81.

북한에 현지 사무소를 두고 상주하는 UN기관은 UNDP, FAO, 세계식량계획(World Food Programme, WFP), 세계보건기구(World Heath Organization, WHO), UNICEF, UN인구기금(United Nations Population Fund, UNFPA) 등 총 6곳이다.

〈표 11〉 북한 상주 UN기구[37]

| 기관명 | 사업 분야 |
|---|---|
| UNDP | 지역사회기반 재난 위험 관리, 기후변화, 에너지, 농촌개발 |
| FAO | 식량안보, 영양, 자원관리, 농촌개발, 기후변화, 농업 역량 |
| WFP | 영양, 식량생산, 재해위험감소 |
| WHO | 모자 및 아동 보건, 영양, 식품안전, 질병 |
| UNICEF | 영양, 보건, 물, 위생, 교육, 정책 |
| UNFPA | 생식건강, 인구 전략, 인도적 지원 |

국제기구별 한국의 ODA 지원현황을 살펴보면, 2016년 기준 AIIB에 대한 지원규모가 2억 5,422만 달러로 가장 높았고, 국제개발협회(International Development Association, IDA)에 대한 지원이 1억 3,555만 달러로 두 기구에 재원이 43% 가량 집중된 것으로 나타났다. 그 뒤를 이어, IBRD, 아시아개발기금(Asian Development Fund, ADF), WFP, 아프리카개발기금(African Development Fund, AfDF), UNDP, UNICEF, UN평화유지활동국(United Nations Department of Peace–Keeping Operations, UNDPKO), UN난민고등판무관(United Nations High Commissioner for Refugees, UNHCR)은 총 지원액이 1억 달러를 초과하지는 않으나, 한국의 상위 10대 지원 기구에 포함되었다. 아시아개발은행(Asian Development Bank, ADB), ASEAN,

37 United Nations in DPR Korea (검색일: 2018.11.27.) 참고하여 저자 작성.
참고: United Nations in DPR Korea. http://kp.one.un.org/content/unct/dprk/en/home.html (검색일: 2018.11.27.).

UNESCO, WHO, FAO, GGGI는 10대 지원기구에 속하지 않았지만 2016년 1,000만 달러 이상을 지원한 기구이다. 지원 규모의 측면에서 보면 한국의 다자성양자원조 파트너로 적절성이 높은 국제기구는 UNDP, UNICEF, UNDPKO, UNHCR, ASEAN, UNESCO, WHO, FAO, GGGI이다.

아래 〈표 12〉와 같이 대(對)북한 다자원조는 대부분 UN기구를 통해 이루어졌다. 2015년부터 2017년까지 대(對)북한 다자원조 기금의 49.4%가 WFP로 집중되었고, UNICEF가 18.8%를 차지했다. 이는 WFP와 UNICEF가 대북 인도적 지원을 주도하였기 때문이었다. 그밖에 WHO, FAO, UNFPA, UNOCHA를 통한 다자원조 규모는 매우 작았다. 단 WHO, FAO는 작은 규모이나 지속적으로 북한에 다자원조를 하고 있음을 알 수 있다.

**〈표 12〉 UN기구별 대(對)북한 다자원조 기금(2015-2017)[38]**

(단위: 백만 USD)

| UN기구 | 2015 | | 2016 | | 2017 | | 총계 | |
|---|---|---|---|---|---|---|---|---|
| | 금액 | 비중 | 금액 | 비중 | 금액 | 비중 | 금액 | 비중 |
| WFP | 14.08 | 39.7% | 19.85 | 46.1% | 24.57 | 62.4% | 58.50 | 49.4% |
| UNICEF | 8.46 | 23.9% | 6.61 | 15.4% | 6.72 | 17.1% | 21.79 | 18.8% |
| WHO | 0.83 | 2.3% | 1.75 | 4.1% | 1.33 | 3.4% | 3.91 | 3.2% |
| FAO | 0.30 | 0.8% | 1.37 | 3.2% | 0.76 | 1.9% | 2.43 | 1.9% |
| UNFPA | - | - | 0.94 | 2.2% | 0.82 | 2.1% | 1.76 | 1.4% |
| UNOCHA | 0.25 | 0.7% | - | - | 0.22 | 0.6% | 0.47 | 0.4% |

38 UNOCHA Financial Tracking Database를 바탕으로 저자 작성(검색일: 2018.11.26.).
참고: UNOCHA Financial Tracking Database, https://fts.unocha.org (검색일: 2018.11.26.).

지금까지 ① 북한 상주 국제기구 여부, ② 한국 다자협력 중점 국제기구, ③ 대(對)북한 다자원조 기금 규모 및 연속성에 따라 어떤 국제기구가 한국의 다자성양자원조의 파트너로 적합할 수 있는지 검토하였다. 각 기준에 의거하여 각 국제기구의 웹사이트 및 연차보고서를 토대로 북한이 국가경제발전 5개년 전략에서 직접 기재한 개발수요(전력, 과학, 기술, 경제, 농업, 보건, 교육, 환경)와의 조응성을 살펴보면 〈표 13〉과 같다. FAO, WHO, UNICEF가 위의 3가지 기준 및 북한개발수요를 모두 충족하며 다자성양자원조 국제기구 파트너로 가장 높은 적합성을 보였다. UNDP와 WFP는 2가지 기준 및 북한개발수요를 만족하며 충분한 잠재력이 있는 것으로 판단된다. UNESCO는 북한의 실질적 개발수요와 접점이 많으나 북한 상주 사무소가 없다는 점이 제약 요건으로 작용한다. 하지만 이는 지금까지의 대(對)북한 다자성양자원조가 인도적 지원에 집중된 경향을 반영한 것이다. 따라서 향후 대(對)북한 원조 기금의 목적이 인도적 지원에서 개발로 전환될 경우 다른 국제기구들의 적합성이 더 두드러질 가능성도 있다.

**〈표 13〉 국제기구별 다자성양자원조 파트너 선정 고려 요소 충족 여부**

| 국제기구 | 북한 상주 사무소 | 한국의 다자협력 중점 국제기구 | 대북 다자원조 기금 규모 및 연속성 | 북한개발수요와 조응성 |
|---|---|---|---|---|
| UNDP | O | O | – | 전력, 환경 |
| FAO | O | O | O | 농업 |
| WFP | O | – | O | 농업 |
| WHO | O | O | O | 보건 |
| UNICEF | O | O | O | 보건, 교육 |
| UNFPA | O | – | – | 보건 |
| UNDPKO | – | O | – | – |
| UNHCR | – | O | – | – |
| UNESCO | – | O | – | 교육, 과학 |
| ASEAN | – | O | – | 경제 |
| GGGI | – | O | – | 환경 |

출처: 각 기구 웹사이트[39] 및 연차보고서, EDCF ODA 통계 (검색일: 2018.5.3.), UNOCHA Financial Tracking Database (검색일: 2018.11.26.)를 바탕으로 저자 작성.[40]

## V. 맺으며: 삼각협력 분야의 전략적 선택

본 연구는 대(對)북한 삼각협력 전략을 제시하기 위해 북한의 개발수요를 분석하고, 그동안 북한에 진행된 삼각협력을 살펴보았다. 이어서 대(對)북한 삼각협력에 적합한 주축국 및 국제기구 파트너를 여러 조건에 따라 파악하였다. 북한의 개발수요에 대하여 북한당국은 정보화, 산업화, 첨단과학기술, 공업발전 등에 기반을 둔 경제개발이 필요함을 주장했다. 반면에 UN을 비롯한 국제사회의 대북제재가 이어지는 상황에서 다자원조기구는 북한의 개발수요를 인도주의적 차원에 국한시키려는 경향을 보인다.

삼각협력의 주요 주축국으로는 중국, 베트남, 러시아 3개국의 적합성이 높았으며 그 뒤를 이어 인도, 인도네시아, 말레이시아, 싱가포르, 체코, 태국, 독일 등 7개국이 가능성을 보였다. 그밖에 스위스, 스웨덴, 캐나다, 노

---

39 UNDP(http://www.undp.org/content/undp/en/home.html), FAO(http://www.fao.org/home/en/, WFP (http://www1.wfp.org/WHO(https://www.who.int/), UNICEF (https://www.unicef.org/), UNFPA(https://www.unfpa.org/), UNDPKO(https://peacekeeping.un.org/en/department-of-peacekeeping-operations), UNHCR(https://www.unhcr.org/), UNESCO(https://en.unesco.org/), ASEAN(https://asean.org/), GGGI(http://gggi.org/).

40 EDCF ODA 통계, https://stats.koreaexim.go.kr (검색일: 2018.05.03.); UNOCHA Financial Tracking Database, https://fts.unocha.org (검색일: 2018.11.26.).

르웨이, 프랑스 5개국은 선진공여국으로서 대(對)북한 원조 경험이 비교적 풍부하다는 점에서 파트너십을 통해 한국의 약점을 보완할 수 있을 것으로 기대된다. 이 국가들은 체제전환국을 대상으로 개발협력사업을 시행한 경험이 있다.[41] 스위스는 타지키스탄의 대중교통 시스템 확충을 지원했으며, 스웨덴은 에너지 정책 차원에서 우크라이나의 방사능 폐기물 처리 및 관리에 대한 개발협력을 실시했다. 프랑스 역시 캄보디아에 재생에너지 관련 기술협력을 실시했다.

다자기구 파트너로는 FAO, WHO, UNICEF, UNDP, WFP가 삼각협력 파트너로서의 적합성이 높았다. 각 기구는 다음과 같은 분야에서 북한의 개발수요와 관련된 전문성을 지니고 있다: 1) UNDP–전력, 2) FAO, WFP–농업, 3) UNICEF–보건, 4) UNDP–환경. 과학 및 기술 분야의 경우 UNESCO가 현시점에서는 다자기구 파트너로서 제약이 많지만 향후 북한에 상주 사무소가 설치된다면 북한의 다각적인 개발수요를 보다 적절히 반영할 수 있을 것으로 판단된다.

남북관계가 호전되고 있음에도 불구하고, 남북 간의 개발협력으로 이어지기에는 거쳐야 할 것들이 많다. 특히 남북의 양자개발협력관계는 더욱 요원하다. 수십 년간 이어진 갈등과 불신 속에서, 양자개발협력을 위해 남북 당국은 정치 차원에서 대외적 문제뿐 아니라 국민지지를 이끌어내고 재원을 마련해야 하는 대내적 문제 또한 해결해야 하기 때문이다.

경제제재 국면과 그간의 대립의 역사를 고려할 때 대(對)북한개발협력에서 삼각협력의 전략적 활용성은 매우 높다고 판단된다. 삼각협력은 양자개발협력에 비하여 남한과 북한 모두에게 비교적 정치적 부담이 낮으며, 개발의 효과성 차원에서도 충분한 잠재력을 지니고 있다. 따라서 삼

41 OECD DAC CRS https://stats.oecd.org/Index.aspx?DataSetCode=crs1 (검색일: 2018.12.17).

각협력이 남북한 모두에 정치적, 경제적으로 긍정적인 결과를 가져와 향후 본격적인 양자 개발협력관계로의 발전을 견인할 것을 기대한다.

## 더 읽을거리

박지연·문경연·김은영·조동호, "국제사회의 개발협력 패러다임과 북한개발협력: 새천년개발목표(MDGs)와 지속가능개발목표(SDGs)를 중심으로," 『아태연구』 제23권 제2호 (2016), pp. 249–275.

문경연, "북한개발협력: 북한 경제 KSP와 삼각협력," 『KDI 북한경제리뷰』 (2014).

손혁상·김태균, "한국 개발협력의 삼각협력 추진방안에 관한 연구," 정혁 외, 『한국 개발협력의 삼각협력 추진방안에 관한 연구』(KDI 국제정책대학원 경제·인문사회연구회 기획 협동연구총서 14–41–01, 2014), pp. 109–166.

Ashoff Guido, *Triangular cooperation: Opportunities, risks, and conditions for effectiveness* (World Bank Institute, Development Outreach 12(2), 2010).

Chaturvedi, Sachin, "Triangular cooperation in German development cooperation." *Position Paper* (BMZ strategy paper 5, 2012).

# 제2부
# 지속가능한 북한개발협력을 위한 파트너십 모색

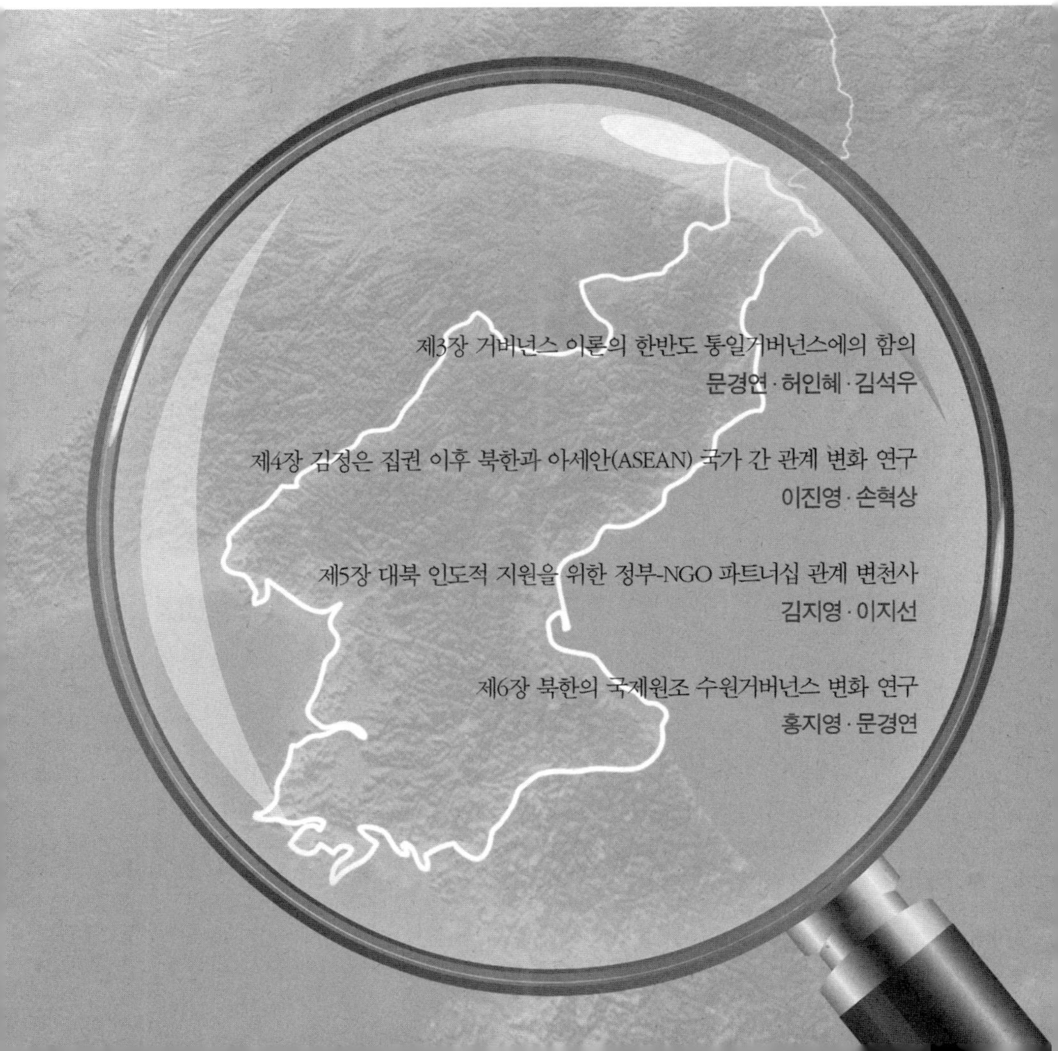

제3장

# 거버넌스 이론의 한반도 통일거버넌스에의 함의*

문경연(전북대학교)

허인혜(전북대학교)

김석우(서울시립대학교)

## I. 들어가며

한반도에서의 통일기반 조성과 관련된 이슈를 둘러싸고 한국 내, 남북한 사이, 그리고 국제사회에서 과거와 크게 차별화되는 새로운 환경이 펼쳐지고 있다. 2018년 초만 하더라도, 한국 내에서는 현실주의적 대북강경책의 실효성에 대한 비판적 목소리와 자유주의적 포용정책의 한계가 동

* 이 장은 2018년 대한민국 교육부와 한국연구재단의 지원을 받아 수행된 연구(NRF-2018S1A3A2075117)로 2019년 『국제관계연구』 제24권 1호에 게재된 "거버넌스 이론의 한반도통일거버넌스에의 함의"를 토대로 작성되었다. 논문이 책으로 나올 수 있도록 허락해준 국제관계연구 편집위원회에 감사드린다.

시에 지적되었다. 그러나 2018년 4월 27일 남북정상회담을 기점으로는 남북 화해와 협력 움직임이 거스를 수 없는 물결로 인식되고 있다. 이러한 분위기 속에서 남북 간에는 도로와 철도연결사업 등 구체적인 경제협력사업에 더하여 군사안보 면에서의 회담도 개최되고 있다. 더 나아가 같은 해 6월 싱가포르에서 개최된 북미정상회담에서 북한의 핵 폐기가 언급됨에 따라 그동안 북한의 핵미사일 도발에 대응하여 취해졌던 대북제재 완화가 조심스럽게 논의되고 있다.

그럼에도 불구하고 한반도에서 자유롭고 민주적인 통일국가의 형성가능성은 여전히 불확실하다. 2018년 들어 급격히 발생한 한국, 미국, 국제사회의 북한과의 화해협력 분위기에 대하여 상반된 해석이 충돌하고 있다는 사실은 그 불확실성을 대표적으로 보여준다. 한편에서는 핵–경제 병진노선 하 2017년 말 핵 무력 완성을 선포한 북한이 미국과 국제사회의 강력한 대북제재를 뚫고 경제성장을 도모하기 위하여 대화의 장에 나오게 되었다고 주장한다. 다른 한편에서는 한국 문재인 정부의 꾸준한 대북 대화 제의와 북한과 미국 사이에서의 소위 중재외교의 노력이 결실을 맺었음을 강조한다.

유사한 맥락에서, 북미대화를 촉진한 2018년 남북정상회담에 대한 평가도 상반된다. '판문점 선언문'이라고도 불리는 이 정상회담 선언문은 남북 정상이 공동번영과 자주통일, 군사적 긴장상태의 완화와 교류협력, 항구적이며 공고한 평화체제 구축을 강조한 데 이어 마지막 부분에서 "남과 북은 완전한 비핵화를 통하여 핵 없는 한반도를 실현한다는 공동의 목표를 확인하였다"고 명시하였다.[1] 이에 대하여 한편에서는 비핵화를 명시한 문서에 북한지도자가 직접 서명을 하였을 뿐 아니라, 기존 남북합

---

1 청와대, "한반도의 평화와 번영, 통일을 위한 판문점 선언," https://www1.president.go.kr/articles/3139 (검색일: 2018.4.18.).

의에 대한 이행의지를 표명하고 남북 간 실현가능한 협력 아젠다를 모색했다는 점에서 북한의 완전한 비핵화를 낙관한다.[2] 다른 한편에서는 한반도 비핵화는 그동안 북한이 누차 주장해 온 한반도 비핵지대화와 유사하다고 지적한다.[3] 따라서 이들은 북한이 1990년대 이래 지속적으로 비핵화를 천명해왔다는 사실에 비추어 볼 때 새로울 것이 없는 선언문이라며 한국정부가 북한 핵 폐기의 대가로서 제공하고자 하는 막대한 경제적 지원과 협력프로젝트의 진행, 한국군 군사훈련의 연기와 축소 등에 있어 신중할 것을 주문한다.

결과적으로 한반도통일의 가능성은 2018년 남북, 북미정상회담 이후에도 기대와 우려, 낙관과 회의가 교차하며 지속적인 불확실성을 보여주고 있다. 한반도통일 이슈는 거대하면서도 복잡한 퍼즐의 양상을 보이고 있다. 이러한 상황에서 본 연구는 이 퍼즐을 푸는 작업은 한반도에서 한국 국내, 남북한, 그리고 국제사회에서의 다층적인 통일거버넌스를 형성하는 데에서부터 시작된다는 인식에서 시작한다. 본 연구가 '거버넌스'의 렌즈를 통하여 한반도통일 이슈에 접근하는 이유는 거버넌스론의 유용성에서 기인한다. 한반도통일이란 분단 이전 상태로의 회귀가 아니라 '남북한의 상이한 체제를 하나의 체제로 통합하되, 이 과정에서 자유민주주의와 시장경제, 그리고 인간의 존엄과 가치 존중을 기반으로 하는 민족공동체의 건설'을 의미한다.[4] 더 나아가 북한 이슈는 글로벌-동아시아-한반도라는 여러 층위에 위치하여 있기에 '국내외적으로 통일 공감대를 확산하고 통일 대비 역량을 강화하여 실질적 통일준비를 내실화하는 작

2 《조선일보》, "전문가 분석," 2018년 4월 28일 기사, http://news.chosun.com/site/data/html_dir/2018/04/27/2018042702351.html (검색일: 2018.10.11.).

3 《한국일보》, "비핵화 의지 표명," 2018년 4월 28일 기사, http://www.hankookilbo.com/v/b6a9a184205a4854969f605b5449721f (검색일: 2018.10.1.).

4 통일교육원, 『통일문제의 이해』(서울: 통일교육원, 2011).

업'이 될 수밖에 없다.[5] 결과적으로, 통일기반조성 및 통일의 과정에서는 국내외의 다양한 행위자들의 역량이 이들의 참여와 네트워킹을 통하여 효과적으로 결집, 활용되어야 하는 것이며, 이러한 활동은 이후 논의될 거버넌스론의 핵심적 원칙들과 직결된다.

한국에서는 2000년대 초반, 거버넌스 개념이 여러 정책분야에 도입되면서, 통일 및 대북정책 영역에서도 거버넌스를 적용한 연구들이 다수 등장하였다. 대표적으로 여인권(2004)은 대북정책에 대한 여러 참여 주체(정부, 기업, NGO, 국제기구 등)들의 대북지원사업을 체계적으로 정리하고, 거버넌스 참여주체들의 정보화 활용실태를 분석하였다. 김국신(2005)은 통일 논의 환경을 세계화, 정보화, 민주화의 가속화 속에서 거버넌스의 주요 주체인 정부, 국제체제, 기업, 시민사회, 통일NGO가 바람직한 통일 거버넌스 구축을 위해 어떠한 역할을 해야 하는지 제시하였다. 함택영 외(2008)는 평화체제를 위한 거버넌스에 집중하여 이를 위해 국제적 차원, 남북 차원, 국내적 차원의 평화체제 구축을 위한 정부의 역할을 예산, 지식/정보, 네트워크/조직, 갈등해소/분쟁해결의 측면에서 고찰하였으며, 최진욱(2008)은 남북한 네트워크 거버넌스 구축을 위한 북한 내 행위자 분석을 시도하였다. 그리고 허인혜(2012)는 노무현, 이명박 정부 대북정책에 대한 사례연구를 통하여 민간의 참여와 법의 지배라는 민주적 거버넌스의 원칙이 대북정책에 도입될 필요가 있음을 주장하였다.

이상의 기존 연구들은 거버넌스 개념을 통일정책영역에 적극 도입하여 통일거버넌스에 영향을 미치는 주요 요소를 구체화하고자 노력하였다는 점에서 중요한 함의를 제공한다. 그럼에도 불구하고 기존의 연구경향에서는 크게 두 가지의 한계가 발견된다. 첫째는 거버넌스론 자체에서 발생하

---

5 황지환, "북한문제 인식의 문제점과 새로운 접근의 필요성," 『통일과 평화』 제3권 2호 (2011).

는 한계이다. 거버넌스 개념은 널리 알려졌다시피 합의된 개념이 부재한 채로 다양한 영역에 적용될 수 있는 탄력성을 지닌다(Kjaer 2007). 이러한 사실은 실질적으로 한반도통일에 기여하는 새로운 통일 거버넌스를 모색하는 과정에서 거버넌스 이론에 대한 재고찰과 더불어 한반도에 적용 가능한 새로운 거버넌스 원칙에 대한 논의가 필요함을 시사한다. 둘째는 이상의 연구들은 변화하는 통일 환경에 크게 주목하지 않았다는 점이다. 통일거버넌스 모색에 있어서 한국 내부, 남북한 관계, 그리고 국제사회 차원에서 통일에 직·간접적 영향을 미치는 요인들은 간헐적으로, 그러나 지속적으로 변화하고 있으며, 이에 대한 적극적인 고려가 필요하다.

이상의 문제의식에서 출발한 본 연구는 한반도통일에 실질적으로 기여할 것으로 예상되는 한반도의 통일거버넌스는 예방적 정책패러다임에 입각한 질 높은 거버넌스를 지향해야 함을 주장하고자 한다. 이를 위하여 먼저 본 연구는 기존의 거버넌스 관련 이론에 대한 비판적 검토를 통하여 본 연구가 모색하고자 하는 통일거버넌스에 적용될 주요 원칙들을 도출한다. 이후 다양한 층위에서 변화하고 있는 통일여건을 적극적으로 고려하면서 앞서 도출된 통일거버넌스 원칙들을 한국 내부, 남북한 관계, 그리고 국제사회 차원에 각기 적용하여 통일거버넌스의 모델을 구체화하고자 한다. 마지막으로 본 연구에서 논한 통일거버넌스 모델이 한반도 이슈 관리 및 통일 정책 추구에 대하여 제공하는 정책적 함의를 도출하고자 한다.

## II. 거버넌스론에 대한 비판적 검토

지난 수십 년간 학자와 정책결정자들을 중심으로 하여 널리 활용되어

온 거버넌스라는 용어는 시대적 요구에 맞추어 그 개념을 조금씩 변화하여 왔다. 1970년대까지만 하더라도 거버넌스는 정부의 활동에 주목하여 정부의 통치행위 혹은 통치의 과정, 더 나아가 정부에 의한 권위적인 지시 및 통제의 의미로 활용되었다.[6] 그러나 소위 '난제(Wicked Problems),' 즉 문제 발생의 원인이 넓은 범위에 걸쳐 분포함에 따라 정부의 역할에 의하여 해결될 수 없는 문제들이 증가하기 시작하면서 거버넌스의 개념은 사회문제를 해결하는 데 있어서 정부 역할이 지니는 한계를 인식하는 방향으로 변화하였다. 그 결과 거버넌스 이론가들은 기존의 국가운영의 원리가 강제, 명령, 위계, 관료주의 등에 입각하여 있다고 비판하며 조정과 조율의 가치에 맞춘 새로운 국가운영 원리가 형성되어야 함을 주장하였다.[7]

이러한 움직임은 1980년대를 전후하여, 정부역할의 범위와 강도의 축소에 영향을 미친 복지국가의 쇠퇴와 신자유주의적 세계화라는 정치경제적 변화 속에서 더욱 강화되었다. 동시에 국내정치적으로는 '주인과 대리인 문제'로 대표되는 대의제민주주의의 '대의의 실패'(Failure of Representation) 현상과 시민의 대의정부에 대한 불만이 확산되었고, 이에 따라

---

6 Samuel E Finer, *Comparative Government* (London: Allen Lane The Penguin Press, 1970).

7 Horst W Rittel and Melvin M Webber, "Dilemmas in a general theory of planning," *Policy Studies.* Vol. 4. No. 2 (1973); Carmen R Apaza, "Measuring governance and corruption through the worldwide governance indicators: Critiques, responses, and ongoing scholarly discussion." *PS: Political Science & Politics.* Vol. 42, No 1 (2009); Scott Mainwaring and Timothy R Scully, *Democratic Governance in Latin America* (Stanford: Stanford University Press, 2009); Mark Bevir, "Governance and interpretation: what are the implications of postfoundationalism?" *Public administration.* Vol. 82, No. 3 (2004); Mark Bevir, "Democratic Governance: Systems and Radical perspectives." *Public Administration Review.* Vol. 66. No. 3 (May/June 2006).

정부 외 행위자들의 자발적, 자율성, 전문성 및 이들 사이의 네트워킹에 기초한 거버넌스의 형성이 필요하다는 주장이 증가하였다. 그 결과 20세기 후반을 지나면서 거버넌스는 '사회의 다양성, 복잡성, 역동성의 확대에 부응하는 새로운 통치의 방식이자 과정'이라는 광범위한 차원에서 논의되기 시작하였다.[8]

이러한 맥락에서, 학문 영역별 연구주제와 연구자의 관심사에 따라 다양한 거버넌스 개념이 등장하여 널리 활용되고 있다. 예를 들어 사회학에서는 시민사회 내의 자발적 조정양식을, 행정학에서는 정부의 효율적인 국정관리의 방식, 경영학에서는 바람직한 기업지배구조의 관점에서 거버넌스의 용어를 활용하는 경향이 강하다.[9] 이 외에도 특정 권한이 공식적으로 부여되지 않더라도 효과적으로 작동할 수 있는 장치, 사회구성원들 간의 협력과 조정을 통한 사회문제 해결,[10] 자발적 네트워크를 주요 작동원리로 하여 사회문제를 집합적으로 해결하는 새로운 양식,[11] 상호의존적이면서도 독립적인 행위주체들 사이에서 형성된 수평적 네트워크[12]

---

8 Jan Kooiman and M. Van Vliet, *Governance and public management in Managing public organisation* (London: SAGE, 1993); Walter J. M. Kickert, "Authopoiesis and the science of public administration: essence, sense and nonsense." *Organization Studies.* Vol. 14, No. 2 (1993); Jan Aart Scholte, "Civil society and legitimation of global governance." *Journal of Civil Society.* Vol. 3, No. 3 (2007).

9 허인혜, "한국 대북정책의 민주적 거버넌스 모색,"『국제정치논총』 제52권 2호 (2012).

10 R. A. W. Rhodes, "The New Governance: Governing without Government." *Political Studies.* Vol. 44, No. 4 (1996); Laurence Lynn, Carolyn J Heinrich and Carolyn J Hill, *Improving Governance: A New Logic for Empirical Research* (Washington D.C.: Georgetown University Press, 2001).

11 Gerry Stoker, "Governance as theory: five propositions." *International Social Science Journal.* Vol. 50, No. 155 (2001).

12 Eba Sorensen and Jacob Torfing, *Theories of Democratic Network Governance* (New

등 연구자의 연구관심사에 따라서도 다양한 거버넌스의 개념들이 존재한다.

따라서 거버넌스의 개념은 그 내포와 외연이 불명확한 채 현재 다양한 형태로 존재하고 있다. 그럼에도 불구하고 정책결정자 및 연구자들에 의해 공통적으로 제시되는 거버넌스 형성의 목표는 명확하다. 시스템 관리의 다원화를 통한 효과적인 시스템의 유지 발전이 그것이며, 이는 다음의 몇 가지의 원칙에 토대를 두고 있다.

첫째는 분권화(Decentralization)의 원칙이다. 거버넌스는 기존의 국가중심적인 결정구조는 변화하는 정치사회적 그리고 경제적 환경에 효과적으로 대응할 수 없다고 주장한다. 이러한 주장은 분권화의 확산, 즉 공적영역의 책임과 권력, 권한이 일정한 원칙에 의거하여 사적행위자들에게 위임, 분산되어야 한다는 주장으로 이어진다.[13] 거버넌스가 특정의 시스템의 유지와 운영 및 발전에 간여하는 다수의 행위자들 사이의 조정양식에 초점을 맞추고 있기에 분권화의 원칙은 거버넌스론의 핵심적 원칙 중 하나이다.

둘째는 제도적 노력의 원칙이다. 제도의 효율성은 다양한 이해관계자들을 결정과정에 포섭하여 가치, 정책 등에 대한 사회적 합의를 도출할 수 있을 때 향상된다.[14] 여기에서 '포섭'이란 민주적 포섭의 원칙으로서, 논의와 의사결정의 과정에 있어서 관련 행위자들의 영향력이 동등해야 함을 의미한다.[15] 따라서 관련 이해관계자들을 포섭하여 사회적 합의를 도

York: Palgrave Macmillan, 2005).

13 R. A. W. Rhodes, "The New Governance: Governing without Government." *Political Studies*. Vol. 44, No. 4 (1996).

14 Mark Bevir, "Democratic Governance: Systems and Radical perspectives." *Public Administration Review*. Vol. 66. No. 3 (May/June 2006).

15 Iris Marion Young, Democracy and Inclusion (Oxford: Oxford University Press,

출하는 과정은 제도적 노력이 수반될 때 달성 가능하다. 더 나아가 '제도'란 행위자들에게 특정의 규범, 규칙, 태도를 부여하여 사회화시켜 주는 주체로서의 기능을 지닌다.[16] 따라서 개인과 집단을 거버넌스 안으로 포섭할 수 있는 제도가 마련되고, 장기간 유지되면서 관련 행위자들을 사회화시킬 수 있다면, 시스템의 유지와 관리, 발전이 가능해질 것이다.

셋째는 네트워크의 원칙이다. 거버넌스론은 중앙정부의 하향식 통치양식이 20세기 후반을 지나면서 다원화, 다양화되는 환경에 적용되기에 부적절하다는 비판적 인식에 토대를 두고 있다. 예를 들어 김의영은 "거버넌스는 시민사회의 참여와 국가–시민사회의 협치적 관계에 초점을 두고 있기에 '국가' 또는 '시장'적 관리양식과 차별화"된다고 주장한다.[17] 이러한 맥락에서 그는 "근대국가의 틀 안에서 정부를 중심으로 정책 결정을 내리고 그 결정을 집행하는 행위와 과정을 연구하는 기존의 정치학 패러다임을 넘어 지방, 국가, 지역, 글로벌 등 다층적 차원에서 국가 및 비국가 행위자(혹은 정부 및 비정부 행위자)들이 집합적으로 의사결정을 하고 그 결정을 함께 실현하는 다양한 방식을 이해할 수 있는 새로운 거버넌스 패러다임이 필요하다"고 논평한다. 이러한 맥락에서 거버넌스 이론가들은 다수의 관련 행위자들 사이에서 네트워크가 형성되고, 이 네트워크에 기초한 조정과 조율이 시스템 운영의 원리로서 자리 잡을 때 시스템 유지 기능이 정당성을 확보하고 효율적으로 작동할 수 있음을 주장한다.[18] 따라서 거버넌스론은 특정의 네트워크에 관심 있는 개인이나 집단은 모두

---

2000).

16 Peter A Hall and David Soskice, *Varieties of Capitalism: The Institutional Foundations of Comparative Advantage* (Oxford: Oxford University Press, 2001).

17 김의영, 『거버넌스의 정치학』(서울: 명인문화사, 2014).

18 Mark Granovetter, "Economic Action and Social Structure: The Problem of Embeddedness." *American Journal of Sociology* Vol. 91, No. 3 (1985).

거버넌스를 구성하는 행위 주체로서 참여할 수 있는 기회를 공평하게 부여받고 공유된 목표의 달성을 위하여 활동할 수 있어야 한다고 본다.

이상의 이론적 논의에 의거하여 이 장에서는 예방적 정책패러다임에 입각하여 한반도통일거버넌스에 적용될 원칙으로 다음의 세 가지를 제시한다.

첫째는 구심점을 확보한 분권화 원칙의 적용이다. 분권화의 원리를 반영하여 네트워크의 형성과 운영 권한을 다양한 행위자들에게 분산하는 과제는 거버넌스 형성을 위한 첫 단계임에 틀림없다. 그러나 분권화가 오히려 거버넌스의 무질서와 혼란을 야기하여 거버넌스의 작동을 저해할 우려, 목표와 수단의 도치 현상의 가능성이 있다는 앞서의 논의는 분권화 원칙에 대한 예방적 조치가 필요함을 시사한다. 이러한 문제를 해결하고 실질적으로 시스템의 유지와 발전에 기여하는 질 높은 거버넌스를 모색하기 위해서는 분권화의 과정에서 거버넌스 내 구심력 있는 주체를 형성해야 한다. 이 주체는 거버넌스의 활동 내역을 조율, 조정할 수 있는 권한과 권위를 확보한 행위주체가 되어야 하며, 거버넌스가 효율적으로 작동하여 당초 의도한 목표를 달성해 나가는 데 있어서 논의의 주체를 범주화하고 의제를 설정하며 논의의 과정을 관리하는 동시에 논의의 내용을 수렴하여 그 결과를 정책으로 만들어 집행할 수 있는 권한을 보유하여야 한다.[19] 아울러 이 주체는 명확한 책임과 의무 하에, 거버넌스 참여 행위자들은 물론이고, 거버넌스의 활동에 관심을 가지고 있는 시민들이 제기하는 다양한 의견들을 취합, 조정, 수렴하여 정책의제 설정과 대안모색의 과정에 반영할 수 있는 구심성을 갖추고 활동하여야 한다.

둘째는 관계자들의 합의에 기초한 제도적 노력의 전개이다. 한국의 경

19 허인혜, "한국 금융감독시스템의 민주적 거버넌스 모색," 『한국정책학회보』 제20권 4호 (2011a).

험을 통해 볼 때, 한국의 대북정책은 정책에 대한 시민의 이해 부족, 정책을 둘러싼 찬반 논쟁의 격화, 정부의 정책추동력 상실, 정부에 대한 비판 증가와 남남갈등의 악화로 특징지어지는 일종의 악순환을 노정하여 왔다. 그 주된 이유 중 하나는 그동안 한국의 모든 행정부들이 자신들이 강조하여 온 국민적 합의를 존중하며 대북정책을 형성하지 않고, 대신 행정부 수반의 정책 비전과 이념 성향, 미국과의 관계설정의 문제, 전임 정부와의 차별화 필요성에 대북정책을 종속시키면서 대북정책을 형성하여 왔다는 점에서 기인한다.[20] 이는 국민적 합의를 존중하는 대북정책이 부재하였다는 점을 시사한다. 여기에서 국민적 합의는 통념상 국민 대다수가 의견을 같이함을 뜻한다.[21] 그러나 현실적으로는 여론 선도 능력이 있는 특정의 단체가 기존정책의 폐기를 요구하며 강력하게 반대하지 않는 경우, 또는 정책 이슈를 둘러싼 시민들 간의 논쟁이 상대편에 대한 적대적 감정으로 비화되지 않는 경우에 국민적 합의가 조성된 것으로 볼 수 있다. 따라서 통일거버넌스 참여 주체들 및 여기에 견해를 제시하는 주체들 사이에서의 합의에 기초하여 거버넌스 운영의 제도적 노력이 전개된다면 보다 실효성 있는 통일거버넌스의 형성에 다가갈 수 있을 것이다.

셋째는 효율적 네트워크의 형성을 통한 정책효과성의 달성이다. 일반적으로 정책은 정부를 비롯한 공공기관이 중심이 되어 형성, 집행하는 미래 지향적 프로그램, 계획, 가이드라인을 의미한다.[22] 이 과정에서 정책은 본질적으로 문제 해결 지향적인 동시에 맥락 지향적 성격을 보유하게 된다. 특정 당면 과제가 정책을 통하여 해결될 때 정책 본연의 사명인 정책 목

20 허인혜 (2011a).

21 이교덕, 『대북정책에 대한 국민적 합의기반 조성방안』(서울: 통일연구원, 2000).

22 Yehezkel Dror, "Policy sciences: development and implications." *Environment and Society in Transition*. Vol. 184, No. 1 (1971).

표가 달성되면서 정책효과성이 발휘된다. 한국과 국제사회가 보여준 대북정책은 여타의 정책과 달리 그 효과성이 예측 불가능하다는 한계가 있었다. 대북정책은 근본적으로 북한, 즉 총체적인 경제위기와 외교적 고립을 타개하기 위하여 과감히 체제의 문제 해결 능력을 높여야 하지만, 이러한 노력은 주체사상에 의하여 강력하게 뒷받침되는 일인독재체제의 권위를 약화시킬 수밖에 없다는 점에서, 심각한 딜레마 상황에 놓여 있는 국가를 대상으로 해야 했기 때문이다.[23]

따라서 한반도통일거버넌스는 앞서 논의된 기존의 거버넌스 이론의 틀 내에서 발생하는 문제들의 완화와 예방을 통하여 질 높은 거버넌스를 모색함으로써 추구될 수 있을 것이다. 다음 장에서는 이상에서 구체화된 거버넌스의 원칙들–구심점을 확보한 분권화 원칙의 적용, 관계자들의 합의에 기초한 제도적 노력의 전개, 효율적 네트워크 형성 통한 정책효과성의 달성–을 한국 내 통일거버넌스, 남북 간 통일거버넌스, 국제사회와의 통일거버넌스 측면에 적용함으로써 새로운 대내외 환경을 반영한 통일거버넌스를 제시하고자 한다.

23 허인혜, "북한 경제개방의 사상적 딜레마."『한국정치학회보』제45권 2호(2011b).

## Ⅲ. 거버넌스론의 한반도통일거버넌스에의 적용

### 1. 한국 내 통일거버넌스 모색

#### 1) 범부처적 리더십을 발휘하는 통일거버넌스 주체 형성

대북정책은 외교, 통일, 경제, 사회 등 다양한 영역에서의 노력을 수반하기에 범부처적 성격을 갖는다. 따라서 각 부처 간 유기적이면서도 포괄적인 논의가 원활히 전개되고, 그 논의의 결과가 수렴될 수 있어야 하며, 이를 위해서는 앞서 논의된 바와 같이 구심점을 확보한 가운데 분권화된 네트워크가 작동하는 통일거버넌스가 형성되어야 한다.

그러나 그동안 한국에서 형성되어 온 통일거버넌스 구조는 범부처적 논의들을 수렴할 수 있는 구심점 있는 주체—예컨대 통일부총리—가 부재하였다. 과거 노태우 정부(1988—1993), 김영삼 정부(1993—1998) 시기 통일부총리직이 신설되어 각 부처의 정책에 통일 관련 아젠다를 확산하여 범부처적 논의가 가능할 것으로 기대된 바 있다. 그러나 당시 남북관계상, 대화와 교류보다는 이념적 군사적 대립이 팽배하여 통일부총리의 역할은 확대되지 못했고 김대중 정부(1998—2003) 들어서 폐지되었다. 이후 박근혜 정부(2013—2017)는 대통령 직속 합의체로 대통령이 위원장을 맡는 통일준비위원회를 신설하였으나, 대통령이 위원장을 맡았음에도 불구하고 그 권한과 위상이 정부의 각 부처에 미치지 못했고, 근본적 설립목적이 민주평화통일자문위원회—민주적 평화통일을 위한 자문활동과 여론수렴 활동 통해 통일역량 결집을 목표로 한 초당적 기구, 이하 민주평통—와 유사하다는 점에서 결국 2017년 5월 출범한 문재인 정부에 의하여 폐지되었다.

이상에서 볼 때, 한국에서는 통일 의제에 있어 각 부처 간 정책 조율과 조정이 가능하게 할 수 있도록 동 의제를 범정부적 의제로 상정하려는 노력이 부족하였으며, 이는 정부부처를 아우를 수 있는 충분한 권한과 위상을 가진 통일 관련 조직 및 직위의 부재에서 기인한다고 할 수 있겠다. 현재 통일 정책과 관련하여 행정부처로는 통일부, 청와대는 외교안보수석(과 안보실장)이 그 기능을 담당하고 있으며, 통일정책에 대한 자문기구로는 민주평통이 운영되고 있으나 이들 조직 및 기구 간 통합적 접근이나 리더십은 부재한 상황이다. 따라서 거버넌스의 적극적 개편을 통하여 통일 및 대북정책에 대해 각 행정부처 간 정책 조율 및 조정, 통일 정책에 대한 범정부적 구상의 확산 및 이행, 지속가능한 통일대북정책의 추진을 위하여 리더십을 발휘할 수 있는 직위 및 조직이 필요하다.[24] 따라서 통일부총리 제도의 부활, 청와대의 통일수석 신설, 혹은 국무총리를 위원장으로 하는 '통일정책심의위원회'의 신설을 통해 통일정책을 범정부적 어젠다로 확산시킴과 동시에 각 부처의 정책을 조율 및 조정할 수 있는 권한과 위상, 그리고 명확한 책임을 지닌 구심적 주체를 형성하는 것이 필요하다고 하겠다.

### 2) 통일 사회협약 마련

앞서의 이론적 논의에 의거하면, 특정의 제도적 노력이 관계자들의 지지와 신뢰를 받아 운영되기 위해서는 관계자들의 합의 조성이 수반되어야 한다. 한국정부 역시 통일·북한 이슈에 대한 국민적 합의 도출을 위한

---

24 이영종·고수석·정영교, "[리셋 코리아] 통일부총리 부활 등 부처 위상 강화해야." 《중앙일보》 2017년 5월 6일 기사. https://news.joins.com/article/21546146 (검색일: 2018.10.15.).

첫 단계로서 통일 관련 여론을 형성하기 위한 여러 사업을 국민을 대상으로 진행하여 왔다. 구체적으로 초, 중, 고등학생 및 일반 시민을 대상으로 하는 통일교육사업(통일교육원), 대학교의 통일교육선도대학사업(통일부와 선정대학), 통준위의 정책 세미나 및 포럼(통준위), 통일문화축제(민화협), 통일박람회(통일부), 민주평통의 운영 및 위원 대상 통일교육(민주평통) 등 여러 형태의 사업을 통해 통일에 대한 국민적 공감대 형성을 위해 노력해 왔다. 그러나 통일의 필요성을 지지한 한국국민들은 2007년 63.8%에서 2016년 53.4%로 낮아졌고, 반면 통일이 필요하지 않다는 인식은 같은 시기 15.1%에서 24.7%로 증가하였다.[25]

통일의 필요성에 대한 저조한 인식은 북한의 지속적인 무력도발의 결과인 동시에 북한 이슈를 둘러싸고 첨예하게 존재하여 온 한국 사회 속 남남갈등의 결과이기도 하다. 한국 내에는 소위 대북지원과 협력을 강조하는 진보진영과 북한의 군사적 도발에 대한 사과와 가시적인 비핵화 노력이 선행되지 않는 한 지원과 협력을 제한해야 한다는 보수진영이 대립하고 있다. 그 결과 북한, 통일 관련 이슈의 논의와 제도화가 지체되었다. 예를 들어 진보진영의 지지를 받은 대북협력민간단체협의회가 발의한 남북간 인도적 지원과 개발협력에 관한 법률안, 그리고 보수진영의 지지를 북한 인권법은 각각 상대편 진영의 저지로 인하여 장기간 국회에 계류된 바 있다. 북한의 정치·시민적 권리에 초점을 맞춘 북한인권법과 북한주민의 식량권에 초점을 맞추고 있는 대북지원 민간단체의 입장은 분리가 아닌 통합적 관점에서 상호보완적으로 추진되어야 할 이슈이나 그렇지 못했던 것이다. 이러한 사실은 보수와 진보 진영 모두를 아우를 수 있는 통일정책에 대한 사회적 합의 모색이 시급함을 시사한다. 이러한 맥락에서 박근혜 정부 시절 통일준비위원회는 국회와 시민사회 내 보수와 진보를 모

25 정근식·김선 외, 『2017 통일의식조사』(서울: 서울대 통일평화연구원, 2017).

두 아우르는 인사 구성을 시도함으로써 통일정책에 대한 양 진영 간 조화를 모색하였다는 점에서 긍정적 평가를 할 수 있다. 그럼에도 불구하고 통준위의 구성이 통일 관련 의원 및 전문가 집단을 대상으로 하였으며, 그 활동 역시 대국민 여론 조성 및 공감대 확산에 있어 역부족이었다는 한계가 있었다. 이는 시민사회 내에서 한반도 이슈에 대처하는 방법 및 대북통일 정책의 내용에 대한 사회적 합의를 이끌어 내는 노력이 필요하다고 하겠다.

이를 위해 첫째, 기존의 대국민 통일교육 프로그램의 개선 및 확대가 필요하다. 통일교육 콘텐츠의 정부 성향별 편향성을 지양하기 위한 노력과 함께 중립적 인사로 구성된 '(가칭) 통일교육 콘텐츠 심의위원회'의 구성을 고려할 수 있다. 현재 통일교육을 주도하고 있는 통일교육원의 통일교육 콘텐츠 심의는 개별전문가 및 통일교육원 내 심의를 거치고 있으나 이는 정부별 성향에 따라 편향성을 띨 수밖에 없다는 점에서 통일교육 콘텐츠의 방향, 원칙 등에 대해 진보와 보수를 포괄할 수 있는 통일된 정책 방향에 대한 합의를 수립하고 이를 세부 사업에 투영할 수 있는 메커니즘 마련이 필요하다.

둘째, 통일에 대한 사회적 협약의 형성이다. 이를 위하여 정책의제 및 대안에 대한 공론화 노력을 지속적으로 추진하면서 민간 의견을 정책투입요소로서 적극 활용해야 한다. 이 과정에서 정부는 공청회, 간담회 개최를 비롯한 각종 정책공론화 노력을 정기적으로, 또한 지속적으로 개최하고 추진하여야 한다. 관련 노력이 정치적 이해관계에서 벗어나 정해진 일정에 맞추어 일관성 있게 진행되는 안정적인 제도로서 정치권과 사회에 뿌리내릴 경우, 감정적인 논쟁이 아닌 이성적인 정책토론이 보다 풍부해질 것이고 이는 사회적 협약의 토대로 기능할 것이다.

이후 사회적 협약의 도출을 추진하는 과정에 있어서 정부는 거버넌스 참여주체 선정과정에서의 투명성을 담보하여야 할 것이다. 특히 시민사회의 행위자들 중 거버넌스 참여자로 선정된 이들은 전체 국민을 대표하여 활동하므로 국민적 대표성을 확보하여야 한다. 따라서 정부는 참여가능자의 자격, 참여자 선정의 절차를 투명하게 공개하여 필연적으로 발생할 수밖에 없는 대표성 논란을 불식시켜야 할 것이다. 아울러 사회적 협약의 구체적인 내용은 소위 남남갈등을 야기하는 주요 요소에 집중하여 갈등의 완화에 초점을 맞출 필요가 있다. 이에 따라 협약의 중심 내용은 첫째, 북한을 어떠한 존재로 인식할 것인가? 둘째 한반도 평화는 무엇을 의미하는가? 셋째, 인도지원 및 교류협력과 안보 딜레마를 어떻게 극복할 것인가? 넷째, 우리가 원하는 통일의 방식은 무엇이며, 통일 이후 한반도의 이념과 제도는 어떤 방향성을 띠어야 하는가? 등 남남갈등 악화를 야기한 주제들을 포함시킬 필요가 있다.

### 3) 민-관 및 산-관 협의채널 구축

거버넌스 이론에 대한 재고찰을 통하여 제시된 효율적 네트워크 구축을 위하여, 대북정책의 중요한 행위자인 시민사회단체와 정부가 수평적 정책조정 및 협업을 도모할 수 있도록 관련 제도가 정비될 필요가 있다. 대북지원 시민사회단체와 북한인권단체들은 정부의 파트너로서 북한 내 인도적 위기상황의 완화, 교류협력의 지렛대, 남북관계 악화의 심화를 방지하는 완충망 역할, 북한 인권 문제에 대한 국제사회의 관심을 가능하게 했던 행위자다.

그러나 이들 시민사회단체의 활동 환경은 매우 열악하다. 그동안 한국 정부는 대북지원에 있어 민간단체를 통한 지원보다 정부 차원의 대규모 직접지원을 선호하였다. 북한 인권 운동 면에서는 국제사회의 북한 인권 결의안 채택 문제에서 혼란을 겪었고, 한국 인권운동단체들의 참여가 미흡했다. 미국, 일본, 한국의 북한인권법 채택에 있어 한국이 중요한 행위자였음에도 불구하고 한국 인권운동단체들의 활동 환경(상근 간사들의 근무조건, 재정상황, 국제옹호활동에 필요한 정부재정 지원 등)은 자발적 희생을 강요하는 구조이다. 따라서 통일거버넌스의 효율적 네트워크 구축을 위해선 대북지원 분야 뿐 아니라 북한 인권, 북한 사회·문화 교류협력 등 다양한 분야에 걸쳐 시민사회단체의 활동을 활성화함과 동시에 정부와 수평적 파트너 관계를 가능하게 하는 제도의 정비가 필요하다.

이를 위해 첫째, 대북지원 및 교류협력, 북한 인권 관련 사업 등에 대한 남북협력기금의 안정적 지원 메커니즘 마련이 필요하다. 그간 정부는 정부의 대북정책 방향과 맥락을 같이 하는 민간단체의 사업 및 활동에 대해서만 기금지원을 실시하였으며, 지원 규모 자체도 미미하였다. 더불어 기금모금과 관련하여 짧은 기부문화로 인하여 민간단체가 시민을 대상으로 단체의 운영과 사업을 위한 기금모금이 쉽지 않은 것도 사실이다. 이는 자연스럽게 민간단체가 안정적 재정환경과 독립적 활동 조건 속에서 단체의 목적과 이념에 기반을 두어 활동하는 것을 어렵게 만들었다. 이러한 실패를 반복하지 않기 위해서 민간단체의 기금지원 기능을 독립적 위원회를 통해 이루어질 수 있도록 할 필요가 있다. 현행 민간단체에 대한 기금지원 사업의 경우 정부의 권한이 강하다는 점에서 민간단체의 독립성과 자율성을 저해하고 있다. 결과적으로 정권의 변화에 따라 정권의 성향과 일치하는 단체들이 편향적 지원을 받는 반면, 그렇지 못한 민간단체의 경우 고사의 위기에 처하는 상황이 발생하였고, 이는 시민사회단체의 분열로 이어지기도 하였다. 건강한 민주시민사회는 다양한 이념과 아이디어가 교환, 대립, 융합되는 과정을 거친다는 점을 감안한다면 민간단체에 대한 정부기금 지원을 확대하되, 정부기금의 지원이 민간단체의 독립성과 자율성을 저해하지 않는 제도적 장치 마련을 고려할 필요가 있다.

둘째, 정부와 민간기업 간 상생협력관계의 제도화 모색이 필요하다. 국가 간 협력의 제도화 과정에서 기업의 역할은 전 세계적으로 중시되고 있다. 2000년 채택된 새천년개발목표(MDGs)의 이행과정에서 개도국에 대한 해외직접투자(FDI)와 일자리 창출이 궁극적으로 개도국의 빈곤퇴치와 경제발전에 있어 중요한 요소라는 점이 확인되면서 2015년 MDGs를 대체하는 SDGs의 채택 과정에서 빈곤퇴치와 경제발전에서 민간기업(Private Sector)의 역할이 필수적임이 확인되었다. 아울러 전 세계적인 경기침체 속에서 세금을 기반으로 이루어지는 공여국의 ODA에 대한 공여국의 경제적 부담 현상이 가속화되면서 민간기업의 자금 활용에 대한 필요성이 확대된 데 따른 것이다

통일거버넌스에서도 기업의 역할은 막대하다. 통일기반 조성을 위한 남북경협의 주체는 누구인지, 북한 내 인프라 개발 및 투자의 주체는 누구인지, 더 나아가 통일의 과정에서 소용되는 비용은 어느 주체가 가장 많이 부담하게 될 것인지와 관련된 질문에 있어서, 정부의 재정은 제한적인 상황에서 그 답은 기업이 될 것임이 자명하다. 이러한 맥락에서 한국에서는 북한개발협력에 있어 민관협력(Public−Private Partnership, PPP) 방식에 대한 논의는 있으나 활성화되지 못하고 있다. 뿐만 아니라 현재 정부의 정책은 남북경협에 참여하는 기업이 직면할 수 있는 리스크에 대한 보호 장치를 제공하지 못하고 있다. 대표적인 사례로 개성공단이 원활히 작동하고, 금강산관광이 활성화되었던 시기에 민간기업은 통일의 선구자, 남북경제협력의 개척자로서 평가받았지만, 정작 남북관계로 악화로 이들 사업이 중단된 이후 발생한 피해에 대해서는 기업의 책임으로 전가하고 있다. 이런 상황에서 향후 남북관계 개선 시 민간기업이 다시 이전과 같은 역할과 기능을 수행할 것을 기대하기는 어려울 것이다.

따라서 먼저 정부와 민간기업 간 민관협력 활성화를 위한 정책 및 제도를 마련하는 동시에 정부는 대북정책에 있어 중요한 행위자인 민간기업과의 상생협력제도를 구축할 필요가 있다. 아울러 인프라 수요 현황과 거

시적 방안을 집행하는 세부전략 수립이 필요하다. 이를 위하여 과도기적 단계에서 정부와 민간기업이 참여하는 '(가칭)북한개발 민·관 협력 협의회'를 설립하여, 남북관계 변화 시 실시 가능한 사업과 이들 사업의 수행에 있어서 정부와 민간기업 간 협업 방식을 미리 논의할 수 있는 제도 마련이 필요하다고 하겠다.

## 2. 남북한 관계에서의 통일거버넌스 모색

### 1) 구심점을 확보한 분권화 원칙의 적용

그동안 남북한 간 정부 차원에서의 교류를 가능케 하거나 그 폭과 속도를 조절해 온 거의 유일한 채널은 남북정상회담이었다. 과거의 경험을 통하여 볼 때 체육, 문화예술, 경제 등 다양한 측면에서 교류협력은 정상회담의 개최를 전후하여 크게 활성화되었다. 이러한 남북교류의 양상은 안정적이지 못하였다. 북한의 도발이 반복되는 가운데 북한과의 관계에서 엄격한 상호주의의 원칙을 강조하는 보수성향의 정부가 한국에 수립되었을 경우 정상회담의 개최는 어려웠고 그 결과 모든 측면에서의 남북한 교류가 중단되는 상황이 발생하였다.

정상회담에 의존하는 남북교류협력의 한계에도 불구하고, 한국의 경우 제왕적 대통령제가 가지는 특징으로 인하여, 그리고 북한의 경우 가산제적 전체주의적 정치체제의 특징으로 인하여 권력의 분권화가 불가능한 가운데 정상회담을 보완하는 대체적 구심점의 형성은 불가능하였다. 일례로 6·15공동선언실천(이하 '6·15공동선언') 남측위원회와 북측위원회의 경우 보완적 구심점 역할이 가능한데, 이 역시 앞서 언급한 남북 정치체제의 특성으로 인해 너무 정부 종속적 성격을 띤 가운데 정상회담을 보완하는 대안적 혹은 보완적 구심적 기능을 발휘하기 어려웠다. 6·15공동선언실천 남북위원회와 같은 성격으로써 민족화해협력범국민협의회(이하 '민화협')가 남북한에 각각 존재하여 비정부 차원의 남북교류협력의 구심적 역할이 가능하나 이 역시도 남북한 정상외교 및 정치·군사관계에 종속되는 한계를 가졌다.

그럼에도 불구하고 6·15공동선언 및 민화협 등은 비정부 차원의 남북간 구심점을 운영함으로써 정상회담 채널이 지닌 한계를 보완하는 한편 정상회담 채널 미가동시 대안적 구심점 역할을 수행한 경험이 있다. 실제로 2006년 북한의 핵실험으로 인해 남북 당국 간 관계가 교착되었을 때 비정부 차원의 남북 민관교류협력 채널(6·15공동선언)은 남북 당국 간 대화 재개를 가능하게 한 창구로 활용된 바 있다.[26] 이러한 비정부 차원의 보완적 구심점을 중심으로 한 분권화 추구는 남북한 내부에서 대화의 분위기를 형성하는 데 필요하다는 점에서 그 의미를 찾을 수 있다. 따라서 남북한 모두 이러한 노력을 확대해야 할 것이다. 한국의 경우 통일과 평화를 지향한다는 점에서 통일 논의를 주도할 정부, 비정부 구심점을 중심으로 다양한 시민사회 단체 및 기관을 대상으로 관련 노력의 분권화를 추구함으로써 남북 이슈에 대한 사회적 합의를 모색할 수 있다. 동시에 북한에게는 북한 내 비정부적 차원에서 남북교류협력을 담당할 구심점을 발굴하여 역량을 강화시키는 과제가 정상국가로의 전환을 꾀하고 있는 상황에서 체제정당성 강화와 국제적 위상 제고를 위하여 유용할 수 있음을 설득할 필요가 있다.

26 김성한·문경연, "한반도통일기반 조성을 위한 비정부기구(NGO)의 역할: 대북지원 NGO와 북한 인권 NGO를 중심으로," 「국제관계연구」 제19권 1호 (2014).

### 2) 남북한 신뢰구축과 합의의 제도화

남북한 통일거버넌스 추진을 위해서는 우선 한국과 북한 사이에서 통일거버넌스의 개념에 대한 정의와 목표가 공유되어야 한다. 앞서 본 연구는 이론적 논의를 통하여 거버넌스를 시스템 관리의 다원화를 통한 효과적인 시스템의 유지와 운영의 차원에서 이해하였다. 이러한 이해에 의거하여 보면, 남북한 모두가 공유할 수 있는 통일거버넌스는 남북한이 평화적 통일을 지향한다고 가정할 때 통일로 가는 과도기 단계에서 양 주체 간 관계 정립의 이슈로 귀결된다. 즉 통일의 형태로써 정치체제에 대한 논의가 아니라, 통일을 지향하는 과정에 있는 남북한이 어떻게 통일이라는 궁극적 목적을 달성하기 위해 정치, 경제, 사회, 문화, 군사 등 다양한 분야에서 어떠한 방식의 교류와 협력이 필요한가에 관한 내용이 남북한 모두가 현실적으로 공유하고 지향할 수 있는 통일거버넌스의 내용으로 한정되는 것이다. 그러나 이러한 통일거버넌스는 그 내용이 상당히 포괄적이기에 실천 가능성에 있어서 문제를 야기하기도 한다. 정치적 영역에서의 남북 통일거버넌스, 경제사회적 영역에서의 통일거버넌스, 군사적 영역에서의 통일거버넌스 등 다양한 분야에서의 통일거버넌스의 형태와 추진방안에 대한 논의는 매우 광범위하게 전개될 수밖에 없다.

이러한 맥락에서 남북한 모두가 공유하고 추구할 수 있는 통일거버넌스의 시작은 양측 간의 신뢰를 구축하고, 향후 합의와 신뢰구축을 지속시킬 수 있는 제도적 노력을 전개해 나가는 것이라 할 수 있겠다. 이를 위해서는 남북한정부, 민간단체, 기업 간 활발한 경제 및 사회문화 분야의 교류협력 활성화가 필요하다. 특히 2004년 이래로 긴급구호성 지원을 넘어 경제발전을 위한 지원을 지속적으로 요청해온 북한의 요구를 감안할 때 향후 북한 관료 및 전문 인력을 대상으로 한 지식공유사업의 적극적 전개가 구체적인 방편이 될 것으로 보인다. 북한이 남북관계의 경색국면

속에서도 남측 정부의 기금으로 이루어지는 북한 관료 및 전문인력 대상 지식역량 강화 사업에 적극적으로 참여하여 왔다는 점을 고려해 볼 때, 이는 실현가능성이 있는 정책이다. 아울러 북한에 대한 지식공유사업은 비단 관료 집단에 머무는 것이 아니라 전문인력을 대상으로 한다는 점에서 비관료 집단인 일반 주민들의 역량 강화를 가능하게 함으로써 이들로 하여금 통일거버넌스에의 자연스러운 참여를 가능케 한다. 실제로 남북 교류협력이 활성화되었던 김대중, 노무현 정부 시기 남북 간 개발협력사업의 이행과정에서 북한주민들은 시장경제를 비롯한 지식과 기술 전수에 매우 적극적이었고, 우리 측 민간단체들도 사업의 추진 과정에서 북한주민들의 경제발전 측면에서의 역량 강화를 목격할 수 있었다.[27] 이 점에서 북한을 대상으로 한 지식공유사업은 북한주민이 통일거버넌스 참여 주체로서 성장할 수 있는 토대를 제공하기도 한다. 또한 북한 인력을 대상으로 한 지식공유사업 추진 시 국제기구나 국제NGO와 컨소시엄 형태의 협력사업을 추진한다면 북한에 대한 레버리지 수단 확대 및 강화를 도모할 수 있다.[28] 예를 들어 한국은 2017년 초 북한과 UN이 채택한 경제발전을 위한 'Strategic Framework 2017–2021'의 이행과정에 참여하여 국제기구, 국제NGO와의 협력사업을 모색할 수 있으며, 이를 통하여 남북관계의 양자성에서 기인하는 불안전성을 극복할 수 있다.

남북교류협력 과정에서 무엇보다 중요한 것은 관련 활동의 지속성을 담보하는 것이다. 남북은 1972년 남북조절위원회를 통하여 정치적 회담을 개최한 이래, 경제와 사회문화 분야에서의 교류협력을 위한 수많은 회

27 북민협, 『대북지원 20년 백서』(서울: 대북협력민간단체협의회, 2016).

28 UNESCAP 서울사무소장 면담, Kilaparti Ramakrishna 동북아사무소장과 UN과 한국정부의 대북사업 협력 모델에 대한 인터뷰. UNESCAP 송도 사무소. 2017.5.26.

의들을 개최하여 왔고, 이 회의들에서는 교류협력과 관련된 다양한 합의들이 도출되었다. 1990년부터 1992년까지만 하더라도 총 8차례의 고위급 회담을 통하여 '남북사이의 화해와 불가침 몇 교류협력에 관한 합의서', '남북연락사무소설치운영에 관한 합의서', '남북교류협력공동위원회 구성 운영에 관한 합의서', '남북화해의 이행과 준수를 위한 부속합의서', '남북교류협력의 이행과 준수를 위한 부속합의서'를 비롯한 다수의 유의미한 합의서가 도출되었다.

그러나 이상의 합의서들에서 명시된 내용들을 현실화하기 위한 남북 공조는 지속되지 못하였다. 관련 노력이 중단된 대표적인 요인으로는 한미연례군사훈련을 비롯한 한국의 연례군사훈련에 대한 북한의 반발과 일방적인 불참 통보를 들 수 있다. 그러나 한편으로 북측에서는 한국에 대하여 과거 회담의 결과물을 이행하라며 강력한 요구와 압박을 보내기도 하였다. 대표적인 예로, 2008년에 북한이 1, 2차 정상회담의 결과물인 6·15공동선언(2000년)과 10·4선언(2007년)을 무조건 이행하라며 남북당국 간 대화와 접촉 중단을 선언하였던 일을 볼 수 있다. 앞서 논하였듯이 남북 사이에서 통일거버넌스의 시작은 신뢰의 구축이다. 그러나 신뢰란 일종의 주관적 확률로서, 남이 나에게 해로운 일을 하지 않을 것이라는 막연한 믿음이기에 깨어지기 쉽다.[29] 따라서 일시적으로 신뢰가 구축되었다 하더라도, 기존처럼 교류협력이 지속되지 못한다면 구축된 신뢰는 사라질 수밖에 없으며, 이를 예방하기 위해서는 교류협력활동이 남과 북 모두에서 법제화되어 최대한 지속성을 확보할 수 있어야 할 것이다.

29 임혁백, 『세계화시대의민주주의』(서울: 나남, 2000).

### 3) 남북한 민간단체 간 교류협력 활성화 네트워크 구축

남북 간 신뢰복원과 제도적 노력의 확충을 위해서는 다층적, 다분야적 네트워크의 구축과 운영이 필요하다. 남북한 간에 평화통일을 궁극의 목표로 삼고 이루어지는 남북한 간 지식공유사업과 같은 교류협력사업의 확대는 다양한 주체 간 네트워크의 형성을 가능하게 할 것이며, 이런 다양한 남북 간 네트워크의 효율적 관리 및 활용은 남북한 통일거버넌스의 실질적인 내용이 될 뿐만 아니라 통일이라는 궁극적 목표를 지향할 때 매우 유용한 수단이 될 수 있을 것이다. 북한에 의한 천안함 폭침, 연평도 포격, 지속적인 핵과 미사일도발이 이어지는 동안에 남북한 간에 채택된 여러 선언－2000년 6·15남북공동성명, 2007년 10·4남북공동선언 등－과 합의 및 이러한 선언들을 이행하기 위한 남북한 간 협의체 및 실무기구－6·15공동선언 남·북측 위원회, 개성공단관리위원회 등－이 가동되지 못하였음에도 불구하고, '겨레말큰사전 남북공동편찬사업회'와 '개성 만월대 남북공동조사단' 사업과 같은 민간단체들 간의 협의채널은 존재하였다. 이러한 사실로 볼 때 민간단체 간 교류의 활성화는 한반도통일거버넌스 구축에 있어 중요한 요소가 될 수 있으므로 이들 네트워크의 복원이 시급하다고 하겠다.

## 3. 국제사회의 차원에서의 통일거버넌스 모색

### 1) 한국의 구심적 역할 모색과 통일공공외교

현재 국제사회는 북한을 한국과 통일될, 그리고 통일되어야 하는 대상이라기보다는 관리하면서 적절히 국제사회에 포섭시켜 개선·교화시켜야 하는 '문제아'로 바라보고 있다. 이런 맥락에서 중국을 중심으로 한 한반도 주변 국가들이 한반도의 통일을 진정으로 원하는지에 대해서는 논란이 있다. 그럼에도 불구하고 우리의 입장에서 볼 때, 더 나아가 세계평화의 관점에서 볼 때에도 국제사회의 대북정책의 목표는 '북한 관리와 제재'라는 단기적 목표에 더하여 '한반도통일'이 되어야 하며, 이러한 목표의 형성은 통일의 주체인 한국이 나설 수밖에 없고, 그 결과로써 국제사회가 이러한 목표를 인식하고 공유할 때 통일거버넌스의 형성이 시작될 것이다.

따라서 한국은 국제사회에 대하여 한반도통일의 당위성과 필요성을 적극적으로 홍보하는 통일공공외교를 전개함과 동시에 국제사회의 북한 문제 해결 노력이 향후 한반도통일의 당사자인 한국을 구심점으로 삼아 전개될 필요가 있음을 설득하여야 할 것이다. 이와 관련하여 그동안 한국 정부는 북한 이슈를 국제사회에서 한국의 주도 하에 해결해 보고자 종종 노력하여 왔다. 이러한 노력은 문재인 행정부(2017–현재)에 들어와 극대화되었는데, 문 대통령은 2017년 취임 직후 미국 국제전략연구소 특강을 통하여 소위 '4 Nos'–대북 적대정책, 북한 공격의도, 북한 체제붕괴 시도, 인위적 흡수통일을 의도하지 않음을 핵심으로 하는 대북 독트린–를 발표하였다. 이어서 같은 해 7월 베를린에서는 '5대 평화구상'–북한체제 보장과 흡수통일 배제, 북한 비핵화를 위한 포괄적 해결책 모색, 항구적 평화체제 구축, 한반도 신경제지도 작성, 정경분리원칙에 의한 비정치적 교류사업 추진–을 제시하였다.[30] 이러한 선언들을 현실화하기 위하여 문 대통령은 북한이 핵미사일 고도화를 진행하며 미국과 설전을 벌일 때에

30 연합뉴스, "'文 독트린' 베를린구상 1년…가시권 들어온 한반도평화." 2018년 7월 6일 기사, https://www.yna.co.kr/view/AKR20180705158500001?input=1195m (검색일: 2019.1.10.).

도 북한에 지속적인 대화제의를 보냈다. 이는 소위, '한반도 운전자론,' 즉, 한국이 강력한 안보를 바탕으로 당당하게 남북화해협력과 비핵화의 문제를 주도권을 가지고 해결하여 항구적인 한반도평화체제를 달성하겠다는 문대통령의 국정철학에 기인하며,[31] 이러한 노력은 UN과 미국의 강력한 대북제재 효과와 결합되어 2018년 세 차례의 남북정상회담 개최와 6월 북미정상회담 개최에 일정 부분 기여하였다.

그러나 이상의 과정에서 보완, 발전되어야 하는 점 역시 발견된다. 한반도 운전자론은 북한과 미국 간의 대화를 주선, 중재하는 데 초점을 맞추고 있다. 물론 북한은 오랫동안 미국과의 양자대화를 통하여 핵과 대북제재를 비롯한 자국 관련 이슈들을 해결하겠다는 의지를 보여 왔다는 점에서 북미 사이에서의 중재역할은 중요하다. 그럼에도 불구하고, 한반도통일기반조성을 위한 다양한 노력들은 결국에는 남북미에 더하여 중국, 러시아 일본 등 주변 국가들의 자신들의 상충하는 이익과 정체성을 어떻게 조정하느냐에 따라 그 성공 여부가 달려 있다. 전체주의적이면서도 권위주의적인 체제의 유지에 최우선의 순위를 두는 북한, 동북아에서의 자유민주주의적 질서의 확산을 의도하며 러시아와 중국의 세력 확산을 경계하는 미국과 일본, 미국과 패권경쟁을 하며 북한의 전략적 가치를 놓지 않는 중국 사이에서 한국이 협상력을 발휘하여야 구심적 역할을 담당할 수 있는 것이다. 따라서 한국은 협상론에서 강조되는 공동의 이익(Common Interests)과 공동의 혐오(Common Aversions)에 대한 인식, 즉 한국을 중심으로 한 통일거버넌스에 관련국들이 참여할 경우 얻을 수 있는 공동이익의 계산을 명확히 하여 한국의 노력에 대한 지지를 이끌어 내어야 한다.

31 국정기획자문위원회, "문재인 정부 국정운영 5개년 계획." 2017년 7월 (2017).

### 2) 관계자들의 합의에 기초한 제도적 노력의 전개

주변 국가들이 포함된 제도적 노력을 통한 통일거버넌스를 모색하기 위하여 우선적으로 고려되어야 할 점은 남북한 통일에 대한 주변 국가들의 합의를 도출하는 것이다. 앞서 논하였듯이 거버넌스의 시각에서 보면, 모두가 의견을 같이하지 않더라도 최소한 반대의견이 표출되지 않도록 관리하는 것 역시 합의의 도출로 간주할 수 있다. 그동안 한국은 통일 환경을 조성하기 위한 노력으로 통일부와 외교부를 중심으로 통일정책외교를 전개하여 왔다. 또한 최근 공공외교법이 제정됨에 따라 통일공공외교 개념이 도입되면서 이 분야에서 정부의 예산 배정 및 정책 집행이 확대될 것으로 기대하고 있다. 아울러 노태우 정부 때부터 추진되어온 중국, 러시아, 몽골 등 동북아 국가들을 대상으로 외교, 경제 교류를 확대한다는 북방정책도 큰 의미의 통일외교에 해당한다고 할 수 있다.

문제는 우리의 통일외교 노력이 미국에 너무 과도하게 편중된 가운데, 유럽과 동남아, 그리고 중국, 러시아, 일본은 간과되고 있다는 점이다. 일본은 위안부 문제 및 독도 영유권, 동해 표기 그리고 최근에는 강제징용에 대한 배상 문제 및 우리 해군과 일본 초계기 간 레이더 시비가 불거지는 등 한국과 극심한 외교적 대립 관계가 지속되고 있는 가운데, 6자회담 체제가 가동하였던 시기뿐만 아니라 최근 남북 화해 분위기 속에서도 일본이 과연 한반도 평화와 통일을 지지할 것인지에 대해 의구심을 가지게 한다. 또한 북한의 우방국인 중국과 러시아는 북한과 끈끈한 협력관계임을 과시하며, 북미 및 남북 간 협상과정에서 북한의 협상력을 높이는 역할을 하며 북미협상 및 남북 협상을 복잡하게 만들고 있지만, 정작 한국과 중국 사이에는 사드(THAAD) 미사일 방어체계 구축 문제로 아직까지 앙금이 남아있으며, 러시아는 대러제재에 참여하고 있는 한국에 불편한 심기를 지속해서 드러내 왔다. 결과적으로 중국과 러시아가 남북한 통일에 우호적일 것이라고 판단하기는 어렵다는 것이다. 이외에 유럽은 지구 반대쪽에 위치한 한반도문제에 큰 관심이 없으며, 동남아는 한국과의 경제협력관계 이상의 역할을 하지 못하고 있다.

이러한 국제환경 속에서 국제사회를 대상으로 한반도통일에 대한 합의를 도출하고 이를 제도화하는 것은 쉬운 일이 아님이 틀림없다. 이러한 한계를 고려할 때 모색 가능한 정책은 통일이 주변 당사국에도 이득이라는 통일외교를 미국 이외의 한반도 주변국에 전략적, 집중적으로 전개하는 것이다. 즉 통일에 대한 주변국가의 지지와 합의 없이 통일이 어렵다는 점을 인식할 때 통일외교의 핵심 원칙으로서 주변국이 우려하는 정책을 지양(사드 미사일 방어체계 도입 등), 대승적 화해(일본과의 소모적 대립 종식과 건설적 미래 관계 추구), 광역두만강개발계획(GTI), 아시아인프라투자은행(AIIB), 동방경제포럼 및 신북방정책 등 동북아 역내 협력의 실질적인 활성화를 통한 중국, 몽골, 러시아 등 전통적인 북한 우방 국가와 한국 간 교류협력 활성화로 한반도통일에 대한 우호적 지지를 확보하는 방안을 고려할 필요가 있다.

### 3) 개별 국가, NGO, 기업이 포함된 다층적 네트워크의 형성

현실주의 패러다임을 견지하는 입장에서는 국제사회의 무정부성(Anarchy)과 한반도의 특수한 군사적 대립에 따른 포괄적 안보개념 적용의 어려움으로 인하여 다양한 주체들이 다차원적으로 네트워크를 형성하는데 어려움이 있다고 지적하기도 한다. 대신 이들은 정부간주의, 혹은 국제정치의 일반적 시각인 (신)현실주의 시각, 혹은 강대국 중심의 외교정책론을 적용하여야 한다고 주장하기도 한다. 그럼에도 불구하고 다음과 같은 다층적 네트워크 구축이 고려되어야 한다.

첫째, 한반도문제 해결과정에서 UN을 구심점으로 하는 다층적 네트워크 구축이 필요하다. 한국과 북한, 미국과 북한 간의 대화 채널이 매우 축소되던 시점에서도, UN 내에서의 채널은 유지되었다. 상호 비난과 서로 다른 의견 개진 등이 주를 이루고 있기는 하지만, UN총회, 안전보장이사회, 인권위원회, 군축위원회 등 다양한 회의들에서 당사국들은 자신들의 의견을 개진하고 있고, 다른 국가들을 설득 혹은 압박하려고 노력하고 있다. 대화채널의 존재만으로도 UN의 역할은 중요하다고 할 수 있다. 이에 더하여 UN 체제 내에서 한반도 관련 당사국들 이외에 다른 국가들의 의견과 입장도 중요한 역할을 하고 있다. 한반도 관련 당사국들이 아닌 UN 회원국들은 보다 객관적으로 한반도문제에 대한 의견을 개진할 수 있는데 핵, 환경, 인권, 테러리즘, 돈세탁, 마약 등 국제사회가 공동으로 처한 다양한 사안들과 한반도문제를 연결하여 의견을 개진할 수 있는 것이다. 이런 다양한 의견과 그것을 바탕으로 한 행동은 한반도 관련 당사국들의 행동에 직간접적인 영향을 끼치고 있다는 점에서 UN을 구심적으로 한 다층적 네트워크를 구축할 필요가 있다.

둘째, 위와 유사한 맥락에서 NGO들과 다층적 네트워크를 구축해야 한다. 인권과 환경 관련 NGO들의 한반도에 대한 관심은 매우 크다. 인권적 측면에서 북한과 관련된 문제는 사법제도, 고문, 여성, 복지, 탈북자, 해외노동자 등 다양하다. 환경적 측면에서도 DMZ 보존, 산림, 에너지 관련 환경 사안, 해양과 하천 오염, 동식물 보호 문제 등 다양한 사안이 있다. 이러한 다양한 사안들에 대한 국제사회의 관심이 높아지면서 국제NGO를 중심으로 한 국제사회 행위자들의 역할이 높아지고 있다는 점에서 다양한 영역에서 NGO들과의 네트워크를 구축할 필요가 있다.

셋째, 사적 이윤을 추구하는 다양한 기업과 금융기관들 역시 한반도통일기반 조성에 중요한 역할을 담당할 수 있다. 세계경제의 침체로 인하여 기업들과 금융기관들의 경제행위가 제한받고 있는 상황에서 한반도와 주변 국가들에서 경제활동을 하는 행위자들은 한반도 상황 전개와 통일

가능성에 매우 큰 관심을 둘 수밖에 없다. 그 이유는 두 가지 상반된 요인인 위험성과 기회의 측면에서 분석할 수 있다. 위험성 측면은 한반도의 불안정성 증가와 그와 관련된 관련 당사국들 간의 대립으로 인하여 경제행위가 위축되는 것과 관련이 있다. 한반도 불안정성 증가는 투자 위축, 국제무역 축소, 국제금융거래 축소로 이어질 수 있기 때문인데, 한중 무역분쟁에서 발견되듯이 한반도문제와 관련한 국가 간 대립은 이들 국가 간 경제관계를 축소시킬 가능성이 크다. 이런 상황 속에서 한반도 관련 경제행위를 하는 행위자들은 자신들의 위험을 관리하기 위하여 자신들이 속한 국가의 정부에 압력을 행사할 수도 있다는 점에서 다층적 네트워크의 한 주체가 된다.

## Ⅳ. 맺으며

통일기반 조성 및 통일의 과정은 한국 내, 남북 간 그리고 한반도를 둘러싼 국제사회의 다양한 행위자들의 참여와 노력을 요구한다. 더 나아가 막연한 평화통일이 아니라, 각 체제 구성원들의 자유와 인권을 보장하는 진정한 평화통일을 위해서는 통일된 한반도에 적용될 바람직한 제도와 규범에 대한 다양한 행위자들의 아이디어가 조율, 조정되어야 한다. 따라서 한반도통일 이슈는 수많은 변수들의 영향 아래 놓여 있는 복잡한 퍼즐과도 같은데, 본 연구는 통일거버넌스를 통하여 이 퍼즐 풀기에 다가가 보고자 하였다.

이러한 문제의식 하에 본 연구는 전통적인 거버넌스론에 대한 재고찰을 통하여 한반도통일거버넌스는 예방적 정책패러다임의 시각에 입각하여 통일기반 조성에 실질적으로 기여할 수 있는 질 높은 거버넌스가 되어야 함을 주장하고, 이를 위한 세 가지의 원칙을 도출하였다. 이 원칙들은 구심점을 확보한 분권화 원칙의 적용, 관계자들의 합의에 기초한 제도적 노력의 전개, 효율적 네트워크 형성 통한 정책효과성으로 요약된다. 이에 따라 본 연구는 한국 내, 남북 간, 그리고 국제사회라는 세 층위에 걸쳐 이상의 원칙들이 반영된 통일거버넌스를 모색하여 보았다.

결론으로서 본 논문은 첫째, 한국 내 통일거버넌스로 통일의제를 범정부적 의제로 다룰 수 있는 통일부총리제의 도입과 같은 권한과 위상을 가진 구심력 지닌 조직 및 직위의 신설, 통일거버넌스 관련 제도들이 국민들의 지지와 신뢰 하에 원활히 작동할 수 있도록 통일 사회 협약 제정 그리고 통일 관련 정책이 초기에 의도한 목표에 다가가는 효과성을 발휘할 수 있도록 민–관 및 산–관 협의채널 구축이 필요함을 제시하였다. 둘째, 남북한 관계에 있어서는 정상회담 채널이라는 남북한 통일거버넌스의 구심점을 보완할 비정부적 구심점의 발굴과 이들 보완적 구심점과의 적절한 분권화 추진, 통일 관련 노력이 대내외적 변수의 변화에도 불구하고 지속적으로 추진될 수 있는 남북 간 약속 및 합의의 제도화, 남북한 통일거버넌스의 핵심 요소가 될 수 있는 민간단체간의 네트워크 복원이 시급함을 통일거버넌스의 구성요소로 제시하였다. 끝으로, 국제사회의 통일거버넌스 요소로 국제사회 통일 논의의 구심점으로서 한국의 역할 강화와 이를 위한 통일공공외교의 확산, 중국, 러시아, 일본 등 한반도 주변국가과의 비군사 분야의 교류협력 활성화를 통한 통일지지 세력 확대, 그리고 한국을 중심으로 개별국가, NGO, 기업 등이 포함된 다층적 네트워크의 구축이라는 통일거버넌스의 핵심 요소를 정책적 함의로 제시하였다.

이 연구는 신 거버넌스론을 기초로 한반도문제와 통일문제를 분석하고 정책적 대안을 모색하려는 연구이다. 매우 빠르게 변화하는 한반도를 둘러싼 각 국가의 정책도 급격히 전환될 수 있는 위험성을 가지고 있는 상황에서 지속적이고 장기적인 정책패러다임 구축을 통한 평화와 번영 그리고 통일을 위한 하나의 제언이라고 할 수 있다. 이 연구에서 통일거버넌스라는 용어를 사용하고 있지만, 이 연구가 제시하고 있는 정책패러다임의 내용은 통일을 향한 과정에서도 적용될 수 있다. 현재 한반도 관련 문제는 비핵화 문제에 초점을 맞춰서 논의되고 있지만, 장기적으로는 평화와 안정의 제도화, 남북한 간 그리고 국제사회와의 네트워크 형성, 그리고 통일거버넌스 논의로 전환될 것으로 기대할 수 있다. 따라서 이 연구의 논의가 다소 이른 논의로 여겨질 수도 있지만, 이 연구는 과거의 통일거버넌스 관련 연구들의 한계를 극복하고 새로운 정책패러다임을 제시하고 있다는 점에서 그 의미를 찾을 수 있다고 판단된다.

## 더 읽을거리

김국신, 『남북한 통합을 위한 바람직한 통일정책 거버넌스 구축 방안』(서울: 통일연구원, 2005).

김의영, 『거버넌스의 정치학』(서울: 명인문화사, 2014).

함택영·김근식·김갑식·이정진, 『한반도 평화체제 거버넌스 활성화 방안』(서울: 통일연구원, 2007).

허인혜, "한국 대북정책의 민주적 거버넌스 모색," 『국제정치논총』 제52권 2호 (2012).

# 제4장
# 김정은 집권 이후 북한과 아세안(ASEAN) 국가 간 관계 변화 연구*

이진영(전북대학교)

손혁상(경희대학교)

## Ⅰ. 들어가며

제1차, 2차 북미정상회담은 동남아시아에 위치한 싱가포르(2018년 6월)와 베트남(2019년 2월)에서 개최되었다. 북미정상회담 개최 국가인 싱가포르와 베트남은 전통적으로 북한과 우호적 관계를 형성하고 있다. 하지만 2016년 북한의 제4차, 5차의 핵실험을 계기로 북한과 싱가포르, 베트남

* 이 장은 2018년 대한민국 교육부와 한국연구재단의 지원을 받아 수행된 연구(NRF-2018S1A3A2075117)로 2019년 『국제정치논총』 제59권 4호에 게재된 "김정은 집권 이후 북한과 아세안(ASEAN) 국가 간 관계 변화 연구"를 토대로 작성되었다. 논문이 책으로 나올 수 있도록 허락해준 국제정치논총 편집위원회에 감사드린다.

과의 관계가 소원해졌다. 예를 들어 싱가포르와 베트남은 자국에 거주하고 있는 북한 외교관을 강제 출국시키거나, 비자 연장을 중단하는 등의 행동을 취했다. 이는 싱가포르와 베트남 모두 북한에 대한 미국과 국제연합(United Nations, 이하 UN)의 대북압박 제재에 동참한 것이라 여겨진다. 더욱이 2019년 6월 방콕에서 개최된 아세안 정상회의(ASEAN Summit)에서 북한의 '분야별 대화국(Sectoral Dialogue)' 신청은 거절되었다.[1]

이와 같이 최근 북한과 동남아시아 국가의 관계는 정치, 경제 등의 분야에서 역동적임을 알 수 있다. 하지만 여전히 북한과 동남아시아 국가는 전통적으로 대부분 우호적인 관계를 형성하고 있다. 이는 냉전 시기 북한과 동남아시아 국가 간의 유대감에서 비롯된다. 예를 들어 북한은 냉전 시기 인도네시아, 미얀마 등이 취했던 비동맹운동을 지지하거나, 혹은 북한과 유사한 정치체제를 가진 국가들과 교류협력을 강화했다.[2] 대표적으로 북한은 2000년에 아세안지역안보포럼(ASEAN Regional Forum, 이하 ARF)에 가입하고, 같은 해에 필리핀과 국교를 수립했다.[3] 또한 동남아시아 국가는 한국과 동남아의 관계가 중요한 만큼 북한과 동남아의 관계도

---

1 북한은 2018년에 아세안 분야별 대화국(Sectoral Dialogue) 지위를 신청했으나 2019년 아세안 정상회의에서 거부되었다. 아세안의 부문적 대화 상대국은 아세안 회원국 이외의 국가가 아세안 커뮤니티 구축 등과 같은 특정 분야(개발, 무역)에 대해 협의할 수 있는 지위를 갖는다. 예를 들어 스위스는 아세안 역량강화 구축을 위해 부문적 대화 상대국으로 승인되었다. Thuzar, "What does it take to join ASEAN?" *ISEAS Perspective* (2017), p. 6, 박형준, "북한, 아세안의 '분야별 대화국' 포함 신청했지만 거절당해," 《동아일보》 (2019/07/28).

2 박성관, "북한의 대동남아 외교변화," 『국제정치논총』 제43권 3호 (2003).

3 북한은 1994년에 ARF에 가입하고자 했으나, 미국과 일부 회원국들의 반대로 가입되지 않았다. 이후 캄보디아, 태국, 필리핀이 북한의 ARF 가입을 적극 찬성했으며, 당시 한국의 김대중 정부가 북한의 ARF 가입을 지원하기도 했다. 성기영, "문재인 정부의 新남방정책과 對아세안 북핵 외교," KINU 연구, Online Series CO 17-31 (2017).

동등하게 중요하다고 인식한다.[4]

김정은 집권 이후 2012년부터 2015년까지 북한과 동남아시아 국가 간의 관계는 거의 변하지 않았다. 2012년 4월 북한은 북한 헌법 전문에 핵 보유국을 명시하였다. 2013년 2월 제3차 북핵실험이 진행되었지만, 2015년까지 북한과 동남아시아 국가 간의 외교관계는 크게 변하지 않았다. 하지만 2016년의 미국과 UN의 북한 제재결의안 발표, 2017년 쿠알라룸푸르에서의 김정남 암살사건 등을 계기로 싱가포르, 베트남, 말레이시아에서 대북제재에 동참하는 모습이 나타났다.

본 연구는 김정은 집권 하의 북한 대외관계 중 동남아시아 지역에 주목한다. 특히 북핵위기와 더불어 2016년 UN제재가 북한과 동남아시아 국가 간의 관계에 미친 영향을 분석한다. 북한의 대동남아 국가 외교관계는 김정일 시기에 강화되었다. 대표적으로 북한은 2000년에 아세안지역안보포럼(ASEAN Regional Forum, 이하 ARF)에 가입하고, 같은 해에 필리핀과 국교를 수립했다. 하지만 북한 대외관계에 대한 기존 연구는 북한과 미국, 중국, 일본, 러시아와의 관계에 초점을 맞추고 있다. 이는 두 가지 측면에서 본 연구에 시사점을 제공한다. 첫째, 북한과 동남아시아 국가 간의 관계는 변화가 없을 만큼 안정적이거나 혹은 상호 간에 무관심한 관계일 수 있다. 둘째, 동남아시아 지역에 대한 강대국의 경쟁 구도가 북한의 대외관계에 영향을 주는지 혹은 국제사회와 UN의 경제제재에 대한 대안으로 동남아시아 국가와의 관계 강화가 필요한 것인지 살펴볼 필요가 있다. 이와 관련하여 김정은 집권 하의 대외정책을 분석한 연구 중 동남아

4 이재현, "북한과 동남아시아," 아산정책연구원 이슈브리프(2017) 내용 참고, 싱가포르 난양공과대학(NTU, Nanyang Technological University), S. RSIS(Rajaratnam School of International Studies) 북한 전문가 인터뷰를 통해 재확인하였다(인터뷰 일시: 2019년 2월).

시아 개별 국가를 중심으로 한 체계적 연구는 거의 없다.[5]

본 연구는 네 가지의 연구방법을 통해 김정은 집권 하의 동남아시아 국가 관계 변화를 고찰한다. 첫째, 북한과 동남아시아 국가 간의 역사적 관계를 다룬 기존 연구 분석을 통해 동남아시아 국가와의 정치 및 외교의 주요 관계를 모색한다. 둘째, 주요 기관(통계청, KOTRA, World Bank 등)에서 발표한 통계자료 분석을 통해 경제 및 교역 관계의 추이를 살펴본다. 셋째, 북한에서 발행되는 《로동신문》 내용 분석(Content Analysis)을 위해 질적 연구방법에서 활용되는 소프트웨어인 Atlas.ti(7.5.17)를 활용한다. 이는 북한에서 다루고 있는 동남아시아 국가 관련 이슈가 무엇이며, 어떤 국가와의 고위급 인사교류가 활발한지 분석하기 위함이다. 더불어 동남아시아의 북한 전문가 인터뷰를 병행하였다.[6]

연구 범위는 다음과 같다. 첫째, 북한과 동남아시아 국가의 정치 관계는 냉전 시기와 냉전 종식 이후로 구분한다. 이는 냉전 종식 전후 북한의 대외관계, 특히 동남아시아 국가에 대한 정책이 변화했는지 살펴보기 위함이다. 둘째, 경제관계는 북한의 10대 교역국가를 비교하기 위한 시계열자료(1996~2017), 북한과 동남아시아 국가 간의 수출입 추이를 비교하기 위한 자료(1989~2016), UN의 경제제재에 따른 수출입 품목을 비교하기 위한 자료(2011~2017), 북한으로의 송금 추이를 비교하기 위한 자료(1980~2018)로 구분하여 주요 특징을 분석한다. 셋째, 북한과 동남아시아 국가의 고위급 회담 및 교류를 분석하기 위해 2018년 1월부터 2019년 2

---

5 Tan et al., "The Potential Role of South-East Asia in North Korea's Economic Reforms: The Cases of ASEAN, Vietnam and Singapore," *Journal of Asian and African Studies* 52-2 (2017), p. 174.

6 인터뷰는 2019년 2월 싱가포르 난양기술대학교(Nanyang Technological University) 내에 위치한 라자라트남 연구소(S. Rajaratnam School of International Studies)를 방문하여 진행하였다.

월까지 발행된 《로동신문》을 분석한다. 다른 설명변수에 비해 《로동신문》의 분석 기간을 2018년으로 제한한 이유는 2018년 6월 성사된 북미 정상회담 전후의 변화를 비교하기 위함이다.

이와 같은 논의를 중심으로 본 연구의 제2장은 김정은 집권 이후 북한의 대외정책과 동남아시아 국가 간의 관계를 분석한 선행연구 검토를 통해 분석틀을 도출한다. 제3장은 북한과 동남아시아의 관계를 냉전 전후로 구분하여 이들 간의 외교관계 수립과 주요 사건을 간략히 다룬다. 제4장은 선행연구 검토를 통해 도출한 분석틀의 첫 번째 설명변수인 북한과 동남아의 정치관계를 북한 이슈에 대한 아세안과 개별국가의 입장 차이로 구분하여 분석한다. 제5장은 북한과 동남아시아의 경제협력에 초점을 맞춰 수출입 규모, 품목, UN의 경제제재에 따른 수출입 규모와 품목의 변화, 그리고 동남아시아 국가로부터 유입되는 송금 추이를 면밀히 분석한다. 이를 통해 북한에 대한 국제사회의 경제제재가 국가 단위에서 어떻게 다른지 비교 분석한다. 제6장은 북한과 동남아시아 국가의 주요 인사들, 고위관료들 간의 교류를 조명한다. 또한 북한에서 바라보는 동남아시아 국가에 대한 시각을 《로동신문》을 중심으로 조명한다. 결론은 이상의 논의를 요약정리하고, 북한과 동남아시아 국가 간의 관계 분석을 통한 우리 정부의 협력 전략을 모색한다.

## Ⅱ. 선행연구 검토 및 분석틀

국가의 대외정책은 국가 이익(National Interest)을 어떻게 정의하느냐에 따라 달라진다. 대체로 국가 이익이란 국토의 방위(국가안보), 경제 번영, 자국의 가치증진, 호의적인 유리한 국제질서의 창출이 공통으로 적용된다. 이 중 외교정책의 목표를 설계할 때, 가장 우선시 되는 것은 안보와 경제 번영이다.[7] 북한 역시 대외전략의 핵심 기제로 안보와 경제 번영을 최우선으로 하고 있다. 냉전 시기, 김일성 체제의 대외정책 목표는 체제 유지와 발전, 그리고 한반도 공산화 통일, 전 세계의 공산화로 요약할 수 있다.[8] 이 기간 동안 북한 외교의 주 협력대상 국가는 소련, 사회주의권, 제3세계 국가에 초점을 맞췄다. 냉전 종식과 더불어 김일성 사망 이후 수립된 김정일 체제의 외교정책은 '선군외교전략'으로 대표되며, 서방국가와의 관계 개선인 '전방위외교'와 '실리외교'를 표명했다.[9]

본 연구는 김정은 정권 하의 대외정책을 어떻게 분석하고 있는지 살펴보기 위해 선행연구를 세 개의 범주로 구분한다. 이는 북한 대외정책에 대한 기존 연구가 주목하고 있는 국가, 이슈 등이 무엇이며, 특히 동남아시아에 대해 어떤 내용을 다루고 있는지 분석하기 위함이다. 북한의 대외정책을 분석한 기존 연구는 첫째, 북한을 포함하여 한반도를 둘러싸고 있는 4강(미국, 중국, 일본, 러시아)에 대한 북한의 대외전략 모색, 둘째, 김정은 집권 하의 핵실험 및 군사전략의 변화를 분석하여 향후 북한의 대외전략을 모색하는 연구, 셋째, 4강과 한국을 제외한 국가들과의 관계를 분

---

7 김근식, "김정은 시대 북한의 대외전략 변화와 대남정책: '선택적 병행' 전략을 중심으로," 『한국정치외교사논총』 제38권 (2)호 (2013), p. 197 각주 3번 재인용, 홍석훈, "김정은 정권의 신대외전략 분석," 『정치정보연구』 제18권 (2)호 (2015), p. 65.

8 윤재문, "북한 김정일 체제의 외교정책에 관한 연구: 외교환경 변화와 그 대응전략을 중심으로," 『정치정보연구』 제7권 (1)호 (2004), pp. 240-245, 임재형, "탈냉전기 북한외교정책의 변화요인과 대응전략: 김정일 시대를 중심으로," 『국제정치논총』 제41권 (4)호 (2001), p. 22.

9 이 시기 북한과 수교를 맺은 국가는 영국(2000), 네덜란드, 뉴질랜드, 벨기에, 스페인, 독일, 룩셈부르크, 그리스, 캐나다(2001) 등이 있음. 자세한 내용은 윤재문 (2004), pp. 242-245를 참고하기 바란다.

석한 연구로 구분할 수 있다. 기존 연구는 대부분 김정은 정권의 '핵과 경제'를 중심으로 한 핵·경제병진노선을 주요 설명변수로 활용하고 있다.[10]

이와 같이 김정은 집권 하의 북한 대외정책을 다룬 기존 연구의 주요 설명변수와 분석 방법을 보면 아래 〈표 1〉과 같다. 이 중 북한과 동남아시아 관계를 다룬 연구는 이들의 역사적 관계를 토대로 북핵위기, 개별국가 간의 안보 이슈, 북한과 동남아 국가 간의 경제관계 등에 초점을 맞추고 있다. 구체적으로 북한과 동남아시아 국가 간 혹은 아세안 지역협력체 내에서의 사건(event)을 중심으로 그 현상을 분석하는 연구가 주를 이룬다.

**〈표 1〉 김정은 집권 하의 북한 대외정책 선행연구**

| 저자(연도) | 분석 범위 | 분석 방법 |
| --- | --- | --- |
| 구본학(2012) | •미국, 중국, 일본, 러시아의 대한반도 정책<br>•김정은 정권 하의 대남, 대미정책 | •문헌분석<br>•2차 자료 활용(신문 및 보도자료 등) |
| 김근식(2013) | •냉전 종식 이후 북한의 대외전략<br>•3차 핵실험(2013) 전후의 대외전략 | •문헌분석<br>•2차 자료 활용(신문 및 보도자료 등) |

10 이는 김일성 집권기에 등장한 '경제-국방 병진노선(1962년)'에 기원을 두고 있으며, '경제-핵무력 병진노선', '핵·경제병진노선'으로 불린다. 김영재, "김정은 정권의 외교정책: 권위 추구형 핵·경제 병진노선을 중심으로," 『한국정치외교사논총』 제38권 (2)호 (2017), p. 213, 구본학, "주변 4강 및 북한의 신대외정책과 한국의 중장기 안보전략," 『국방정책연구』 제28권 (4)호 (2012), pp. 7-41, 정성윤, "김정은 정권의 대외관계와 안보전략: 분석 및 평가 그리고 전망," 『21세기 정치학회보』 제24집 (1)호 (2014), pp. 171-194, 황지환, "김정은 시대 북한의 대외전략: 지속과 변화의 '병진노선'", 『한국과 국제정치』 제30권 (1)호 (2014), pp. 187-221. 고영은, "김정은 시대 북한의 대외정책과 남북 교회 교류 전망," 62 (2018), p. 616, 홍석훈 (2015), p. 62, 홍석훈, "북한의 대외정책과 한반도 평화: 북미관계와 북미정상회담을 중심으로," 『평화와 종교』 제5호 (2018), p. 27.

| | | |
|---|---|---|
| 정성윤(2014) | •미국, 중국, 일본, 러시아의 동북아 전략 비교 분석<br>•김정은 정권의 미국, 중국, 일본, 러시아에 대한 인식 비교 분석 | •문헌분석<br>•2차 자료 활용(신문 및 보도자료 등) |
| 황지환(2014) | •김정은 집권 2년의 북한 핵능력 및 핵전략 검토<br>•신년사 분석 | •문헌분석<br>•통계자료(경제) 활용<br>•조선중앙통신, 《로동신문》 분석 |
| 홍석훈(2015) | •김정은 정권의 대외전략 목표, 전략, 전술<br>•핵이슈, 중국과의 외교관계 | •문헌분석<br>•통계자료(경제) 활용<br>•2차 자료 활용(신문 및 보도자료 등) |
| 김영재(2017) | •김정은 정권의 정당성 확보를 위한 정치, 경제, 사회차원의 정책 비교 분석 | •문헌분석<br>•2차 자료 활용(신문 및 보도자료 등) |
| 홍석훈(2018) | •김정은 집권 하의 북핵 이슈 및 대미정책 태도<br>•북미정상회담과 북미관계 | •문헌분석<br>•2차 자료 활용(신문 및 보도자료 등) |
| 이재현(2017) | •2017년 쿠알라룸푸르 사건<br>•북한과 동남아시아 국가 간 인식 변화 분석 | •문헌분석<br>•2차 자료 활용(신문 및 보도자료 등) |
| 김형종(2018) | •북한의 남방정책(동남아시아 국가)과 핵이슈 | •문헌분석<br>•2차 자료 활용(신문 및 보도자료 등) |
| Bridges (2017) | •북한과 동남아시아 국가의 외교 관계 분석 | •문헌 및 역사적 관계 검토 |
| Tan et al. (2017) | •북한과 싱가포르, 베트남 관계 분석 (싱가포르와 베트남의 경제발전)<br>•NGO 활동 분석: Choson Exchange | •문헌분석<br>•2차 자료 활용(신문 및 보도자료 등) |
| Tan (2017) | •핵위기를 해결하기 위한 다자주의협력 방식 분석: ARF vs. 6자 회담 | •문헌분석 |
| Han (2018) | •북한과 말레이시아의 외교 관계 & 북한과 아세안과의 관계 분석 | •현상 분석 및 의견 제시 |
| Chong & Ong-Webb(2018), Singh (2018) | •2018 북미정상회담 분석 | •현상 분석 및 의견 제시 |

주: 〈표 1〉에 인용된 저자(연도)의 논문은 『국제정치논총』 제59집 4호의 참고문헌을 참조 바람.

본 연구는 앞서 살펴본 선행연구를 기반으로 하여 북한과 동남아시아, 그리고 아세안과의 관계 분석을 시도한다. 이를 위해 퍼트남(Robert D. Putnam)의 양면게임이론을 확장한 삼차원게임(3-level Game)을 적용한다.

삼차원게임은 국제차원과 지역차원, 그리고 개별국가 내의 협상 과정을 모두 고려해야 한다는 논의이다. 이는 양면게임에서 다루고 있는 국제차원과 국내차원의 논의 수준에 지역차원의 고려가 필요하다는 것을 강조하는 것이다.[11] 특히 삼차원게임은 본 연구와 같이 아세안이라는 지역협력체 수준에서 만장일치를 보여주는 북핵 이슈와 달리 개별국가 내에서도 민감한 이슈라 할 수 있는 인권 문제에 대한 개별국가의 입장이 상이한 것을 보여주는 데 유용하다. 아래 〈그림 1〉은 삼차원게임의 분석수준을 도식화 한 것이다. 첫 번째 단계인 국제수준에 의하면 기본적으로 냉전 종식이라는 국제체제의 변화가 북한과 동남아시아 국가와의 관계에 영향을 주었을 것이라 가정한다. 이와 더불어 본 연구에서 강조하고 있는 UN과 미국의 대북 경제제재 또한 국제체제 수준의 주요 배경이다. 두 번째 단계인 지역수준에서는 아세안이라는 지역협력체와 북한과의 관계가 고려되어야 하며, 세 번째 단계인 개별수준에서는 동남아시아 국가와 북한과의 공유된 역사가 영향을 주었다고 전제한다. 또한 국가 간의 관계 설명을 위해 상위정치(안보)와 하위정치(경제 및 사회)가 모두 고려되어야 한다.

11 Hentz, "South Africa and the 'Three Level Game': Globalisation, Regionalism and Domestic Politics." *Commonwealth & Comparative Politics* 46-4 (2008), Larsén, "Trade Negotiations between the EU and South Africa: A Three-Level Game." *Journal of Common Market Studies* 45-4 (2007), Patterson, "Agricultural Policy Reform in the European Community: A Three-Level Game Analysis." *International Organization* 51-1 (1997).

〈그림 1〉 삼차원게임(3-level Game)에 따른 북한과 아세안, 동남아시아 관계 분석

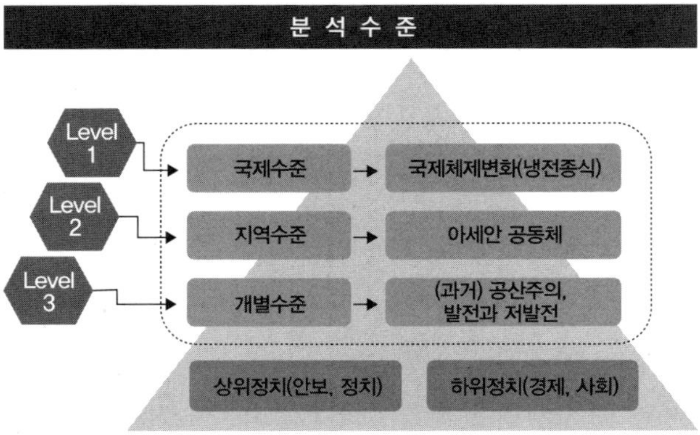


출처: 저자 작성

따라서 본 연구는 북한과 동남아시아 국가의 대외관계를 분석하기 위해 기존 연구에서 주요 설명변수로 활용한 정치, 경제, 사회관계를 중심으로 김정은 정권 하의 동남아시아 관계, 그리고 동남아시아 국가로 형성된 아세안과의 관계 분석을 시도한다. 정치관계는 북한 이슈에 대한 아세안의 만장일치 사례가 어떤 분야에서 어떻게 나타나는지 분석한다. 또한 북한의 인권개선 의제에 대한 UN결의안에 대해 동남아시아 국가의 입장이 어떻게 나타나고 변화하는지, 그리고 그 변화의 원인은 무엇인지 탐색한다. 경제관계는 북한과 동남아시아 국가와의 관계를 10대 교역국가, 수출입 규모 및 품목, 송금 추이 등을 중심으로 살펴본다. 사회관계는 북한에서 발행되는 《로동신문》의 내용 분석을 통해 고위급인사의 교류 현황과 북한에서 다루는 동남아시아 기사 내용을 분석한다. 이상의 내용을 중심으로 북한과 동남아시아 국가 간의 관계를 분석하기에 앞서 북한과 동남아시아 국가의 역사적 관계에 대해 다음 절에서 간략히 살펴본다.

## Ⅲ. 북한의 대외관계: 동남아시아 국가를 중심으로

동남아시아 국가는 제2차 세계대전을 전후로 하여 미국 및 서구에 우호적인 자본주의 국가군과 이에 반하는 사회주의 국가군으로 구분된다. 냉전이라는 국제체제의 구조는 북한과 동남아시아 관계 형성에도 영향을 끼쳤다. 브루나이와 필리핀이 냉전 종식 후인 1999년과 2000년에 북한과 외교관계를 수립한 것이 이에 대한 예이다. 동남아시아 국가 중에서 북한과 처음으로 외교관계를 수립한 국가는 베트남이다. 베트남은 베트남 전쟁의 승리로 인해 반미제국주의 전쟁을 성공적으로 이끈 사회주의 국가로 인식되었다. 이는 북한이 동남아시아 지역에서 가장 먼저 베트남과 외교관계를 수립한 계기가 된다.[12]

1950년 1월 베트남과 북한의 외교관계 수립 이후 1957년과 1958년 호치민(Ho Chi Minh)과 김일성의 공식방문 등이 이뤄졌다.[13] 하지만 베트남과 북한의 관계는 항상 우호적이고 협력적이지 않았다. 예를 들어 1979년 베트남의 캄보디아 침공, 1992년 베트남과 한국과의 관계정상화 등의 주요 사건이 베트남과 북한과의 협력관계에 영향을 주었다.[14] 반면 1990년대 후반 베트남이 북한으로부터 북한산 유고급 잠수함 2척을 구입하고, 북한산 스커드-C형 미사일을 도입해 베트남과 북한의 관계는 회복되었다. 또한 1990년대 베트남 국방장관과 북한 총참모장의 상호방문으로 시작된 군사 분야 고위급 인사교류는 2015년까지 지속되었다.[15]

---

12 박성관 (2003), 홍규덕, "북한의 대동남아 정책," 양성철·강성학 공편, 『북한외교정책』 서울프레스 (1995), pp.315-338, Tan et al (2017).

13 홍규덕 (1995).

14 박성관 (2003).

15 조정훈, "부침 거듭하던 북-베트남 관계 69년," 《통일뉴스》 (2019/02/22).

베트남 이외에 북한과 동남아시아 국가의 외교관계 수립을 간략히 살펴보면, 북한과 캄보디아는 1964년 대사급 외교관계 수립 이후 지속적인 우호관계를 보이고 있다. 캄보디아와 북한의 관계는 시아누크 국왕과 김일성 주석의 개인적인 친분관계가 크게 작용했다.[16] 라오스는 1974년 6월 남한과 북한이 동시에 수교를 수립한 국가이다. 1975년 라오스가 공산주의를 표명하며 남한과의 외교관계를 단절하자 북한은 라오스와의 우호적 관계 구축을 위해 노력했다.[17] 이와 같은 사례는 냉전이라는 국제체제 구조가 국가 간 외교관계 형성에 주요하게 작용했음을 보여주는 것이다.

북한과 미얀마는 1961년 무역협정과 영사급 외교관계를 체결하였으며, 1962년 네윈(Ne Win)의 집권 이후 우호적 협력관계가 강화되었다.[18] 하지만 1983년 아웅산(Aung San) 폭탄테러사건의 발생으로 인해 양국의 외교관계는 단절되었다. 이후 2000년대 중반 이후 재개된 외교관계와 미얀마의 핵 기술 공유에 대한 논의가 있었다.[19]

북한과 인도네시아의 관계는 수카르노 정권으로부터 시작된다. 1964년 북한과 인도네시아는 대사급 외교관계를 수립하였다. 1965년 4월 김일성은 비공산국가들 중 처음으로 자카르타를 공식 방문하였다. 하지만 친미 성향의 수하르토(Suharto) 장군의 쿠데타로 수카르노 정권이 물러나면서 1972년까지 외교관계가 단절되었다. 말레이시아와 북한의 관계는 1960년대 말라야 공산게릴라운동에 대한 말레이시아 정부의 철저한 대응에서

16 홍규덕 (1995), Po and Var, "What's Next in Cambodia-North Korea Relations?" *The Diplomat* (2017).

17 홍규덕 (1995).

18 Ahn, "The North Korea-Myanmar Relationship: A Historical Perspective," Bulletin of the Atomic Scientists 66-3 (2010).

19 Ahn (2010).

알 수 있듯이 우호적 관계가 아니었다.[20] 이후 1970년대 말레이시아의 대외정책이 비동맹노선을 취함에 따라 북한과 말레이시아의 관계는 상대적으로 회복되었다. 1973년 6월 북한과 말레이시아는 외교관계를 수립하였다.

싱가포르와의 국교수립은 1975년 11월 8일에 형성되었다. 북한은 대외무역 정책을 추진하는 주요 요충지로 싱가포르와의 교역관계를 시작하였다. 북한은 1967년 싱가포르와 무역협정을 체결하고, 1969년 영사급 외교관계를 수립, 1975년에 외교관계가 수립되었다.[21] 특히 북한은 북한의 주요 자금을 싱가포르로 옮기는 등 경제교류에 있어 싱가포르에 의지하는 경향이 강했다.[22] 북한은 싱가포르의 경제모델을 통해 경제성장전략을 모색하고 있기 때문이다.[23] 북한과 태국 역시 1975년에 외교관계를 수립했지만, 태국의 친미외교, 미국에 군사기지를 제공한다는 이유 등으로 북한과의 관계는 1990년대 초반까지 활발하지 않았다. 하지만 1990년대 초반 북한의 식량위기 시 태국은 북한에게 쌀을 공급하는 주요 수출국이 되었다.[24] 냉전 종식 이후 북한은 국제적 고립상태를 극복하고 동남아시아 지역에서 한국의 영향력을 견제하기 위해 태국과의 협력관계를 강화했다.[25]

북한과 필리핀의 관계는 다른 국가들에 비해 상대적으로 부정적이었다. 필리핀은 태국과 같이 한국전쟁 당시 한국을 도왔으며, 한국의 전통

20 박성관 (2003).

21 박성관 (2003).

22 Tan et al (2017).

23 Bridges, "Old Friends, New Partners, and Troubled Times: North Korea's Relations with Southeast Asia," *International Journal of Korean Unification Studies* 26-2 (2017).

24 Bridges (2017).

25 Chongkittavorn, "Historically Balanced Thailand-North Korea Relations," *Asia Pacific Bulletin* No.460 (2019).

우방국으로 반정부공산주의자들인 신인민군(NPA)의 지속적인 활동에 대응해 반공노선을 적극적으로 추진해왔다. 하지만 1990년대를 전후로 북한은 필리핀과의 관계개선을 공개적으로 요청했다.[26] 북한은 1999년 1월 브루나이와 외교관계를 수립하였으며, 2000년 7월 12일 필리핀과 외교관계를 수립하였다. 또한 북한은 2000년 7월 27일 ARF에 공식적으로 가입하였다. 북한과 동남아시아 국가 간의 외교관계 수립 연도를 간략히 정리하면 아래 〈표 2〉와 같다.

**〈표 2〉 북한과 동남아시아 국가의 외교관계 수립 연도**

| 시기 | | 외교관계 수립 국가(연도) |
|---|---|---|
| 냉전 | 1950년대 | 베트남(1950) |
| | 1960년대 | 미얀마(1961, 1975, 1983, 2007), 캄보디아(1964), 인도네시아(1964) |
| | 1970년대 | 말레이시아(1973), 라오스(1974), 싱가포르(1975), 태국(1975) |
| 냉전 종식 | 1990년대 | 브루나이(1999) |
| | 2000년대 | 필리핀(2000) |

주: 동남아시아 국가에 대한 남한과 북한의 외교관계 수립 연도 비교는 김형종(2018) 참고

출처: 김형종(2018), 홍규덕(1995), 박성관(2003), Bridges(2017) 참고 재구성

동남아시아 국가 중 해당 국가와 평양 모두 북한 공관이 있는 국가는 캄보디아, 라오스, 인도네시아, 말레이시아, 베트남이다. 미얀마, 싱가포르, 태국은 자국에 북한 공관이 설치되어 있으며, 평양에는 자국 공관이 없다. 반면 브루나이, 필리핀, 동티모르는 자국과 평양 모두에 공관이 설치되어 있지 않다.[27] 이와 같이 공관 설치의 유무는 북한과 동남아시아 국가

26 박성관 (2003), 홍규덕 (1995), Tan et al (2017).

27 이재현 (2017 a), 손혁상, "북한개발협력을 위한 삼각협력 모색: 북한의 개발수

간의 오랜 교류의 역사를 설명해준다.

하지만 이들 국가 간의 공관 설치 유무가 반드시 우호적이며 협력적인 관계를 의미하는 것은 아니다. 예를 들어 북한과 베트남의 경우 다른 동남아시아 국가에 비해 가장 오랜 역사를 공유하고 있지만 베트남과의 경제교역은 활발하지 않다. 오히려 베트남은 안보리 결의안 2270호를 이행한 국가이다. 2016년 북한의 4차 핵실험과 장거리 로켓 발사에 대응해 안보리에서 결의안 2270호를 채택했다. 이에 대해 베트남은 이행보고서를 통해 이례적으로 베트남 하노이 주재 북한 외교관을 강제 출국시켰다. 이와 같은 베트남의 결정은 안보리 결의 2270호에 대한 첫 이행 사례로, 이후 2371호, 2375호의 이행보고서에서도 구체적인 제재조치를 언급하고 있다.[28] 예를 들어 2017년 9월 11일 북한 국적자에 대한 노동허가증을 허가하지 않고, 재발급하지 않는다고 발표했다. 또한 베트남에 거주하고 있는 북한 노동자의 현황을 검토하여 대북제재 결의 이행을 확고히 하고 있다.[29]

말레이시아의 경우 무엇보다 2017년 말레이시아 공항에서 발생한 김정남 피살 사건은 말레이지아와 북한 관계에 영향을 주었다. 이 사건을 계기로 말레이시아는 쿠알라룸푸르에서 북한대사를 추방하고 이에 대응하여 북한도 주 평양 말레이시아 대사를 추방했다. 북한 내 말레이시아인

---

요와 주축국 선정을 중심으로," 『한국정치연구』 제28집 (1호) (2019), Wertz, "North Korea and ASEAN: Friends Again, but It's Complicated," *Asia Pacific Bulletin* No.462 (2019), Subhan, "North Korea's Missile and Nuclear Test Cessation," 《ASEAN Post》 (2018/04/29).

28 베트남은 UN안보리의 대북제재 결의 2371호, 2375호 이행을 구체화하기 위해 2018년 12월 18일 수상 결의안 Decision No. 2039/QD-TTg를 공표했다. 창지윤, "2018년 상반기 베트남-북한 관계 동향," KOTRA (2018).

29 함지하, "베트남, 지난 몇 년간 대북압박 적극 동참…외교관 추방과 노동자 송환 약속," 《Voice of America》 (2019/02/08).

들의 출국이 금지되었으며, 이에 대한 대응으로 말레이시아도 자국 내 북한 대사관 관계자의 출국을 금지시켰다. 특히 자국민이 북한에 억류되었다는 점에서 말레이시아–북한 관계는 정치적 문제로 다뤄졌다.[30]

최근 북한과 필리핀의 관계는 주목할 만하다. 김정은 체제 하의 북한의 잠재적 경제개혁은 로드리고 두테르테(Rodrigo Duterte) 대통령의 비전통 파트너와의 관계 발전을 위한 독립외교(Independent Foreign Policy)와 일맥상통한다. 하지만 필리핀은 북한을 제재하는 UN안전보장이사회 결의를 준수하고 있다. 예를 들어 필리핀은 2016년 북한 화물선(M. V. Jin Teng and Theresa Begonia)을 압수 수색해 제한물품과 무기, 밀수품을 적발했다. 그리고 2017년 마닐라는 북한과의 무역을 중단했다. 북한에 대한 필리핀의 입장도 북한의 핵, 미사일 활동을 규탄하는 공동 외교성명을 통해 아세안에 반영되고 있다.[31]

이와 같이 북한과 동남아시아 국가 간의 관계는 하나로 설명할 수 없다. 더욱이 동남아시아 국가는 아세안이라는 지역협력체를 통해 북한 문제를 다룬다. 따라서 다음 절에서는 북한 이슈에 대한 아세안의 입장, 그리고 북한 인권에 대한 동남아시아 개별 국가의 입장을 통해 이들 간의 입장 차이를 정치관계에서 분석한다.

---

30 이재현, "동남아–ASEAN과 북한: 투트랙 접근법이 필요하다," 아산정책연구원 (2017, b).

31 Rabena, "Factors Shaping Philippines–North Korea Relations." *Asia Pacific Bulletin*, No. 459 (2019).

## Ⅳ. 북한과 동남아시아 지역의 정치관계: 아세안과 회원국을 중심으로

1993년 제1차 북핵위기에 이어 2002년 10월 북한의 고농축우라늄(Highly Enriched Uranium) 개발계획이 확인된 이후, 2003년 북한의 핵확산금지조약(Nuclear Nonproliferation Treaty, 이하 NPT) 탈퇴선언으로 제2차 북핵위기가 초래되었다.[32] 1993년과 1994년에 발생한 제1차 북핵위기 시에는 북한과 미국과의 외교관계가 주를 이루었다. 제1차 북핵위기 당시 아세안에 대한 입장에 대한 내용은 거의 없다.[33]

1990년대 중반 이후 북한과 아세안의 관계에 있어 북한의 핵 문제는 중요한 정치외교 사안으로 부상했다. 북한의 NPT 탈퇴에 대해 아세안은 확대외무장관회의에서 우려를 표명했다. 1993년 인도네시아에서 개최된 비동맹회의에서 지지를 호소하기도 했다. 아울러 양자주의에 기반을 둔 노력도 병행했다.[34] 다시 말해 아세안은 북한이 핵실험을 강행하는 점에 대해서는 동의하지 않지만, 동시에 북한을 고립시키려고는 하지 않는다.[35] 오히려 아세안은 북한과의 신뢰를 구축하기 위해 지속적으로 주요 협의체 모임에 북한을 초대하고자 노력하고 있다.[36] 더욱이 동남아시아 국가

---

32 문병철, "제2차 북핵위기와 미국 패권의 능력 그리고 한계," 『한국과 국제정치』 제28권 (2)호 (2012).

33 Bridges (2017).

34 김형종, "아세안-북한 관계와 한반도 평화," 아시아지역리뷰 「다양성+Asia」 제1권 (3)호 (2018).

35 인터뷰(2019년 2월)를 통해 본 내용을 재확인하였다.

36 Akhli(2018), "Understanding ASEAN Peace Preservation Role in the Korean Peninsula" *Journal Hubungan International*. 이에 대한 예로써, 2019년 아세안 의장국인 태국이 김정은 북한 국무위원장을 아세안 정상회의에 초대하는 제안, 조코

는 아세안이라는 지역협력체를 기반으로 국제사회의 주요 이슈를 다룬다.

아세안은 북한에게 있어서도 중요한 대화 창구이다. 2000년 북한의 ARF 가입은 북한과 아세안의 협력관계가 제도적으로 구축된 주요한 계기였다. 이는 북한이 점점 국제사회로부터 고립될수록 더욱 위협적일 것이라 여겼기 때문이다. 당시 아세안은 북한을 ARF에 가입시킴으로써 관여(Engagement) 전략을 통해 북한을 변화시키고 안정을 추구할 수 있을 것이라 판단했다.[37] 태국은 캄보디아를 통해 북한의 ARF 가입 의사를 타진했다.[38] ARF는 북한 가입 이후 매년 한국과 북한 사이에 ARF 의장 성명에 자신의 입장을 반영하기 위한 치열한 외교전이 벌어지고 있다.[39] ARF 가입에 이어 북한은 2010년 TAC에 서명했다.

2013년 2월 제3차 핵실험 이후 아세안은 북한이 UN안전보장이사회(United Nations Security Council, UNSC)의 결의를 이행할 것을 촉구했다.[40]

---

위도도 인도네시아 대통령이 제안한 '2019 한·아세안 특별정상회의'에 김정은 국무위원장을 초청 등이 있다. 『한국일보』 "태국, 아세안 정상회의에 김정은 초청 추진," (2018/12/18).

37 이재현 (2017, b), Bridges (2017), Parameswaran, "North Korea's missile and nuclear test cessation," *The Diplomat* (2017/08/03), Subhan (2018/04/29).

38 Bridges (2017).

39 이재현 (2017, b), 이재현, "동남아가 북한 압박하게 몰아붙이면 오히려 역효과," 《중앙일보》(2017/02/26).

40 Bridges (2017), UN제재는 2010년경부터 대통령 행정명령 형태로 미국 독자제재 체계로 들어오기 시작했고, 2016년 미국의회가 대북제재강화법을 제정하면서 직접적인 법률적 근거가 되었다. 안보리 결의 내용은 다음과 같다. 2013년 3월 채택된 2094호는 북한의 핵과 탄도미사일 등 대량살상무기 프로그램 및 활동 또는 안보리 제재 결의에 반하는 제반 활동에 기여할 수 있는 대량 현금의 대북 이전을 금지하고 있다. 2016년 11월 채택된 UN안보리 결의 2321호는 UN 회원국 금융기관의 북한 내 사무소 및 은행계좌 개설을 금지했으며 북한 내 은행

2016년 두 차례에 걸쳐 시행된 핵실험 이후 아세안은 북한에게 한반도 평화를 위한 탈핵화를 언급했다. 이어 2017년 북한에 대한 아세안의 입장도 강경해졌다. 아래 〈표 3〉은 2000년부터 2018년까지 한반도 평화와 북한 핵 이슈에 대한 아세안의 공동 입장이 표명된 사례를 정리한 것이다. 이를 통해 보면, 아세안의 대북한 정책은 아세안을 포괄한 여러 협의체에서 언급되고 있으며, 핵이슈에 대해서는 만장일치로 회원국 간 이견이 없음을 알 수 있다. 또한 김정은 집권을 기점으로 ARF, ADMM-Plus, EAS, 아세안 외교장관 회의, APT 재무장관 회의 등에서 북핵 이슈가 중요하게 다뤄지고 있음을 확인했다.

**〈표 3〉 한반도 평화와 북한 핵 이슈에 대한 아세안의 만장일치 사례**

| 회의명 | 주요 내용 |
|---|---|
| 아시아유럽정상회의(ASEM)<br>(2000.10) | •한반도평화에 관한 '서울선언' 만장일치 채택<br>-ASEM 회원국과 북한 간 관계 개선<br>-남북 및 북미관계 진전 환영 등 |
| 아세안지역안보포럼(ARF)<br>(2013.07.02.) | •검증 가능한 비핵화에 대해 만장일치 요구 |
| 아세안 확대 국방장관 회의<br>(ADMM-Plus)(2013.08.29) | •북한 비핵화 촉구 의장성명 만장일치 채택 |
| 동아시아정상회의(EAS)<br>(2016.09.08.) | •EAS 비확산성명 만장일치 채택 |
| 아세안 외교장관 회의<br>(2017.08.05.) | •북한 핵·미사일 개발 규탄 성명 만장일치 채택 |
| ASEAN+3 재무장관·<br>중앙은행 총재회의(2018.05) | •판문점 선언 만장일치 채택 |

북한의 핵무기 개발은 한반도 뿐 아니라 북한과 미국, 동남아시아 국가 간의 관계에도 영향을 주었다. 미국 국무성은 북한에 대한 '최대압박과

지점 90일 내 폐쇄, 모든 대북 무역에 대한 수출신용 등 금융지원 금지, 섬유제품 수출입금지, 북한과의 합작기업 등 120일 내 폐쇄, 원유 공급량 제한(500만 톤), 정유제품 제한(50만 톤), 전기기기 등의 북한 수출 금지 등이다. 이주영, "중단 3년째··개성공단, 재가동 물꼬 트일까," 《경향신문》 (2019/02/06).

개입' 정책의 일환으로 동남아시아 국가들이 북한과의 관계를 단절하거나 격하시키도록 노력했다.[41] 이에 대한 구체적인 예로 2017년 8월 8일에 실린 태국 방콕포스트 사설에서는 아세안의 대북 압박 움직임을 긍정적으로 평가했다. 아세안 외무장관들은 2017년 8월 5일 만장일치로 북한정권에 미사일과 핵무기 실험을 중단해 전쟁으로 치닫는 행위를 멈추라고 요구한 것은 "역사적 순간"이었다고 말한다. 아세안이 국제위기에 대해 이렇게 직접적이고 명백하게 견해를 밝힌 것은 1980년대 베트남-캄보디아 전쟁 이후 처음이다.[42]

북한의 미사일 시험이 계속되던 2017년 8월 미국은 마닐라에서 만난 아세안 지도자들에게 북한을 ARF에서 퇴출시킬 것을 촉구했으나, 당시 아세안 국가들은 구체적인 조치를 취하지 않았다.[43] 하지만 이후 필리핀과 말레이시아는 북한과의 관계를 축소했다. 2017년 9월 필리핀은 UN안보리 결의안을 준수하여 북한과의 무역관계를 중단했다고 발표했다. AFP 통신은 핌차녹 본코르폰 태국 상무부 무역 정책 및 전략실 실장의 말을 인용하여 '2017년 말까지 태국과 북한 사이의 무역이 전면 중단될 것'이라고 보도했다.[44] 싱가포르는 2018년 3월 19일 UN안보리 산하 대북제재위원회(1718 위원회)에 제출한 안보리 대북제재 결의 2397호 이행보고서를 통해 싱가포르 내 북한 노동자의 노동허가를 모두 취소한다고 밝혔다.

그렇다면 북한과 관련된 이슈에 대해 아세안 회원국들의 입장은 어떠한가? 만약 국가마다 입장이 다르다면 어떤 요인이 영향을 주는가? 이와

---

41 김형종 (2018), Parameswaran (2017).

42 김영권, "동남아 매체들, 아세안의 북한 압박 긍정 평가," 《방콕포스트》 (2017/08/09).

43 김형종 (2018), 라디오프리아시아, "동남아시아, 북한에 대한 태도 변화,"《라디오프리아시아》(2018/01/05).

44 《라디오프리아시아》 (2018/01/05).

같은 질문에 대해 UN에서 제기된 북한 인권개선에 대한 논의 과정을 살펴본다. UN은 2005년부터 북한의 인권탄압에 대해 논의했다. 2018년 12월에 개최된 UN회의까지 포함하여 총 14회에 걸쳐 논의되었으며, 투표는 6회 시행되었다. 아래 〈표 4〉는 북한 인권 개선을 위한 UN 결의안에 대해 동남아시아 국가들의 입장을 정리한 것이다. 아세안 회원국 중 싱가포르와 브루나이를 제외하고 8개국의 입장은 찬성(In Favour), 반대(Against), 기권(Abstain), 불참(Absent) 등으로 다양하게 표명되었다.

〈표 4〉를 통해 볼 때, 주목할 점은 캄보디아의 경우 전통적으로 북한과 우호관계에 있음에도 불구하고 북한 인권개선에 대해 두 번에 걸쳐 찬성 입장을 취하고 있다. 반면 필리핀의 경우 북한과 외교관계가 가장 늦게 수립되었으며, 북한 인권개선에 대해 반대 입장보다는 기권과 찬성 입장으로 구분된다. 물론 동남아시아 국가 중 인권탄압 이슈로부터 자유로운 국가는 거의 없다. 하지만 북한 인권개선에 대해 찬성을 표명한 국가가 다음 해에는 다른 입장을 취하는지는 면밀한 분석이 필요하다.[45]

〈표 4〉 북한 인권개선 UN결의안에 대한 동남아시아 국가의 입장

| 구분 | 인도네시아 | 말레이시아 | 필리핀 | 싱가포르 | 태국 | 브루나이 | 베트남 | 라오스 | 미얀마 | 캄보디아 |
|---|---|---|---|---|---|---|---|---|---|---|
| 60회 (05') | 기권 | 기권 | 기권 | 기권 | 기권 | 기권 | 불참 | 불참 | 불참 | 찬성 |
| 61회 (06') | 반대 | 기권 | 찬성 | 기권 | 기권 | 기권 | 반대 | 반대 | 기권 | 기권 |
| 62회 (07') | 반대 | 반대 | 기권 | 기권 | 기권 | 기권 | 반대 | 반대 | 반대 | 찬성 |
| 63회 (08') | 반대 | 반대 | 기권 | 기권 | 기권 | 기권 | 반대 | 반대 | 반대 | 기권 |

45 우리 정부 역시 북한의 인권개선 결의안에 대해 찬성, 기권, 불참의 입장을 표명한 바 있다. 이귀원, "北 인권결의, '불참→ 기권→ 찬성→ 기권'…MB 정부부터 찬성," 《연합뉴스》 (2016/10/18).

| 64회 (09') | 반대 | 반대 | 기권 | 기권 | 기권 | 기권 | 반대 | 불참 | 반대 | 기권 |
|---|---|---|---|---|---|---|---|---|---|---|
| 66회 (11') | 기권 | 기권 | 찬성 | 기권 | 찬성 | 기권 | 반대 | 기권 | 반대 | 기권 |

출처: United Nation (검색일: 2018.12.28.)

최근 동남아시아 내 학계, 정부, 기업, 시민사회 분야의 지도자들을 대상으로 한 여론조사에 의하면 북한을 압박하는 것보다 포용하는 것에 대한 선호가 두드러지게 나타났다. 조사 대상자 중 약 60.8%는 아세안 국가들과 북한 간의 지속적인 양자 및 다자간 협력을 선호했다. 응답자의 약 43.5%는 아세안이 "활동적이고 정직한 중개자(an active honest broker)"의 역할을 하길 강조했다. 반면 응답자의 약 24.9%는 "UN안전보장이사회가 북한에 대한 제재를 해제할 때까지 보류해야 한다"는 입장을 표명했다.[46]

이상의 논의를 토대로 본 연구는 북한의 대외관계를 설명하는 정치관계로 아세안과 북한, 그리고 동남아시아 국가와 북한 간의 관계가 모두 고려되어야 한다는 것을 보여준다. 북한의 입장에서 아세안은 북한이 정권을 잃지 않고 경제성장을 추진할 수 있는 다양한 대안을 제공한다.[47] 북한과 동남아시아 국가와의 경제 교역관계는 다음 절부터 구체적으로 살펴본다.

46 Wertz (2019).

47 Tan et al (2017).

## V. 북한과 동남아시아 국가의 경제협력

북한은 아세안을 경제협력과 국가재건을 위한 파트너로 인식한다.[48] KOTRA에서 제공하는 자료에 따르면 북한의 10대 교역국가 중 중국이 차지하는 비중은 약 90%이다. 연도별로 차이는 있지만 1996년부터 2016년까지 북한의 10대 무역국 중 동남아시아 국가는 싱가포르와 태국이었다. 2011년 인도네시아가 10대 교역국에 포함되었지만, 2013년 이후 인도네시아는 10대 무역국에 포함되지 않았다. 2015년부터 필리핀과의 무역관계가 시작되었다. 하지만 2018년 북한의 10대 무역국 중 동남아시아 국가는 없다. 중국과 베트남 모두 사회주의 경제체제에서 시장경제체제로의 전환 경험이 있지만, 중국은 기업과 경제관료 중심의 경제개혁이 추진된 반면 베트남은 당 중심의 개혁이 진행되었다.[49] 경제개혁을 추진함에 있어 북한은 당의 정통성과 체제 유지의 목적이 강했기 때문에 베트남의 경제개혁정책인 도이모이 정책을 따르고자 했다.

2017년의 경우 태국과 싱가포르가 10대 교역국에 포함되지 않았다. 이는 2017년에 말레이시아에서 있었던 김정남 피살 사건, 혹은 UN과 미국의 경제제재와 관련되어 있을 수도 있다. 물론 이를 구체적으로 설명하기 위해 수출입 품목에 대한 면밀한 분석이 병행되어야 한다. 2000년부터 2006년까지 인도네시아, 싱가포르, 태국 등 동남아시아 11개국과의 교역이 북한의 전체 교역의 10~20%를 차지했으나, 2010년 UN의 대북 경제제재로 2% 이하로 떨어졌다.[50]

---

48 Tan et al (2017).

49 Tan et al (2017).

50 정아름, "북한, 동남아 외교 집중 배경은?" 《자유아시아방송》 (2012/06/05).

〈그림 2〉 북한의 주요 수출입국: 싱가포르, 태국, 인도네시아, 필리핀(1995-2017)

(단위: USD thousand)

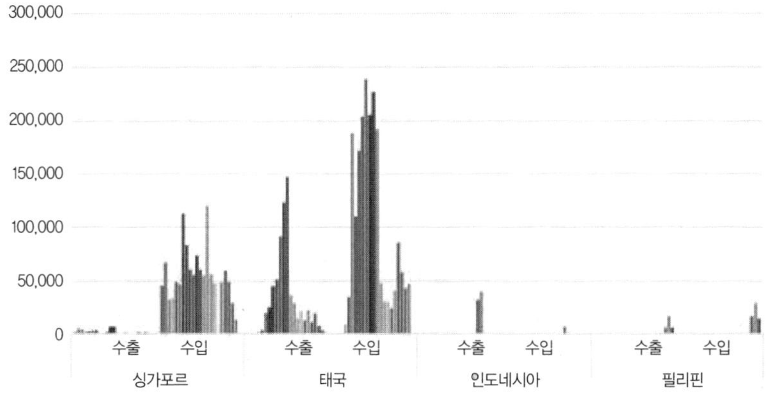


출처: 대한무역투자진흥공사(KOTRA, 검색일: 2019.09.14.).

동남아시아 국가와 북한과의 경제 교류의 변화 추이를 살펴보기 위해 세계은행(World Bank)의 WITS(World Integrated Trade Solution)를 활용하여 무역 수출입 자료를 분석하였다. 아래 〈그림 3〉은 1989년부터 2019년까지 동남아시아 국가가 북한으로부터 수입한 품목들의 교역량 추이를 도식화 한 것이다.[51] 〈그림 3〉에 의하면 2000년대 중반인 2004년부터 2006년까지 태국과의 교역(수입) 관계가 가장 큰 규모를 차지하며, 1980년대 후반부터 1990년대 초반까지 다른 국가에 비해 상대적으로 인도네시아와의 교역규모가 컸음을 알 수 있다. 동남아시아와 북한과의 수출관계를 도식화 한 〈그림 4〉에 의하면 2000년대 중반 태국과의 수출량이 가장 큰 규모를 차지한 반면, 수입 추이와 달리 수출의 경우 싱가포르와의

51 세계은행(World Bank)의 WITS에서 제공하는 동남아시아 국가와 북한의 수입(import) 관련 자료는 1988년부터 검색되지만, 1988년의 경우 태국의 자료만 확인되어 1989년부터 2019년으로 분석 기간을 제시하였다. 동남아시아 10개 국가 중 필리핀과 베트남의 경우 자료 확보가 어려워 8개 국가와 북한과의 수입(import) 관계 추이를 분석하였으며, 수출관계의 경우 베트남의 자료만 제외하였다.

교역량이 많음을 알 수 있다. 동남아시아 국가와 북한과의 수출입 규모 추이 분석을 통해 베트남과 북한과의 특수 관계를 유추할 수 있었다. 즉, 베트남은 동남아시아 국가 중에서 가장 먼저 북한과 수교를 맺은 국가이지만, 상대적으로 경제 교역이 활발하지 않음을 뒷받침하는 것으로 오히려 정치·사회적 이념이 밀접하게 작용했다고 볼 수 있다.

**〈그림 3〉 동남아시아 국가와 북한과의 무역관계: 수입(1989-2019)**

(단위: USD thousand)

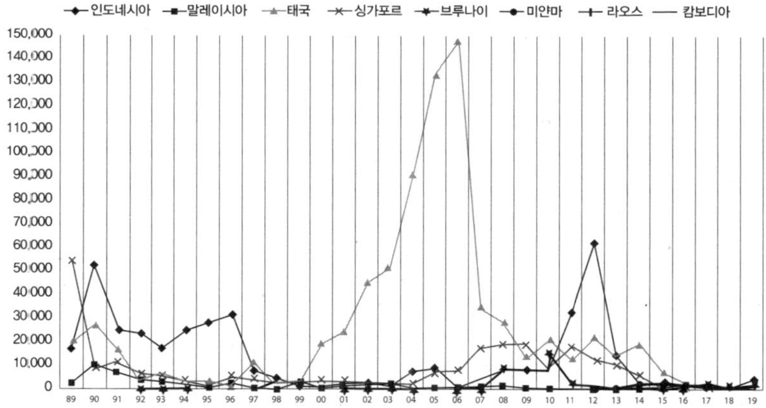


출처: World Bank, WITS (검색일: 2021.06.14) 자료 참고 재구성

**〈그림 4〉 동남아시아 국가와 북한과의 무역관계: 수출(1989-2019)**

(단위: USD thousand)

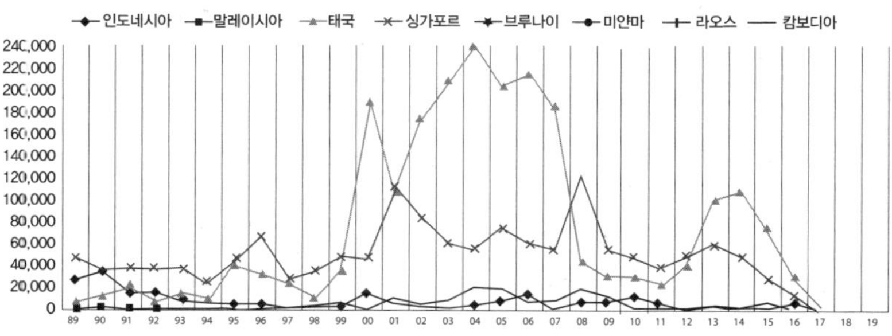


출처: World Bank, WITS (검색일: 2021.06.14) 자료 참고 재구성

물론 위의 〈그림 3〉, 〈그림 4〉와 같이 수출입 교역 규모 추이만을 본다면 태국과의 교역량이 많다고 할 수 있지만, 북한의 대외경제관계를 설명할 때는 반드시 수출입 품목의 분석을 병행해야 한다.[52] 태국과의 교역 확대는 전반적인 교역 증가 뿐 아니라, 한국의 태국산 대북 식량지원(30만 톤)과 KEDO용 중유 공급 등이 수출입 품목에 포함되었다는 점을 간과해서는 안 된다.[53]

그렇다면 아세안 개별회원국과 북한의 수출입 품목은 어떠한가? 이를 분석하기 위해 아세안 회원국의 대북 수출 품목의 추이를 살펴보았다. 북한과 아세안 회원국가의 교역 시기와 품목이 각기 다르기 때문에 도식화에 어려움이 있었다. 북한의 주요 수출 품목은 의류와 광물성 연료이다. 하지만 2017년 8월부터 UN제재로 인해 해산물 수출이 금지되어 그 규모가 축소된 반면 식용과실과 견과류 수출량은 증가하였다.[54] 북한의 최대 수입 품목은 원유, 정제유 등 광물유이다.[55] 물론 동남아시아 국가와 북한 간의 무역 규모는 중국에 비해 작다. 하지만 동남아시아 국가는 북한이 중국에 대한 경제의존도를 줄일 수 있는 기회를 제공한다. 예를 들어, 태국의 록슬리 퍼시픽(Loxley Pacific)은 북한 내에 인터넷 인프라를 구축했고, 싱가포르는 북한 내 부유층을 대상으로 가구(Household Items)를 판매했다.[56]

---

52 김석진, "최근 북한경제 연구 현황과 과제", 『통일과 평화연구』 11집 (1)호 (2019), p. 61

53 홍순직, "최근 북한의 대외 무역 특징과 전망," VIP Report (2001).

54 강병철, "지난해 북한 대외 무역 급감," 《중앙일보》 (2018/07/10).

55 북한은 최근 '조선의 무역(http://www.kftrade.com.kp)'이라는 제목의 홈페이지는 북한의 무역정책, 법률·법규를 소개하는 항목과 무역회사, 투자대상, 경제개발구, 무역상품 등을 소개하는 항목 등 5가지로 구성되어 있다. 김재중, "북한 '조선의 무역' 홈페이지 개설," 《경향신문》 (2018/10/15).

56 Wertz (2019).

무엇보다 UN과 미국의 대북경제제재에 이후 북한과 동남아시아 국가 간의 교역품목의 변화가 있었는가? 2017년 8월과 9월에 채택된 UN안보리의 대북제재 결의안은 기존 결의안에 비해 강도가 높은 내용을 담고 있다(〈표 5〉 참고). 기존의 대북제재 결의안은 북한주민의 삶에는 영향을 미치지 않는 범위 내에서 구상되었으나 제2371호와 제2375호는 북한의 대외무역에 직접적인 영향을 미치도록 설계되었다.[57] 안보리의 대북제재 결의는 지난 2006년 북한의 1차 핵실험에 대응한 1718호를 시작으로 2009년 1874호, 2013년 2087호와 2094호, 2016년 2270호와 2321호, 2017년 2356호, 2371, 2375호로 총 9차례이다. 특히 2397호에는 '금지품목 및 북한 해외노동자 수입이 북한의 핵탄도미사일 개발에 기여한다는 점'이 인정되어 이에 대한 제재가 가해졌다.

〈표 5〉 대북제재 결의안에 제시된 수출 금지품목과 북한의 대응

| 대북제재 | 무역 금지품목 |
|---|---|
| 제2321호 (2016.11.30) | •북한의 석탄 수출액에 상한선을 설정<br>•동, 아연, 은, 니켈 등 광물품목에 대한 수출 금지<br>•동상 등 조형물의 공급 판매 및 이전 금지 |
| | [북한] 2017년 5월 14일 '신형' 중장거리탄도미사일(IRBM) '화성 12' 발사; IRBM은 700여km 비행 후 동해에 떨어짐 |
| 2017년 6월 2일 | •UN은 고려은행을 포함한 북한의 기관 4곳과 조일우 정찰총국 5국장을 포함한 개인 14명의 자산 동결 |
| | [북한] 2017년 7월 4일 대륙간탄도미사일(ICBM) 화성-14형 발사에 성공했다고 주장 |
| 제2371호 (2017.08.05) | •석탄, 철광석, 철, 납, 납광석, 수산물 수출 전면 금지<br>•북한과의 신규 합작사업, 북한 해외노동자 신규 파견 제한 |
| | [북한] 2017년 9월 3일 수소폭탄을 이용한 6차 핵실험 진행 |

57 최유정, "2017년 상반기 북한의 대외무역: 북·중 무역을 중심으로," KIEP 대외경제정책연구원 (2017).

| | |
|---|---|
| 제2375호<br>(2017.09.12) | • 섬유 제품 전면 금지<br>• 금지 물품(석탄, 섬유, 해산물 등)의 공해 상 밀수를 막기 위해 북한 선박과의 선박 간 이전 금지 조치 도입 |
| 제2397호<br>(2017.12.22) | • 식료품, 농산품, 기계류, 전기기기, 토석류(마그네슘 및 마그네시아 포함), 목재류, 선박의 수출 금지<br>• 북한 해외노동자 24개월 내 송환 |

출처: 홍제환(2017), 최유정(2017), BBC News(2018/02/24), 함지하(2019/02/06).

아래 〈표 6〉은 북한이 태국, 싱가포르, 인도네시아, 필리핀과의 수출입 품목 추이를 비교한 것이다. 이 중 2016년 UN제재 시 언급된 석탄, 철, 철광석, 금, 바나듐광, 티타늄광, 희토류, 항공유 및 로켓연료, 은, 동, 아연, 니켈을 중심으로 살펴보았다. 북한의 수입 품목은 식품, 생필품 위주의 품목이 주를 이룬다. 수출입 규모는 2013년을 기점으로 태국, 인도네시아, 싱가포르에서는 감소 추세를 보인 반면, 필리핀은 수출입 규모가 모두 증가 추세를 보인다. 수출입 품목을 구체적으로 살펴보면 태국의 경우 2016년 제재 대상인 철강제품의 교역량이 그 이전에 비해 증가한 반면 싱가포르의 경우 교역제재 품목이 하나도 없음을 알 수 있다. 인도네시아의 경우 제재 이전에 비해 제재 품목의 교역량이 확연히 줄었음을 알 수 있다. 물론 2016년 대북제재 품목으로 언급된 석탄, 철, 철광석 중 민생 목적을 위한 것은 제외된다는 조항이 있기 때문에 태국으로 수출한 철강과 철강제품의 구체적인 품목은 확인하기 어렵다. 이와 달리 필리핀의 경우 제재 품목으로 언급된 희토류 금속 등에 대한 품목의 수출이 증가했음을 확인했다. 이를 통해 볼 때, 최근 북한과 필리핀의 관계가 정치, 경제 영역에 있어 다른 국가에 비해 활발함을 추론할 수 있다.

〈표 6〉 북한의 수출입품목 비교: 태국, 싱가포르, 인도네시아, 필리핀(2011-2017)

(단위: %)

| | | 2011 | 2012 | 2013 | 2014 | 2015 | 2016 | 2017 |
|---|---|---|---|---|---|---|---|---|
| 태국 | 수입 | ·철강 (8.7) | ·철강 (3.02) | ·해당 없음 | ·해당 없음 | ·해당 없음 | ·해당 없음 | ·동과 그 제품(21) |
| | 수출 | ·철강 (17.6) | ·철강 제품 (1.46) ·철강 (0.89) | ·철강 (22.3) ·철강 제품 (6.24) | ·철강 (38.3) ·철강 제품 (4.4) | ·철강 제품 (8.91) | ·철강 (9.5) | ·철강 제품 (8.33) |
| 싱가포르 | 수입 | ·해당 없음 | ·해당 없음 | ·해당 없음 | ·해당 없음 | ·해당 없음 | ·해당 없음 | ·해당 없음 |
| | 수출 | ·해당 없음 | ·해당 없음 | ·해당 없음 | ·해당 없음 | ·해당 없음 | ·해당 없음 | ·해당 없음 |
| 인도네시아 | 수입 | ·해당 없음 | ·해당 없음 | ·해당 없음 | ·해당 없음 | ·해당 없음 | ·해당 없음 | ·해당 없음 |
| | 수출 | ·해당 없음 | ·철강 제품 (0.56) | ·철강 (4.7) ·철강제품 (1.4) | ·동과 그 제품(8.3) ·철강 (7.9) ·철강제품 (6.9) | ·철강 (10.1) | ·철강 (33.6) | ·철강 제품 (11.6) |
| 필리핀 | 수입 | ·해당 없음 | ·동과 그 제품 (9.54) | ·동과 그 제품 (6.81) | ·해당 없음 | ·해당 없음 | ·해당 없음 | ·해당 없음 |
| | 수출 | ·해당 없음 | ·해당 없음 | ·해당 없음 | ·석탄, 플라스틱, 시멘트 등 (100) | ·철강 (40.1) ·무기화학제품, 귀금속, 희토류금속 등 (4.2) | ·철강 (37.9) ·동과 그 제품(5.9) | ·철강 (39.3) ·무기화학제품, 귀금속, 희토류금속 등 (10.7) |

출처: 통계청 북한통계 (검색일: 2019년 7월 10일) 자료 참고 재구성.

동남아시아 국가로부터 북한으로 유입되는 송금 추이를 비교하기 위해 글로벌 이주 및 개발 지식파트너십(Global Knowledge Partnership on Migration and Development, KNOMAD) 자료를 활용했다. 동남아시아 11개 국가에서 북한으로 유입되는 이주 송금(Migrant Remittance)은 〈그림 5〉와 같다.

싱가포르와 브루나이의 경우 북한으로 유입되는 이주 송금 자료가 없다. 1980년대 초반은 필리핀과 태국으로부터 송금이 되었으며, 차츰 인도네시아, 베트남, 라오스, 미얀마로부터의 송금 규모가 증가하고 있다. 특히 2000년대 후반을 기점으로 베트남으로부터의 송금 액수가 점차 커지고 있다. 하지만 베트남은 2016년과 2017년 UN 대북제재 결의안에 제시된 내용에 따라 자국에 거주하는 북한 노동자의 현황 파악과 송환조치를 시행했다.[58] 북한과 베트남이 전통적으로 우호관계임에도 불구하고 베트남이 대북제재에 대한 국제사회의 사항을 이행하고 있다는 점은 정치와 경제관계가 반드시 단일한 방향으로 나아가는 것이 아님을 보여준다.

**〈그림 5〉 동남아시아 국가로부터 이주 송금 추이(1980-2018)**

(단위: million USD)

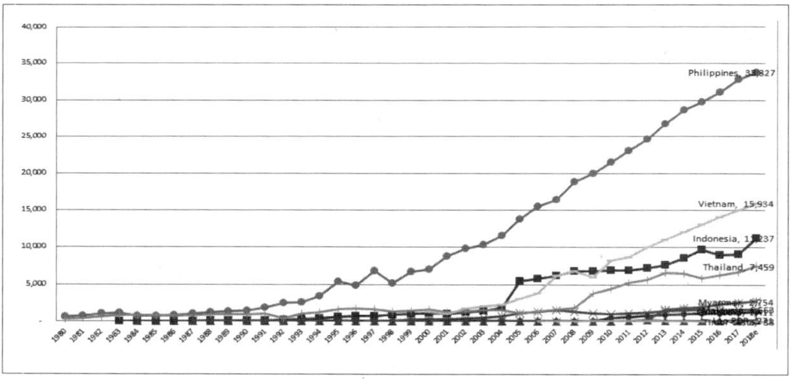


출처: www.knomad.org (검색일: 2019년 7월 15일)

58 베트남은 2019년 7월 25일 UN안보리 대북제재위원회에 2397호 중간 이행보고서를 제출했다. 동 보고서에는 2017년 관련 결의 채택 시 베트남에 총 94명의 북한 노동자가 거주하며, 이들은 하노이, 하이퐁, 호치민 등 3개 도시와 까마우, 꽝닌, 타인호아 성에 거주하고 있으며 51명을 송환했다고 밝혔다. 2017년 8월 채택된 결의 2371호에는 각국이 북한 노동자의 숫자를 늘리지 못하도록 하고 있으며, 9월에 채택한 2375호에는 기존 노동자의 노동허가증을 갱신하지 못하도록 하고 있다. 함지하, "베트남 '북한 노동자 51명 송환'...추가 송환 예고," 《Voice of America》 (2019/08/05).

이상과 같이 경제교역의 규모, 품목, 그리고 송금 등의 자료를 통해 볼 때, 북한과의 오랜 교류 역사가 반드시 국가 간 경제교류로 연결되지 않음을 확인했다. 다음 절에서는 북한과 동남아시아 국가의 사회교류 관계를 고위급 인사교류와 북한의 대동남아시아 보도 자료 내용을 통해 살펴본다.

## VI. 북한과 동남아시아의 사회교류: 《로동신문》의 내용 분석

북한과 동남아시아 국가 간의 사회교류 관계를 살펴보기 위해 본 연구는 《로동신문》 내용 분석을 추가적으로 수행했다.[59] 《로동신문》은 조선로동당의 기관지로서 당의 노선과 입장을 밝히고 정책을 홍보하고 대중을 교양하며, 북한이 '당–국가 체제'를 유지하고 있어 북한의 '공식사회'를 기록한 1차 자료이다.[60] 본 연구에서 활용한 《로동신문》의 수집 기간은 2018년 1월부터 2019년 2월 18일까지이며, 국·영문 발행 신문 자료 중 아세안, 동남아시아 국가와 관련된 기사 총 188개의 기사를 분석하였다.[61]

59 북한과 동남아시아 국가 간의 사회교류는 국가 간 방문 기록, 관광 교류 등의 자료를 통해 분석하고자 하였으나, 자료의 한계로 본 연구에서는 《로동신문》에 언급된 고위급 인사교류, 북한에서 보도하는 동남아시아 국가 관련 기사를 주요 내용으로 분석하였다.

60 주정화, "로동신문을 통해 본 김정은 정치스타일," 『사회과학연구』 제30권 (2)호 (2014), p. 61.

61 《로동신문》을 분석한 국내연구로 주정화 (2014), pp. 55-80, 진희관, "김정은 정권의 현지지도 수행 빈도를 통해 본 엘리트 변동 연구: 주요 인사의 로동신문 등장빈도 분석을 중심으로," 『한국과 국제정치』 제31권 (4)호 (2015), pp. 1-38, 허재영 외, "국제사회의 대북 경제제재와 북한 '로동신문'의 대응담론," 『한국정치학

〈표 7〉《로동신문》에 언급된 동남아시아 국가

| 국가 | 국문 | 영문 | 합계 | 국가 | 국문 | 영문 | 합계 |
|---|---|---|---|---|---|---|---|
| 라오스 | 29 | 7 | 36 | 싱가포르 | 22 | 10 | 32 |
| 말레이시아 | 1 | 0 | 1 | 인도네시아 | 27 | 16 | 43 |
| 미얀마 | 0 | 8 | 8 | 캄보디아 | 0 | 19 | 19 |
| 베트남 | 36 | 11 | 47 | 태국 | 0 | 6 | 6 |
| 브루나이 | 0 | 0 | 0 | 필리핀 | 12 | 1 | 13 |

총 188개의 기사를 아래 〈표 8〉과 같이 세 개의 대주제를 중심으로 주제어 분석을 시행했다. 첫째, 기념일 언급은 건국 및 독립기념일 등 국가의 주요 기념일에 대한 언급과 더불어 축전, 화환 등을 주고받은 내용이 포함된 경우와 국가원수 생일(광명성절, 태양절 기념 포함)을 기념하는 내용, 둘째, 상호방문은 친선교류 및 대표단 방문 등의 내용이 포함된 경우와 방문자들이 주요 기념지 탐방, 주요시설, 산업단지 방문을 한 경우, 셋째, 기념행사로써 예를 들어 김정일 기념도서 기증식 행사, 김일성 베트남 방문 기념 사진전시회 등에 대한 보도이다. 세 번째 국내외 이슈는 국내이슈와 국제이슈를 구분하였다. 국내이슈로는 국내에서 치러진 선거의 축하 메시지, 그리고 자연재해, 사고 등에 의한 위문편지가 언급된 경우로 구분했다. 국제이슈는 아시안 게임 참석 등에 대한 내용이 포함된다. 기타에는 빈곤감소, 남남협력, 인도네시아의 반미시위, 필리핀의 국제형사재판소 탈퇴 등의 내용이 언급된 보도자료를 카운트했다. 이를 종합하면 북한은 인도네시아, 베트남, 라오스와의 교류가 활발함을 알 수 있다. 하지만 세부 내용을 보면 국가마다 강조되는 교류분야가 상이하다. 예를 들어 캄보디아와 인도네시아의 경우 국가원수의 생일을 기념하는 내용과 행사가 주를 이룬 반면, 베트남의 경우 친선교류 및 대표단 방문을 통한

회보』 제51권 (5)호 (2017), pp. 111-134 등이 있다.

주요 기념지, 산업단지 시찰 등의 내용을 다루고 있다.

〈표 8〉《로동신문》 주제어 분석

| | | 라오스 | 말레이시아 | 미얀마 | 베트남 | 싱가포르 | 인도네시아 | 캄보디아 | 태국 | 필리핀 |
|---|---|---|---|---|---|---|---|---|---|---|
| 기념 | 건국 및 독립 기념일 등 국경일 | 7 | 0 | 3 | 1 | 0 | 5 | 2 | 1 | 1 |
| | 국가원수 생일 | 3 | 0 | 0 | 0 | 0 | 6 | 10 | 5 | 1 |
| | 기념행사 | 0 | 0 | 1 | 5 | 0 | 8 | 0 | 0 | 0 |
| 상호 방문 | 주요 인사 만남 | 3 | 0 | 0 | 6 | 2 | 1 | 2 | 0 | 2 |
| | 친선교류 및 대표단 방문 | 7 | 0 | 0 | 12 | 5 | 4 | 0 | 0 | 5 |
| | 기념지 및 산업시설 방문 | 1 | 0 | 0 | 5 | 1 | 2 | 0 | 0 | 1 |
| 국내외 이슈 | 국내선거 | 0 | 1 | 1 | 1 | 1 | 0 | 0 | 0 | 0 |
| | 국제행사 | 0 | 0 | 0 | 0 | 0 | 3 | 0 | 0 | 0 |
| | 자연재해 및 사고 등 위문 내용 | 1 | 0 | 0 | 0 | 0 | 7 | 0 | 0 | 0 |
| | 기타 | 3 | 0 | 1 | 5 | 2 | 2 | 1 | 0 | 3 |
| 합계 | | 25 | 1 | 6 | 35 | 11 | 38 | 15 | 6 | 13 |

북한 내에서 발표된 라오스 관련 기사에 빈곤감소와 라오스 경제발전에 대한 내용이 언급되었는다는 점은 주목할 만하다.

"~ 오늘 라오스 인민은 사회적 안정과 민족적 단합을 이룩하고 혁명의 전취물을 수호하며 자주적이고 번영하는 새 사회건설을 다그치기 위하여 적극 투쟁하고 있다. 빈궁청산에 힘을 넣고 있다. 최근년간 이 나라에서는 교육, 보건, 농업, 림업, 도로건설 등 여러 분야를 추켜세우기 위한 계획들을 적극 추진시킨 결과 농촌주민들이 그 덕을 보고 있다고 한다. 라오스 정부는 빈궁을 청산하여 2020년까지 덜 발전된 나라들의 대렬에서 벗어날 목표를 내세우고 노력하고 있다. 올해에 농업 및 림업부문에서 생산량을 2.8% 늘여 농촌지역에서 빈궁을 줄일것을 계획하고 있다. 전력문제를 해결하기 위해 노력하고 있다~"

《로동신문》 2018년 6월 24일(일) "라오스의 어제와 오늘"

> "~ 문맹퇴치사업에 힘을 넣고 있다. 정부는 2020년까지 15살부터 35살 사이의 주민들이 초급중학교 졸업 정도의 지식수준을 갖추도록 할 계획을 세우고 이를 적극 추진하고 있다. 지난 학년도에만 전국적으로 1만 7610여 명의 주민이 초급중학교 교육과정안을 마쳤다고 한다. 정부는 이러한 성과에 토대하여 2030년에 가서는 전체 주민이 고급중학교 수준의 지식을 소유하도록 하려하고 있다."
>
> 《로동신문》 2018년 12월 3일(일) "사회적 진보와 번영을 위해 투쟁하는 라오스"

《로동신문》에서 언급한 동남아시아 국가와의 관계에 있어 두 가지 주요한 특징을 발견했다. 첫째, 국가에 따라 보도 내용에 차이를 보인다. 예를 들어 필리핀의 경우 필리핀 대통령의 반미행동을 집중적으로 보도한 반면, 인도네시아의 경우 김정일의 업적을 찬양하거나, 기념하는 현지 행사 내용이 다수 언급되었다. 둘째, UN의 경제제재에 따른 수출입품목과 규모의 변화에도 불구하고 국가 정상들의 상호방문 및 친선, 기념행사 등은 지속되고 있으며, 이를 통해 협력관계를 유지하고 있음을 발견했다(〈그림 6〉 참고). 북한과 동남아시아의 외교수립 역사에서 알 수 있듯이, 북한과 베트남, 인도네시아, 캄보디아, 라오스와의 협력관계는 지속적이며 우호적이다. 물론 UN 제재에 따른 수출입 품목과 무역 규모의 변화가 있음을 발견했지만, 국가 정상들의 방문 및 친선, 기념 행사는 지속적으로 수행되고 있다.

〈그림 6〉《로동신문》에 언급된 고위급 인사교류 분석(2018.01–2019.02)

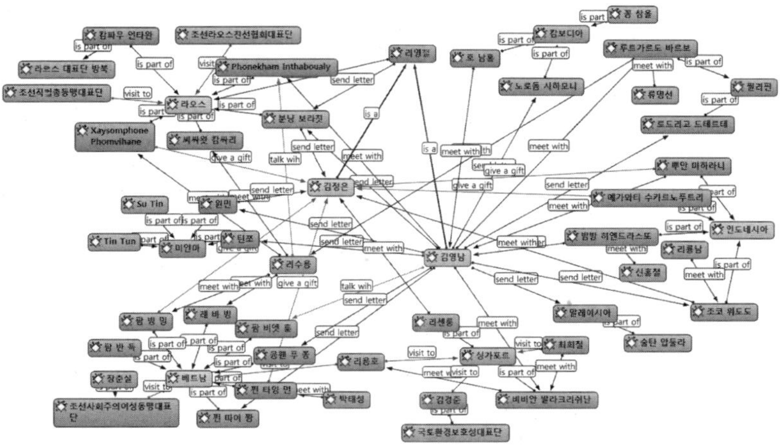


## Ⅶ. 맺으며

본 연구는 김정은 집권 이후 북한과 동남아시아 관계를 분석하였다. 특히 북핵위기가 고조되는 상황에서 UN과 미국 등 국제사회의 대북제재가 강화되고 이와 더불어 2017년 쿠알라룸푸르에서 발생한 김정남 암살사건을 계기로 이들 간의 관계 변화에 주목하였다. 분석 기준은 크게 세 가지이다. 첫째, 북한에 대한 아세안 지역협력체 차원의 입장 분석, UN의 북한 인권결의안에 동남아시아 국가의 입장 분석 등을 통해 이들 간의 정치 관계를 분석했다. 둘째, 북한과 동남아시아의 경제교역 관계, 수출입 품목의 변화, 송금 추이 등을 중심으로 경제관계를 살펴봤다. 셋째, 사회적 관계 분석을 위해 북한과 동남아시아 국가의 주요 정치인사와 고위급 관료의 방문, 교류를 분석하고, 북한에서 발행한《로동신문》에 언급된 동남아시아 국가에 대한 내용을 분석했다.

이상의 내용을 중심으로 분석 결과는 두 가지로 요약된다. 첫째, 북한 핵위기를 전후하여 동남아시아 국가와 북한의 관계는 경제영역에서 가장 큰 변화를 보였다. 더욱이 UN의 대북제재 내용을 따르고 있는 국가는 전통적으로 북한에 우호적인 베트남임을 확인했다. 또한 2000년대부터 급격히 증가한 태국과의 경제교류는 최근 들어 대폭 감소했을 뿐 아니라, 새로운 비자제도를 통해 북한과의 인적 교류도 최소화하고 있다. 둘째, 경제분야의 변화와는 달리 주요 정치인사들의 교류 및 친선관계에는 거의 변화가 없었다. 특히 북한과의 교류가 오래된 국가일수록 친선관계가 강하게 유지된 반면, 태국, 싱가포르, 필리핀과는 경제적 실리관계가 우선되고 있다. 하지만 이는 앞서 언급한 태국의 비자제도와 같이 북한에 대한 인적교류에 대한 제재 때문일 수도 있다.

이와 같은 내용을 토대로 김정은 집권 하의 북한과 동남아시아 국가 간의 관계는 개별 국가마다 각기 다른 전략을 취하고 있음을 확인했다. 예를 들어 베트남의 경우 고위급 인사의 교류 등을 통해 정치관계는 우호적으로 지속되고 있는 반면, 북한 노동자를 북한으로 송환하는 등의 대북제재를 강력하게 지지하고 있다. 이를 통해 볼 때, 김정은 정권의 북핵위기는 북한과 동남아시아 국가의 관계에 있어 정치·사회분야보다 경제분야가 민감함을 알 수 있다. 이는 국제사회에서 아세안이 갖는 상징적 의미와 달리 개별국가는 경제 우선이라는 국익을 우선하고 있다는 것을 보여준다.

이상의 내용을 종합해 볼 때, 북한과의 협력을 위해 향후 우리 정부와 협력이 가능하면서 동시에 북한에 우호적인 동남아시아 국가로 5개 국가를 주요 파트너 국가로 선정할 수 있다. 5개 국가는 인도네시아, 싱가포르, 태국, 베트남, 필리핀으로 북한과 이들 국가와의 관계를 분석, 종합하면 다음과 같다. 인도네시아는 전통적으로 북한과의 외교관계가 돈독하며, 지속적으로 북한과 우호관계를 유지·강화하고 있다. 싱가포르와 태국은 자국에 북한 공관이 설치되어 있으며, 약 25년간 북한의 주요 교역국가로서 역할을 했다. 물론 최근 UN의 대북제재로 인해 교역량은 줄어들었지만, 상황이 좋아진다면 대북 교류에 긍정적 역할을 할 것이다. 베트남은 북한과 경제교류가 거의 없을 뿐 아니라 동남아시아 국가 중 대북제재에 대해 가장 적극적인 국가이다. 하지만 베트남은 전통적으로 북한과의 우호협력관계가 지속되고 있을 뿐 아니라 자국과 평양 모두 공관이 설치되어 있다. 특히 대북제재에도 불구하고 고위급 인사교류도 가장 활발한 국가 중 하나이다. 필리핀은 자국과 평양에 모두 공관이 설치되어 있지 않지만, 최근 북한과의 교역 규모가 증가하고 있으며 주요 송금 국가 중 하나이다.

## 더 읽을거리

김근식, "김정은 시대 북한의 대외전략 변화와 대남정책: '선택적 병행' 전략을 중심으로,"『한국과 국제정치』 제29권 1호 (2013).

김영재, "김정은 정권의 외교정책: 권위 추구형 핵·경제 병진노선을 중심으로,"『한국정치외교사논총』 제38권 2호 (2017).

손혁상, "북한개발협력을 위한 삼각협력 모색: 북한의 개발수요와 주축국 선정을 중심으로,"『한국정치연구』 제28집 1호 (2019).

홍석훈, "김정은 정권의 신대외전략 분석,"『정치정보연구』 제18권 2호 (2015).

Akhli, Rangga Amalul, "Understanding ASEAN Peace Preservation Role in the Korean Peninsula," *Jurnal Hubungan International* (2018).

Hentz, James J., "South Africa and the 'Three Level Game': Globalisation, Regionalism and Domestic Politics," *Commonwealth & Comparative Politics* 46–4 (2008).

# 제5장
# 대북 인도적 지원을 위한 정부-NGO 파트너십 관계 변천사*

김지영(숭실대학교)

이지선(경희대학교)

## Ⅰ. 들어가며

본 장에서는 한반도 평화체제 시기에 대비하여 대북 인도적 지원의 효과성 제고를 위한 정부와 NGO 간의 포용적이며 효율적인 파트너십 모색을 위해 대북지원에 있어 대한민국 정부–NGO 관계의 변천사를 소개하고자 한다. 2018년 4월 대한민국과 북한 간의 역사적인 판문점 선언이 발표되었고 같은 해 6월에는 첫 북미협상이 개최되었다. 그리고 이듬해 2019년 2월 베트남 하노이에서 2차 북미정상회담이 열렸다. 비록 제2차

* 이 장은 2018년 대한민국 교육부와 한국연구재단의 지원을 받아 수행된 연구(NRF-2018S1A3A2075117)이다.

북미정상회담에서는 양국이 합의문을 도출하지는 못하였으나 많은 전문가들은 한반도의 안보 환경이 냉전 구도를 벗어나 평화체제로 들어가고 있다는 전망을 내놓고 있다. 이와 같은 한반도 안보 환경의 주요하고도 극적인 변화는 남북한 평화체제를 상정한 다양한 외교정책안 모색의 필요성을 높이고 있다.

1995년 북한은 홍수로 인한 재해 상황을 토로하며 김정일 정권 수립 이후 국제사회에 인도적 지원을 대대적으로 요청하였고, 한국정부와 국제사회는 북한에 대한 인도적 지원을 실시해왔다. 그러나 기존의 많은 연구들은 대북 인도적 지원의 효과성에 대해서 회의적이다.[1] 본 장에서는 인도적 지원의 효과성과 정부와 NGO의 관계에 대한 국제적 논의 및 이론적 배경을 바탕으로 효과적 대북지원을 위한 한국정부와 NGO의 관계를 모색해보기로 한다. 관련한 기존의 연구들은 대부분 시기별 또는 정권별로 대북지원 NGO의 특징과 역할, 그리고 활동내용에 대한 정보를 제공하는 데 그치고 있으며 정부–NGO 관계에 대한 체계적인 분석을 제공하는 데에는 한계가 있다. 이러한 한계를 극복하고자 우리는 정부–NGO 관계를 이론화한 아딜 나잠(AdilNajam)[2]의 4Cs—협력(Cooperation), 갈등(Confrontation), 상보(Complementarity), 포섭(Co–optation)—를 분석틀로 적용하여 대북 인도적 지원을 위한 정부–NGO의 관계의 역사

---

1 예를 들어, 남궁영 (2004), 김정수 (2010), 신진 (2003) 등은 대북 인도적 지원의 한계를 지적하고 있다: 남궁영, "김대중 정부의 대북정책에 대한 비판적 해석: 남남갈등의 쟁점을 중심으로." 『국제정치연구』 제7집 (2)호 (2004), pp. 25-43; 김정수, "인도적 대북지원과 북한체제의 존속력에 미친 영향." 『통일정책연구』 제19집 (1)호 (2010), pp. 209-36; 신진, "김대중 정부의 햇볕정책과 구조적 한계." 『국제정치논집』 제43집 (1)호 (2003), pp. 295-316.

2 Adil Najam, "The Four C's of Government Third Sector-government Relations." *Nonprofit Management and Leadership* 10-4 (July 2000), pp. 375-396.

적 변천사를 보다 체계적이며 이론적으로 설명하고자 한다.

## II. 국제개발협력과 NGO에 대한 기존 논의

### 1. 국제개발협력과 NGO의 역할에 대한 주요 이론적 논의

UN에 의하면 NGO란 "정부 간 합의에 의해 설립되지 않은 모든 국제적 조직"을 일컫는다.[3] 전통적인 국제관계 논의에서 NGO는 주요한 행위자 및 학계의 관심대상이 아니었다. 그 이유 중 하나는 1648년 유럽에서 민족국가 체제가 발전되어 온 이래로 국제관계의 주요하고 거의 유일한 행위자는 국민국가(Nation-state)라고 여겨졌기 때문이다. 특히 국제관계의 안보분야에서 여전히 독보적인 현실주의에 의하면, 국가 간의 힘의 관계는 모든 국제관계에 있어 가장 결정적인 요인이며 국민국가 외의 다른 행위자들의 역할과 의미는 제한적인 것으로 해석된다. 이와 같은 현실주의적 시각에서는 국제개발협력과 이를 수행하는 주체인 NGO의 의미와 역할은 제한적일 수밖에 없다.

반면, 자유주의 또는 제도주의 학자들과 구성주의 이론가들은 1980년대 이래로 국제협력 분야에서 증대하는 NGO의 역할에 주목해 왔다.[4] 예를 들어 아메드와 포터는 세계화의 팽창과 함께 더욱 중요해진 NGO의

---

3 Shamima Ahmed and David Potter. *NGOs in International Politics* (Bloomfield: Kumarian Press, 2006), p. 8.

4 Kim Reimann, "A View from the Top: International Politics, Norms and the Worldwide Growth of NGOs." *International Studies Quarterly* 50-1 (March 2006), pp. 45-67; Ahmed and Potter (2006).

의미를 초국경주의(Transnationalism)와 구성주의로 설명하고자 하였다.[5] 저자들에 의하면 세계화 시대의 NGO는 정부로부터 독립적으로 글로벌 문제들(환경, 테러리즘, 빈곤 등)을 해결하기 위해 종종 국경을 초월하는 연합을 구성하여 글로벌 시민사회의 목소리를 내는 데 있어 중추적인 역할을 하고 있다. 구성주의 또한 생각, 관념, 인식 공동체, 글로벌 시민사회, 레짐 등과 같이 NGO의 영향력과 역할이 매우 두드러지는 국제정치 영역에 초점을 맞추고 있다. 구성주의적 시각에 의하면 국익이라는 것은 고정된 것이 아니라 변화할 수 있는 것이며 따라서 국가가 생각하는 합당한 정치행위 또한 유동적이라고 가정한다. 이러한 논리에 의하면 국가의 정책과 행위에 변화를 만들어 내고자 하는 NGO의 역할은 국제관계에서 매우 중요한 의미를 가질 수 있으며 국제시스템을 변화시킬 수 있는 잠재력을 갖고 있다고 볼 수 있다. 즉, 구성주의의 맥락에서 NGO가 가지는 궁극적인 힘은 현 상태의 변화를 촉구하는 설득에 있다고 할 수 있겠다.[6]

국제개발협력 분야에서 NGO는 공여기관의 여러 원조 목적 중에서도 인도주의적인 목적을 추구하는 주요 주체인 동시에 다른 정부 공여기관에게 인도주의적 목적으로 ODA를 실행할 것을 촉구하는 역할을 한다. 실제로, 미국 소재 인도주의 개발 NGO의 재정 데이터를 분석한 연구에 의하면 NGO는 원조를 배분하는 데 있어서 자신들의 조직적 이익을 우선한다고 볼 수 없으며 원조 NGO들이 공유하는 뿌리 깊은 인도주의 원칙이 NGO의 원조 배분에 있어 결정적인 원인으로 작용한다는 것이 밝혀졌다.[7]

---

5 Ahmed and Potter (2006).

6 Ahmed and Potter (2006), p. 15.

7 Tim Büthe, Solomon Major and André de Mello e Souza, "The Politics of Private

국제개발협력 분야에서 1960년대 이후 인도주의 원칙의 중요성이 증대되면서 NGO의 역할과 영역은 지속적으로 확장, 발전해왔다. 제2차 세계대전 이후 한 주권국가가 다른 주권국가의 국민들의 삶을 개선하고 이들의 지속적인 발전을 지지하기 위해 정부 차원에서 대규모 지원을 제공하는 ODA가 국제사회에 최초로 등장했으며 이후 인도주의는 현실주의와 함께 국제개발협력의 주요 이론적 배경으로써 지속적인 영향력을 행사해왔다. 특히 빈곤 완화가 ODA의 최우선 목표로 강조되면서 보다 거시적이고 장기적이며 대규모로 이루어지는 프로그램 원조와 함께 소규모의 기술 원조와 사회, 교육, 복지 제공을 주요 목표로 하는 프로젝트 원조 방식이 빈곤문제 해결을 위한 주도적인 공여 방식으로 자리 잡아 왔다. 그리고 이러한 프로젝트 원조의 주요 실행 기관으로서 개발 NGO의 역할이 강조되어왔다.[8]

국제사회 내 빈곤감소를 목적으로 특정 빈곤층에 대한 원조 프로젝트를 실행하는 역할 외에도 NGO가 가지는 보다 근본적이고 핵심적인, 그렇지만 종종 가시적이지 않은 역할은 빈곤층과 빈곤한 공동체의 '권한강화'에 있다.[9] 예를 들어 뱅크스, 흄, 그리고 에드워드는 국제개발협력에 있어서 NGO의 역할이란 현지에 대한 전문적인 지식을 갖춤으로써 현지와 공여 주체 간의 가교 역할을 하는 것이라고 보았으며 NGO들은 이러한

---

Foreign Aid: Humanitarian Principles, Economic Development Objectives, and Organizational Interests in NGO Private Aid Allocation." *International Organization* 66-4 (October, 2012), pp. 571-607.

8 국제개발협력 레짐의 역사적 발전 과정에 대한 보다 상세한 내용은 김지영(2016) 참조: 김지영, "제3장: 국제개발협력 레짐 변천사," 박종희(편), 『개발협력의 세계정치』, 113-52. (서울: 서울대학교 국제문제연구소, 2016).

9 Roger Riddell, *Does Foreign Aid Really Work?* (New York: Oxford University Press, 2007).

역량을 바탕으로 사회 변혁과 시민사회의 권한 강화를 도모한다고 주장했다.[10]

정리하면, 공여기관으로서 NGO는 다음과 같은 강점 및 특징들을 갖고 있다. 먼저 유연성을 들 수 있다. 정부 원조 기관들과 달리 NGO들은 복잡한 기획, 조달, 평가, 보고 과정에 제한받지 않기 때문에 보다 효율적으로 개발 작업을 수행할 수 있다. 또한 수원 대상 내부의 공동체나 지역 상황에 변화가 있거나 장애요인이 발생할 시에 NGO들은 정부 기관에 비해 상대적으로 빠르게 프로젝트 내용이나 목표를 수정함으로서 신속하고 유연하게 대처할 수 있다.

무엇보다도 NGO는 '자연재해나 인재로 인해 위기에 처한 사람들을 돕기 위한 목적의 지원'인 인도적 지원을 실행하는 데에 있어 매우 중요한 공여주체이다.[11] 왜냐하면 NGO는 위에서 지적한 바와 같이 지원 사업을 매우 효율적으로 수행할 수 있는 역량을 갖고 있으며 종종 재난 지역에 대한 접근성 및 전문성을 보유하고 있기 때문이다. 또한 NGO는 전시 상황에서 필수적인 정치적 중립성을 갖고 있다. 따라서 인도적 지원에 있어 NGO는 가장 주된 정부의 파트너이며 원조 공여 행위자라 할 수 있겠다.

10 Nicola Banks, David Hulme, and Michael Edwards, "NGOs, States, and Donors Revisited: Still too Close for Comfort?." *World Development* 66 (February 2015), pp. 707-718.

11 이와 같은 인도적 지원의 정의는 Johannes Paulmann (2015, p. 5)에 기반을 둠: Johannes Paulmann (ed.), *Dilemmas of Humanitarian Aid in the Twentieth Century* (London: Oxford University Press, 2015).

## 2. 대북 인도적 지원과 NGO에 대한 주요 기존 논의

앞서 우리는 국제관계와 개발협력 분야에서 NGO의 의미와 역할에 대한 주요 관점 및 논의를 살펴보았다. 이러한 일반적 논의에 기반을 두어 지금부터 대북 인도적 지원을 위한 NGO의 역할과 정부–NGO 관계에 대한 기존 연구를 소개하고 분석해 보기로 한다. 대북 인도적 지원을 위한 NGO의 활동에 대한 기존 논의의 동향을 살펴보면 우선 많은 연구들이 국내 NGO가 실제 대북지원사업을 실행하면서 겪는 여러 한계점과 장애물, 그리고 이에 대한 극복방안을 다루고 있다. 또한 대북지원 NGO의 특성을 분석하고 특수한 남북관계의 맥락에서 대북지원 국내 NGO의 강점 및 한계점을 밝혀낸 연구들도 있다. 이처럼 대북지원 국내 NGO 자체에 대한 연구는 많이 축적되어 있지만 대북 인도적 지원을 위한 정부와 NGO 관계에 대한 분석적인 연구는 매우 제한적인 수준이다.

우선 많은 연구들이 국내 대북지원 NGO가 지원 과정에서 겪는 여러 장애요소들에 대해 밝히고 있다. 특히 북한당국의 비협조적인 태도 및 접근제한으로 인해 대북원조의 투명성이 상당히 낮다는 점과 군사적 도발 및 국제 대북제재라는 국제정세 상 지원의 안정성이 확보되기 어려운 상황이 종종 장애요소로 지적되었다.[12] 또한 대북지원 NGO 활동에 대한 정부 지원의 한계와 비효율성을 지적하는 연구들이 있다. 예를 들어, 양현모의 대북지원 NGO 활동에 대한 정부지원체제에 관한 연구에 따르면 정부부처(예를 들어, 통일부 그리고 당시 행정자치부) 간의 조정부재로 인해 정부의 대북지원 NGO 지원체계가 분절화 되어 있었으며 이는 대북지원

12 조대엽·홍성태, “대북지원의 정치경제와 인도주의의 딜레마.” 『민족문화논총』 제59권 (2013), pp. 219–59; 문경연, “대북지원 딜레마와 극복방안 모색.” 『글로벌정치연구』 제6집 (1)호 (2013), pp. 5–37.

의 효율성을 낮추고 중복지원을 야기하는 원인이 되었다.[13] 이와 함께 대북 인도적 지원에 대한 국민적 공감대 부족, 원조 규모의 큰 유동성 등도 대북지원 NGO 활동의 대표적인 장애 요소로 꼽히고 있다.[14]

대북지원 NGO들에 대한 여러 연구들은 또한 특수한 남북관계의 맥락에서 국내 NGO의 대북지원 참여의 의미를 다루고 있다. 특히 많은 연구들이 전략적·안보적 측면에서 남북관계개선을 위한 NGO의 '보완적' 역할에 주목했다.[15] 이 연구들은 정부 간의 공적채널보다는 민간단체를 통한 간접적 대북지원 및 사회문화교류가 남북관계개선에 더욱 효과적일 수 있다고 주장한다. 예를 들어, 안득기는 국내 대북지원 NGO의 전문성과 재정적 독립성은 아직 미흡하지만, 남북교류에 있어서 정부보다는 NGO가 우위성이 있다고 평가했다.[16] 저자는 대북지원 NGO에 대한 대학생 대상 설문조사에 기반을 두어 NGO의 운용, 교육, 대변, 감시, 그리고 문화 창조적 기능 중 특히 운용과 교육의 측면에서 NGO단체가 중대한 역할을 수행할 수 있을 것이라고 주장하였다. 또한, 1995년부터 2012년까지 통일 및 대북지원 NGO의 활동을 살펴본 김성한·문경연의 연구

---

13 양현모, "대북지원 NGO활동에 대한 정부 지원체제 연구." 『한독사회과학논총』 제17집 (2)호 (2007), pp. 129-60.

14 최철영, "대북포용정책에 따른 대북민간지원활성화 방안." 『한국정치외교사논집』 제21집 (2)호(2000), pp. 257-88; 손혁상, "제5장: 국내외 NGO의 북한개발지원 논쟁과 동향연구." 손혁상·유웅조·김지영·박지연(편). 『북한개발협력의 이해: 이론과 실제』(서울: 오름, 2016), pp. 151-90.

15 이재봉, "남북 민간 교류와 시민 사회의 역할." 『북한연구학회보』 제3집 (1)호 (1999), pp. 155-71; 김영래, "남북화해 시대와 NGO의 역할." 『정치·정보 연구』 제3집 2호(2000), pp. 3-27; 길병옥·라미경, "한반도 평화통일 논의와 비정부기구(NGO)의 역할." 『한국정치정보학회』 제8집 (1)호 (2005), pp. 1-32.

16 안득기, "대북지원 NGO의 기능과 역할에 관한 연구." 『북한연구학회보』 제12집 (2)호(2008), pp. 179-211.

에 따르면, 국내 대북지원 NGO는 평화조성, 민주주의 확산과 공고화, 북한에 대한 인식변화를 일으키는 데 중대한 역할을 수행했다.[17] 그러나 대부분의 연구들이 남북 평화체제 달성 과정에서 대북지원 NGO의 주요한 역할과 우위성을 지적하고 있지만 NGO의 구체적인 보완적 기능과 실행 메커니즘에 대한 심도 깊은 논의로 이어지지는 못했다.

지금까지 살펴본 바와 같이 대북지원 NGO에 대한 국내 차원의 학술적 논의는 주로 NGO의 특성과 역할, 그리고 활동에 주목해 왔다. 그러나 상대적으로 대북지원 NGO와 정부 사이의 관계 특성을 체계적으로 분석한 연구는 매우 제한적이었다. 예외적으로 손혁상은 NGO와 정부 간의 관계 차원에서 NGO의 역할에 대한 유형화 작업을 시도했으며 1995–2016년 기간 동안 국내외 민간단체들이 정부의 대북지원에 대한 '보완적 기능', 때로는 '대행기능', 그리고 더 나아가 '대안적 역할'을 수행했음을 밝혔다.[18] 또한 강동완은 정부정책 네트워크 분석을 적용하여 정권별 대북지원 정책네트워크를 분석했다.[19] 저자는 대북지원 주요 행위자, 정부–NGO 간의 상호작용, 관계 구조, 권력관계를 분석틀로 하여 정책네트워크 유형을 '하위정부'형, '정책 공동체'형, '이슈네트워크'형으로 분류하였다. 이 연구에 따르면, 김대중 정권 시기는 정부 주도 하에 관련성 높은 특정 집단들이 주로 대북지원정책에 참여했으며, 정부–NGO의 상호작용은 협력적이었고, 자원은 주로 정부에 집중되어 있는 '하위정부'형의 정부–NGO 관계 유형을 보여주었다. 한편 노무현 정권 시기는 정부부처 및 관련 있는 일부 집단들이 대북지원 정책 형성 과정에 주요 행위자로

17 김성한·문경연, "한반도통일기반 조성을 위한 비정부기구(NGO)의 역할: 대북지원 NGO와 북한 인권 NGO를 중심으로." 『국제관계연구』 제19집 (1)호 (2014), pp. 143-74.

18 손혁상 (2016).

19 강동완,『대북지원정책 거버넌스』(서울: 한국학술정보, 2009).

참여했으며, 정부–NGO의 상호작용은 협력관계와 갈등 관계가 병존했으며, 권력구조는 NGO와 정부가 균형을 이루고 있는 형태로 '정책 공동체' 형에 속한다고 주장하였다.

정리하면, 전체적으로 대북 인도적 지원과 NGO의 역할에 대한 국내의 기존 논의는 주로 NGO의 특성과 역할, 그리고 정부 활동에 대한 보완적 역할로서 NGO를 규정하고 있으며 개발협력 파트너로서 시민사회를 조명하는 데는 한계를 보이고 있다. 뿐만 아니라, 2005년 이후부터 대북지원 규모가 급격히 감소하고 북한에서의 NGO의 활동이 급격히 제한되면서 해당 주제에 관한 관심과 연구도 현저히 줄어들었다. 본 연구에서는 대북 인도적 지원 활동에 있어 정부–NGO의 관계를 보다 체계적이고 분석적으로 접근하고자 아딜 나잠의 4Cs를 분석틀로 사용하여 대북 인도적 지원에 있어 한국의 정부–NGO의 관계를 분석해 보고자 한다. 본격적인 논의에 앞서, 우선 한국 NGO의 대북 인도적 지원 활동을 전반적으로 개관해 보기로 한다.

## III. 한국 NGO의 대북 인도적 지원: 개관

아래 〈표 1〉은 1995년부터 2018년까지 북한에 대한 인도적 지원 규모를 민간 차원과 정부 차원(무상지원, 식량차관, 그리고 민간단체를 통한 간접적 대북지원까지 포함)으로 구분하여 보여주고 있다. 〈표 1〉에서와 같이 대한민국의 대북 인도적 지원은 김대중 정부 이후 꾸준히 상승하였고 2007년 4,397억 원을 기록하며 사상 최대 규모를 기록하였다. 그러나 이명박 정권이 들어선 이후 그 규모는 급격히 감소하였으며 2017년 11억 원으로 대폭 축소되었다.

〈표 1〉 인도적 대북지원, 1995-2018

(단위: 억 원)

| 구분 | 정부 차원 | | | | | | 민간 차원 (무상) | 합계 |
|---|---|---|---|---|---|---|---|---|
| | 무상지원 | | | | 식량 차관 | 계 | | |
| | 당국 차원 | 민간단체 기금 지원 | 국제기구 등을 통한 지원 | 계 | | | | |
| 1995 | 1,854 | – | – | 1,854 | – | 1,854 | 2 | 1,856 |
| 1996 | – | – | 24 | 24 | – | 24 | 12 | 37 |
| 1997 | – | – | 240 | 240 | – | 240 | 182 | 422 |
| 1998 | – | – | 154 | 154 | – | 154 | 275 | 429 |
| 1999 | 339 | – | – | 339 | – | 339 | 223 | 562 |
| 2000 | 944 | 34 | – | 977 | 1,057 | 2,034 | 386 | 2,421 |
| 2001 | 684 | 63 | 229 | 976 | – | 976 | 782 | 1,757 |
| 2002 | 832 | 65 | 243 | 1,140 | 1,510 | 2,650 | 578 | 3,228 |
| 2003 | 811 | 81 | 205 | 1,097 | 1,510 | 2,607 | 766 | 3,373 |
| 2004 | 949 | 102 | 262 | 1,314 | 1,359 | 2,673 | 1,558 | 4,231 |
| 2005 | 1,221 | 120 | 19 | 1,360 | 1,787 | 3,147 | 780 | 3,926 |
| 2006 | 2,000 | 133 | 139 | 2,273 | – | 2,273 | 709 | 2,982 |
| 2007 | 1,432 | 216 | 335 | 1,983 | 1,505 | 3,488 | 909 | 4,397 |
| 2008 | – | 241 | 197 | 438 | – | 438 | 726 | 1,164 |
| 2009 | – | 77 | 217 | 294 | – | 294 | 377 | 671 |
| 2010 | 183 | 21 | – | 204 | – | 204 | 201 | 405 |
| 2011 | – | – | 65 | 65 | – | 65 | 131 | 196 |
| 2012 | – | – | 23 | 23 | – | 23 | 118 | 141 |
| 2013 | – | – | 133 | 133 | – | 133 | 51 | 183[1)] |
| 2014 | – | – | 141 | 141 | – | 141 | 54 | 195 |
| 2015 | – | 23 | 117[2)] | 140 | – | 140 | 114 | 254 |
| 2016 | – | 1 | 1 | 2 | – | 2 | 28 | 30 |
| 2017 | – | – | – | – | – | – | 11 | 11 |
| 2018.12 | 12 | – | – | 12 | – | 12 | 65 | 77 |
| 합계 | 11,262 | 1,177 | 2,744 | 15,183 | 8,728 | 23,911 | 9,038 | 32,948 |

출처: 통일부 데이터베이스

※ 반출기준(정부: 수송비 및 부대경비 포함, 민간: 수송비 및 부대경비 미포함)

1) 2013년도 지원액 183억 원: 정부 133억 원(132.5억 원(UNICEF 67.4억 원, WHO 65.1억 원)), 민간 51억 원(50.8억 원)

2) 2015년 국제기구 지원액 117억 원 중 MR백신 지원(33.6억 원)은 보건복지부 출연금

대한민국의 대북 인도적 지원 규모를 민간과 정부 차원으로 나누어 살펴본 결과, 김대중 정부(1999–2002)와 노무현 정부(2003–2007) 시기 동안에는 정부 차원의 지원이 민간의 대북지원 규모를 크게 상회했다. 그러나 특기할만한 점은 동 기간 동안 정부의 대북지원 규모는 유동적이었던 반면 민간지원은 상대적으로 안정적으로 이루어졌다는 점이다. 민간단체를 통한 정부의 간접적 지원은 김대중 정부 이후 꾸준히 상승하다가 2007년에 최고치(335억 원)를 기록했으나 이명박 정부 이후 급격히 감소했고 현재는 거의 이루어지지 않고 있다. 정부의 식량차관 또한 2007년 이후 중단되었다.

반대로, 대북 강경정책을 펼쳤던 이명박 정부(2008–2012)와 박근혜 정부(2013–2016) 시기 동안에는 민간 차원의 대북지원 규모가 정부 차원의 지원 규모를 상회하면서 대북 인도적 지원에서 민간 NGO에 의한 지원이 차지하는 주요성이 증가했다고 판단된다. (〈표 1〉 참조). 또한 두 정권에서 정부 차원의 대북 무상지원 중에 비교적 꾸준히 북한에 지원되고 있는 형태는 국제기구를 통한 지원인 것으로 나타났다. 박근혜 정부 당시 민간단체를 통한 지원이 상당 부분 중단되었던 반면 정권 초기(2015년까지)까지는 국제기구를 통한 한국정부의 대북지원은 약 100억 원을 웃도는 규모로 이루어졌다. 그러나 2016년 이후에는 정부와 민간 부문 모두에서 대북 인도적 지원이 거의 중단되었다.

현재 통일부의 허가를 받은 대북지원 지정단체는 112개에 이른다(2019년 2월 기준). 대북지원에 참여하는 국내 NGO단체들은 전문적으로 인도적 지원을 수행하는 NGO 뿐만 아니라 평화 및 남북통합이라는 포괄적인 가치를 지향하는 다양한 민관 기관들을 포함하고 있다. 또한 이들 민간단체들을 아우르는 몇몇 주요한 우산기관들(Umbrella Agencies)이 존재하는데 대표적으로 1996년 창립된 '우리민족서로돕기운동'과 1999년 설립된 '대북협력민간단체협의회(북민협)'가 있다.

아래 〈표 2〉는 북민협에 가입한 민간단체들 중 보고된 대북지원 내역을 정리하고 사업 분야별 비중을 정권별로 구분해 놓은 것이다. 〈표 2〉에 따르면 다음과 같이 NGO의 대북지원활동을 정리해 볼 수 있다. 일단 대북지원의 초기인 김영삼 정권 시기에는 일반 및 긴급구호의 목적을 가진 인도적 지원이 전체의 72%로 매우 큰 비중을 차지했다. 그러나 햇볕정책을 추구했던 김대중 정부와 노무현 정부 시기에는 상대적으로 우선복지지원과 보건의료분야의 지원이 늘어났다. 그리고 이명박 정부 시기에는 다시 일반 및 긴급구호의 분야가 48% 정도로 그 비중이 증가했으며 박근혜 정권 시기에는 우선복지지지원이 81.43%로 대부분을 차지했다. 또한 주목할 만한 점은 2000년대 초부터는 민간단체의 대북지원이 장기적 개발지원을 위해 식량위주의 지원에서 농업개발 및 사회 인프라 분야로 지원이 다양화되고 확대되기 시작하였다는 점이다.

〈표 2〉 대북 인도적 지원 NGO의 지원 분야별 규모, 1994-2016년[20 21]

(단위: %)

| 정권별<br>분야별 | 김영삼 정부<br>(1994-98) | 김대중 정부<br>(1999-02) | 노무현 정부<br>(2003-07) | 이명박 정부<br>(2008-11) | 박근혜 정부<br>(2013-16) |
|---|---|---|---|---|---|
| 보건의료 | 3.97 | 15.84 | 11.13 | 18.21 | 14.27 |
| 우선복지지원 | 23.60 | 61.59 | 51.34 | 30.74 | 81.43 |
| 사회 인프라 | 0.00 | 0.00 | 4.61 | 2.21 | 0.50 |
| 일반/긴급구호 | 72.43 | 19.17 | 30.14 | 48.24 | 0.97 |
| 농축산 | 0.00 | 3.40 | 2.78 | 0.60 | 2.83 |
| Total | 100 | 100 | 100 | 100 | 100 |

20 북민협(2015) 자료를 기반으로 저자 작성.

21 해당 데이터는 북민협에 가입된 모든 민간단체의 대북지원을 포괄하는 것은 아니고 이들 중 실제 활동하는 민간단체 중 북민협에 관련 사업정보를 공유하는 약 20여 개의 기관의 대북지원 내역을 포함하는 것임.

한국의 NGO는 1995년 이래로 북한에 대한 인도적 지원에 참여해 왔으며 2016년 이전까지는 그 규모도 상당했던 것으로 나타났다. 특히 햇볕정책을 도입했던 김대중 정권과 유사한 정책적 기조를 계승한 노무현 정권 당시에는 정부 차원에서 민간부문의 대북 NGO에 대한 기금을 지원했으며 이러한 정부의 지원은 이명박 정권 등장 이후에도 이어지다가 2010년 이후에는 거의 중단된 것으로 확인된다. 또한 북민협 자료에 의하면 국내에서 대북지원 활동에 참여하는 NGO 단체들을 설립목적 및 특성에 따라 분류해 본다면 크게 다음과 같은 6개 부문으로 나눌 수 있다.[22] ① 남북관계 개선 및 남북통일에 기여하기 위해 설립된 기관들, ② 종교적 가치에 기반한 단체들, ③ 국내에 지부를 두고 있는 국제 개발협력/인도적 지원 NGO단체들, ④ 취약계층의 복지향상을 위해 활동하는 국내 NGO단체들, ⑤ 전문가 단체들, ⑥ 중앙/지방정부주도 NGO단체들이다. 이처럼 매우 다양한 성격과 형태를 가지고 있는 민간단체들이 대북 인도적 지원에 참여하고 있으나, 그중 상당수는 개발협력 및 인도적 지원 분야에 대한 전문성이 결여된 상태다. 그리고 많은 단체들의 중점 지원 분야가 서로 중복되는 경향이 있다. 또한 몇몇 단체를 제외하고는 대부분의 대북지원 NGO들의 지지기반이 일반대중이기 때문에 대북지원에 대한 여론 상황에 따라 재원확보에 많은 변동성이 있는 것으로 보인다.

이처럼 한국의 NGO는 다양한 분야에서 북한에 대한 인도적 지원을 실시해 왔으며 특히 일반구호와 취약계층에 대한 복지를 위해 많은 활동을 해왔다. 그러나 앞서 지적한 바와 같이 한국의 대북 인도적 지원에 참여하는 NGO는 성격과 배경이 매우 다양하며 특정 분야 및 개발협력 분야에 대한 심도 깊은 전문성을 갖추는 데에는 한계가 있었던 것으로 보

22 대북협력민간단체협의회, 『대북지원 20년 백서』(서울: 대북협력민간단체협의회, 2015).

인다. 지금까지 살펴본 한국 NGO를 중심으로 한 대북 인도적 지원을 개관해 본 결과 다음과 같은 시사점을 도출할 수 있다. 첫째, 대북 인도적 지원은 민간 차원과 정부 차원 모두에서 2007년 이후 급속히 감소했다. 이는 한반도의 안보상황, 특히 북한의 핵무기 개발과 실험으로 인한 한반도 안보의 긴장상황 조성과 매우 관련이 깊다.[23] 둘째, 북한에 대한 한국의 인도적 지원이 비교적 활발히 진행되었던 김대중 정부와 노무현 정부 시기에도 정부 차원보다 민간 차원의 지원이 규모 면에서 훨씬 안정성을 갖추고 있었다. 셋째, 북한의 핵무기 개발과 핵실험, 천안함 사건 등의 발발로 한반도 안보가 초긴장 상태의 국면을 맞이했던 이명박 정권과 박근혜 정권 시기 상대적으로 민간 차원의 대북 인도적 지원은 그 비중이 증가했다.

## Ⅳ. 인도적 대북지원을 위한 정부–NGO 관계: 역사적 분석

인도적 대북지원 활동을 위한 민간 NGO의 참여 확대는 한국의 민주주의 전환 시기를 그 태동으로 볼 수 있다. 1988년에 노태우 정권이 들어서면서 민주주의로의 체제 전환이 본격적으로 시작되었으며 당시 대학생들과 재야세력을 중심으로 통일운동과 '북한바로알기운동'이 확산되면서 시민사회 영역에서 통일 논의가 본격적으로 시작되었다. 이후 1989년 1월, 정주영 현대그룹회장이 전격적으로 북한을 방문했으며 1989년 3월에는 '남북교류협력추진 협의회'가 설치되었고 1989년 6월에는 '남북교류협

23 대외 안보 상황에 따른 한국정부의 대북 인도적 지원 정책 변화에 대한 보다 상세한 내용은 다음 장의 정권별 분석 부분에서 보다 상세히 기술하기로 함.

력에 관한 기본 지침'이 제정되었다. 그리고 1990년 한국기독교총연합과 한국일보가 공동으로 전개한 '사랑의 쌀 나누기 운동'이 민간단체차원에서의 대북지원의 기원이라 볼 수 있다.[24] 그러나 본격적인 한국 NGO의 대북 인도적 지원 사업 참여는 1995년 북한이 국제사회에 인도적 지원을 요청하면서 시작될 수 있었고 2000년 남북정상회담을 계기로 급속히 확대되었다. 그렇다면 인도적 대북지원을 위한 정부와 NGO의 관계는 어떻게 변화해 왔을까? 우리는 아딜 나잠의 4Cs를 분석틀로 적용하여 대북 인도적 지원을 위한 대한민국 정부–NGO 관계의 역사적 변화를 정권별로 분석해보기로 한다.

## 1. 분석틀: 아딜 나잠(Adil Najam)의 4Cs

아딜 나잠은 NGO와 정부 간의 협력증대가 세계적인 추세인 동시에 두 집단의 관계가 점차 복잡하게 전개되어간다는 사실에 주목하면서 정부–NGO 관계의 이론화를 위한 분석틀로서 4Cs를 제시하였다. 저자는 오늘날 NGO의 증가와 함께 정부가 정책결정과정에 NGO의 참여를 선호하게 되면서 정부와 NGO 간의 본연적인 긴장관계를 이론화할 필요성이 더욱 증대되었다고 강조했다. 그리고 양 집단의 관계는 전략적·제도적 이익이라는 관점에서 이해되어야 한다고 주장하며 정부–NGO 관계를 협력(Cooperation), 갈등(Confrontation), 상보(Complementarity), 포섭(또는 흡수)(Co–optation)으로 이론화했다.

〈표 3〉은 정부–NGO 관계를 매우 일반적인 수준에서 개념화한 아딜

24 조대엽·홍성태, "대북지원의 정치경제와 인도주의의 딜레마." 『민족문화논총』 제59권(2013), pp. 219–59.

나잠의 4Cs 개념 틀이다. 나잠은 정책 영역에서 특정 목표를 추구하는 정부와 NGO의 관계를 상정했으며, 이러한 목표는 서로 다르거나 같을 수 있다고 가정했다. 또한 정부와 NGO 각각은 특정 목표를 달성하기 위해 사용하고자 하는 전략에 대한 선호가 같거나 다를 수 있다고 보았다. 이렇게 목표하는 바와 선호하는 전략의 일치여부에 따라 다음과 같은 4가지의 정부–NGO 관계가 도출된다.[25]

〈표 3〉 아딜 나잠의 4Cs [26]

| NGO<br>정부 유사함 | | 목적 (목표) | |
|---|---|---|---|
| | | 다름 | |
| 선호 전략<br>(수단) | 유사함 | 협력<br>(Cooperation) | 포섭(흡수)<br>(Co–optation) |
| | 다름 | 상보<br>(Complementarity) | 대립<br>(Confrontation) |

① 협력: 특정 이슈에 대해 정부 기관과 NGO가 목표와 선호하는 전략이 모두 같은 경우

② 대립: 정부와 NGO가 서로의 목표와 전략이 상반된다고 판단하는 경우

③ 상보: 정부와 NGO가 같은 목표를 갖고 있으나 선호하는 전략이 다른 경우

④ 포섭(흡수): 정부와 NGO가 선호하는 전략은 같지만 목적이 다른 경우; 이러한 관계는 본질적으로 불안정하며 한시적임.[27]

---

25 나잠은 이 4가지 외에 불개입(Non-engagement)이라는 5번째 유형도 가정한다. 이 유형은 의도적 또는 전략적으로 두 그룹 간의 상호작용이 부재한 경우를 상정한다.

26 아딜 나잠(2000).

27 각 관계에 대한 보다 상세한 내용은 아딜 나잠(2000)을 참조.

아딜 나잠의 4Cs틀은 대부분의 기존 관련 연구들이 체계적이고 이론적으로 정부–NGO 관계를 다루고 있지 못하다는 한계를 극복하고자 고안한 분석틀이며 정책 목적과 선호전략이라는 관점에서 정부–NGO 관계의 성격 및 지속성을 설명하고 있다. 오늘날 나잠의 분석틀은 국제정치, NGO 연구 및 개발협력 분야에서 널리 인정받고 있으며 이 틀을 주류화한 담론 및 연구들이 활발히 진행되었다.[28]

그러나 대북 인도적 지원 분야에서 한국정부와 NGO의 역사적 관계 변천을 아딜 나잠의 4Cs 분석틀로 설명하는 데 일부 한계점도 있을 수 있다. 무엇보다 위 분석틀은 정부와 NGO의 관계를 매우 일반적인 수준에서 규정함으로서 정부와 NGO의 상호 작용을 실제보다 훨씬 더 간단한 관계로 가정하고 있다. 또한 아딜 나잠의 4Cs틀은 정부와 NGO의 힘의 관계 및 역학을 고려하지 않았다는 한계가 있다. 즉, 이러한 일반적인 틀로서 대북 인도적 지원과 같은 특수한 분야를 조명할 경우에는 정부–NGO의 관계에 내재되어 있는 고유한 특성이 충분히 고려되지 못할 가능성이 있다는 것이다. 이러한 이론적 한계에도 불구하고 아딜 나잠이 지적한 바와 같이 정부와 NGO 관계에 대해 개념적 틀을 적용하여 체계적인 분석을 시도한 연구가 거의 없다는 점으로 미루어 볼 때, 어느 한쪽의 시각으로만 관계를 정의하지 않고 정부와 NGO 양 쪽의 관점 모두를 포괄하고 있는 4Cs는 대북 인도적 지원에 있어 정부–NGO의 관계를 분

---

28 예를 들어 다음과 같은 관련 연구들이 있다. A. Zimmer, "Third Sector–Government Partnerships." in *Third Sector Research* (New York: Springer, 2010), pp. 201-217; R. Batley and P. Rose, "Analysing Collaboration between Non-governmental Service Providers and Governments." *Public Administration and Development* 31-4 (2011), pp. 230-239; J. de Corte and B. Verschuere, "A typology for the Relationship between Local Governments and NPOs in Welfare State Regimes: The Belgian Case Revisited." *Public Management Review*, 16-7(2014), pp. 1011-1029.

석하는 데 있어 유용한 개념 틀이라고 판단된다. 또한 이는 북한 연구가 가지는 '특수성'을 넘어 보편적 시각으로 바라보고자 하는 최근의 연구 사조와 맥을 같이 한다는 점에서 의의가 있다.[29]

## 2. 대북 인도적 지원을 위한 정권별 정부–NGO 관계 분석

본 연구에서는 NGO의 대북 인도적 지원이 본격적으로 시작된 김영삼 정권부터 박근혜 정권시기까지 대북 인도적 지원을 위한 정부–NGO의 역사적 관계를 아딜 나잠의 4Cs의 틀을 적용하여 분석해보고자 한다.[30] 우리는 정권별 대북 인도적 지원의 목적이 어느 정도로 NGO의 목적과 양립했는지, 그리고 정부가 NGO의 인도적 지원을 얼마나 지지하였는지, 다시 말해 아딜 나잠의 목적과 선호전략 틀을 적용하여 대북 인도적 지원을 위한 정부–NGO의 관계를 정권별로 분석하고자 한다. 한 가지 주지할 점은 정권별로 정부–NGO의 관계가 아딜 나잠의 4Cs 중 하나에 완벽히 부합하는 것은 아니라는 점이다. 실제로는 정권별로 '협력,' '상보', '포섭', '대립' 중 하나의 형태가 아니라 역사적 발전과정 안에서 하나 이상의 형태가 함께 존재했기 때문이다. 그럼에도 불구하고 4Cs는 각 정권

---

29 기존에 많은 북한에 대한 연구는 주로 전체주의 접근법을 사용했다. 이는 냉전 시기 주로 사용되었던 북한 연구방법론으로서 파시스트 정권을 모델로 공산주의 체제를 분석하는 방식이다. 그러나 이러한 전체주의 접근법은 객관성이 매우 미흡하다는 비판을 받아 왔다(고유환 2014): 고유환, "제1장: 북한연구방법론의 현황과 과제." 조영주 (편), 『북한 연구의 새로운 패러다임: 관점·방법론·연구방법』(서울: 한울, 2014), pp. 27-53.

30 본 장의 정권별 정부-NGO 관계에 대한 역사적 자료는 주로 다음의 자료에 기반함: 우리민족서로돕기운동,『대북지원 20년 백서』(서울: 우리민족서로돕기운동, 2016); 손혁상 (2016); 조대엽·홍성태 (2013).

별 정부–NGO관계를 분석하고 설명하는 데 유용한 틀을 제공한다고 하겠다.

### 1) 김영삼 정권(1993–1997): 대립

1994년 최초의 문민정권으로 김영삼 정권이 출범하였다. 1995년 8월 북한이 수해로 인한 피해를 호소하며 국제사회에 인도적 지원을 요청하자 정부는 15만 톤의 쌀을 무상으로 지원했으나 곧 국내 보수진영의 거센 반발로 인해 소극적인 태도로 돌아섰고 이후에는 대북정책에 있어 강경노선으로 선회하였다.[31] 또한 민간의 인도적 대북지원에 대해서도 규제를 가하기 시작했다. 대북 인도적 지원에 대한 NGO 단체의 움직임이 활발해지자 1995년 9월 14일 김영삼 정부는 '민간 대북지원 허용조치'를 발표했지만 이는 대북지원창구를 대한적십자사로 단일화해 민간의 대북접촉과 지원을 규제하려는 의도가 있었던 것이다. 다시 말해 당시 이 조치는 국내 민간단체들의 대북지원 활동을 제한적 수준에 묶어 두려는 정부의 의도가 반영된 것이라 할 수 있다. 실제 김영삼 정권은 국내 민간단체들의 모금 활동을 제한하고 언론이나 대기업이 모금 운동에 참여하는 것을 금지했다. 이와 같은 민간의 대북지원에 대한 정부의 규제는 NGO의 반발로 이어졌다. 1996년 6월 시민단체들은 정부의 창구 단일화 조치에 대해 공동으로 항의 시위를 진행했고 대규모 모금 캠페인을 전개하여 약 2억 원 상당의 밀가루 5만 포대를 대한적십자사를 통해 북한에 전달했다.[32] 이러한 상황에서 1996년 9월 강릉 잠수함 침투사건이 발생했고

31 우리민족서로돕기운동 (2016).

32 이 과정에서 개신교, 불교, 원불교, 유교, 천도교, 천주교 6개의 종교단체와 시민단체들이 공동으로 참여하여 1996년 6월 '우리민족서로돕기운동'이 출범했다.

NGO를 통한 대북지원은 급격히 위축되었다. 그러다가 1997년 남북적십자 간의 합의를 거쳐 기존의 국제적십자사를 통해 간접적으로 민간의 대북 인도적 지원이 이루어져 오던 방식에서 대한적십자사가 직접 북한에 지원하는 방식으로 전환하게 되었다.

아딜 나잠의 4Cs의 틀로 살펴보면 김영삼 정권 당시 한국정부와 NGO의 관계는 전반적으로 '대립'관계라 할 수 있다. 김영삼 정부가 북한에 대한 인도적 지원을 통해 추구했던 궁극적인 목적은 북한의 인도적 상황 개선이라기보다는 당시 북핵 관련 4자회담에 북한을 참여시키기는 것이었으며 국내적으로는 이산가족 상봉을 성사시키고자 하는 의도를 가지고 있었다. 언급한 바와 같이 김영삼 정권은 강경노선의 대북정책을 추구했으며 그 틀 안에서 인도적 지원은 북한의 인도적 위기 상황 개선의 목적보다는 북한에 대한 외교적 수단으로 사용된 측면이 강하다. 한편 대북지원 민간 NGO는 1995년 북한의 국제사회에 대한 인도적 지원 요청 이후 본격적으로 발전하기 시작했고 주요 목표는 북한주민들의 인도적 위기 상황 개선 및 발전 도모였으며 궁극적으로는 한반도의 평화와 통일을 이룩하는 것이었다. 그리고 이 시기부터 지금까지 이와 같은 한국 NGO의 대북 인도적 지원이 목표한 바는 일관성을 유지하고 있다고 할 수 있다. 따라서 당시 김영삼 정권과 NGO가 추구했던 대북 인도적 지원의 목적은 상충하는 측면이 강했다고 볼 수 있다.

또한 위에서 살펴본 바와 같이 김영삼 정부는 민간을 통한 인도적 지원을 장려하거나 이에 호의적이라기보다는 민간의 직접적 대북 인도적 지원을 경계하며 규제하려고 하였다. 이는 민간이 적극적으로 대북지원에 나설 경우 정부가 대북 인도적 지원을 통해 달성하려는 목적에 도달하기 어려울 수도 있다는 우려 때문이었던 것으로 보인다.[33] 〈표 1〉에서와 같이

33 우리민족서로돕기 (2016).

김영삼 정권 당시 정부 차원에서의 민간단체 기금지원은 이루어지지 않았으며 1996년 이후부터는 국제기구를 통한 지원만 이루어진 것으로 보인다. 결국 당시 정부와 NGO의 관계는 '우리민족서로돕기운동' 발족 및 '범종단 북한수재민돕기 추진위원회' 결성 등 정부의 정책에 대한 시민 단체의 대항으로 이어지면서 '대립' 관계를 형성하게 되었다.

### 2) 김대중 정권(1998-2002): 상호보완

김대중 정부는 36년 만에 정권교체를 이끌어 낸 정권이었으며 김영삼 정권 말기 닥친 외환위기를 극복해야 하는 역사적 중대 과제를 안고 1998년에 출범했다. 출범 초기부터 김대중 정권은 미국과 전통적인 동맹관계는 지속하되 대북정책에 있어서는 남북 간의 긴장완화와 화해협력을 목표로 삼았다. 특히 김대중 정권은 햇볕정책이라는 대북포용정책을 전격적으로 도입하여 북한에 대한 협력과 지원을 통해 평화적인 통일을 이루고자 하였다. 이를 위해 김대중 정권은 초기부터 남북 간의 화해협력을 유도하기 위한 다양한 노력을 추진했으며 일체의 무력도발을 불용하고 일방적인 흡수통일을 배제한다는 원칙을 천명했다.[34] 이러한 대북정책의 큰 틀 하에서 1998년 3월 정부는 '민간대북지원활성화조치'를 발표하면서 민간단체의 모금활동 및 방북을 허용하기 시작하였다. 이러한 대북 인도적 지원에 대한 정부의 우호적인 정책 기조에 따라 1999년에는 대북지원사업을 수행하는 민간단체 간의 네트워크인 대북지원민간단체협의체(북민협)가 출범하게 된다. 또한 정부는 1999년 2월 '민간 대북지원창구다원화조치'를 발표함으로서 대북지원 NGO의 독자적 활동을 어느 정도 허용하고 이들의 대북지원활동에 있어서의 현장 접근성과 자율성을

34 조대엽·홍성태 (2013).

제고하고자 하였다. 또한 같은 해 10월에는 '인도적 대북지원사업 처리에 관한 규정'이 제정되어 남북협력기금을 활용하여 일정한 요건을 갖춘 민간단체들을 매칭 펀드 방식으로 지원하는 제도가 도입되었으며, 2000년에는 남북교류협력절차를 간소화하는 조치가 취해지게 된다. 특히 같은 해에 남북 간의 역사적인 정상회담이 평양에서 이루어지고 6·15공동선언이 발표되면서 민간단체의 대북지원은 긴급구호 차원을 넘어 개발협력사업으로 그 영역이 확대 및 집중되기 시작한다. 더욱 주지할만한 점은 김대중 정권의 햇볕정책과 적극적인 대북 인도적 지원, 그리고 민간 NGO에 대한 지원 및 규제 완화라는 정부의 입장은 2001년 미국에서 부시 행정부가 들어서고, 2002년 북한이 고농축우라늄 보유를 시인하며, 2002년 IAEA 사찰관을 추방하면서 북핵위기 발발하는 와중에도 비교적 흔들림 없이 지속되었다는 점이다.

김영삼 정권 이래 모든 한국정부의 대북 인도적 지원은 북한주민의 인도적 위기 완화라는 목표 외에도 대북정책의 틀 안에서 외교적 목표를 달성하기 위한 수단으로 사용되었다고 보는 것이 타당할 것이다. 그럼에도 불구하고 김대중 정권 당시 정부–민간단체 관계는 아딜 나잠의 틀에서 보면 상보(Complementarity) 및 협력(Cooperation) 관계로 분류될 수 있을 것이다. 이전 정권에서 대립으로 나타났던 정부와 NGO의 관계성이 협력에 가까운 관계로 전환될 수 있었던 일차적 이유는 보수에서 진보로 정권 변화가 이루어지면서, 정부의 대북지원 목적이 NGO와 유사하게 전환되었다는 점을 들 수 있다. 이전 김영삼 정권과 달리 북한에 대한 화해와 협력을 중시하고 실제적인 지원과 남북교류를 증진시키고자 하는 김대중 정부의 강력한 포용정책은 남북교류증진과 인도적 지원확대를 목표로 하는 대북지원 민간단체의 목표와 일맥상통하는 면이 컸다.

또한 살펴본 바와 같이 김대중 정부는 여러 조치를 통해 NGO를 통한 인도적 지원을 활성화하고자 하였으며 민간의 자율적인 대북지원 활동을 허용하는 다양한 정책을 펼쳤다. 김대중 정권 시기 정부 차원의 대북지원은 총 약 3967억 원으로 이전 정권에 비해 비약적으로 증가했으며 민간단체를 통한 기금도 정부의 대북지원 NGO에 대한 규제 완화 조치 및 활성화 조치에 힘입어 162억 원에 달했다[35](〈표 1〉 참조). 그러나 특기할 만한 점은 김대중 정권이 시작되고 정부 차원의 대북 인도적 지원은 크게 증가했지만 정부의 직접지원 비율이 78%에 육박한 반면 민간을 통한 지원의 규모 및 범위는 한정적이었다는 점이다. 실제 NGO를 통한 대북지원의 규모 증대나 지속성 그리고 안정성은 김대중 정권의 출범 이후가 아니라 김영삼 정권 말기부터 확보되기 시작한 것으로 확인된다. 이러한 측면에서 적어도 김대중 정권 초기에는 정부와 NGO의 대북지원 목적은 유사했지만 NGO를 통한 지원이라는 수단의 측면에서는 상이한 정책을 갖고 있었다고 보인다. 다시 말해 당시 김대중 정권은 NGO를 대북 인도적 지원을 위한 동등한 파트너로서 인식하지는 않았으며, NGO를 통한 지원보다는 정부의 직접적 대북지원을 선호했다. 이러한 정부–NGO 관계는 목적은 유사하지만 선호 전략은 상이하였기에, 아딜 나잠 틀에서 '상보' 관계에 해당하는 것으로 판단된다. 그럼에도 불구하고 당시 김대중 정권의 민간을 통한 대북지원에 대한 여러 규제 완화 조치는 대북지원 NGO의 역량강화 및 지원 분야 확대에 공헌했다고 볼 수 있다.[36] 그리고 이러한 개혁적이고 제도적인 조치들은 이후 노무현 정권 시기에 들어 NGO를 통한 지원이 늘어나고 정부–NGO 관계가 보다 협력적 관계로 발전해 나갈 수 있게 한 밑거름이 되었다.

---

35 특히 이 시기부터 한국정부의 북한에 대한 식량차관이 시작되었다. 통일부 자료에 따르면 김대중 정권은 2000년과 2002년 북한에 대해 총 2,567억 원 규모의 식량차관을 제공했다.

36 대북협력민간단체협의회 (2015).

### 3) 노무현 정권(2003-2007): 협력

한국경제가 외환위기를 극복하고 서서히 회복세를 나타내는 가운데 2003년 노무현 정권은 이전 진보정권을 계승하고 국민의 정치적 참여를 독려하는 참여민주주의 정부를 천명하며 출범했다. 노무현 정부의 대북정책은 김대중 정권의 햇볕정책을 근간으로 하되 보수 정치세력의 비판을 인식하여 한국 외교의 자주성을 강조했다. 당시 한반도를 둘러싼 안보상황은 점점 더 악화되고 있었다. 2003년 북한은 급기야 핵확산금지조약(Non-Proliferation Treaty, NPT)을 탈퇴했으며 2006년에는 미사일 발사와 핵실험을 강행했다. 이러한 북핵위기와 긴장 속에서도 노무현 정권은 햇볕정책을 지속적으로 펼쳤으며 2007년에는 두 번째 남북정상회담이 이루어졌다. 햇볕정책의 틀 안에서 노무현 정권은 이전 김대중 정권과 마찬가지로 적극적인 인도적 지원 사업을 펼쳤으며 그 결과 역대 정권 중 최대 규모의 정부 차원의 대북 인도적 지원을 제공했다. 또한 민간 차원의 대북 인도적 지원의 규모도 가장 크게 나타났다. 노무현 정권은 기존의 식량지원 중심적인 대북지원을 넘어서 보건, 의료분야 등으로 지원 영역을 확대 하였고 대북지원사업자 지정요건 완화조치(2005년) 등 민간 차원의 대북지원의 자율성을 높이기 위한 제도적 작업을 실시하였다. 또한, 국내 NGO뿐 아니라 국제기구들과의 지속적인 공조를 통해 대북지원의 통로를 다양화하고자 노력하였다. 특히 2004년 평안북도 용천역 인근에서 대규모 폭발 사고가 발생했을 때, 사고 수습 과정을 위해 민관협력의 필요성이 강조되었는데 그 결과로 '대북지원민관정책협의회'가 구성되었으며 이후 정부와 민간 부문 간의 다양한 대북 인도적 지원 협력사업이 실시될 수 있었다. 예를 들어 2005년 민관 합동 사업으로 주거환경 개선사업, 축산현대화 사업, 농업보선용수개발 사업, 모자보건복지 사업, 그리고 병원현대화 사업 등 92억 원 규모의 사업이 추진되었다.[37]

아딜 나잠의 4Cs의 틀로 분석해보면 노무현 정권 시기 동안 대북지원을 위한 정부–NGO의 관계는 '협력'에 가까웠다고 볼 수 있다. 노무현 정권 시기가 되면 햇볕정책의 틀 안에서 '정치적 상황'과 '인도적 지원'을 별개로 보는 방식이 어느 정도는 정착되었다고 하겠다.[38] 노무현 정권은 앞서 설명한 바와 같이 악화되는 안보상황 속에서도 북한에 대한 인도적 지원을 적극적으로 실시했다. 이는 물론 북한주민의 인도적 상황 개선이라는 목적 외에도 대화와 교류를 통한 한반도 평화 정착이라는 큰 틀의 대북정책을 이루기 위함이기도 하다. 이렇게 안보상황과 인도적 지원을 분리하는 정부의 정책은 정부와 대북지원 NGO 간의 북한에 대한 지원 목적 공유라는 결과를 낳았다고 판단된다. 또한 노무현 정권은 이전 김대중 정권이 추진했던 대북지원 NGO 활성화 및 자율성 허용조치를 이어갔으며 민간과의 협력사업을 더욱 적극적으로 추진했다. 특히 '대북지원민관정책협의회'를 구성하여 대북지원정책에 있어서 NGO의 목소리를 취합하는 등 이전 정권보다 한 걸음 더 나아가 NGO를 파트너로서 바라보기 시작했다는 점이 특기할 만하다.[39] 〈표 1〉에서와 같이 노무현 정권은 대북 인도적 지원의 전체적인 양 뿐 아니라 민간단체에 대한 기금지원, 국제기구를 통한 지원, 식량지원 등 정부가 직접 주는 방식에서 벗어나 다양한 통로를 통한 대북지원을 추진했다.[40] 이러한 측면에서 노무현 정권 당시 대북 인도적 지원을 위한 정부–NGO관계는 양 측의 목적

37 조대엽·홍성태 (2013).

38 조대엽·홍성태 (2013).

39 대북지원민관정책협의회에 대한 보다 상세한 내용은 강동완(2009)을 참조.

40 통일부 자료에 의하면 전체 정부 차원의 대북 인도적 지원 규모 중 민간단체기금지원 비율은 김대중 정권 당시 4.51%에서 노무현 정권 때는 8.12%로 상당히 상승했다: 통일부, "통일부 주요사업통계," https://www.unikorea.go.kr/unikorea/business/statistics/(검색일: 2019.7.12).

과 선호전략이 유사한 나잠의 4C 중 '협력'관계에 더욱 가까워졌다고 하겠다.

#### 4) 이명박 정권(2008-2012): 대립

2008년 진보성향의 정권 시대가 막을 내리고 '경제 살리기', '작은 정부'를 주장하며 보수 성향의 이명박 정부가 출범했다. 이명박 정부는 한미동맹 강화와 글로벌 외교를 주요한 외교정책 골자로 설정했으며 이전 두 정권의 햇볕정책을 정면으로 배격하고 강경노선의 대북정책을 채택했다. 또한 대북 인도적 지원에 대해서도 전면적인 방향 수정에 착수하였다. 2008년 이명박 정부는 인도적 대북지원사업의 투명성 강화 및 효율성 제고를 목적으로 '인도적 대북지원사업의 처리에 관한 규정'을 일부 개정하였다. 실제 이명박 정권 출범 이후 남북관계는 급속히 냉각되었으며 인도적 대북지원 규모도 급감했다(〈표 1〉 참조). 2008년 금강산 관광객 박왕자씨 피격 사건을 비롯하여 2009년 북한의 2차 핵실험 강행, 2010년 천안함 사건, 그리고 2010년 연평도 포격사건까지 당시 한반도의 안보상황은 그 어느 때보다도 높은 긴장상태에 놓여 있었다. 특히 천안함 사건 이후 이명박 정부는 '5·24대북조치성명'을 발표하여 남북관계 단절을 선언한다. 특히 이 조치에는 '영유아 등을 대상으로 한 순수 인도적 지원을 제외한 대북지원사업의 원칙적 보류'가 포함되면서 NGO의 대북지원사업이 크게 위축되게 된다. 그리고 2010년 연평도 포격사건 이후에는 대북지원사업이 전면 보류된다.

이명박 정권 시기 대북지원을 위한 정부-NGO의 관계는 '대립'을 넘어 민간 부문이 급속히 위축된 시기다. 정권 초기부터 이명박 정부는 이전의 햇볕정책을 강력히 규탄하며 북한의 비핵화를 남북관계의 선제조건으로 하는 강경노선을 채택했다. 이러한 대북정책의 기조 안에서 북한에 대한 정부 차원의 인도적 지원은 급속히 감소했다. 2008년 이후 2018년 현재까지 한국정부를 통한 직접적 대북 인도적 지원과 식량차관은 거의 전무하다고 볼 수 있다(〈표 1〉 참조). 따라서 이 시기 정부의 대북 인도적 지원의 목적은 북한의 비핵화라는 군사적·안보적 목적과 분리되지 못하고 북한을 압박하는 수단으로 여겨졌다고 볼 수 있다. 이러한 상황에서 정부는 대북 인도적 지원을 실행하는 민간단체의 방북 및 지원활동을 제한했으며 2011년 이후에는 민간단체에 대한 기금지원도 중단했다. 이러한 장애 요인 속에서 비록 민간 차원의 무상지원이 대폭 축소되기는 하였으나 이명박 정권 시기 동안 줄곧 이어졌다는 점은 특기할만하다(〈표 1〉 참조).

이명박 정권의 대북 강경정책과 이에 따른 인도적 지원의 축소 및 민간의 인도적 지원 활동 규제에 맞서 한국의 대북지원 NGO는 북민협을 중심으로 정부에 지속적으로 불만을 제기하는 한편 여론에 호소하는 활동을 벌였다. 2009년 북한의 장거리로켓발사와 제2차 핵실험 이후 정부는 민간단체의 인도적 대북지원물자 반출 승인을 대부분 불허하고, 방북을 금지하는 조치를 취했다. 그러자 북민협은 비상대책위원회를 구성해 정부에 대북지원활동의 정상화를 요구하였다. 또한 2010년 연평도 포격사건 이후에도 성명서를 발표하여 대북지원의 재개를 호소하였다. 그러나 정부와 민간이 협력하여 보다 체계적으로 대북 인도적 지원 활동을 펼치기 위해 만든 대북지원민관정책협의회도 2009년 이후 사실상 제대로 기능하지 못하게 되면서 정부 정책에 대항하는 대북지원 시민사회의 힘은 제한적일 수밖에 없었다. 특히 이 시기에는 대북 인도적 지원에 대한 여론이 급속히 악화되면서 대북지원 NGO는 급격히 위축되게 된다.

### 5) 박근혜 정권(2013-2016): 대립

2013년 국민행복과 국가발전이라는 국정기조를 선포하며 박근혜 정권이 출범했다. 초기 박근혜 정권의 대북정책은 이전 이명박 정권의 강경일변도 대북정책에 대한 회의적인 시각을 받아들여 '한반도 신뢰 프로세스'를 강조했다. 이 정책은 인도주의적 지원을 통해 남북관계 신뢰를 구축하고 비핵화가 진전되면 대규모 경제협력을 북한에 추진한다는 것을 주요 내용으로 하고 있었다. 그러나 박근혜 정권 출범 이후 북한의 지속적인 도발(2012년 장거리로켓발사, 2013년 제3차 핵실험 등)로 인해 UN의 제재는 더욱 강력해졌으며 북한당국도 개성공단 중단 및 2014년 드레스덴 선언 이후 민간단체와의 지원 사업 중단방침을 발표했다.[41] 이러한 상황에서 대북 인도적 지원은 국제기구를 통한 지원만이 이어졌으며 민간 차원의 지원도 계속 감소되었다.[42] 그리고 이러한 대북 인도적 지원의 교착상태는 현재까지도 큰 변함없이 이어져오고 있다.

박근혜 정권은 애초에는 대북 인도적 지원을 정치적·안보적 목적으로부터 분리한다는 원칙을 천명했으나 결국 대북 인도적 지원을 독립적으로 운용하는 데 실패했다. 특히 북한의 핵문제가 더욱 심각하게 전개되고 국제사회의 제재 국면 또한 강화되면서 대북 인도적 지원의 문제는 한반

---

41 박근혜 대통령은 2014년 3월 28일 독일 드레스덴에서 '대북 인도적 지원 확대, 남북 민생 인프라 구축, 남북 간 동질성 회복'등을 골자로 하는 '드레스덴 구상'을 제시하였다. 그러나 북한은 드레스덴 선언이 자신들의 체제를 비판하고 흡수통일을 의도하고 있다고 주장하면서 간헐적으로 진행되고 있었던 한국 민간단체들과의 협력사업도 중단할 것을 선언했다(대북협력민간단체협의회 2015, 64).

42 특기할 점은 이명박 정권의 경우 주로 WHO를 통해 대북지원을 실시한 반면, 박근혜 정부는 WFP, UNICEF, WHO 등의 다수의 국제기구들을 통해 대북지원을 실시했다.

도를 넘어 국제 안보 문제, 특히 미국의 대북정책에도 큰 영향을 받게 되었다. 이러한 상황에서 북한주민의 인도적 상황 문제와 한반도에서의 평화 정착이라는 시민사회의 대북 인도적 지원의 목적은 정부 당국과 대립될 수밖에 없는 상황이었다. 북민협 자료에 따르면 북한은 박근혜 정부 출범 이후 민간과의 협력사업을 재개하겠다는 입장을 밝혔으나 박근혜 정권은 민간의 지원을 제한하는 조치를 유지하였다.[43] 오히려 박근혜 정부는 국내 NGO가 아니라 위에서 언급한 바와 같이 다양한 국제기구를 통해 인도적 지원을 추진하였다. 이러한 상황에서 국내 대북 인도적 지원 NGO는 이전 정권 시기와 마찬가지로 정부의 정책에 대해 반대하는 성명서와 입장문을 지속적으로 내는 한편 해외동포단체를 통한 우회적 방식으로 북한에 대한 지원을 실시했다. 또한 북한에 대한 인도적 지원의 필요성에 대한 여론조성, 옹호 및 홍보 활동을 추진했다. 요약하면, 박근혜 정권 시기 대북지원에 있어서 정부–NGO의 관계는 이전의 이명박 정권 때와 마찬가지로 아딜 나잠의 4Cs 중 목적과 수단이 유사하지 않은 대립 관계로 볼 수 있다. 특히 한반도를 둘러싼 안보상황의 악화는 대북 인도적 지원을 옹호하는 시민사회의 공간을 더욱 위축시키는 결정적인 외부 요소였으며 대북 인도적 지원에 있어 정부와 NGO 간의 파트너십 형성은 이루어지지 못했다.

43 북민협에 따르면 박 대통령의 드레스덴 선언에 대한 북한의 반발도 2009년 이후 중단된 민간단체의 북한 지원 사업 중단조치 유지와 식량 및 비료 지원 불허 방침에 대한 불만에 기인한 부분이 있다(대북협력민간단체협의회 2015).

## V. 맺으며

지금까지의 분석 결과 대북 인도적 지원을 위한 정부–NGO의 관계는 김영삼 정권 시기의 대립관계에서 햇볕정책을 도입한 김대중 정권 시기에는 상보관계, 노무현 정권 당시에는 협력적 관계로 발전해 가다가 이명박, 박근혜 정부에 들어 다시 대립적 관계로 돌아섰다고 볼 수 있다. 현재 문재인 정부는 북한에 대한 국제사회의 제재 국면에서도 인도적 지원을 공식화했다. 실제 2019년 5월 17일 정부는 세계식량계획과 유니세프 등 국제기구를 통한 대북지원사업에 남북협력기금 800만 달러(약 95억 4500만 원)를 공여하겠다고 발표했다. 그러나 북한에 대한 국제사회의 제재가 여전히 강경한 현시점에서 본격적인 대북지원사업은 어려운 실정이며 국내 NGO를 통한 북한 지원사업도 여전히 고착되어 있는 상태다. 아딜 나잠에 의하면 개발협력 분야에서 장기적 차원의 정부–NGO 관계는 '협력' 관계로 나타나는 경우가 지배적이다. 그런데 살펴본 바와 같이 한국의 경우, 북한에 대한 인도적 지원을 위한 정부–NGO간의 협력적 관계는 지속되지 못했으며 보수정권이 등장하고 한반도를 둘러싼 안보상황이 악화됨에 따라 급속하게 '대립' 관계로 바뀌었다.

물론 앞서 언급한 바와 같이 나잠의 4Cs틀은 각 주제별 특수한 맥락과 정부와 NGO 간의 힘의 관계를 고려하고 있지 못하다는 한계가 있다. 여러 대내·외 외교·안보·정치적 요소가 북한에 대한 인도적 지원에 의해 영향을 미쳐왔으며 인도적 지원을 위한 정부–NGO의 관계도 이러한 대북정책의 변화에 따라 크게 영향을 받아왔다고 볼 수 있다. 그렇다면 대북 인도적 지원 분야에서 정부–NGO 파트너십 관계의 지속성 결여는 어떠한 결과를 야기할 수 있는가? 우리는 앞의 II장에서 국제개발협력을 위한 NGO의 역할과 의미에 대해 논의했다. 대표적으로 개발협력사업의 파트너로서 NGO, 특히 인도적 지원의 실행 기관으로서 NGO의 주요성은 공공기관보다 정치적으로 덜 민감하다는 점과 수원 대상 지역에 대한 접근성 및 유연성, 사업 실행에 있어서의 효율성, 그리고 주민들과의 소통 역량에 있다고 하겠다. 특히 한국 NGO를 통한 대북 인도적 지원은 한반도에 경직된 안보 긴장 상황이 발생했을 시 완충역할 및 대화와 소통의 창구로서 역할을 수행할 수 있다는 측면이 있다. 따라서 대북 인도적 지원의 파트너로서 국내 NGO는 개발협력사업의 효율적인 운용이라는 기능 뿐 아니라 한반도의 특수한 맥락에서 평화 체제 확립을 위한 가교의 역할을 할 수도 있는 주체라 하겠다. 이러한 측면에서 이명박 정권 이후 급속히 악화된 정부–NGO 간의 파트너십을 회복하는 것은 한반도 평화를 위한 다각적 노력의 일환으로 볼 수 있다.

### 더 읽을거리

조영주 편, 『북한 연구의 새로운 패러다임: 관점·방법론·연구방법』(서울: 한울, 2014).

박종희 편, 『개발협력의 세계정치』(서울대학교 국제문제연구소 113-52, 2016).

손혁상·유웅조·김지영·박지연 편, 『북한개발협력의 이해: 이론과 실제』(서울: 오름, 2016).

Ahmed. Shamima and Potter. David, *NGOs in International Politics,* (Bloomfield: Kumarian Press, 2006).

Anheier. Helmut, *Nonprofit Organizations: Theory, Management,* Policy(London: Routledge, 2014).

# 제6장 북한의 국제원조 수원거버넌스 변화 연구*

홍지영(한국수출입은행)

문경연(전북대학교)

## Ⅰ. 들어가며

북한의 비핵화를 둘러싼 국제정세가 급격한 변화를 겪고 있다. 2018년 북한의 평창올림픽 참석 이후 두 차례의 남북정상회담과 싱가포르 북미정상회담이 개최되면서 남북관계의 개선과 비핵화 협상 타결에 대한 낙관적인 시각이 부상하였다. 그러나 2019년 2월 하노이에서 열린 제2차 북미정상회담이 결렬된 이후 북미 대화 교착이 장기화되고 2020년 6월 북한이 남북공동연락사무소 폭파라는 강수를 둠으로써 한반도를 둘러

* 이 장은 2018년 대한민국 교육부와 한국연구재단의 지원을 받아 수행된 연구(NRF-2018S1A3A2075117)로 2021년 『NGO연구』 16권 1호에 게재된 '북한의 원조 수원 거버넌스 변화 연구'를 토대로 작성되었음을 밝힌다. 논문이 책으로 나올 수 있도록 허락해준 NGO연구 편집위원회에 감사드린다.

싼 국제사회의 긴장이 다시 고조되고 있다.

비핵화 이슈와 마찬가지로 북한과 강대국 간의 정치적 역학관계에 따라 대북지원 논의도 시기별로 큰 부침을 거듭해왔으나, 장기적으로 비핵화를 통한 한반도 평화구축을 위해서는 단계적으로 북한이 국제사회의 일원으로서 인정받을 수 있도록 협력하는 것이 우선되어야 한다는 인식이 존재한다. 이러한 관점에서 대북제재 면제가 가능한 인도적 지원은 북한을 둘러싼 정세가 경색되는 시점에서 그 역할이 더 강조되고 있다. 특히 북한이 장기간 심각한 빈곤 상태에 놓여 있는 동시에 1996년 이후 거듭된 대북제재로 인해 경제위기를 겪고 있는 상황에서 효과적인 인도적 지원과 중장기적으로 개발협력과의 연계방안 모색은 중요한 정책적 과제라고 하겠다.

국제사회의 대북 인도적 지원과 개발협력사업은 북한과 강대국 간 관계와 정치적 지형뿐 아니라 북한당국의 태도에 따라 차이를 보여 왔다. 최근 북미관계 경색과 별개로 2018년 이후 북한은 국가발전전략을 경제·핵 병진노선에서 경제건설 중심으로 전환하는 등 안보와 군사력 강화에서 경제사회 발전으로 초점이 옮겨가는 변화가 탐지되고 있으며, 경제발전을 위한 국제사회와의 긴밀한 협력의 필요성도 인지하는 것으로 보인다. 실제로 2019년 UN아시아태평양경제사회이사회(United Nations Economic and Social Commission for Asia and the Pacific, UNESCAP)가 주최한 '동북아이해관계자포럼(North−East Asian Multistakeholder Forum on Sustainable Development Goals)'에 참석한 북한은 UN의 SDGs에 적극적인 참여 의지를 보일 뿐 아니라 당국이 주력하고 있는 6가지 SDGs 목표에 대한 이행 현황을 포함한 북한의 SDGs 이행 노력을 소개하며 국제개발협력의 언어와 문법에 조응하는 태도를 보였다.[1] 또한 북한은 UNICEF와 WHO에

1 UN은 매년 7월 뉴욕에서 개최되는 UN 고위급정치포럼(High Level Political Fo-

자국 내 실태조사를 위한 대규모 주민 직접 접촉 및 이를 통한 다중지표 군집조사(Multiple Indicator Cluster Surveys, MICS)를 수락하고 그 통계를 기반으로 북한의 현황을 측정하고 구체적인 SDGs 목표를 수립하도록 한 것은 국제사회와 북한 간 협력 방식에 있어 변화를 보여주는 단적인 예이다.

다른 한편으로 북한은 여전히 대북지원을 이행하는 공여행위자들에게 엄격한 통제를 가하고 있다. 국제사회의 북한에 대한 인도적 지원은 1990년 대기근과 더불어 대홍수로 식량 배급에 어려움을 겪던 북한당국이 1995년 공식적으로 요청하면서 시작되었다. 북한은 공여국과 국제기구, 그리고 국제NGO를 통해서 식량, 보건, 교육 등 인도적 지원을 받았지만 투명성과 책무성 측면에서 국제적으로 요구되는 수준을 만족시키지 못하였다. 국경없는의사회(MSF)와 옥스팜(Oxfam)을 비롯한 몇몇 공여행위자는 북한당국의 이 같은 태도에 문제를 제기하며 대북지원사업을 중단하기에 이르렀으며, 2004년 9월에 이르러서는 국제사회에 기존의 인도적 지원 프로그램을 개발지원 프로그램으로 전환할 것을 요구하면서 대내적으로 원조 수원 거버넌스의 재편을 추진하였다. 구체적으로 북한은 국제기구를 통한 다자원조와 개별 국가 간의 양자원조, NGO를 통한 지원 등 원조 채널별로 전담기관을 설치하여 해당 전담기관이 각 행위자를 개별적으로 접촉하여 협의하는 수원 거버넌스를 구성하였다.[2]

---

rum)에서 SDGs 이행 모니터링을 이행하고 있다. UN ESCAP 동북아사무소는 이와 연계한 지역차원 논의를 위해 동북아시아 국가의 SDGs 이행 현황을 공유하고, 2020년 HLPF 대응을 위해 2019년 10월 15일부터 16일까지 이틀간 제3차 동북아 이해관계자 포럼을 개최하였다.
(https://www.unescap.org/events/north-east-asian-multistakeholder-forumsustainable-development-goals).

2 이종무, "대북지원의 전개과정 및 주요 지형의 변화," 『KDI 북한경제리뷰』 2012

요컨대 북한당국은 수원 전담기관이 직접 개별 공여행위자들의 활동을 규제할 뿐 아니라 구조적으로 공여행위자들 간의 소통이 어려운 분절적인 수원 거버넌스를 구성하였다. 본 연구는 북한이 중장기적 개발협력 사업을 요구하는 시점에서 분절적인(Fragmented) 수원 거버넌스를 구성한 것에 주목한다. 이는 원조효과성을 증대하기 위한 국제사회의 노력, 특히 공여행위자들 간의 조정(Coordination)을 강화하는 규범을 거스르는 흐름이다. 따라서 2004년 북한의 선택은 다음과 같은 질문을 야기한다. 북한의 수원 거버넌스는 초기 어떻게 구성되었는가? 2004년 인도적 지원보다는 개발협력을 위한 지원을 요청한 이후 이전의 분절적인 수원 거버넌스가 어떻게 변화하였는가? 변화했다면 이것이 대북지원과 관련하여 국제사회와 한국에 주는 함의는 무엇인가?

본 연구는 이 질문들에 대한 답을 찾기 위해 북한 수원 거버넌스의 구성과 변화를 분석하고 이러한 변화의 의미를 짚어보고자 한다. 이를 위하여 우선 국제사회의 원조효과성 증진을 위한 원조 분절화 개선 논의와 인도적 지원에서의 행위자들의 조정과 협력에 관련된 국제 규범적 논의를 분석을 살펴보겠다. 이어, 국제사회의 대북지원이 시작된 1995년을 기점으로 초기 수원 거버넌스의 구성 및 주요 행위자들의 활동과 2004년 이후 새롭게 구성된 수원 거버넌스를 설명하고 2004년 이후 현재에 이르기까지 수원 거버넌스가 유지된 측면과 변화한 측면을 행위자 중심으로 분석하겠다. 끝으로 국제사회의 수원 거버넌스에 대한 규범적 논의를 바탕으로 원조의 효과성 제고를 위한 북한 수원 거버넌스의 방향을 논한다. 본 연구는 이를 위해서 1차 자료 및 2차 문헌을 조사하였고 대북지원 활동경험이 있는 대북지원 민간단체들에 대한 인터뷰를 진행하였다.[3]

---

년 2월호 (2012).

3 인터뷰는 1995년 이래로 대북지원 운동 및 사업에 있어 가장 왕성한 활동을 보

## Ⅱ. 원조 분절화와 공여행위자들의 조정 메커니즘

수원국이 원조를 제공받는 구조, 즉 수원 거버넌스가 어떻게 구성되어 있는가의 문제는 세 가지 측면에서 원조효과성에 영향을 미친다. 첫째, 수원국이 원조를 제공받는 과정에서 수원국 내 원조 창구의 분절화 문제를 야기할 수 있다. 둘째, 수원 거버넌스의 구조는 공여행위자와 수원국 간의 협력과 소통에 영향을 미친다. 셋째, 대상 수원국에서 활동하는 공여행위자들 간의 소통과 협력의 수준에도 영향을 미친다. 공동의 목표를 가지고 다양한 행위자가 동시에 참여하는 특징을 가진 인도적 지원은 특히 행위자들 간의 협력을 위한 조정 메커니즘을 필요로 한다. 본 절에서는 국제사회의 원조 분절화와 인도적 지원 행위자들 간의 조정 메커니즘에 대한 담론과 국제규범을 살펴보고자 한다.

### 1. 국제사회의 원조 분절화(Aid Fragmentation) 논의

원조효과성 제고를 위한 국제사회의 다양한 노력은 2005년 원조효과성에 관한 파리선언(Paris Declaration on Aid Effectiveness)으로 구체화되었다. 파리선언은 원조효과를 증진하기 위한 5가지 원칙을 제시하며 실질적인 행동을 촉구한다. 이 같은 흐름에서 원조의 확산(Proliferation)과 분절화(Fragmentation)가 야기하는 문제 극복을 위한 규범도 확산되고 있

---

여준 월드비전, 우리민족서로돕기운동, 어린이어깨동무 등을 대상으로 하였다(일시: 2020년 7월 11일, 장소: 서울).

다.[4] 원조의 확산과 분절화는 문제는 원조를 배분하는 데 소요되는 직간접 거래비용(Direct and Indirect Transaction Costs)에 관한 문제로서 공여행위자가 원조를 너무 작은 규모로 제공하거나, 수원국이 너무 다양한 채널르 원조를 제공받게 될 때 필요한 거래비용이 증가하기 때문에 원조의 실질적 가치를 떨어뜨리고 비효율을 초래한다는 것이다.[5]

공여자 측면에서는 공여행위자의 공여체계나 원조 배분패턴에 관심을 갖는다. 공여행위자가 너무 많은 대상에게 적은 규모의 원조를 제공하게 되면 각각의 프로젝트가 요구하는 서로 다른 형태의 절차적 요구를 충족시키거나 조율하기 위한 노력이 필요하고, 별도의 협상, 관리, 보고를 위하여 저개발국가의 관료들의 에너지를 비효율적으로 소모하게 하여 결과적으로 그 국가의 행정에 부담을 준다는 것이다.[6] 이 같은 맥락에서 경제협력개발기구 개발원조위원회(Organization for Economic Cooperation, Development Assistance Committee, OECD DAC)는 원조효과성 보고서에서 원조의 지나친 분절화를 지양하기 위해서 공여행위자들 간의 조정을 강조한다.

---

4 원조의 확산은 한 공여행위자가 다수의 대상 또는 프로젝트로 원조를 배분하는 것을 의미하고, 원조의 분절은 한 수원국이 여러 공여행위자로부터 원조를 받는 것을 의미한다(홍지영·정헌주·손혁상, 2020: 206-212; Klingebiel, Mahn & Negre, 2016: 3-12).

5 Arnab Acharya, Ana Teresa Fuzzo de Lima and Mick Moore, "Proliferation and Fragmentation: Transactions Costs and the Value of Aid." *The Journal of Development Studies*. 42-1 (2006) pp. 1-21.

6 Channing Arndt, Hing Tarp Jensen and Finn Tarp, "Stabilization and Structural Adjustment in Mozambique: an Appraisal." *Journal of International Development*. 12-3 (2000), pp. 299-323; Elliott Berg, "Dilemmas in Donor Aid Strategies." In Gwin Catherine and Joan Nelson(eds.), on *Aid and Development*. (Washington DC: Overseas Development Council, 1997).

다른 한편 루드만(Roodman), 아차야(Acharya) 외, 크낙과 라만(Knack & Rahman) 등 또 다른 연구자들은 수원국의 관점에서 원조 분절화를 논한다.[7] 이 연구자들은 수원국 내에 원조를 받는 창구가 분절화됐을 때 야기되는 문제점에 초점을 맞추어 공여행위자가 원조를 작은 규모의 프로젝트로 분산하여 배분할 때 수원국에 가중되는 행정비용, 양질의 관료를 확보하기 위한 소모적 경쟁 등이 최종적으로 수원국 행정역량에 부정적인 영향을 미칠 수 있다고 주장한다. 일부 저개발국가에서 원조 담당 공무원들이 원조 프로젝트를 중복해서 관리하면서 프로젝트 숫자를 늘리는 방식으로 사적 이익을 취할 위험도 있다.[8] 또한 여러 공여행위자들이 한 국가 또는 그 국가의 특정 섹터에서 다양한 프로젝트를 동시에 진행하게 되면 공여행위자들 간에 원조의 성과에 대한 책임이 분명하지 않아 책무성 문제가 야기될 수 있다 요컨대 국제사회의 원조 분절화 관련 연구들은 같은 규모의 원조가 가장 효과적으로 성과를 성취하기 위해서 공여국에게는 원조체계와 배분에 있어 집중과 정책 일관성을 강조하고 수원국에게는 원조 수원 창구를 통일하여 행정 부담을 감소시킬 것을 제언한다.

국제사회의 원조효과성 증진을 위한 노력에 발을 맞추어 많은 수원국들이 통합적인 수원 거버넌스를 요구받고 있다. 통합적인 수원 거버넌스는 세 가지로 분류할 수 있다. 첫째, 세네갈의 경제재정부, 탄자니아의 재무기획부 산하 원조조화 부서, 몽골의 재무부, 우즈베키스탄의 대외경제관계투자무역부, 베트남의 기획투자부, 스리랑카 정책경제부 및 경제청,

---

7 David Roodman, Aid Project Proliferation and Absorptive Capacity. (London: Palgrave Macmillan, 2009); Acharya Fuzzo de Lima and Moore (2006); Stephen Knack and Aminur Rahman, "Donor Fragmentation and Bureaucratic Quality in Aid Recipients." *Journal of Development Economics* 83-1 (2007) pp, 176-197.

8 Acharya, et al., (2006).

인도네시아의 국가개발기획부와 같이 특정 부처를 중심으로 관련 부처 및 기관과의 긴밀한 협조를 꾀하는 방식이다. 둘째, 개발협력사업을 총괄하는 별도의 기관이나 제도를 마련하는 방식이다. 네팔의 고위급개발협력정책집행위원회, 캄보디아의 개발위원회 및 재건개발위원회, 방글라데시의 대외협력청, 라오스의 국가원탁프로세스, 미얀마의 대외원조관리중앙위원회 및 산하 대외원조관리실무위원회, 가나의 국가개발계획위원회, 에티오피아의 고위급포럼 및 개발협력 효과성 제고 테스크팀, 모잠비크의 국제협력정책조화포럼, 우간다의 총리실 산하 개발위원회 등이 여기에 속한다. 마지막으로 소수의 몇 개 부처 및 기관이 공동으로 원조 조정과 운영을 담당하는 경우이다. 필리핀의 경우 경제개발청, 재무부, 그리고 예산관리부가 수원 거버넌스의 축이다. 아래 〈표 1〉은 3가지 수원국 거버넌스 유형과 해당 국가를 분류하였다.

**〈표 1〉 수원 거버넌스의 유형**[9]

| 수원 거버넌스 유형 | 예시 국가 |
|---|---|
| 특정 부처 및 기관 중심형 | 세네갈의 경제재정부<br>탄자니아의 재무기획부 산하 원조조화 부서<br>몽골의 재무부<br>우즈베키스탄의 대외경제관계투자무역부<br>베트남의 기획투자부<br>스리랑카 정책경제부 및 경제청<br>인도네시아의 국가개발기획부 |
| 개발협력사업을 총괄하는 별도 기관형 | 네팔의 고위급 개발협력 정책 집행 위원회<br>캄보디아의 개발위원회 및 재건개발위원회, 방글라데시의 대외협력청<br>라오스의 국가원탁프로세스<br>미얀마의 대외원조관리중앙위원회 산하 대외원조관리실무위원회 |

9 국가별 CPS전략을 참고로 저자 작성.

| | |
|---|---|
| 개발협력사업을 총괄하는 별도 기관형 | 가나의 국가개발계획위원회<br>에티오피아의 고위급포럼 및 개발협력 효과성 제고 테스크팀<br>모잠비크의 국제협력정책조화포럼<br>우간다의 총리실 산하 개발위원회 |
| 복수 부처 및 기관 조정형 | 필리핀(경제개발청, 재무부, 그리고 예산관리부가 수원 거버넌스의 축을 이룸) |

아울러, 원조조화와 공여행위자와 수원국 관련 부처 및 기관 간의 협력을 위한 별도의 전략이나 제도를 수립하기도 한다. 모잠비크는 2010년 파리선언 5대 원칙에 입각한 '국제협력정책 및 전략'을 채택하였고, 방글라데시는 양자 간 기구와 다자 간 기구의 대표들로 구성된 원조공여자 협의체를 운영하여 공여행위자의 입장을 조정하고 방글라데시 정부와의 협력 수준을 높이려는 특별한 노력을 기울이고 있다. 이같이 많은 수원국들은 수원 거버넌스를 총괄하는 구조를 통하여 수원국 내에서의 분절적인 요소를 지양하거나, 분절화로 인한 부작용을 감소시켜 원조 효율성을 높이기 위한 파리선언의 이행을 요구받고 있다. 이 같은 수원 거버넌스에 대한 국제사회의 논의와 노력은 북한 수원 거버넌스의 특징과 변화를 이해하는 데 있어 상대적인 기준을 제공한다고 하겠다.

## 2. 공여행위자들 간의 조정 메커니즘

앞서 간략하게 설명한 바와 같이 북한은 2004년 국제사회에 인도적 지원에서 개발지원 프로그램으로 전환을 요구하였다. 이는 사실상 기존의 식량배급 등 긴급구호 중심의 UN지원절차를 거부하는 것으로 해석되었고 이에 따라 북한에서 활동해온 국제NGO들의 철수와 맞물리면서 결과적으로 대북지원이 감소하는 결과가 초래되었다. 한편 2005년 핵무기 보유를 선언한 북한은 2006년 10월 9일 제1차 핵실험을 실시하였고 UN

이 즉각 대응하여 10월 14일 북한에 모든 무기 수출을 금지하는 대북제재 제1718호를 결의하였다. 이후 북한이 핵개발을 지속하면서 선군경제 전략 및 핵개발 노선을 걸어오면서, 거듭된 대북제재로 인하여 북한당국이 원했던 바와 달리 현실적으로 인도적 지원 외의 다른 형태의 대북지원을 이행하기 어려운 환경이 조성되었다.[10] 따라서 대북지원 공여행위자들의 조정 메커니즘을 국제사회 인도적 지원 흐름에 입각하여 분석하고 평가하기 위해서는 국제사회에서 인도적 지원 행위자들의 조정과 협력에 대한 규범과 체계를 살펴보는 것이 필요하다.

인도적 지원은 전통적으로 전쟁 피해자 구호에서 시작하여 대형 자연재난에 대한 단기적인 재난 대응이 주를 이루었지만 재난이 장기화, 복합화 되면서 최근에는 다양한 형태의 인도적 위기의 위험을 관리하는 재난위험 경감과 취약성을 감소하는 장기적 접근으로까지 그 범주가 확대되었다(Walker, 2009). UN은 여러 차례의 대형 재난과 장기 난민 대응에서 얻은 교훈을 바탕으로 인도적 지원의 성과를 증진하기 위한 방안으로 인도적 지원 행위자들 간의 소통, 정보교류, 공동의 목표 설정과 이행을 위한 분업 등을 강조하고 이를 현장에서 실행하기 위하여 UNOCHA의 조정 기능을 강화해왔다.[11]

조정 메커니즘 구축의 일환으로 UNOCHA은 식량, 식수위생, 보건, 영양, 보호, 주거 등 활동 분야별로 클러스터를 구성하고 있다. 클러스터 활동의 핵심은 해당 분야에 참여하는 행위자들이 인도적 필요에 대한 기초자료를 취합, 공유하고 필요한 지원의 규모와 우선순위를 공동으로 결정

---

10 특히 2016년 이후 채택된 UN 대북제재 6건 중 5건(제2270호, 제2321호, 제2371호, 제2375호, 제2397호)은 석탄, 철광석 등 주요광물 수출과 북한의 석유 및 정유제품 수입, 대북 투자, 해외노동자 송출 등을 금지 또는 제한하였다.

11 홍지영, "UN 인도적 지원 체계연구: UNOCHA 클러스터를 중심으로." 『국제개발협력연구』, 제11권 (4)호 (2019), pp. 6-10.

하여 그 우선순위에 따라 업무를 분장하는 데에 있다. 클러스터를 통한 인도적 지원은 국가, 국제기구, NGO 등 다양한 층위의 행위자들이 동시에 참여하면서 나타날 수 있는 중복수혜와 불필요한 지원 등 비효율을 낮추고 필요를 기반으로 우선순위를 선정하여 지원 대상에 대한 차별적 접근을 예방할 수 있다. 또한 수원국 정부 및 재난 피해자들에게 의사소통 창구를 통일하여 수원국과의 의사결정을 신속하고 효과적으로 할 수 있다는 점도 매우 중요하다. 2016년 세계인도주의 정상회의(World Humanitarian Summit)에서는 즉각적인 인도주의적 필요를 충족시키기 위해 인도적 지원 분야와 개발협력분야, 그리고 평화구축분야의 활동들이 공동의 목표를 상정하고 협력해야 한다고 강조하였다.[12] 현재 인도적 지원 분야와 개발 분야에서 상호 중첩되는 활동이 있음에도 자금지원 통로와 분야별 활동 행위자들이 엄격하게 분리되어 있는 구조적인 문제점도 함께 지적하였다. 이러한 주장을 구체화한 것이 인도적 지원–개발–평화 넥서스(Humanitarian Assistance— Development—Peace Nexus, HDP 넥서스)이다. 아래 〈그림 1〉은 넥서스를 통한 행위자 간 협력구조를 보여준다.

〈그림 1〉 HDP 넥서스와 행위자 간 협력 구조[13]

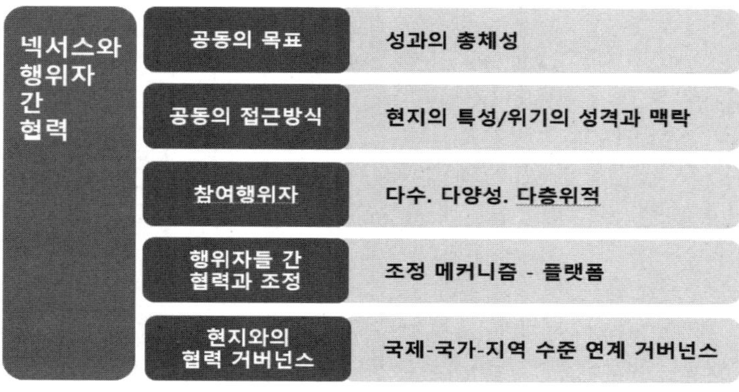


12 UNOCHA, "WORLD HUMANITARIAN SUMMIT 2016" https://www.agendaforhumanity.org/summit

위의 〈그림 1〉에서 보여주는 바와 같이 UNOCHA를 중심으로 한 인도적 지원 행위자들 간의 협력 증진 노력과, HDP 넥서스의 대전제는 공여행위자들의 일관성을 강화하여 공동의 성과(Collective Outcome)를 달성해야 한다는 것이다. 이 같은 국제사회의 논의는 궁극적으로 같은 목표를 지향하지만 독자적으로 활동해 온 공여행위자들이 공동의 목표와 구체적인 성과 프레임워크를 바탕으로 협력하는 방안을 제시한다(UNOCHA 2018). 이를 통하여 원조 자원과 역량을 효과적으로 사용함으로써 궁극적으로 수원국에서의 원조효과성을 개선하는 것이 이러한 노력의 목적이라고 하겠다.

## Ⅲ. 북한 수원 거버넌스의 변화와 특징

이 장에서는 1995년부터 국제사회가 북한을 지원하는 과정을 주요 행위자를 중심으로 살펴보고, 이 과정에서 북한의 수원 거버넌스가 어떻게 변화하였는지 고찰한다. 더불어 분절적인 수원 거버넌스 구조 하에서 대북지원 공여행위자들의 단체 간 조정 노력을 분석하고자 한다.

### 1. 북한 수원 거버넌스의 구축(1995~2003)

1990년대에 북한당국이 국제사회에 인도적 지원을 요청하게 된 가장 직접적인 계기는 1994년 발생한 대홍수이다. 홍수는 몇 년간 지속된 기

13 UNOCHA 홈페이지를 참고로 저자 작성.

근으로 인해 이미 심각한 수준에 달했던 북한의 식량수급사정에 결정적인 타격을 입혔다. 북한당국은 국제사회의 지원을 대내적으로 총괄하기 위하여 큰물피해위원회(Flood Damage Rehabilitation Committee)를 구성하였다. 큰물피해위원회는 외무성 산하의 기관이지만 식량수급 등을 위하여 여러 부처의 공무원으로 구성되었다. 본 위원회는 모든 국제인도적 지원활동에 대한 총괄책임을 가지고 있으며, 홍수 피해를 복구한 이후에도 국제사회와의 상호활동을 관리하는 상설기관으로서 기능하였다. 큰물피해위원회는 북한 내부에 사무소를 두고 있는 국제사회 행위자들에 대응하여 국제원조 업무 뿐 아니라 일상적인 부분에도 교섭담당자(Interlocutor) 역할을 이행하였다.

큰물피해위원회는 국가수준(National Level), 지역수준(Provincial Level), 현장수준(Community Level)으로 구성되었으며, 국가수준 즉, 중앙정부 수준인 평양사무소에서 주요 의사결정을 내리면 지역수준 및 현장수준에서 손발을 맞추어 결정된 사항을 이행하는 구조를 가진다. 한국과 일본을 제외한 대부분 국가의 민간단체들, 특히 유럽연합(European Union, EU) NGO 담당기관은 모두 큰물피해위원회의 관리 하에 사업을 진행하였다. 다자기구, 국가별 원조이행기관, 국제NGO 등 모든 국제원조 행위자는 반드시 큰물피해위원회만을 상대로 하여 사업을 이행할 수 있었으며, 북한 내 타 부처와는 별도로 직접 일할 수 없었다. 그러나 큰물피해위원회에 소속된 주요 공무원들은 외무성 소속이었으며, 지역수준과 현장수준 역시 지방정부 공무원들로 구성되어 있기 때문에 분야별 전문지식을 충분히 갖추고 있지 못하였다. 그 때문에 대북지원 의료사업을 이행하던 국경없는의사회와 같은 특정 국제NGO들은 큰물피해위원회와 사업이행을 논의하는 것에 큰 불만을 가지기도 하였다(Flake & Snyder, 2003). 그러나 수원 거버넌스의 구조적 차원에서 본다면 큰물피해위원회가 대북지원 전체를 총괄하는 역할을 담당하여 상대적으로 공여행위자에 대하여 일관성 있는 대응이 가능하였다.

1995년 대북지원을 시작한 민간단체, 즉 NGO들을 국가별로 구분하면 유럽 국가들과 미국, 한국, 중국, 일본, 캐나다, 오스트레일리아로 구분할 수 있다. 이들은 대부분 식량위기가 가장 심각했던 1996년부터 1997년에 북한이 진입하기 시작하였다. 플레이크와 스나이더(Flake & Snyder, 2003)의 연구에 따르면 가장 일찍 북한에 진입한 것은 정치적 충돌이 상대적으로 낮은 EU회원국들의 NGO들이었다. 1995년 국경없는의사회를 기점으로 1997년–1998년에는 스위스의 캄푸스포크리스터스(CFC), 영국의 옥스팜(Oxfam)과 어린이원조(CAD), 아일랜드의 컨선월드와이드(Concern Worldwide), 이탈리아의 협력 및 개발(CESVI), 프랑스의 세계의사회(MDM)와 기아추방행동(ACF), 독일의 독일농업행동(GAA) 그리고 1999년에는 스위스의 재림교개발구호기구(ADRA)와 스웨덴의 피엠유 인터라이프(PMU Interlife)가 진입하였다. 이후 2000년대에는 프랑스의 트라이앵글(TGH), 벨기에의 국제장애인협회(HI), 그리고 헝가리의 헝가리원조(HBAid) 등이 새로 대북지원사업을 시작하였다.

미국의 일부 소규모의 종교 기반 NGO는 초기부터 개별 접근대신 공동의 채널을 구축하였다. '미국 민간자원기구컨소시엄(US Private Voluntary Organization Consortium, PVOC)'을 구성하여 1997년에 평양에서 사업을 시작하였다. 미국 국제개발처(United States Agency for International Development, USAID)가 초반 이 컨소시엄 구성을 지원하였다. 이는 WFP을 통해서 이행하던 북한에 대한 모니터링 기능을 미국 NGO를 통하여 보다 직접적으로 하기 위한 의도가 있었다고 해석된다. 이러한 배경에서 PVOC는 이후 북한당국이 미국정부와의 관계가 적대적으로 돌아서는 등 정치적 상황이 달라지는 것에 큰 영향 받을 수밖에 없었다.

주요 국제NGO들이 1995년 활동 시작 당시 WFP이 북한당국과 소통하는 채널로 활동하였다. 이에 따라 WFP는 NGO들의 필요 측정 및 수요조사, 대응책 결정, 지원 방식과 방법, 지원 대상 지역과 사업 내용 등을 확정하는 복잡한 과정을 총괄하여서 진행하였다. 또 다른 채널로 대북지원 NGO들은 WFP의 감사 하에 NGO 지원사업의 공통 활동을 위하여 평양에 NGO 모니터링 사무소를 두길 원했다. 따라서 국제NGO들은 북한당국과의 협상을 통하여 '식량지원을 위한 연계사무소(Food Aid Liaison Unit, FALU)'를 1997년 설립하였다.

플레이크와 스나이더는 FALU의 가장 중요한 역할은 모든 외국 NGO와 북한의 큰물피해위원회 간의 소통을 원활하게 해주는 것이라고 설명한다.[14] FALU는 WFP와도 긴밀한 관계를 맺고 추가 모니터링 자원을 제공하면서 상호 간에 시너지를 낼 수 있었다고 평가받는다. FALU는 1996년 처음 개소할 당시 ADRA, 카리타스, CFGB, MCI, 월드비전 등의 단체로 구성되었으나 추후에 다른 여러 단체들이 합류하면서 확대되었다. 사무소는 개소 당시 두 명의 스텝으로 시작하여 나중에는 20명까지 조직이 확대되었으며 북한 전체 211개 지역단위 중 158개까지 접근이 가능한 정도로 매우 활발한 활동을 보였다. FALU는 공여국과 공여기관에게 식량 지원과 관련하여 수요측정 정보를 제공하고 프로세스에 관련한 조언도 제공하였다. 지원되는 식량 및 다른 자원에 대한 배분 정보도 일부 제공하였으나, 북한의 특수한 상황으로 인해 식량 배분에 대한 모니터링은 매우 제한적이었다. FALU는 미국 NGO들과도 협력관계를 맺긴 하였지만 실제로는 FALU의 활동과 지원은 유럽NGO, 캐나다NGO, 그리고 홍콩의 카리타스 정도에 한정되었다.

FALU가 제공하는 정보와 지원은 특히 평양에 사무소를 두지 않고 대북지원사업을 하는 몇몇 NGO들에게는 사업 이행에 있어 매우 중요한

14 Gordon Flake and Scott Snyder, *Paved with Good Intentions: The NGO Experience in North Korea* (CT: Praeger Publisher, 2003).

역할을 하였다. 북한에 사무소를 운영하는 것은 재정적 측면과 안전의 문제에서 모두 높은 비용이 소요되기 때문에 지원규모가 작은 NGO들은 사무소를 운영하는 데 어려움을 겪었다. 이런 경우 평양에 현지사무소를 운영하지 못하는 NGO들은 FALU이 제공하는 정보의 크게 의존하여 대북지원사업 내용을 모니터링하였다. FALU의 활동은 역설적으로 국제사회의 인도적 지원 행위자들이 대북사업을 하는 데 있어 북한당국의 조건을 수용하는 것이 매우 일반적이지 않은 상황이었음을 보여준다고 해석할 수 있다.

반면 한국과 일본의 경우 국제NGO들과 다른 양상으로 대북지원활동을 전개되었다. 주지하다시피, 대한민국 헌법상 북한의 특수한 지위에 따라 한국의 대북지원은 국가 간 이전을 전제로 하는 국제사회의 개발협력원조와는 그 성격과 지원방식이 상이하다.[15] 북한당국은 큰물피해위원회가 아닌 별도기관인 '조선아시아태평양평화위원회(Korean Asia Pacific Peace Committee)'를 한국 NGO들의 대북지원 활동을 대응창구로 지정하였다. 조선아시아태평양평화위원회는 1994년 5월 조선로동당 통일전선부 산하 외곽단체로 설치된 민간 대외활동단체로 아시아, 태평양 지역의 국가들과 정치, 경제, 문화교류의 확대 및 강화를 목적으로 설립되었다. 그러나 주요 업무는 미국과 일본 등 미수교 국가와 민간 교류를 확대하는 일을 담당하였으며 실제로는 대남 협상단체로 활동하였다. 이후 2000년 남북 정상회담 이후에 한국의 대북 주요 지원 프로그램들이 본격적으로 가동되기 시작하면서, 조선아시아태평양평화위원회의 실행 기관으로서 민족

---

15 한국의 대북지원은 공적지원은 남북교류협력 활성화와 한반도 평화통일 여건조성을 위하여 조성된 남북협력기금과 다자채널의 지정기여방식의 신탁기금(Trust Fund) 통해서 이루어졌고 그 외에는 민간 행위자의 직접지원방식으로 이행되었다. 이는 남북관계의 특수성에 기반을 둔 것으로 국제사회 지원에 대한 수원 거버넌스의 일반적인 특징과 병렬적으로 비교하기는 어렵다.

경제협력연합회(민경련)와 민족화해협의회(민화협)가 등장하였다. 이로써 남북경협과 당국 간 경제실무 업무와 국제기구 및 NGO 협력을 통한 개발협력사업은 민경련으로, 남북관계 업무와 NGO들의 일반적인 지원사업은 상당 부분 민화협으로 이관되었다. 한국 NGO들을 통한 대북사업에 대해서는 일반적으로 민화협이 대응하였으나, 개발협력의 성격이 강하고 경제성장에 기여하는 일부사업은 민경련으로 협력 채널이 지정되었다.[16]

월드비전 한국은 북한사업을 처음 시작할 당시인 1997년에는 조선아시아태평양평화위원회와 사업 가능성을 타진하고 합의하여 사업을 시작하였으나, 2000년 씨감자 생산사업을 비롯한 농업개발 사업이 본격적으로 시작되는 시점에는 민경련과 농업과학원이 수원 채널로 지정되었다.[17] 이를 기점으로 부가가치를 높여 경제적 효과를 산출할 수 있는 농업사업의 경우, 민경련은 산하의 자회사들을 통해 한국 NGO와 협력하여 사업을 진행하기도 하였다. 당시 사업에 참여하였던 한국NGO 담당자들은 이 과정에서 한국 NGO를 담당하는 수원채널인 민화협과 민경련 간의 암묵적인 경쟁이 있었다고 설명한다. 다른 한편, 2000년에서 2003년 사이에는 사업 현장 수준에서 협력하는 북한의 전문기관들의 역할이 강화되어 한국 NGO와 북한에서 사업에 직접 참여하는 주체들이 합의서를 쓰는 단계까지 발전하였다. 일례로 아동을 대상으로 한 영양사업과 보건사

16 문경연·이우영·정소민, "대북지원 20년(1995~2015): 민간단체의 대북지원 성과와 과제," 『국제관계연구』 제22 (1)호 (2017), pp. 35-67.

17 이용범. "월드비전의 북한 농업개발협력사업이 전환기 북한농업에 미친 영향" (2015) (file:///C:/Users/User/Downloads/[0430%20]%20%EC%9B%94%EB%93%9C%EB%B9%84%EC%A0%84_%EA%B5%AD%EC%A0%9C%EC%82%AC%ED%9A%8C%EB%B3%B5%EC%A7%80%EC%97%B0%EA%B5%AC(%EB%B6%81%ED%95%9C)(0).pdf(검색일: 2020.5.15.).

업을 이행한 어린이어깨동무의 경우, 북한의 어린이영양관리연구소, 조선의학협회 등과 합의서를 직접 쓰고 사업을 진행하였다.[18]

## 2. 북한 수원 거버넌스의 변화(2004년 이후)

2004년 북한은 국제사회에 인도적 지원을 중단하고 개발원조를 요구하면서 수원 거버넌스를 전면적으로 개편하였다. 먼저 다자원조 기구의 대북지원을 담당하는 기구로서 '국가조정위원회(National Coordinating Committee, NCC)'가 있다. 국가조정위원회는 외무성 산하 기구로서 외무성, 농업성, 교육성, 보건성 관리들로 구성되며 UNDP, WFP, WHO 등 기구별 담당 부서가 있다. 이 기구는 UN기구의 대북지원사업에 대한 협의와 협정서 체결의 당사자로서 UN기구와의 협력하여 대북지원사업을 조정하는 역할을 담당한다.

양자원조는 외무성 내의 각 공여국 정부를 담당하는 부서에서 담당한다. 평양에 상주 사무소를 설치하고 있는 스위스개발협력청(SDC), 이탈리아개발협력청(Cooperazione Italiana allo Sviluppo)은 양자 및 다자 간 원조를 실시하고 있고, 호주, 캐나다 등 상주 사무소를 설치하지 않고 있는 국가는 WFP 등 UN기구를 통한 다자원조만 실시하고 있다. 북한은 또한 각 공여국의 NGO를 담당하는 기구를 별도로 설립하였다. 먼저 EU NGO들을 대응하는 기관으로서 '조선-유럽연합협력조정처'(Korean-European Cooperation Coordination Agency, KECCA)가 있고, 미국 NGO는 '조선-미국민간교류협회'(Korea-America Private Exchange Society, KAPES)가, 카나다 NGO는 '조선-캐나다협력처'(Korea Canada Cooperation Agency,

18 이용범 (2005) pp. 26-27.

KCCA)가 담당하도록 하였다. 국제적십자사연맹(IFRC)은 별도로 조선적십자회(DPRK Red Cross)가 대응하도록 하였다.

한국의 경우, 남북 당국 간 관계는 북한의 통일전선부가 총괄하는 반면 민간은 민족화해협의회가 총괄토록 하였다. 통일전선부는 조선노동당 산하에 있는 대남관계 담당 부서로서 한국의 대북지원, 민족화해협의회는 통일전선부의 외곽기구로서 한국 NGO를 담당하도록 하였다. 그 외에 종교계활동은 조선불교도연맹, 조선그리스도교연맹, 조선천주인협회가 대응하고 적십자는 별도로 대한적십자사가 남북 간 합의된 정부 차원의 대북지원사업을 위탁 대행하도록 하였다.

2004년에 목격된 북한의 급격한 수원 거버넌스의 변화에 대한 직접적인 인과관계 파악은 제한적이나 대북지원 공여 행위자들과 북한당국 간의 갈등으로 인한 사업종료 사태를 고려하면 북한당국의 태도변화를 추정할 수 있다. 1995년 이후 이행된 대북 인도적 지원과정에서 WFP, MSF, Help Age International, Oxfam 등을 비롯한 주요 공여행위자들은 북한당국의 통제로 인하여 접근성, 책무성, 투명성 등의 인도주의 기본원칙이 준수되지 못한 점을 지적해 왔으며, 사업을 중단하고 철수하는 사태가 나타났다.[19] 북한당국과 공여행위자들 간의 갈등은 인도적 원조의 안보화(Securitization) 현상으로 이어지게 되며 공여 행위자들 간의 협력과 공동 의사결정에 대하여 북한당국이 느끼는 정치적 부담을 가중시킨 것이다.

초기 대북지원 활동을 하는 공여 행위자들은 북한에서 기근문제 대응을 위해서 연합체를 구성하는 것을 목표로 조정 메커니즘을 구축하고자 하였다. 이를 위해서 주요 행위자들은 아래 〈표 2〉과 같이 1996년부터

19 김태균, "국제개발 조건으로서의 평화: 대북원조의 이중적 딜레마와 북한개발협력의 평화-개발 연계." 『국제개발협력연구』 제11권 (3)호 (2019), pp. 39-58.

2001년까지 지속적으로 관련 국제회의를 개최하였다.

〈표 2〉 대북지원행위자들 간의 조정 몇 협력을 위한 국제 컨퍼런스[20]

| 연도 | 회의명/장소 | 참여 기구/논의 내용 |
|---|---|---|
| 1996 | 머스그로브 (Musgrove) | Erich Weingartner(캐나다)가 FALU의 리더로 '조정/협력(Co-ordinator)' 역할을 담당하기로 결정. |
| 1997 | 머스그로브 (Musgrove) | 유럽NGO들을 중심으로 한국, 일본 NGO 참여. |
| 1998 | 서울 | 한국행위자들의 역할이 부각되기 시작함. |
| 1999 | 베이징 | 중국 행위자들의 대북지원 참여 시작. |
| 2000 | 도쿄 | 국제NGO컨퍼런스(International NGO Conference)<br>그 간 소외되어 있던 일본이 적극적으로 참여함 |

대북지원 행위자들 간의 조정 및 협력을 위한 국제 컨퍼런스에서 공여행위자들이 대북지원을 하는 과정에서 부딪히는 공통의 이슈들에 대한 논의가 이루어졌다. 특히 원조 배급채널과 투명성에 관련한 논의가 핵심 주제였다. 구체적으로 1990년대 후반 가장 큰 비중을 차지했던 식량지원 이슈와 관련해서는 북한정부의 배급 시스템인 중앙배급체계(Public Distribution System, PDS)를 이용할지 여부 등에 대한 논의가 이루어졌다. 또한 가장 급박한 인도적 지원이 필요했던 산모와 아동, 빈곤계층, 소외계층 등을 위한 특별한 고려가 이루어졌는지, 공여행위자들의 지원이 실제 배분 비율에 맞추어 이행하는지 여부를 확인하는 문제 등이 논의되었다. 1996년 이후 매해 열린 국제컨퍼런스는 대북지원사업에 참여하는 행위자들 간의 공통된 문제점들에 관한 논의를 할 수 있는 유일한 장으로서 기능하였다. 초기 컨퍼런스에서는 대북지원의 현황과 활동에 관련된 구체적

20 Flake & Snyder(2003)를 참고로 저자 작성.

인 논의를 중심으로 시작했으나 해를 거듭할수록 더 높은 수준의 아젠다를 다루게 되었다. 이를 바탕으로 1998년에는 '공동인도주의원칙성명(Combined Statement of Humanitarian Principles in the DPRK)'을 발표하면서 9가지 인도주의 원칙을 천명하였다.

국제컨퍼런스와 조정기제를 통하여 인도적 지원 행위자들은 북한당국에 사업 이행 프로세스와 식량배급에 대한 투명한 모니터링을 요구하였지만 이후에도 북한당국은 여전히 방문지역, 인터뷰 대상자를 제한하였고 모니터링을 위해서 사전 신청을 할 것을 요구하여 결과적으로 국제규범과 기준에 부합하는 모니터링이 이루어지지 않았다. 평양에 주재한 UN기구와 국제NGO 중 몇몇 기관은 북한의 식량중앙배급체계를 통한 식량지원은 북한의 계층 구조를 지속시키는 것으로 인식하고, 이 같은 북한의 정책을 비판하였다. 그러나 공여행위자들 간의 느슨한 연합체의 공동대응 수준으로는 북한당국의 변화를 이끌어내기에 충분하지 않았다. 결국 앞서 설명한 바와 같이 북한의 인도적 지원 배분의 투명성과 모니터링 체계에 문제를 지속적으로 제기해온 국경없는의사회, 옥스팜, ACF, CAD 등은 1998년 이후 평양에서 철수하였다.

아래 〈표 3〉과 〈표 4〉는 각각 1995년–2003년까지 유지된 큰물피해위원회를 중심으로 구성된 북한의 수원거버넌스와 2004년 새롭게 구성된 수원 거버넌스이다. 〈표 3〉과 〈표 4〉를 비교로 확인할 수 있는 바와 같이 국제행위자를 대응하던 큰물피해위원회의 역할이 외무성, 국가조정위원회, 민족경제협력연합회 및 국가별 NGO를 대응하는 협력처 등으로 파편화되면서 전반적인 수원 거버넌스 구조가 분절화된 것을 확인할 수 있다.

〈표 3〉 1995-2003 북한의 수원 거버넌스[21]

<table>
<tr><th></th><th>공여행위자(국제 및 한국)</th><th>북한 수원 거버넌스</th></tr>
<tr><td rowspan="4">국제행위자</td><td>공여국(양자)</td><td rowspan="3">큰물피해위원회(FDRC)[22]</td></tr>
<tr><td>UN기구(일반협력사업)</td></tr>
<tr><td>국제NGO<br>- 유럽NGO(초기엔 WFP가 소통창구. 이후 FALU가 대체)<br>- 미국NGO(미국 민간자원기구컨소시엄, PVOC)</td></tr>
<tr><td>국제적십자연맹(IFRC)</td><td>조선적십자회(DPRK RC)</td></tr>
<tr><td rowspan="4">한국</td><td>통일부</td><td>통일전선부</td></tr>
<tr><td>대한적십자사</td><td>조선적십자회(DPRK RC)</td></tr>
<tr><td>2000년 이후 NGO</td><td>민족화해협의회</td></tr>
<tr><td>2000년 이후 남북경협</td><td>민족경제협력연합회</td></tr>
</table>

〈표 4〉 2004년 이후 북한의 수원 거버넌스[23]

<table>
<tr><th></th><th colspan="2">공여행위자(국제 및 한국)</th><th>북한 수원 거버넌스</th></tr>
<tr><td rowspan="7">국제행위자</td><td colspan="2">공여국(양자)</td><td>외무성</td></tr>
<tr><td rowspan="2">UN기구<br>(일반협력사업)</td><td>일반협력사업</td><td>국가조정위원회(NCC)</td></tr>
<tr><td>개발협력사업</td><td>민족경제협력연합회</td></tr>
<tr><td rowspan="3">국제NGO</td><td>유럽NGO</td><td>조선-유럽연합협력조정처(KECCA)</td></tr>
<tr><td>미국NGO</td><td>조선-미국민간교류협회(KAPES)</td></tr>
<tr><td>캐나다NGO</td><td>조선-캐나다협력처(KCCA)</td></tr>
<tr><td colspan="2">국제적십자연맹(IFRC)</td><td>조선적십자회(DPRK RC)</td></tr>
<tr><td rowspan="6">한국</td><td colspan="2">통일부</td><td>통일전선부</td></tr>
<tr><td colspan="2">대한적십자사</td><td>조선적십자회(DPRK RC)</td></tr>
<tr><td rowspan="3">NGO</td><td>일반사업</td><td>민족화해협의회</td></tr>
<tr><td>개발협력사업</td><td>민족경제협력연합회</td></tr>
<tr><td>종교단체</td><td>조선불교도연맹, 조선그리스도교연맹,<br>조선천주교인협회</td></tr>
<tr><td colspan="2">남북경협</td><td>민족경제협력연합회</td></tr>
</table>

21 Gordon Flake & Scott Snyder(2003) 및 인터뷰를 참고로 저자 작성

22 2000년 이후 일본 UN기구 경제사업의 경우 민족경제협력연합회가 담당

23 이종무(2004) 및 인터뷰를 참고로 저자 작성.

## 3. 최근 북한 수원 거버넌스의 현황과 특징

2020년 1월 기준 UN 대북제재 면제 승인기관은 총 25개가 있다. 그중 현재 북한 내 상주사무소를 운영하는 공여국은 스위스, 이탈리아, 핀란드, 프랑스, 유럽연합 등이고 UN은 UNICEF, FAO, WHO, WFP, UNDP, UNFPA 등 6개 기관을 상주시키고 있다. ICRC와 유럽연합사업지원(EUPS)에 속한 6개 국제NGO 중 4개 단체가 북한에 상주 사무소를 두고 있다.[24] 공여자들 간의 공식적인 조정 기제는 없지만, UNDP가 UNOCHA를 대신하여 해당 국가의 인도적 지원 사업관련 지원을 담당하는 UN인도주의북한팀(UN DRPK Humanitarian Country Team)을 설치하고 UN북한상주조정관(UN Residential Coordinator for DPRK, RC)을 겸하면서[25] 상주조정관을 중심으로 한 공여행위자들의 조정기제가 제한적이지만 기능하고 있다.[26]

유럽연합사업지원은 2005년 북한정부의 요구로 모든 외부 인도적 지원이 공식적으로 중단되고 국제기구와 NGO가 철수한 이후, 유럽위원회

---

24 유럽연합사업지원에 소속된 NGO는 다음과 같다: EUPS Units 1. 프리미어 어전스 인터내셔널 (Première Urgence Internationale), EUPS Units 2. 세이브더칠드런(Save the Children), EUPS Units 3. 컨선월드와이드, EUPS Units 4. 독일 세계기아구조(Deutsche Welthungerhilfe), EUPS Units 5. 트리앙글 제네라시옹 위마니테르(Triangle Génération Humanitaire), EUPS Units 6. 핸디캡 인터내셔널(Handicap International).

25 UN은 인도적 위기 발생 시 인도주의 조정관(Humanitarian Coordinator, HC)를 파견 또는 임명하여 인도적 지원에 관련한 모든 UN의 지원을 총괄하도록 한다. HC는 위기의 성격과 해당 국가의 상황에 따라 직접 파견되기도 하지만 많은 경우 해당 국가에 상주하여 기본 정보와 네트워크를 가지고 있는 UNDP의 수장이 이를 겸하여 HC 역할을 겸한다.

26 김태균 (2019), pp. 39-58.

인도지원사무국(European Civil Protection and Humanitarian Aid Operations, ECHO)과 북한의 논의로 지정한 6개 단체들만이 북한 지원 사업 지속할 수 있었다. 그 중 세이브더칠드런(Save the Children)과 핸디캡 인터내셔널(Handicap International) 등은 계속되는 대북제재와 북한당국의 투명성 문제로 인하여 이미 오랜 기간 대북지원사업에 어려움을 겪으며 2017년과 2019년에 각각 사업을 중단하였다. 또한 최근 코로나 감염병(COVID-19)으로 인하여 국경 폐쇄로 물자와 인력의 출입에 대한 통제가 강화되면서 프리미어 어전스 인터내셔널(Première Urgence Internationale), 독일 세계기아구조(Deutsche Welthungerhilfe), 트리앙글 제네라시옹 위마니테르(Triangle Génération Humanitaire)는 사업을 일시 중단하여, 유럽연합사업지업 NGO들 중 2020년 12월 북한사무소에서 사업을 진행하고 있는 곳은 컨선월드와이드가 유일하다.[27]

대북지원사업을 이행하는 공여행위자들은 인터뷰를 통해 북한의 수원 거버넌스가 시기와 행위자, 사례에 따라서 상이하기 때문에 한 시점을 기준으로 거버넌스 구조를 정확하게 특정하기가 쉽지 않다고 설명한다.[28] 그러나 각 행위자들의 사업이행과정과 인터뷰 등을 종합해보면, 표면적으로 각 대북지원 공여행위자를 북한의 전담기구가 채널별로 대응하는 형태의 북한의 수원 거버넌스 거시적인 프레임워크는 크게 달라지지 않았다. 그러나 분절적 거버넌스의 틀 내에서도 몇 가지 중요한 변화가 있음을 파악하였다.

먼저, 현재는 중단되었지만 1997년 이후부터 대북지원사업을 이행한 한국 NGO들은 2004년 수원 거버넌스 개편 당시 북한당국의 지침에 따

---

**27** 미국의소리(VOA) :https://www.yna.co.kr/view/AKR20201204018600504(검색일: 2020. 5.15)

**28** 2020.07.11. 인터뷰 중

라 한국 NGO 대응 채널이 민경련으로 전환되었던 시기가 있었다. 약 6개월 이후 다시 민화협이 한국 NGO 대응을 담당하면서 2000년대 초기 거버넌스를 회복하였다. 다만, 씨감자생산사업과, 2001년 이후 남북농업과학 심포지엄을 해마다 개최하는 등 농업 기술이전 및 전문가 양성 사업을 병행하고 있던 월드비전 한국은 예외적으로 민경련을 협력파트너로 하여 사업을 진행하게 되었다. 초기 단계에는 한국 NGO들은 일반적으로 민화협을 채널로 협력하였으나 식량 등의 단순 물자배급 수준을 넘어 지속가능한 경제발전에 직접 연관이 있는 농업 생산량 증진과 축산업 발전에 관련된 사업 등 개발협력 및 경제성장에 초점을 맞추는 사업은 아태국이 직접 해당 사업을 담당하기도 하였다. 즉 대북지원사업의 성격에 따라서 한국 NGO와의 협력 창구가 반드시 민화협으로만 제한되는 것은 아니라는 점을 확인할 수 있다. 또한 수원 거버넌스 전환 시기 수원채널의 변경 등의 상황으로 미루어보아 북한의 수원조직들 간의 암묵적인 경쟁이 있음을 합리적으로 추론할 수 있다.

또 다른 변화는 수원 거버넌스에 내각 산하에 전문기관들이 포함되기 시작했다는 점이다. 사업별로 사업 내용의 해당 분야에 직접 관련이 있는 조직들, 예를 들면 조선어린이교육후원기금, 조선병원협회, 조선장애인협회, 조선경제기술협력협회 등이 직접 공여행위자와 사업 내용을 의논하고 협력하여 이행하는 변화를 보였다. 그러나 내각 산하의 전문기관들이 북한의 수원의사결정구조에 포함되는 것은 아니다. 이러한 조직들은 국제 및 한국 대북지원 행위자들과 사업에 대한 세부내용을 논의하지만 최종적인 의사결정주체는 각 공여국의 NGO를 담당하는 기구 및 민화협과 민경련이라는 점에는 변화가 없다.

중앙 의사결정 거버넌스뿐 아니라 사업현장 수준에서의 실질적인 수원 거버넌스에서 미세한 변화도 감지된다. 핵심적인 변화는 각 기구 산하의 사업소나 군 단위 인민위원회의 실질적인 역할의 증대이다. 특히, 대북지원 행위자가 평양에 상주 사무소를 두고 장기간 대북지원사업을 이행하여, 북한당국과 관련 부처, 전문기관, 사업 지역의 군 인민위원회 등 다층적인 행위자와 각각 신뢰관계를 형성하고 있는 경우, 사업내용, 사업대상 지역 등 실질적인 내용을 전문기관, 사업소 및 군 인민위원회 등 낮은 단위의 지역수준 행위자들과 의논하는 경우가 많다.[29] 그러나 이러한 경우에도 〈표 2〉에 명기된 중앙의 수원 거버넌스에 포함된 중앙부처 즉, 외무성, 통전부, 국가조정위원회, 민경련, 민화협, 국제NGO대응창구와 관련 부처, 전문기관, 지역단위 위원회 사이에는 명확한 위계가 존재하기 때문에 공식적인 의사결정은 해당 행위자의 공식적인 수원창구역할을 담당하고, 사업의 최종책임을 갖는 중앙수원기관이 맡는다. 대북지원 행위자는 이러한 공식채널을 통해서 협동농장, 병원, 전문기구, 기금 등 다양한 사업 주체를 접촉하고 의논할 수 있다.

최근 인도적 지원 거버넌스에 나타난 큰 변화는 개별적으로 독립된 사업을 이행했던 EU회원국에 소속된 NGO들은 EU의 EU사업지원(EUPS)의 유닛으로 활동하게 되었다는 점이다. EUPS로 활동하는 여섯 개의 유럽 NGO들은 앞서 설명한 바와 같이 UNDP 소장이 겸직하고 있는 북한 상주조정관(RC)을 중심으로 북한에 상주하는 UN기구들과 주기적인 회의를 통하여 정보를 공유하고 사업방향 등을 의논하고 있다. 공여국 원조기구, UN기구, NGO 등이 모두 포함되는 UN인도주의북한팀과 식량안보조정기구인 식량안보조정(Food Security Coordination, FSC)은 관련 이슈를 논의할 수 있는 플랫폼으로서 기능한다. 공여행위자 기관 간 회의(Interagency Meeting)도 구성되어 정기적으로 모임을 갖고 있었으나 최근 코로나 감염병으로 인하여 여러 기관의 사업이 잠정 중단되면서 정기모임도 같이 중단되었다.

---

**29** 2020.07.11. 인터뷰.

마지막으로 고려할 점은 북한이 분야별 작업반(Sectoral Working Group, SWG)을 구성하였다는 점이다. SWG는 공여행위자들과 북한 담당자들이 같이 참여하는 조정 메커니즘이라는 점에 중요한 의미가 있다. 김태균은 SWG에 대하여 공여행위자와 수원국 간에 실무 협의가 가능한 유일한 조정 메커니즘이라는 점에서 의의가 있지만 실무적, 기술적 수준에서의 사후관리 수준이라는 데 한계가 있다고 지적한다.[30]

## Ⅳ. 맺으며

본 연구는 원조효과성 제고를 위한 국제사회 노력의 일환으로 논의되고 있는 원조 분절화 관점에서 개도국의 수원 거버넌스에 대한 국제적 논의와 북한의 원조 수원 거버넌스의 형성과 변화를 고찰하였다. 구체적으로 이 연구는 북한의 수원 거버넌스가 어떻게 구성되었는지 고찰하고, 2004년 이후 분절적인 수원 거버넌스 아래에서 원조와 개발협력지원이 실제로 어떻게 이행되어 왔는지 고찰하였다.

구체적으로 1995년 국제사회의 대북지원이 개시된 이후 약 10년간 북한의 국제사회 지원 대응 창구는 큰물피해대책위원회로 통일되어 있었음을 알 수 있었다. 2004년 이전의 큰물피해대책위원회를 중심으로 한 북한의 수원 거버넌스는 〈표 1〉에서 제시한 수원 거버넌스의 세 가지 유형, 즉, 첫째, 특정부처 및 기관 중심의 수원 거버넌스 유형; 둘째, 개발협력사업을 총괄하는 별도의 기관 또는 제도 마련한 유형; 셋째, 소수 부처 및 기관이 공동으로 원조를 조정하고 운영하는 유형 중 첫 번째 유형에

30 김태균 (2019), pp. 48-49.

해당한다. 그러나 북한은 2004년 국제사회에 식량지원 중심의 인도적 지원을 중장기적 관점의 개발로 전환할 것을 요구하면서 행위자별로 각각의 수원창구를 지정하는 분절적인 수원 거버넌스를 구성하였다. 2004년 이후 구성된 수원 거버넌스 하에서 북한은 각 공여행위자들과 지정된 사업 창구를 통해서 사업을 협상하고 이행하였다. 제2장에서 논의한 바와 같이 분절화는 일반적으로 수원국이 원조를 받거나 개발협력사업을 이행하는 데 있어 관리와 행정에 필요한 인력과 비용을 증대시키는 결과를 초래한다. 북한 사례 역시 수원대응창구의 분산은 사업 경험이 충분히 있고 언어 등 역량 있는 행정관료를 더 많이 필요로 했을 것이기 때문에 이는 곧 북한당국이 부담해야 하는 행정비용이 가중되는 것을 의미한다. 특히 2004년 이후의 수원 거버넌스는 〈표 1〉에서 제시한 수원 거버넌스의 세 가지 유형 중 어떤 유형에도 부합하지 않는 독특한 체계이다. 북한의 수원 거버넌스의 변화가 대부분의 수원국 정부들이 원조효과성을 증진하기 위하여 개발협력사업을 조정하는 체계를 두어 분절된 수원 거버넌스로 인한 부작용을 감소하려고 노력하는 것과는 다른 양상으로 전개되었다고 판단할 수 있다.

2021년 현재 대북제재와 북한을 둘러싼 국제정치적 불안정성으로 인해 국제 대북지원 행위자가 제한되어 있지만, 북한의 개발협력사업이 본격화되어 공여행위자의 수가 증가한다면 북한이 가진 분절적 수원 거버넌스로 인해 북한당국이 부담해야 하는 행정비용이 급격하게 증가할 것으로 추론할 수 있다. 원조효과성과 원조 분절화 논의에 기반을 둔 일반적인 함의는 수원체계의 분절적 요소의 지양과 통합적 운영을 위한 기관 및 제도 구축에 초점을 맞춘다. 특히 해를 거듭할수록 가중되는 대북제재 현황에서 단기적으로 인도적 지원 면제를 받기 위해서, 중장기적으로 개발협력사업을 효과적으로 이행하기 위해서는 국제개발협력 규범에 부합하고 원조효과성 증대에 기여할 수 있는 수원 거버넌스와 이를 통한 정교한 정책 조율이 필요하다.

그러나 북한당국이 정치·경제체제의 특수성을 고려하여 분절화로 인한 행정비용을 감수하고서라도 분절적인 수원 거버넌스를 의도적으로 유지하는 것이라면, 공여행위자들 간의 조정 메커니즘을 강화하는 방식에 초점을 맞추는 것이 보다 효과적인 북한개발협력을 위한 정책적 대안이 될 것이다. 현재 공여행위자들의 조정 메커니즘의 부재는 북한당국의 암묵적인 의도가 영향을 미쳤겠지만, 한국정부 및 NGO를 비롯한 공여행위자들이 그 필요성을 충분히 인식하고 적극적으로 조정기제를 구성하려고 하지 않은 데에도 기인한다.

최근 북한은 제한적으로나마 국제사회의 개발협력 패러다임 변화에 발맞추려는 시도를 보이고 있다. 또한 본 연구에서 살펴본 바와 같이 북한이 분절적 특징을 가진 수원 거버넌스를 표면적으로 유지하고 있기는 하지만, 사업이행과정에서 필요를 위해서 일부 변화를 사업이행수준과 현장수준에서 수용하는 것으로 보인다. 요컨대 현시점에서 북한의 분절적인 수원 거버넌스의 부작용을 감소시키고 장기적으로는 북한 수원 거버넌스를 통합적인 형태로 유도하기 위해서 국제사회는 공여행위자들의 조정 메커니즘을 강화하고 통합적 접근 방안을 모색하는 것이 중요하다. HDP넥서스에서 주창하고 있는 공동의 목표, 공동의 접근 방식은 이 같은 맥락에서 출발점이 될 수 있다. HDP넥서스는 공여행위자들이 인도적 지원과 개발사업 성과의 총체성을 바탕으로 공동의 목표를 설정해야 하고 행위자들이 구체적으로 협력해야 한다고 주장한다. 이를 대북지원에 적용하면, 공여행위자들이 공동의 목표 아래에서 인도적 지원 및 개발규범에 입각한 대북지원 원칙과 가이드라인을 합의하고 공유하는 것이 선행되어야 할 것이다. 이어 공여행위자들 간의 협력과 조정을 위한 조정 메커니즘을 구성하고 국제–국가–지역 수준에서 행위자들이 협력할 수 있는 기회와 공간이 마련되어야 할 것이다. 여기에는 UN기구 및 국제

NGO뿐 아니라 대북지원사업을 이행한 경험이 있고, 향후 남북관계가 개선되면 다시 사업을 재개할 준비를 갖추고 있는 한국정부와 NGO도 포함되어야 한다.

국제사회의 대북지원과 관련하여 지원 기관별 북한 내 전담 기관 현황은 그 중요성에도 불구하고, 변화 흐름과 그 함의에 대한 연구가 충분히 수행되지 못하였다. 본 연구는 북한의 수원 거버넌스 분석을 통하여 원조효과성의 관점에서 북한의 구조를 설명함으로써 북한 내 수원 거버넌스 개선의 필요성을 확인하였다. 한국정부를 비롯한 공여국, 국제기구, 국제NGO 및 한국 NGO 등 다층위적 행위자들이 대북 인도적 지원 및 개발협력사업을 재개하는 시점에 국제사회의 분절화 논의와 원조 기관 간 조정 메커니즘 강화 흐름에 주목하여, 원조효과성을 제고할 수 있는 방향으로 북한개발사업을 이행할 것을 제안한다.

● 인터뷰

- 인터뷰는 2000년 이후 대북지원사업을 이행한 한국NGO을 대상으로 함.
- 인터뷰 대상 : 월드비전(000 북한사업 관계자), 우리민족서로돕기운동(000 북한사업 관계자), 어린이어깨동무(000 북한사업 관계자)
- 일시 : 2020년 7월 11일
- 장소 : 서울.

## 더 읽을거리

김태균, “국제개발 조건으로서의 평화: 대북원조의 이중적 딜레마와 북한개발협력의 평화–개발 연계,” 『국제개발협력연구』 11(3) (2019), pp. 39–58.

문경연·이우영·정소민, “대북지원 20년(1995~2015): 민간단체의 대북지원 성과와 과제,” 『국제관계연구』 22(1) (2017), pp. 35–67.

박지연·문경연·김은영·조동호, “국제사회의 개발협력 패러다임과 북한개발협력: 새천년개발목표(MDGs)와 지속가능개발목표(SDGs)를 중심으로,” 『아태연구』 23(2) (2016), pp. 249–275.

홍지영, “UN 인도적 지원 체계연구: UNOCHA 클러스터를 중심으로,” 『국제개발협력연구』11(4) (2019), pp. 1–19.

Klingebiel. Stephan, Timo Mahn, & Mario Negre, *The Fragmentation of Aid: Concept, Measurements, and Implications for Development Co-operation* (London: Palgrave Macmillan, 2016).

# 제3부
# 지속가능한 북한개발협력을 위한 모델리티

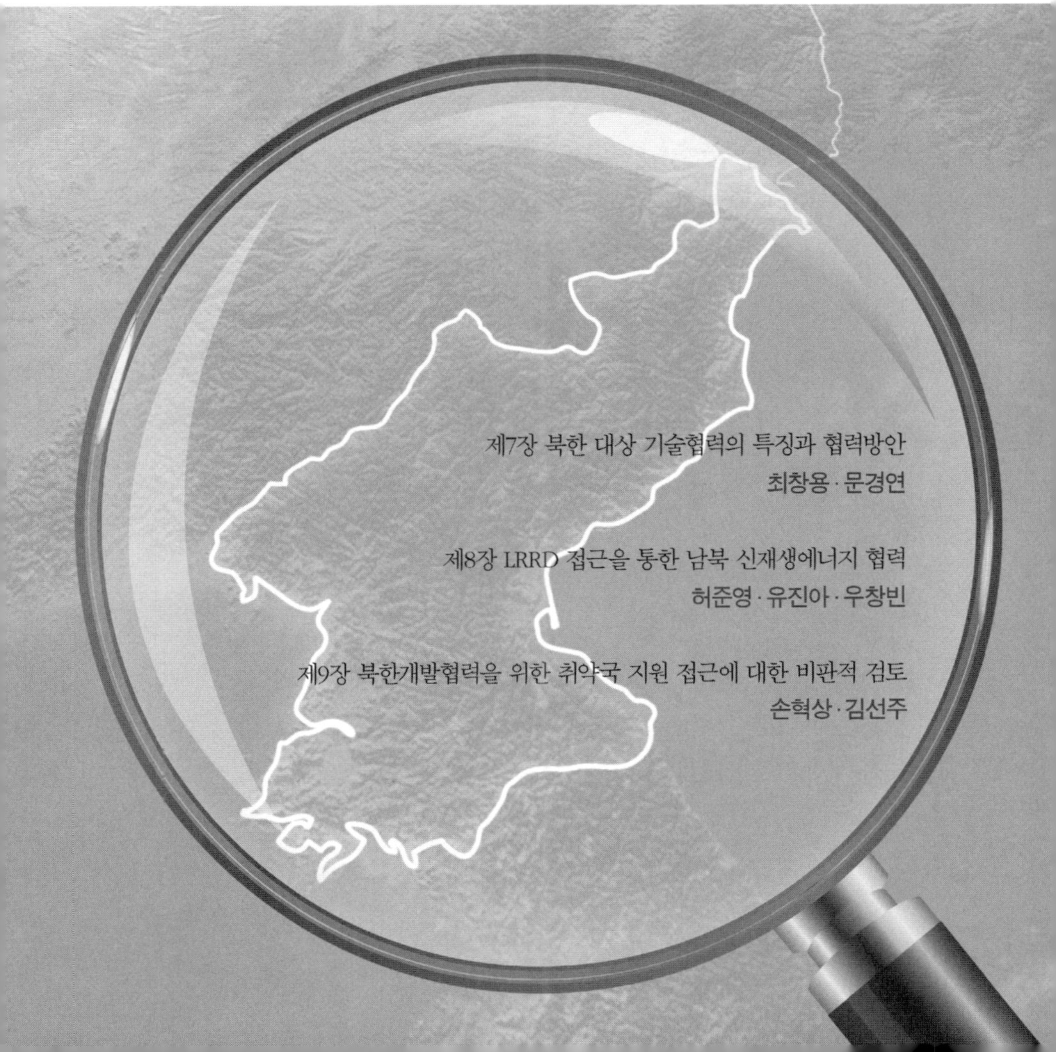

제7장 북한 대상 기술협력의 특징과 협력방안
최창용 · 문경연

제8장 LRRD 접근을 통한 남북 신재생에너지 협력
허준영 · 유진아 · 우창빈

제9장 북한개발협력을 위한 취약국 지원 접근에 대한 비판적 검토
손혁상 · 김선주

# 제7장 북한 대상 기술협력의 특징과 협력방안*

최창용(KDI 국제정책대학원)

문경연(전북대학교)

## I. 들어가며

국제개발협력은 크게 금융지원(Financial Assistance)과 기술지원(Technical Assistance)으로 구분되며, 금융지원이 수원국을 위해 자본을 유·무상 차관의 형태로 제공하는 것이라면 기술지원은 지식, 제도, 정책의 전수 혹은 공유를 강조한다. 개발협력 초기에는 개발원조라는 용어가 보편적이었으나 '원조'라는 단어가 갖는 일방향성, 시혜성, 정치적 편향에 대한 비

* 이 장은 2018년 대한민국 교육부와 한국연구재단의 지원을 받아 수행된 연구(NRF-2018S1A3A2075117)로 2020년 『국제개발협력연구』 제12권 4호에 게재된 "북한 대상 기술협력 분석과 협력 방안 연구"를 토대로 작성되었다. 논문이 책으로 나올 수 있도록 허락해준 국제개발협력연구 편집위원회에 감사드린다.

관이 설득력을 가지면서 최근에는 개발지원 혹은 개발협력이라는 용어가 널리 쓰이고 있다.[1] 이 장에서는 금융지원과 함께 개발협력의 주요수단으로 활용되는 기술협력에 주목하면서 향후 북한에 대한 개발협력이 본격적으로 진행될 경우 금융지원에 앞서 검토될 가능성이 높은 기술협력의 최근 특징과 주요내용을 소개하고 북한개발협력에 대한 시사점을 모색한다.

북한은 국가 중심의 사회주의 계획경제를 견고하게 유지하고 있던 1970년대부터 자국의 교육기관을 통해 자본주의 경제에 대한 학습과 교육을 시도하였으며, 1998년에는 '나진기업학교'와 같은 시장경제 교육기관을 설립하기도 하였다. 또한 2000년대 들어서는 정보화, 기업 관리의 현대화, 기업소의 독립성과 경영효율을 높이기 위한 관리자의 역량 등을 강조하기 시작했다.[2] 이러한 북한의 변화는 비록 제한적이기는 하나, 과거 소련, 동유럽, 동독 등 구 사회주의 국가들이 개혁·개방 선언 혹은 체제전환을 공식화하기 전까지 경제·정치 관료에게 시장경제에 대한 노출을 허용하지 않았던 것과 대조를 이룬다.[3]

한편, '발전국가(Development State)' 로 정의되는 국가주도 발전전략을 추구한 나라들은 비교적 단기간 내 급속한 경제발전을 달성하였고,[4] 이

1 개발원조(Development Aid)-개발지원(Development Assistance)-개발협력(Development Cooperation)은 맥락에 따라 교환하여 사용이 가능하나 대상국의 주체성과 주인의식을 강조하면서 '개발협력'이라는 용어를 널리 쓰고 있다.

2 김정은 시대 이후 강조되고 있는 '지식경제', '새 세기 산업혁명', '기업소의 전략적 관리' 등의 구호는 북한의 경제관리전략의 변화를 시사하는 것이라 할 수 있다. 이와 함께 『경제연구』 최근호에 실린 경제, 기업부문 전문가 양성 관련 내용도 주목할 만하다.

3 허준영(2011), "새로운 대북지원 방향모색을 위한 탐색적 연구: 북한 고급인력에 대한 시장경제 교육을 중심으로," 『행정논총』 제50권 4호.

4 Chalmers Johnson(1982), *MITI and the Japanese Miracle*. Stanford, Calif.:

들 국가들은 공통적으로 경제발전의 주요 동력으로 관료들의 역량을 중시하면서 우수한 인적자원 개발을 국가적 과제로 인식했다.[5] 구 사회주의 국가들 역시 시장경제의 도입과 성공적 체제전환을 위해서는 카드레(Cadre)로 불리는 고급인력의 역할이 필수적이라는 점을 인식하게 되었고, 북한 또한 관료들과 핵심경제일꾼들을 대상으로 하는 '시장경제교육'을 강조하기 시작했다.

이러한 가운데 우리 정부와 학계 그리고 대북지원단체들 또한 북한으로 하여금 시장경제에 대한 이해를 높이고, 나아가 북한의 개혁·개방을 유도할 수 있는 지원 방안에 대한 논의를 계속하고 있다. 특히 남북한 경제통합과 통일을 대비하고 상당할 것으로 예상되는 통일비용을 최소화시키기 위한 준비단계로서 기술협력(Technical Cooperation)과 지식공유(Knowledge Sharing) 사업에 대한 관심이 높아지고 있다.

기술협력과 지식공유가 효과적으로 집행되기 위해서는 무엇보다 해당 국가와 사회에 대한 깊이 있는 이해가 요구된다. 비록 특정 국가에서 성공적으로 작동한 제도와 정책이라 할지라도, 역사적, 사회적, 정치적, 경제적 정책 환경이 상이한 나라에 그대로 적용할 수는 없기 때문이다. 이런 맥락에서 최근 북한 내부의 변화, 특히 '아래로부터 시장화'가 갖는 의미를 탐색하고, '시장'을 둘러싼 국가와 사회 간 긴장과 타협의 정치경제

---

Stanford University Press; Peter Evans(1995), *Embedded Autonomy: States and Industrial Transformation*, Princeton: Princeton University Press; Ha-Joon Chang(1999), "The Economic Theory of the Developmental State," pp. 182-199 in Meredith Woo-Cumings (ed.), *The Developmental State*, Ithaca, NY: Cornall University Press.

5 윤병수(2005), "북한의 인적자원개발 현황과 향후과제: 중국 및 베트남과 비교를 중심으로," 『나라경제』 제7권 10호; World Bank(2000), *World Development Report* 2000/2001, New York: Oxford University Press.

적 변화를 추적하는 것은 중요한 출발점이라 할 수 있다. 이러한 북한 내부 변화에 대한 심층적인 이해를 바탕으로 향후 북한 대상 자본주의 시장경제에 대한 제도 공유 및 기술협력 방안을 마련해 나가야 할 것이다.

주지하듯이 현재 북한경제에서 '시장'과 '비공식부문'이 차지하는 비중은 상당한 것으로 평가되며, 이로 인해 대다수 북한 연구는 북한체제가 이전의 폐쇄된 중앙계획경제체제로 회귀하기는 힘들 것으로 전망한다.[6] 사회주의권의 붕괴 이후 북·중, 북·러 관계 역시 새로운 국면으로 전개되었고, 구 사회주의 동맹국으로부터도 과거 수준의 우호적 경제지원은 더 이상 받지 못하고 있다. 내부적으로는 인센티브 제도가 부재한 중앙계획에 의한 공동생산의 비효율성을 극복하기 위해 2002년 '7·1경제관리개선조치'의 시행을 통해 임금 및 물가의 현실화, 국제사회의 투자유치를 위한 19개 경제개발구와 신의주국제경제지대 계획,[7] 노동 인센티브제도 강화를 도입하였다. 한편 기업소 및 공장에 생산과 처분, 상대적 자율권을 보장하는 독립채산제를 허용하는 한편, 국가에 의한 분배시스템이 제대로 작동하지 못해 장마당을 중심으로 한 재화의 생산과 공급이 일반화되었다는 평가가 지배적이다.[8] 또한 실제 북한의 현실을 경험한 탈북자와 북한과의 교류사업에 참여하고 있는 기관이나 기업인들과의 면담에

---

6 김병연·양문수(2013), 북한경제에서의 시장과 정부, 서울: 서울대학교출판문화원.

7 북한은 13개 경제개발구를 지정하고 국제사회의 투자를 요청해오다가 2014년 7월, 6개 경제개발구를 추가로 지정하였다. 또한 기존의 신의주특수경제지대를 신의주국제경제지대로 개칭하였는데, 이에 대해 신의주국제경제지대에서 투자외국기업의 주도권과 개방수준을 확대한 조치라는 해석이다. 출처: Jeong 2014.

8 이에 대해 이미 2007년부터 브루킹스연구소 게오르기 톨로라야(Georgy Toloraya)는 북한의 시장경제는 다시 돌이키기 어려운 수준이라고 평가하고 있으며, 삼성경제연구원은 군이 차지하는 비중을 제외한 경제부문에서 시장경제의 비중이 30%에 육박한다고 추정하기도 하였다. 출처: Ham 2007.

따르면 이미 시장경제가 북한을 지탱하는 주된 경제시스템으로 자리 잡았다는 평가 또한 어렵지 않게 확인되고 있다.

문제는 북한에 시장경제 지식을 전수하기 위한 사업을 시행하는 과정에서 북한당국은 국제사회가 제안하는 교육 프로그램에 적극 참여하면서도 교육 콘텐츠와 기간 등을 까다롭게 선택하거나 거부하기도 하고 있다는 점이다.[9] 이러한 북한의 선택적 태도는 북한의 일차적 관심이 '자본유치'이며, 국제사회가 제공하는 기술협력사업은[10] 체제를 위협하지 않고 경제유지에 필요한 단편적 지식과 기술 습득에 국한시키고자 하는 의도에서 비롯된 것이라고 할 수 있겠다.

이러한 가운데, 2018년과 2019년 세계적 이목을 끌었던 남북정상회담, 북미정상회담은 북한의 비핵화와 경제지원에 대한 기대를 갖도록 하였다. 물론 이후의 국면은 예상과 달리 교착상태로 회귀하였고 2020년 현재 남북 간 경제협력과 북미 간 비핵화협상도 속도를 내지 못하고 있다. 그럼에도 1993년 1차 북핵위기 이후 지난 27년간 미해결 과제로 진행 중인 북한의 비핵화가 진전될 경우 북한의 경제발전을 위한 국제개발협력도 크게 확대될 것이다.

이러한 인식에서 본 연구는 첫째, 국제사회의 체제전환국에 대한 기술협력의 효과성에 대한 선행연구 검토, 둘째, 과거 북한에 대한 시장경제

---

9 Randall Ireson(unknown), "Study Tours and Training Programs for DPRK Specialist," in Shin & Lee, *U.S.-DPRK Educational Exchanges: Assessment and Future Strategy*; 윤병수(2005), "북한의 인적자원개발 현황과 향후과제: 중국 및 베트남과 비료를 중심으로," 『나라경제』 제7권 10호.

10 이 장에서는 국제사회와 남한정부가 북한을 상대로 진행해온 이른바 북한 관료, 교수진, 학생, 기업인을 대상으로 하는 '인적자원 개발' 혹은 '시장경제교육'의 명칭을 '지식공유사업'으로 통칭한다. 이는 기존에 수행된 사업의 콘텐츠가 시장경제 지식 및 기술을 넘어서 광범위한 주제들로 구성되었고, 결과적으로 이들 사업의 일반적인 특징은 '지식공유'였다는 점에서 이 명칭을 사용하고자 한다.

교육사업의 현황과 의미 고찰, 셋째, 최근 북한의 경제발전전략의 주요 내용을 살펴보고, 마지막 절에서는 한국의 대(對)북한 체제전환 지원을 위한 기술협력사업 추진방안을 모색하고자 한다. 이를 통해 향후 북한이 한국을 비롯한 국제사회와의 대립을 해소하고 개혁·개방을 추구할 때 보다 지속가능하고 효과적인 기술협력사업의 가능성을 탐색하고자 한다.

## II. 북한에 대한 기술협력사업 현황

코르나이는 체제변화 내용의 깊이와 급진성에 따라 개혁과 혁명으로 구분하고, 이를 바탕으로 사회주의를 구성하는 핵심요소에 '변화'가 있고 그 방식에 있어 '급진성'이 있을 경우 '체제개혁'으로, 그리고 탈사회주의로의 공식적인 이행은 '체제전환'으로 규정한다.[11] '체제전환'의 수준과 관련하여 박형중과 이무철은 '체제개혁' 수준까지는 아니나 유의미한 변화가 모색되는 상황을 '체제 내 변화'와 '구조적 체제전환'으로 세분화하기도 하였다.[12] 이러한 체제변화에 대한 이론적 논의에 근거할 때 북한에서 관찰되고 있는 일련의 변화는 사회주의체제의 '전면적 조정기제 변화'까지는 아니더라도 '체제 내 변화'의 맹아적 단계에 접어들었다고 평가할 수 있다. 북한이 체제변화를 공식화하지는 않았으나, 현재 시도하고 있는 일련의 경제 관련 조치들과 제한적인 수준이기는 하나 국제사회와 한국정

11 Janos Kornai(1992), *The Socialist System: The Political Economy of Communism*, New Jersey: Princeton University Press.

12 박형중(2004),『북한의 개혁·개방과 체제변화』, 서울: 해남; 이무철(2008), "조정기제의 변화와 국가의 역할," 『사회주의 체제전환에 대한 비교연구』, 서울: 한울아카데미.

부가 제공하고 있는 기술협력사업에 대한 북한의 참여는 북한이 이미 낮은 수준의 체제변화과정에 접어들었다는 평가를 가능하게 한다. 본 절에서는 입수 가능한 자료를 바탕으로 남한 및 국제사회 제공한 기술협력사업에 대한 북한의 참여 현황을 분석하고, 이를 통해 이러한 기술협력사업이 북한의 체제 전환적 관점에서 가지는 함의를 분석하고자 한다.

북한은 1970년대 이래로 외교관 및 무역관료를 대상으로 시장경제에 대한 기초적인 교육을 실시한 것으로 알려져 있으며, 1990년대 초에 들어서는 정규 교육기관에서 시장경제 전문가 양성을 시작하였다.[13] 이후 국제사회에 의한 북한 인력 대상 역량강화사업들은 국제사회가 북한에 긴급구호를 시작한 1995년 이후에 본격화되기 시작하였다. 본 연구는 1995년부터 2019년까지를 분석 시점으로 하여 경제분야, 비경제분야, 기타분야로 구분하여 분석하였다. 이를 위해 먼저 기존문헌, 각 정책연구 기관 등 북한을 대상으로 지식공유사업을 실시한 기관의 브리핑 자료 등을 바탕으로 1차 데이터베이스를 구축하였으며, 주요 사업 기관에 대한 인터뷰를 통해 전체 약 359건의 사업현황을 파악하였다.

먼저 국제사회에 의한 북한의 경제인력 양성을 위한 지식공유사업은 총 150여건의 사업이 수행되었는데 빈도 측면에서 〈그림 1〉과 같이 연도별 변화 폭이 상당했고, 이는 사업 수행 환경적 측면에서 불안정성이 매우 크다는 것을 시사한다. 북한을 대상으로 진행된 동 사업들은 북한과 국제사회 간 정치 환경에 크게 영향을 받아 왔는데, 2000년 남북정상회담의 개최와 함께 남북 간 대화와 화해의 분위기가 조성되었던 시기 상대적으로 많은 횟수의 북한 지식공유사업이 수행되었다. 그러나 2006년 다시 고조된 북핵위기는 지식공유사업에도 부정적인 영향을 초래하였다.

13 윤병수(2005), "북한의 인적자원개발 현황과 향후과제: 중국 및 베트남과 비교를 중심으로," 『나라경제』 제7권 10호.

이후 2012년부터 북한에 대한 지식공유사업의 빈도가 다시 증가하였는데 이는 시기적으로 북한이 경제특구 및 경제개발구 정책을 확대하던 시점과 맞물린다는 점에서 북한의 적극적 태도가 국제사회가 북한에 대한 지식공유사업을 확대하도록 이끈 것으로 유추할 수 있다. 그러나 2016년 북핵위기의 재발과 함께 그 빈도 또한 다시 급감하게 된다.

구체적인 사업 내역을 보면, 경제분야에 대한 북한 지식공유사업의 사업 수행기관 측면에서 조선익스체인지는 해당기간 동안 53회 사업을 추진하였으며, 캐나다의 브리티시컬럼비아 대학 11회, 아시아재단 13회, 한스자이델재단이 10회를 실시하였다. 경제분야의 세부주제를 살펴보면, 사업 초기에는 경제 관리 전반에 대한 교육이 주를 이루다 이후 금융, 분쟁조정, 국제법 및 무역법 등의 분야로 교육 프로그램이 세분화되었다. 최근에는 소수의 경제관료를 대상으로 한 경제 관리에 대한 교육과 더불어 다수를 대상으로 소규모 상업 활동과 관련한 지식공유사업이 함께 추진되었다.

**〈그림 1〉 북한 경제인력 양성을 위한 지식전수 사업 현황[14]**

(단위: 건)

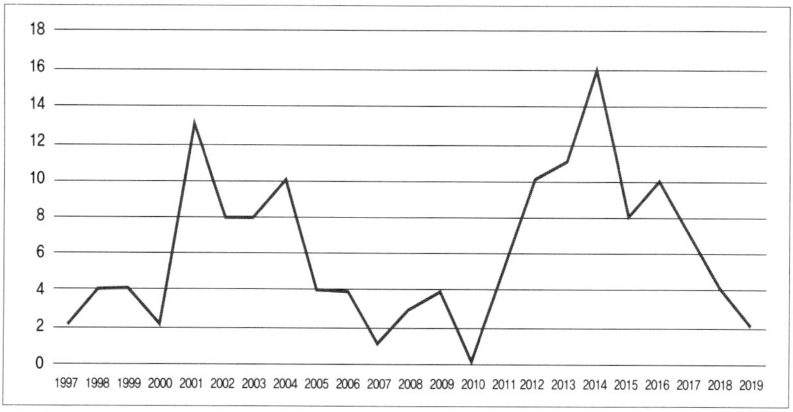


14 사업추진 기관 면담 및 각종 언론 자료 등을 바탕으로 문경연이 작성한 데이터베이스(비공개 자료)를 바탕으로 작성.

주: 2019년의 경우 10월 기준으로 일부 사례만 포함됨.

비경제분야와 관련한 대북 지식공유 현황은 1996년부터 2019년까지 다양한 주제로 133건의 사업이 추진되었다. 연도별 수행 빈도는 〈그림 1〉과 유사하며, 세부주제는 IT·인터넷·기술, 농축산, 법·행정, 언어교육, 외교·안보, 보건의료, 자연·환경 분야로 구분되며, 가장 높은 빈도로 사업이 수행된 분야는 자연·환경 분야였다. 이는 '비정치적' 이슈영역이라는 점에서 사업 공급자 측면뿐만 아니라 북한 입장에서도 사업 참여의 부담이 낮았기 때문이었던 것으로 추정할 수 있으며, 경제난으로 인한 식량생산이 북한의 최우선과제였다는 점을 고려할 때 농축산 분야와 함께 북한의 지속가능한 농업 생산과 연계된 자연·환경 분야에 대한 국제사회의 우선순위가 반영된 결과라고 할 수 있다.

1996년부터 2019년까지 북한에 대한 경제유관 분야의 지식공유사업을 가장 활발하게 수행한 기관은 한스자이델재단으로 44건을 진행하였고, 그다음으로는 아시아재단 28건, UNESCAP 12건, 유럽연합 10건, 조선익스체인지 8건, KDI 4건 순으로 나타났다. 한스자이델재단 서울사무소는 자연·환경 분야에 대한 지속적인 지식공유사업을 수행해 오고 있는 것으로 파악되며, 특히 2016년 북핵위기가 재발하는 가운데서도 꾸준히 사업을 수행하였다. 아시아재단과 UN개발계획(UNDP)도 경제 유관 분야에 대한 사업을 진행하여 왔으며, KDI도 활발한 지식공유사업을 추진하였으나 비경제분야에서는 4건의 사업만을 진행한 것으로 파악되었다. 이들 기관이 단독으로 개최한 사업도 일부 확인되었으나 한스자이델재단을 제외한 대부분의 기관은 컨소시엄 형태로 진행되었다.

〈그림 2〉 경제 유관분야 세부 주제별 대북 지식전수 사업 현황[15]

(단위: 건)

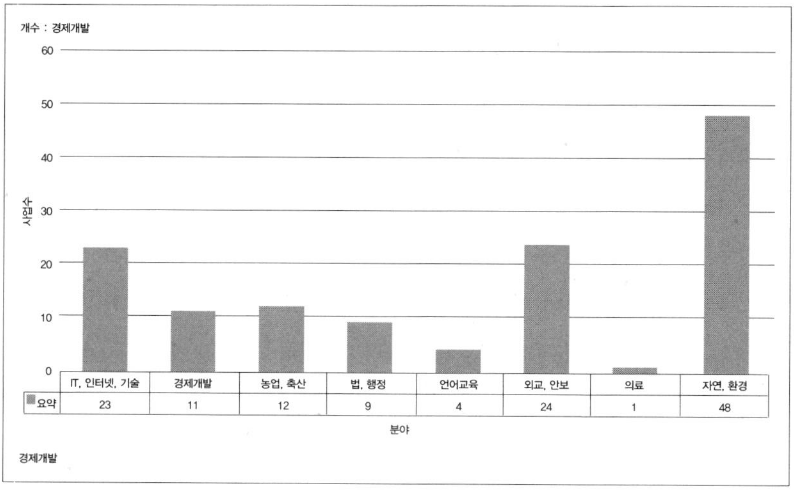


다음으로, 경제 및 비경제분야로 분류하기 어려운 형태의 지식공유사업으로 76건이 파악되었다. 세부 사업으로는 교육, 뉴스레터, 도서·문구류·연구물 기증, 세미나, 자문, 협력방안 모색 등이 있었고, 그 중 '교육'은 북한 인력과의 직접적인 접촉을 바탕으로 한 사업이다. 자문과 세미나의 경우 북한 참가자를 포함하지 않은 공여국 인력만이 참가한 경우도 있으나, 대북협력방안과 같은 특정 주제에 대한 회의 혹은 중장기적인 의제와 같은 정책수립을 위해 북측 참가자와 협의하는 방식이 함께 진행되기도 하였다. 이러한 유형의 협력사업은 2000년 남북정상회담 이후 2001년 가장 활발하였으며, 이후 지속적으로 감소하였으나 2016년까지 꾸준히 수행되었다. 사업 세부분야로는 총 76개의 사업 중 협력방안 모색사업이 30건이며, 교육 15건, 도서·문구류·연구물 기증 12건이 뒤를 이었다. 사업 수행기관 측면에서는 KDI가 총 51건으로 전체 기타 기반조성 사업

15 사업추진 기관 면담 및 각종 언론 자료 등을 바탕으로 문경연이 작성한 데이터베이스(비공개 자료)를 바탕으로 작성.

중 67%를 차지하였으며, 아시아재단 19건 및 뉴욕대, 시러큐스대, 북경대 등 해외 기관들이 아시아재단과 협력 방식으로 사업을 진행하였다.

〈그림 3〉 사업 수행 기관별 대북 지식전수 사업 현황[16]

(단위: 건)

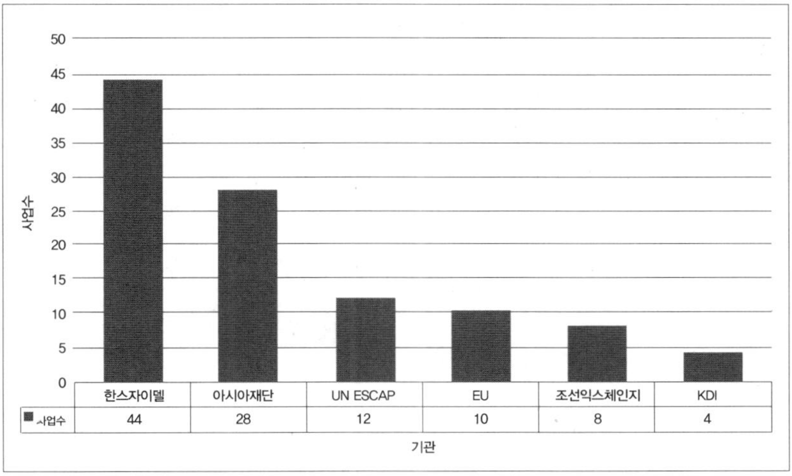


앞서 살펴본 1996년 이후 현재까지 북한에 대한 지식공유사업의 수행 빈도, 분야 및 주제, 주요 수행 주체별 분석의 함의는 다음과 같다. 먼저, 사업의 수행 현황 측면에서 남북관계 및 북미관계의 부침이 사업의 이행에 매우 큰 영향을 미치는 변수라는 점이다. 실제로 〈그림 1〉에서 확인된 바에 같이 북한의 사업에 대한 의지와 사업 이행 주체들의 관심, 무엇보다도 장기적 관점에서 북한에 대한 지식공유사업이 북한의 시장경제 확산 및 체제 전환적 측면에 기여한다는 인식에도 불구하고 남북 및 북미 관계 악화 시 사업이 수행되지 못하거나 진행 중이었던 사업마저도 중단되는 사태가 발생함으로써 사업의 지속성 확보가 어려웠다.

16 사업추진 기관 면담 및 각종 언론 자료 등을 바탕으로 문경연이 작성한 데이터베이스(비공개 자료)를 바탕으로 작성.

둘째, 지식공유사업의 분야 및 주제 측면에서 경제분야가 큰 부분을 차지하기는 하나 그 외에 다양한 분야의 지식공유사업도 수행되었다. 문제는 이들 사업 간 일관성이나 연관성 및 체계성이 확인되지 못한다는 것이다. 북한에 대한 지식공유사업의 경우 암묵적으로 사회주의 계획경제에서 시장경제로의 이행을 목적으로 수행되었다. 그럼에도 북한을 대상으로 수행된 지식공유사업의 경우 교육연수분야의 우선순위가 고려되지 않은 채 사업 수행기관의 관심과 전문성 중심으로 지식공유분야 선정이 이루어져 온 것을 알 수 있었다. 이는 체제전환국가들에 대한 기술협력사업의 성공요인으로서 해당국의 수요를 반영한 우선순위 선정과 체계적 로드맵에 기반을 둔 단계별 사업 집행이 기술협력 효과성 제고에 중요한 요소라는 기존의 이론적 논의와도 배치된다고 하겠다.

셋째, 사업의 수요자는 북한이라는 단일 주체인 반면 지식공유사업을 수행한 공급 주체는 매우 다양하였는데, 이들 다양한 공급주체 간 조정기제 및 협업 체계가 부재하였다. 기관 간 컨소시엄 방식 및 삼각협력 방식의 사업이 수행되기는 하였으나, 다양한 분야와 기관 간에 사업의 시너지 효과 제고를 위한 거버넌스는 부재하였다는 한계를 가진다. 이러한 협업적 거버넌스 및 조정 메커니즘의 부재는 사업의 추진 과정에 있어서 준수되어야 할 사업 원칙, 목표, 가치 등에 대한 공유의 부재로 사업의 효과성을 기대하기 어렵게 만들었으며, 이로 인해 사업 종료 후 사업의 성과에 대한 평가 또한 제대로 이루어지지 못하였다. 결과적으로, 이러한 거시적 차원의 추진 로드맵 및 조정체계의 부재, 사업집행 원칙과 행동규범의 부재는 사업 외부적 변수(남북 및 북미관계, 보수언론 등)에 의해 사업의 추진 여부가 심하게 영향을 받거나, 다행히 사업이 수행되더라도 의도한 사업의 성과를 달성하지 못하게 하는 결과를 초래하였다고 하겠다.

## Ⅲ. 북한의 발전전략에 따른 기술협력 수요

본 절에서는 한국 국제개발협력사업의 중장기 과제로서 북한 경제·사회개발협력이 강조되고 있고 체제전환국가에 대한 연구 역시 북한 경제·사회 발전을 촉진하기 위한 정책적 의미가 적지 않다는 점을 고려하면서, 국제사회에서 우리나라의 대표적인 지식공유사업으로 자리매김하고 있는 KSP협력사업들의 북한에 대한 시사점을 모색해 보고자 한다.

북한과 경제협력은 2008년 민간인 피살사건 이후 금강산관광 중단, 2010년 천안함 사건으로 인한 5·24조치, 2016년 4차 핵실험과 미사일 발사 이후 개성공단의 전면 폐쇄 등으로 지난 10년 동안 상당히 위축되었다. 이로 인해 김대중·노무현 정부에서 추진했던 남북교류사업과 경제협력 역시 거의 원점으로 회귀하였고, 남북 간 경제협력을 어떤 조건에서 언제, 어떻게 재구축할 것인가는 문재인 정부의 중요한 과제가 되었다. 이에 문재인 정부는 출범과 함께 '한반도 신경제지도'를 국정의 주요 과제로 제시하면서, 향후 핵문제의 전향적 해결과 함께 남북한 관계 개선이 실현될 경우 남북 간 경제협력을 통한 새로운 경제성장의 동력으로 활용하고, 나아가 북한주민들의 삶의 수준을 향상시킴으로써 남북한 통합시대가 실현될 경우 사회적, 경제적 비용을 최소화시키는 노력을 기울이고 있다.

한편 북한 내부에서도 주목할 만한 변화는 계속되고 있다. 앞서 언급했듯이 1990년대 중반 '고난의 행군' 이후 이른바 '아래로부터의 시장' 현상이 확산되었고, 당국의 단속에도 불구하고 '시장'과 '사경제'는 더욱 확산되는 것으로 평가된다. '시장 활동'을 통한 외부와의 교류, 정보소통, 이동 등이 증가하고, 이러한 아래로부터의 자생적 변화는 일면 북한사회의 변화를 미세한 수준에서나마 예상해볼 수 있는 단초를 제공하고 있다. 특히, 2018년 4월 20일 조선로동당 중앙위원회에서 결의한 바와 같이 '새로운 전략적로선'을 강력하게 추진할 경우 우리 정부가 구상하는 '한반도 신경제지도'와 결합도 가능하기에 남북한정부의 상호경제전략을 면밀히 분석할 필요가 있다.

예컨대, 북한의 '새로운 경제전략'에서 강조하는 3대 과제–국가경제발전 5개년 전략(2016–2020) 추진, 경제개발특구 건설, 시장화 전략–는 2019년 김정은의 신년사와 북한 노동당창건 75주년 열병식에서 공개적으로 인정한 바와 같이 소기의 성과를 실현하지는 못했으나 그 자체 의미는 적지 않다고 할 수 있다.[17] 구체적으로, '새로운 경제전략'에서 제안한 경제전략의 비전과 방향은 체제전환국들이 KSP사업을 통해 요청한 '정책수요'와 매우 유사하다고 할 수 있다. 경제발전전략을 실천하기 위해서는 산업시설과 전력공급 등의 정상화가 시급할 것이며, 농업생산성 향상을 통한 식량문제의 해결, 경공업 분야 발전을 통한 일상 소비품의 품질 개선과 소비수준의 향상 등이 '새로운 경제전략'의 일차적 목표라는 점에서도 공통점을 찾을 수 있기 때문이다. 또한 해외자본 유치, 금융제도 정비, 상업은행 설치 등도 여타 개발도상국과 체제전환국이 추진하고 있는 경제개발특구를 실현하기 위한 기초라 할 수 있다.

북한의 '새로운 전략적로선'에 기초한 세부 정책과제를 향후 예상 가능한 정책수요라고 한다면, 〈표 1〉에서 예시한 바와 같은 구성이 가능할 것이다. 우선, '국가발전전략' 수립 관련해서는 베트남, 미얀마, 비세그라드 4개국(헝가리, 폴란드, 체코, 슬로바키아)을 대상으로 진행되었던 사례들, 예컨대 해당 국가들의 국가발전전략 수립과 함께 제공된 거시경제 및 산업정책, 예산과 정책의 연계를 위한 집행역량 자문을 참고할 수 있을 것이다.

'경제개발특구'와 같은 수요 역시 우즈베키스탄과 베트남을 대상으로

---

17 김동엽(2020), "북한 조선로동당 창건 75주년 열병식 평가," 극동문제연구소.

진행했던 KSP사업의 정책자문경험을 살려 경제개발특구의 선정 근거와 사업타당성 조사, 대내외 자본유치 방안, 특구 내 혹은 산업클러스터 내 금융서비스 제공 및 상업은행 진출을 위한 제도적 정비, 특구 진출 해외 기업 대상 세제 등을 포함한 자문과 해당 분야 전문인력 양성을 위한 교육 및 훈련 프로그램을 제공할 수 있을 것이다. 이와 함께 사회주의 계획경제를 경험한 국가들의 체제전환 초기 비공식시장과 암시장의 공식시장으로 흡수 사례 역시 북한에 주는 시사점이 클 것이다.

**〈표 1〉 북한의 제도·정책·조직 인프라 구축 예시**[18]

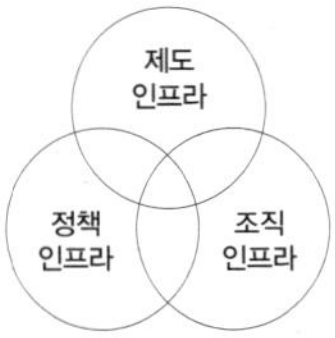


| '새로운 전략적 로선' | 정책 과제 | 지식공유 경협 사례 |
|---|---|---|
| 국가발전전략 | 발전전략 수립을 위한 정책 및 거시경제, 산업정책 관리 역량 | 베트남, 미얀마, V4 등 |
| 경제개발특구 | 선택과 집중 통한 개발 잠재 지역 선정 및 대내외 자본 유치; 금융 및 은행 제도 정비 | 캄보디아, 우즈베키스탄 등 |
| 시장화 | 비공식시장 공식시장으로 흡수 및 조세 행정 통한 재정 확보 | 키르기스스탄, 베트남 등 |

북한을 대상으로 한 광의의 국제개발협력은 이행 단계에 따라 단기(1~3년), 중기 이행기(3~7년차), 장기 안정화(7~10년차)로 나눌 수 있고, 구체적인 영역은 가구복지, 계획경제에서 시장경제로 이행, 무역 확대, 재정건전성, 국제사회와의 협력 확대 등 5개 과제 영역으로 구분하여 접근할 수 있다.[19] 이들 영역은 세부과제 수준에 따라 단기, 중기, 장기 협력 과제

18 최창용 작성.

19 북한개발 국제협력을 위한 다양한 전제조건과 실천 방안에 대해서는 최창용·이미연·백진영(2020), "체제전환국 대상 지식공유사업(KSP) 분석과 개발협력 시사점," 『국제개발협력연구』 12권 2호 참조.

로 나눌 수 있을 것이다. 이 중 국제개발협력 영역의 경우 초기단계에서는 정책자문과 제도 정비 등 기술협력 프로그램을 제공하면서, 에너지, 교통 및 통신 인프라 개선, 식량과 의약품을 포함한 긴급 구호품 전달에 필요한 기반시설 구축 등을 지원해야 할 것이다. 중기 이행기에는 초·중등교육을 정상화하고, 직업훈련과 재교육 등 노동력의 질을 높일 수 있는 프로그램을 개발 운영해야 할 것이며, 이와 동시에 공공조직의 역량을 높여야 한다.

구체적인 프로그램의 예시를 들어보면 다음과 같다. 우선은 정책담당자들의 공공정책 기획과 집행 역량 강화를 위한 사례 중심의 교육, 국가통계시스템을 운영 관리할 수 있는 통계 전문인력 양성, 예산과 재정 부문 경제관료 교육, 시장경제 및 기업 활동에 필요한 전문지식 교육 등을 제공하고, 점진적으로 정부 구조 개편, 중앙-지방정부 역할 조정, 국가채무 관리, 중장기 개발 전략 수립 및 집행, 국제금융기구 가입 등을 추진한다. 계획경제에서 시장경제로 이행의 핵심 중 하나인 개인의 경제활동 보장, 예컨대 소매 상행위를 합법화시키고 국가의 통제와 관리로 운영되던 국영기업체 등의 자율성 확대가 필요하다. 또한 암시장에서 거래되던 소비상품을 공식시장으로 흡수하고, 공공요금의 정상화, 상거래의 신고 및 허가제를 통한 유통질서 구축 및 국가재정의 안정화를 위한 조세기반 등을 확대하도록 한다. 이와 같이 개발협력 초기와 중기 협력 기반이 구축되면, 본격적인 이행에 필요한 중장기 국가개발전략 수립, 개발지원 프로그램 조정, 개발협력 효과성 제고를 위한 모니터링과 평가 피드백 시스템을 안정적으로 구축한다.

〈표 2〉 북한의 단계별 정책 수요 및 과제[20]

| 영역 | 단기 | 중기 | 장기 |
|---|---|---|---|
| 가구 복지 | 식량, 농업, 영유아 영양, 생필품 공급 등 인도적 지원 | 직업훈련원 설립 및 본격 운영<br>소규모 상거래 합법화<br>여성과 아동 교육 프로그램 | 개인소유권 제도화<br>토지사용권/소유권 확대<br>개인신용서비스 제도화<br>사회안전망 정책 실시<br>공공정책 집행 역량 지속적 강화 |
| 계획에서 시장경제로 이행 | 소매 상행위 합법화<br>기업 자율성 확대 | 소비 상품 시장 거래 확대<br>공공요금 정상화<br>상거래 신고/허가제 | 시장에서 유통 상품 확대<br>거래 상품가격의 국제시장가격화 |
| 무역 | 수출입 균형<br>해외거래 통계자료 구축 | 환율 정상화<br>암시장 프리미엄 10% 이내로 통제<br>FDI 정책<br>현금 거래와 결제에 대한 규제 최소화 | 현금 거래 완전 자율화 |
| 재정 건전성 | 시장거래 부분 합법화 → 소득세 등 도입 검토<br>통화 공급 계획<br>정부 지출 균형 유지 | 정부 예산과 지출 기능 분리<br>기능과 부문에 따른 재정 지출 계획 수립<br>정부 예산 재원 발굴 | 예산 통합 시스템 구축<br>국제예산회계 기준 준수<br>사회서비스 재정 지출 확대<br>공기업 개혁 및 보조금 축소 |
| 국제개발협력 | 기술지원 확대<br>에너지, 수송, 농업, 긴급재난 구호 등에 필요한 인프라 구축<br>기본 통계 시스템 구축 | 공공조직역량:<br>공공정책 수립과 집행<br>통계 역량<br>재정 관리 역량<br>인적자원 개발 역량<br>시장경제 및 기업부문 관리 역량<br><br>국가 관리 역량:<br>정부 구조 재편<br>지방정부 분권화<br>국가 채무 관리<br>중장기 개발전략 수립<br>연례 개혁 점검 회의<br>국제금융기구 가입 추진 | 중장기 국가개발전략 수립<br>개발지원 프로그램 조정<br>개발협력 모니터링과 평가 피드백 |

20 최창용(2014: 219-20)을 바탕으로 재구성.

## IV. 체제전환국 발전 유형 비교를 통한 북한 기술협력의 방향

체제전환국을 대상으로 한 개발협력을 위해 EBRD와[21] 세계경제포럼은[22] 저개발국가와 구 사회주의국가들을 발전단계에 따라 요소형, 효율형, 혁신형으로 구분하고 각 단계에 부합하는 개발협력전략과 내용을 구성하였다. 요소형에 해당하는 국가들은 아시아와 CIS에 속한 국가로서 라오스, 타지키스탄, 키르기스스탄 등을 예로 들 수 있다. 이들 국가들은 저소득 국가이면서 제도발전단계가 낮은 수준이라고 할 수 있다. 요소형 국가들은 경제발전에 필요한 기본적인 생산요소가 부족한 상태이며 제도적 기반도 취약한 단계이다. 정책관리 측면에서도 국제금융기구와 개발기구의 자문으로 국가발전전략 등을 수립하고는 있으나 실제 집행역량과 필요자원의 부족, 부패의 만연 등으로 소기의 성과를 내고 있지는 못하고 있는 것으로 평가된다. 따라서 이들 국가들을 위한 기술협력의 주요 내용은 자본과 기술 등 생산요소 지원을 포함하여 정부 관료들의 정책역량 강화, 산업 및 경제 정책 자문, 반부패개혁 등을 중심으로 구성된다.

효율형 국가는 요소형 국가에 비해 소득수준이 높고 국내 자원도 상대적으로 풍부한 상태의 국가들로 러시아, 카자흐스탄, 우즈베키스탄, 몽골 등이 효율형 국가군에 속한다. 이들 국가군은 경제발전에 필요한 자원이나 요소의 절대적 양이 부족하기 보다는 요소투입과 산출 간 효율성, 산업구조 다변화, 거버넌스 개혁 등이 중요시되는 단계라 할 수 있다. 국제시장 진출과 경쟁력 강화를 위해 해외자본을 적극적으로 유치하고, 우

21 EBRD(2013), *Transition Report* 2013, London: EBRD.

22 World Economic Forum(2017), "The Global Competitiveness Report 2017-2018," World Economic Forum, Geneva.

호적인 투자환경 조성을 위해 산업정책과 금융정책의 선진화를 도모하고 있다. 특기할만한 사항으로는 효율형 국가의 경우 세계시장에 편입되는 수준 역시 증가함에 따라 요소형 국가에 비해 외부 경제 환경 변화에 보다 민감하게 반응하는 취약성도 갖고 있다.

세 유형 중 가장 높은 단계인 혁신형 국가는 헝가리, 폴란드, 체코, 슬로바키아 등 중부 유럽과 EU회원국을 들 수 있다. 혁신형 국가들은 대부분 중·상위소득국으로 제도 발전은 비교적 안정화 단계에 접어든 것으로 평가되며, 경제구조와 산업별 구성 또한 중진국 수준 이상을 보이고 있다. 기초과학기술 또한 역사적으로 축적되어 혁신경제를 지향하고 있다. 이를 위해 국가 차원에서 R&D 예산을 늘리는 한편 관련 전문인력 양성에도 상당한 투자를 하고 있다. 혁신형 국가를 대상으로 한 기술협력은 주로 기초과학기술 단계에서 개발된 아이디어와 시제품의 상용화 및 국제시장 진출을 위한 경쟁력 있는 상품화를 원활하게 연계하도록 지원하고 있다. 최근에는 자동차산업 육성과 ICT 분야 성장을 위해 관련 기술 인력의 전문성을 높이고, 로봇공학 등을 활용한 첨단기술 개발과 적용에 관심을 두고 있다. 또한 해외자본 유치와 함께 기술력도 함께 이전받는 전략 아래 국내 제조업의 경쟁력을 높이는 한편 중소기업의 기술혁신과 스마트생산 시스템 구축을 위한 기술협력을 요청하고 있다. 정책역량 제고와 지속가능한 성장을 위해 국정관리에 필요한 역량을 제고하고 거버넌스 개혁도 함께 추진하고 있다.

〈표 3〉 경제·제도 발전 및 경제구조, 지역별 특성을 고려한 그룹화[23]

| | 경제·제도 발전 | 경제구조특성 | 주요 지역적 특성 |
|---|---|---|---|
| 그룹 I | •경제: 고소득<br>•제도: 중상 | 혁신 주도형/<br>혁신 주도형 이행 | •중부유럽, EU 회원국<br>•유리한 초기조건<br>•빠른 이행 정책<br>•높은 EU 및 대외경제민감도 |
| 그룹 II | •경제: 중·고소득<br>•제도: 중상 | 혁신 주도형 이행/<br>효율성 주도형 | •동부유럽, EU 회원국<br>•비교적 유리한 초기조건<br>•현저하나 불완전한 전환 정책<br>•높은 EU 및 대외경제민감도 |
| 그룹 III | •경제: 중·고소득<br>•제도: 중하 | 효율성 주도형 | •구소련연방국(CIS)<br>•비교적 불리한 초기조건<br>•체계적 전환 미흡<br>•제도적 발전 미진 |
| 그룹 IV | •경제: 중·저소득<br>•제도: 중하 | 요소 주도형/<br>효율성 주도형 이행 | •구소련연방국(CIS)<br>•비교적 불리한 초기조건<br>•체계적 전환 미흡<br>•제도적 발전 미진 |
| 그룹 V | •경제: 저소득<br>•제도: 중하 | 요소 주도형/<br>효율성 주도형 이행 | •아시아·구소련연방국(CIS)<br>•비교적 불리한 초기조건<br>•전환의 경제·제도 성과 미흡 |

이처럼 체제전환국의 상이한 경제발전단계와 내·외부 환경에 대한 분석을 바탕으로 체제전환국가를 크게 '요소형', '효율형', '혁신형'으로 분류했을 때, 북한은 2020년 현재 경제지표와 거버넌스 수준을 고려하면 '요소형 국가'로 분류할 수 있다. 그럼에도, 북한의 핵개발 수준과 미사일 기술력 등으로 가늠해볼 수 있는 북한의 과학기술수준과 외부에 알려진 것 이상으로 많은 인구가 사용하고 있는 것으로 보고되는 인터넷과 휴대폰의 사용자 수 증가를 볼 때 북한에 대한 경제협력과 발전도상이 요소형 → 효율형 → 혁신형의 단계를 단선적으로 거치지 않고 영역에 따라서는 곧바로 혁신형으로 진행될 수 있는 가능성도 배제할 수 없다.

또한 최근 북한이 강조하고 있는 생산공정의 자동화, 전산화의 수준이

23 EBRD의 체제전환국 발전유형을 기초로 최창용 외 작성.

실제 어느 정도인지를 파악할 필요도 있다. 이러한 구호들이 비록 정치적 수사의 성격을 띠고 있더라도 경제협력이 가시화될 경우를 대비하여 현재 북한의 산업생산 역량에 대한 면밀한 관찰이 요구된다. 북한 내부 기술역량에 대한 사전 분석은 소규모 폐쇄형 경제체제를 고수하고 있는 북한경제가 향후 개방경제체제로 이행할 때 기초 자료로 활용될 수 있으며, 단순히 과거와 같은 남한 자본과 북한 노동력의 결합을 넘어서는 새로운 협력 모델에 대한 준비가 필요함을 의미한다.

## V. 맺으며

이 장에서는 북한을 대상으로 진행되었던 '기술협력'의 역사와 주요 내용을 정리한 후, 요소형, 효율형, 혁신형으로 분류되는 체제전환국의 경험을 통해 대북 지식공유 및 정책수요 대응을 위한 기술협력방안을 제시하고자 하였다. 특히 북한에 대한 기술협력 프로그램을 준비할 때 한국과 체제전환국가들의 경제성장경험과 그 과정에서 노출된 여러 가지 문제들도 함께 공유함으로써 향후 북한 정책엘리트 집단의 정책기획과 집행역량을 제고하고, 나아가 남북한 통합과정에서 시행착오를 최소화시킬 수 있음을 강조했다.

이러한 점에서 그간 개발도상국과 체제전환국을 대상으로 수행했던 KSP사업은 적지 않은 의미가 있다. 북한의 발전단계를 고려하면서, 그동안 수행된 체제전환국 대상 KSP사업 내용, 수요조사를 위한 관계부처와의 협상경험과 실무역량, 단계별 자문전략 등은 북한을 대상으로 본격적인 경협이 재개되기 전 사전정책 협의와 조정을 어떻게 진행할 것인가에 대한 시사점을 제공한다.

남북 간 양자사업 방식의 정책공유와 함께 국제 금융기구와 협력사업도 체계적으로 검토해 나갈 필요가 있다. 특히, 체제전환국을 대상으로 기술 및 금융지원을 제공했던 해당 국제 금융기구들의 경험은 북한의 특수성을 고려하더라도, 국제개발협력에서 요구하는 보편적 규범들, 예컨대 투명성 강화, 정부신뢰 제고, 정책과정에서 다양한 정책주체 참여 보장 등 이른바 거버넌스 개혁에 대한 요구까지 이어질 수 있다. 이러한 '이행조건(Conditionality)'들은 북한당국에게는 매우 민감한 과제가 될 것이므로, 이에 대한 북한당국의 이해를 높이는 기술지원 프로그램들도 준비해 나가야 할 것이다. 특히 국제금융기구의 가입은 북한과 같이 내부 자본이 부족한 국가가 체제전환과정에서 소요되는 막대한 자본의 제공 창구이자 민간의 해외직접투자(FDI)의 마중물 역할을 한다는 점에서 국제금융기구와의 기술협력사업은 본격적으로 검토할 필요가 있다.

북한의 경제수준을 체제전환국 분류에서 활용한 기준에 의해 저소득국가로서 거버넌스가 열악한 생산요소형 국가로 단순 간주하고 이를 바탕으로 경협전략을 기획하는 데는 주의가 필요하다. 또한, 북한이 핵무기와 미사일 개발에 활용되었던 기술력과 자본을 보다 생산적인 산업부문으로 전환할 수 있는 유인을 모색해야 할 것이다. 이념에 기반을 둔 경직된 시각을 극복하고, 북한의 경제수준과 발전단계를 보다 객관적으로 분석함으로써 향후 남북한 경제가 상호보완적인 동반자로서 기능할 수 있는 토대를 구축해 나가야 할 것이다.

이와 더불어 북한의 비핵화를 둘러싼 긴장과 대화 국면이 반복되더라도 북한과 경제협력, 나아가 평화체제 구축을 위한 노력은 중단되어서는 안 될 것이며, 대규모 경제협력사업에 앞서 저비용·저위험으로 단기간 내 협력이 가능한 정책 및 제도 인프라 구축 사업을 발굴해야 할 것이다. 이러한 관점에서 우리 정부와 관련 기관들이 축적한 지식공유사업(KSP)의 분야별 성과와 집행 노하우를 북한과 공유할 수 있는 정책대화 채널의 구축 또한 시급한 과제라 할 수 있다.

## 더 읽을거리

김태균, “북한의 개발역량 발전을 위한 시론: 남북협력 파트너십으로서 지식공유·역량발전의 유연성,” 『국가전략』 20권 4호 (2014).

문경연, “북한개발협력: 북한 국제경제 KSP와 삼각협력,” 『KDI 북한경제리뷰』 가을호 (2014).

조명철·홍익표·김지연, “체제전환국의 시장경제교육 경험이 북한에 주는 시사점,” 대외경제정책연구원(연구보고서 08-20) (2008).

최봉대, “북한 체제전환과 국제금융기구의 기술원조 방안: 중국, 베트남 사례에 비춰본 수용방식과 효과문제를 중심으로,” 『현대북한연구』 12권 2호 (2019).

최창용·이미연·백진영, “체제전환국 대상 지식공유사업(KSP) 분석과 개발협력 시사점,” 『국제개발협력연구』 12권 2호 (2020).

# 제8장
# LRRD 접근을 통한 남북 신재생에너지 협력*

허준영(한국행정연구원)

유진아(럿거스대학교 행정대학원)

우창빈(경희대학교)

## I. 들어가며

지금까지 대북지원은 전반적으로 '남남갈등'을 유발하지 않는 한도 내에서 '인도주의'의 명분 안에서, 대체로 재해복구 시에 일회성으로 식량과 의약품, 그리고 생필품을 지원하는 데 주력하는 제한적인 형태였다. 1990년대 중반부터 인도적 대북지원이 정부 차원, 민간 차원에서 추진되

* 이 장은 2018년 대한민국 교육부와 한국연구재단의 지원을 받아 수행된 연구(NRF-2018S1A3A2075117)로 2018년 『국제·지역연구』 제27권 4호에 게재된 "LRRD 접근을 통한 남북 신재생에너지 협력에 대한 탐색적 연구"를 토대로 작성되었다. 논문이 책으로 나올 수 있도록 허락해준 국제지역연구 편집위원회에 감사드린다.

고 있으나, 불가항력적인 자연재해로 인해 식량이 부족한 상황에서 임시방편적이고 단기적으로 일부 품목, 대표적으로 쌀이나 밀가루, 옥수수 등의 식량의 형태로 지원해 왔고, 영유아 대상 백신, 신종플루 치료제 등의 의약품 지원도 간헐적으로 이루어졌다.

그러나 간헐적이고 일회성에 그치는 지원은 북한의 역량, 특히 일상적인 재난이나 재해에 대응하는 역량을 근본적, 지속적으로 발전시키지 못하여, 지원의 소비가 끝나는 순간부터 다시금 재난이나 재해 혹은 만성적인 식량·에너지 부족 등 생존기반의 위협을 받는 취약한 상태에 계속 머물게 만든다는 한계를 지닌다. 따라서 대북지원은 거시적 전망 속에서 북한의 역량을 발전시키려는 중·장기적 지원을 포함하는 범위로 확장되어 추진될 필요가 있다.

취약 지역의 재난예방능력을 키워주지 못하는 이러한 단기적인 긴급구호 위주의 대북지원은 그 효과성 차원에서도 문제가 많다. 다시 말해, 원조를 제공하는 공여국들의 노력에 비해 결과가 크게 나타나지 않아서 원조효과성이 낮은 문제가 나타나므로, 이를 개선할 필요가 있는 것이다. 나아가 우리와 특수한 관계인 북한과의 통일 이후 남측의 비용 부담과 사회 통합에 대비하는 차원에서도 대북지원은 북한의 역량을 제고하는 보다 장기적인 비전을 가지고 추진되어야 할 것이다.

시급한 개선이 필요한 여러 가지 부문들 중에서도 에너지문제는 북한주민들의 생존권의 문제와 직결되는 시급한 과제이자, 북한경제의 정상화를 좌우하는 핵심요소이다. 북한주민의 심각한 에너지 위기는 인도적 차원에서 시급히 지원을 받아야만 하는 상황이다. 인도적 차원에서 볼 때, 취사용 에너지조차 부족하며, 전력의 상시공급체계를 확립하지 못한 북한에 대한 에너지지원은 국제사회가 요구하는 보편적 인권의 문제이기도 하다. 또한 UN의 '지속가능발전 목표 (Sustainable Development Goals: SDGs)'에 명시되었듯이 '에너지 접근성의 보장'은 개발의 목표달성을 위해 필수적이다.

그러나 지금까지 대북 에너지지원은 에너지가 갖는 전략물자적 성격으로 인해 활발하게 진행되지 못했다. 에너지는 군사용 또는 군수사업용으로 전용 가능하다는 우려가 있으며, 또한 우리나라의 높은 에너지 수입 의존도를 감안해 봤을 때 에너지지원에 대한 국민적 공감대 형성이 어렵기 때문이다. 따라서 전용 가능성과 수입 의존도가 낮아 대북 에너지지원상의 제한에서 비교적 자유로우며, 지속가능발전과도 부합하여 북한의 개발 역량을 강화하는 데 적합한 대안이 될 수 있는 신재생에너지가 적합한 대안으로 논의되어 왔다.

이러한 배경에서 본 연구는 대북지원의 효과성 제고와 통일 이후 발전 격차 감소를 위해 긴요한 대북 에너지지원의 필요성을 고려해 신재생에너지지원 가능성 및 전략에 대해 살펴보고자 한다. 특히 지원의 효과성을 감안한 중장기적 관점의 대북 에너지지원이 긴요하다는 인식 하에 구체적인 실행 전략으로 긴급구호와 개발을 연결하는 LRRD(Linking Relief, Rehabilitation and Development) 접근을 중심으로 고찰해 보고자 한다.

## Ⅱ. LRRD 접근과 대북 에너지지원

### 1. 인도적 지원, 개발지원, 안보의 연계로서의 LRRD 접근

국제적으로 인도적 지원(Humanitarian Aid)과 개발지원(Development Aid) 간의 구분과 간극으로 발생하는 문제점들에 대한 지적이 있었고, 이를 해결하기 위해 이들의 관계와 연계에 대한 논의가 활발하다. 전통적으르 개발지원은 보다 장기적이며, 정부나 시민사회와의 공조를 필요로 한다. 구체적으로 인권침해 문제, 빈곤문제 완화, 의약품 지원 등은 개발지원의 일종으로 이해되어 왔다. 한편, 인도적 지원은 주로 단기적인 수단으로, 사람들의 생명을 구하고, 고통을 경감시키고, 인류애, 불편부당성, 중립성, 독립 등의 인도적 원칙을 존중하지만, 당면한 위기의 근본적 원인을 다루지는 않는다.

그러나 인도적 지원 분야의 전문가들과 현장 활동가들은 긴급구호와 장기적 개발지원이 밀접하게 관련되어야 함에도 그간 국제사회가 이를 구분하여 접근함으로써 비효율성을 초래해 왔으며, 취약성, 역량, 위험 감소, 회복력 등 소위 개념적인 회색지대(Grey Area)가 존재해 왔다는 데에 인식을 공유하고 있다. 특히, 1980년대의 아프리카의 식량위기에서 인도적 지원과 개발의 간극은 심각한 문제를 초래하였고, 이를 계기로 "개념적이든 행정적 또는 자원분배에 있어서이든, 긴급상황과 개발 사이의 전통적인 구분은 허물어져버렸다."[1]

이러한 배경에서, 인도적 지원의 방식이 단순한 구호에 그치지 않고 이들을 연계하여, 개발, 또는 재건으로 확장될 필요가 있으며, 지원 형태가 전환되는 과정에서 나타나는 간극을 해소하여야 한다는 주장이 Development(al)-relief', 'LRRD(Linking Relief and Development)', 'Early Recovery' 등의 다양한 개념과 형태로 제시되고 있다. 이들 주장은 성격이 다른 각 지원방식 간 인력 및 재원 조달의 간극을 해소하고 인도적 지원의 효과 및 지속 가능성을 높이기 위해서는 인도적 지원과 개발지원을 연계해야 한다는 점을 공통적으로 포함하고 있다.

LRRD 방식은 EU에 따르면 '재난에 지속가능한 대응을 하고 원조에 있어 시너지 효과를 내기 위해서 단기적인 긴급구호 활동과 장기적인 개

---

1 Hans Singer, "Some problems of emergency food aid for sub-Saharan Africa," *IDS Bulletin* 16-3 (1985), pp. 9-13.

발 프로그램을 연계하는 것'이다. 구체적으로 LRRD는 재건 또는 복구라는 중간전략을 활용하여 단기적 활동과 장기적 프로그램을 연계하려는 접근 방식이다. 재건이 중간전략이라는 것은 '재건(Rehabilitation)'이 보다 전환 가능한 방식으로 '개발'과 연계될 수 있는 국면이기 때문이다. 이러한 시각은 또한 "더 나은 재건은 긴급구호와 개발 사이의 이행을 쉽게 만들 수 있다."는 유럽위원회의 설명에도 드러나 있다.[2]

LRRD 접근 방식을 구성하는 세 가지 개념인 긴급구호(Relief), 재건(Rehabilitation), 개발(Development)을 중심으로 살펴보면 다음과 같다. 우선 긴급구호는 긴급상황에 처한 사람들의 생명을 구조하고 고통을 완화하려는 활동을 말하며 긴급상황에 노출된 사람들을 대상으로 필요에 기초한 인도주의적 원칙에 따라 지원한다. 재건은 긴급상황이 있기 전 또는 정상적인 상황으로의 복구를, 개발은 경제나 사회 전체적인 상황의 개선을 목적으로 하는 활동을 말한다.

〈표 1〉 LRRD 방식의 구성[3]

| | 긴급구호(Relief) | 재건(Rehabilitation) | 개발(Development) |
|---|---|---|---|
| 목표 | 생명구조<br>고통완화 | 긴급상황 이전 또는 정상<br>상황으로의 복구 | 사회적 상황과<br>경제적 상황의 개선 |

2 Valerie Ramet, "Working Document on Linking Relief, Rehabilitation and Development: toward More Effective Aid Committee on Development," *Working Document,* European Union (2012); European Commission. *Communication from the European Commission to the Council and the European Parliament: Linking Relief, Rehabilitation and Development,* COM(96) 153 Final, 1996.

3 Julia Steets, *Donor strategies for addressing the transition gap and linking humanitarian and development assistance: a contribution to the international debate,* Berlin: GPPI, 2011. 수정 보완.

| 대상 | 긴급상황에 영향을 받은 사람들 | 긴급상황에 영향을 받은 사람들 | 사회 전체 |
|---|---|---|---|
| 기본 원칙 | 필요에 의한<br>인도주의 독립성<br>공평성 중립성 | 개발 원칙의 제한적<br>적용/ 인도주의 원칙이<br>허용하는 범위까지 | 소유권<br>정치적인 지지<br>결과 상호 책임 |
| 선호하는 협력 파트너 | 없거나 시민사회 | 지역사회와 지방정부 | 중앙정부와 지방정부 |

LRRD 개념은 시기적으로 변천 과정을 겪는다. 전술했듯이, LRRD는 1980년대의 아프리카 식량위기의 분석에서 단기간의 긴급구호만으로는 해결되지 않는다는 인식으로 중요한 주제로 부상하여, 개발로의 이양(Hand–over) 개념으로서 등장하였다. 90년대에 들어서면서 초창기의 원칙이 확대·강화되는 흐름에서, 인도적 지원과 개발의 관계를 순차적으로 연계된 연속체(Continuum)로 보는 경향이 강해졌다. 이후, 취약성의 보다 일반적인 상태를 포함하는 동시병행(Contiguum) 개념으로 발전되었으며, 최근에는 인도주의적 지원과 개발의 관련성을 안보(Security) 문제와 관련하여 강조하는 경향이 있다.[4]

순차(Continuum) 접근 방식은 인도적 지원과 개발을 연속적이고 선형적인 전환과정(Linear Transition)으로 보아야 한다는 주장인데, 이는 특히 자연재해의 경우처럼, 대체로 긴급구호에 대해 강력히 대응할 수 있는 능력이 있는 유일한 주체인 정부가 개입하는 상황에서 적합할 수 있다. 그

4 Mark Thomas et al., *Food aid to sub-Saharan Africa: a review of the literature, Occasional Papers (WFP)* United Kingdom, 1989; R. W. Hay, "Food aid and relief–development strategies," *Disasters,* 10–4 (1986), pp. 273-287; T. R. Frankenberger & D. J. Shaw, 1993, "Disaster mitigation in the emergency–development continuum," *Arid lands newsletter.*—(USA), 34 (Fall/Winter, 1993); Róisín Hinds, *Relationship between humanitarian and development aid* (GSDRC Helpdesk ResearchReport 1185), UK: GSDRC, 2015.

러나 이러한 방식은 복잡한 현실의 상황에 대처하기에는 너무 단순한 방식이라고 할 수 있다. 인도적 지원과 개발지원의 실행에서 현실적으로는 시간이 매우 중요한 문제인데, 선형적이고 순차적인 접근은 위기의 구조적이고 고질적인 요소들을 간과하게 만들어, 특히 장기적이고 반복적인 분쟁의 상황에서 문제가 많다.

이와 달리 동시병행(Contiguum) 접근 방식은 서로 다른 원조수단들의 동시성(Simultaneity)과 보완성(Complementarity)을 강조한다. 동시병행 접근은 단기적인 필요와 함께 장기적인 해결방안을 모색하여 효과성을 증진할 수 있고, 공유된 책임으로 나아가게 한다. 실제 현실에서는 한 지역에서, 또는 국경을 넘어 여러 지역에 걸쳐, 다양한 그룹들이 서로 다른 필요를 지니고 있어서, 인도적 지원과 개발지원의 경계가 무의미하며, 따라서 시공간을 연계하여 동시적이고 보완적인 형태로 다양한 형태의 수단들이 적용되어야 한다는 것이다.

나아가 최근에는 LRRD가 긴급구호와 개발의 연계를 넘어서서 안보(Security)를 증진시키기 위한 노력의 일환으로 논의되고 있다.[5] 특히 9.11 사태와 테러와의 전쟁을 겪으면서 저개발이 테러의 원인으로 간주되고, 안보에 대한 강조, 그리고 개발지원이 분쟁을 피할 수 있는 도구라는 인식이 퍼지면서 개발과 인도주의의 개념적 틀이 수렴하고 있다.[6] 또한

5 자세한 내용은 Deepa Narayan-Parker & Raj Patel, *Voices of the poor: can anyone hear us?* World Bank Publications 1, 2000; John Stephen Stedman, "Alchemy for a New World Order: overselling 'preventive diplomacy'," *Foreign Affairs* (1995), pp. 14-20; Björn Hettne "Development and security: Origins and future," *Security Dialogue* 41-1 (2010), pp. 31-52 참고.

6 자세한 내용은 Hinds (2015); François Audet, "From disaster relief to development assistance: why simple solutions don't work," *International Journal* 70-1 (2015), pp. 110-118 참고.

SDGs의 16번째 목표는 "지속가능발전을 위한 평화롭고 포용적인 사회를 증진하고 모두가 정의에 접근할 수 있게 하며, 효과적, 책무적, 포용적 제도를 구축하는 것"인데, 이는 평화 없이는 지속가능한 성장(Sustainable Development)은 존재하지 않으며, 반대로 지속가능한 성장 없이는 평화가 존재하지 않는다는 것을 강조하는 것이다.

## 2. LRRD 접근에 의한 대북 에너지지원

인도적 대북지원 분야에서도 중장기적 시각과 연계적 접근 방식을 적용하려는 시도가 있어왔다. 분단이 장기화되면서 현재 북한의 상황이 지속적인 재난상황 또는 취약국가의 상황과 유사해졌고, 이러한 북한을 효과적으로 지원하기 위해서는 인도적 지원에 있어서 중장기적 시각이 필요하기 때문이다. 나아가 근본적으로 북한의 역량(Capacity)을 개발한다는 관점에서, 대북협력사업역량에 초점을 맞추어 대북협력사업을 추진할 필요가 있다.

역량발전은 개인적 차원의 기술훈련지원이나 인적자원개발만을 의미하는 것이 아니라, 개인 및 기관과 사회 전체를 연결하여 전략책정과 우선순위 설정, 문제 해결, 성과도출 등에 관한 모든 능력을 포함한다. 세계은행은 개발을 위한 역량(Capacity for Development)을 "국가가 지속 가능한 토대 위에서 개발목표의 설정과 실현을 위해 자신들이 갖고 있는 자원을 효과적이고 효율적으로 이용하는 것"이라고 규정하고 있다.[7] 따라서

7 Samuel Otto, et. al., *The capacity development results framework: A Strategic and Results-Oriented Approach to Learning for Capacity Development*, World Bank Institute (2009); 이종무·김태균·송정호, 『수원국의 역량발전을 위한 개발협력전

역량발전을 강조하는 대북협력은 북한이 자본주의 시장경제에 편입될 수 있는 토대와 제도적 기반을 지원하는 것이다.

여러 문헌들에서 북한에 대한 지원에 있어 중장기적 접근을 강조하고, 구체적인 접근 방식으로 연계방식을 언급하고 있으나,[8] 에너지 분야는 그 중요성에도 불구하고 상대적으로 지원이 미흡한 상황이다. UN의 '새천년 개발목표(Millennium Development Goals: MDGs)'에서도, 기아 퇴치 및 모성보건 증진, 질병퇴치는 포함되어 있으나 에너지문제는 명시적인 목표로 제시되지 않았다. 또한 앞의 보건의료나 식량 분야와 달리, 에너지 분야에서는 남북 에너지협력 프로젝트별 추진방안과 신재생에너지를 통한 협력 가능성이 연구된 바는 있으나, 단기적 지원과 중장기적 지원의 연계에 대한 논의가 이루어지지 않았다.

에너지의 생존권적 측면과 북한의 열악한 에너지 수급 현황에 비추어 볼 때 에너지문제 또한 보건의료나 식량 문제 못지않게 주민들의 생존을 위협하고 있으므로, 이를 해소하기 위한 에너지지원의 필요성은 매우 높다. 더구나 에너지부족 문제는 삶의 질을 저하시킴으로써 빈곤의 직접적인 지표 역할을 하는 등 개발을 저해하는 주요 요인으로 알려져 있는 바, 북한의 에너지문제 해결은 비단 에너지 분야 뿐 아니라 대북 원조 전체

---

략과 사례연구』, 서울: 통일연구원 (2011).

8 보건의료 분야에서는 일차보건의료(Primary Health Care)와 농업 및 보건산업 부문의 경제협력을 built-in한 개발지원을 연계하고자 하였다. 황나미. "건강수준 향상 통해 통일비용 절감해야 -남북 상호 신뢰 속 새로운 패러다임의 보건의료분야의 개발협력 추진을,"『보건산업 동향』, 한국보건산업진흥원 제42호 (2015.6), pp. 2-5. 농업 분야에서는 신속한 대응체계 구축, 농촌지역의 생산기반 복구, 북한 농업부문의 역량 강화라는 3대 목표 달성을 위한 추진전략의 하나로 단기적 지원과 장기적 개발협력을 병행하는 LRRD 방식을 제시하였다. 임강택·권태진. "농업분야의 지속가능한 대북지원 및 남북 협력방안 모색,"『통일연구원 연구보고서』(2014).

의 효과성을 제고할 것으로 기대된다. 따라서 단기적 구호와 중·장기적 개발 협력을 연계하여 북한의 자체역량을 향상시킬 수 있는 에너지지원 전략을 모색할 필요가 있다.

따라서 이 글에서는 LRRD 방식을 기초로 대북 신재생에너지지원 방안을 모색하고자 한다.[9] 또한 신재생에너지지원의 적실성과 필요성 논의에서 한 단계 나아가 구체적인 지원 전략의 모색, 특히 단기와 중·장기적 지원의 통합적 접근을 강조하고자 한다. LRRD 접근에 의한 신재생에너지지원은 북한의 에너지 수급 문제에 대하여 장기적이고 종합적인 전략으로 구체화될 것을 요구하며, 단기적인 재난상황은 물론, 계절적·지역적 수급 불균형, 에너지 부족 상황에 대한 예방에 대응 가능한 체계를 갖추는 지원이 이루어져야 함을 의미한다.

## Ⅲ. LRRD 접근에 따른 신재생에너지지원 가능성

### 1. 북한의 전력 공급 현황과 신재생에너지 활용 현황

북한의 에너지부족이 이미 심각한 수준이라는 것은 널리 알려져 있다. 전력부족이 평양에 정전사태를 야기할 정도이며, 평양 외의 지역에는 농

9 여기에서 신재생에너지는 『신에너지 및 재생에너지 개발·이용·보급 촉진법』에 따른 신에너지와 재생에너지를 일컫는데, 신에너지란 기존의 화석연료를 변환시켜 이용하거나 수소·산소 등의 화학 반응을 통하여 전기 또는 열을 이용하는 에너지로서, 대표적으로 수소에너지와 연료전지를 말하며, 재생에너지는 햇빛·물·지열·강수·생물유기체 등을 포함하는 재생 가능한 에너지를 변환시켜 이용하는 에너지를 말한다.

사철에만 전력이 공급되는 실정이다. 북한주민들은 심각한 전력난으로 인해 겨울철 난방 연료를 확보하기 위해 생업을 포기할 정도이며, 난방을 위해 대대적으로 나무가 벌채되어 북한의 산림 파괴는 심각한 수준이다. 더욱이 산림 황폐화는 대형 홍수와 가뭄의 자연재해를 빈번하게 일으키고, 다시 이러한 자연재해가 북한의 주력 에너지인 수력과 석탄 공급력을 약화시켜 에너지문제를 더욱 심각하게 만드는 악순환 구조를 보이고 있다.[10]

북한의 전력은 현재 수력과 화력설비에 크게 의존하고 있는데, 수력이든 화력이든 모두 설비 노후화와 자원 활용 여건의 악화로 전력생산에 어려움을 겪고 있다. 북한의 화력발전소는 설비상의 대외의존도가 높을 뿐만 아니라 기술과 부품부족으로 유지관리에 어려움을 겪고 있다. 북한의 수력발전설비도 화력발전과 마찬가지로 설비 노후화와 낮은 효율성의 문제를 보이고 있으며, 빈번한 홍수나 가뭄으로 인해 수자원 활용여건이 악화되면서 활용에 제약을 받고 있는 상황이다.[11]

북한의 발전시설 및 송배전 시설 현황을 보면, 시설 낙후로 인해 정상적인 작동이 이루어지지 않고 있어 에너지의 생산은 물론 배급에도 어려움을 겪고 있음을 알 수 있다.[12] 명목상으로 북한 전역에 공급되고 있다는

---

10 정우진, "개성공단 신재생에너지 사업은? 개성공단 친환경에너지단지 남북 그린데탕트로 이어가야,"µ|\m(ÉT8ðlŒ)』 제367호 (2014), pp. 16-17.

11 북한의 화력발전소는 대부분이 러시아와 구소련의 기술, 중국의 지원에 의존하고 있고, 자체적인 화력설비 건설 경험이 없는 상황이며, 석탄, 중유 등 발전연료 공급 또한 원활하게 이루어지지 않아 가동률이 크게 저하되어 있다. 김경술, 『남북 에너지협력 프로젝트별 추진방안 분석 연구』, 에너지경제연구원 12-21, 2012.

12 IEA 통계에 따르면 공식적으로는 북한의 전력공급률이 40%, 전력손실률은 16%로 나타나지만, 구간에 따라서는 전력손실률이 50%에 이른다고 추정되며, 또한 배전망이 절연되지 않아 전압 불균형과 단락 사고가 빈번한 것으로 알려져

전력은 사실상 발전소 주변 지역에 국한되어 공급될 뿐이다. 그런데 그 발전소들마저 발전기나 변전시설, 또는 배전과 송전 시설의 낙후로 인해 정상적으로 가동되지 못하고 있는 실정이다.

이러한 사정으로 볼 때, 현재로서는 북한에 충분한 양의 석유나 전기가 공급된다고 하더라도, 그것이 전력으로 공급되는 데에는 문제가 있을 수밖에 없다. 더욱이 북한의 에너지문제를 미숙한 산업역량 및 수송체계, 투자부족과 결합하여 고려한다면, 북한은 자력으로 에너지 체계를 재개발할 능력을 갖추지 못하고 있다고 판단된다.

북한은 화석연료 부족의 문제, 송배전설비상의 문제에도 불구하고 전력공급이 가능한 신재생에너지를 만성적 에너지문제의 해결책으로 보고 있다. 2012년 평양에서 국제 풍력에너지 기술세미나를 유치한 바 있고, 2013년에는 신재생에너지 개발과 이용을 위한 『재생에네르기법』을 제정하였다. 2014년 신년사에서 김정은 위원장은 "풍력, 지열, 태양광을 비롯한 자연에네르기(재생에너지)를 이용해 전력을 더 많이 생산해야 한다"고 말했다. 또한 북한당국은 조선중앙TV를 통해 태양광전지판을 단 버스와 유람선을 비롯해, 대학·공장·양계장 등 태양광을 활용한 사례를 선전하는 등, 북한의 태양광 에너지 선전은 김정은 체제 이후 더욱 증가하였다.[13]

또한 북한의 일반가정에서도 소형 태양광발전장비를 구입해 전력수급을 자체적으로 해결하고 있는 것으로 알려졌다. 한 매체에서는 북한소식통을 인용해 "주민 40% 정도가 햇빛판을 사용하고 있다(《데일리엔케이》)" 고 소개했는데, 이를 얼마나 신뢰할 수 있을지는 모르지만, 최소한 태양

---

있다. 김윤성·윤성권·이상훈, "남북 재생에너지 협력을 위한 전략과 정책적 과제," 『환경법과 정책』 제21호 (2018), pp. 131-165.

13 《뉴시스》, https://news.joins.com/article/22578871 (검색일: 2021.5.9).

광 등 재생가능에너지가 확산되고 있는 것은 분명한 사실로 보인다.[14] 제한적이기는 하지만 이렇게 북한에서 재생에너지 보급이 증가하는 이유는 공급자로서의 북한정부와 수요자인 주민과 소규모 기업 및 기관의 이해관계가 어느 정도 일치하기 때문이다.[15]

종합적으로, 북한의 에너지 공급규모와 민생에너지 사용 실태는 북한의 에너지 부족의 심각성을 단적으로 드러낸다고 하겠다. 또한 북한정부가 이를 해결하기 위해 다방면에서 노력을 하고는 있으나, 근본적으로 자본과 기술 부족으로 신재생에너지의 개발이나 보급 정책을 진전시키지 못하고 있다. 특히 태양광이나 풍력 등 상당한 기술과 설비가 요구되는 신재생에너지원에 대해서는 일부 국제기관들의 지원을 받았음에도 불구하고 아직도 소규모의 설비 정도만 제작해서 이용하는 수준이다.[16]

## 2. 신재생에너지의 대북지원

신재생에너지를 대북 에너지지원에 적합하다고 보는 근거는 국내적 차원, 남북관계 차원, 국제적 차원에서 찾을 수 있다. 첫째, 국내적 차원에서 신재생에너지지원은 공존상생의 평화통일을 지향하면서도 남남 이념갈등을 양산시키지 않는 협력방안으로서의 성격을 가진다. 주지하듯이, 최근의 남북관계는 급격한 변화를 겪고 있다. 2016년과 17년에 북한은 수소탄과 ICBM 개발의 성공을 선언을 하여 한반도의 긴장상태를 최대

---

14 《프레시안》, http://www.pressian.com/news/article.html?no=125548 (검색일: 2021.5.9).

15 빙현지·이석기, 『북한 재생에너지 현황과 시사점』, 서울: 통일연구원, 2017.

16 정우진 (2014).

로 고조시켜 왔으나, 최근에는 이러한 상황이 바뀌어, 남북정상회담에 이러 여러 나라들과 북한의 정상회담이 열리고 있다.

핵문제의 해결을 위한 노력과 함께, 장기적인 통일준비를 위한 남북개선의 노력이 절실히 필요하다. 인도주의적 지원의 재개도 생각해볼 수 있을 것이나, 이는 과거 정권이 '퍼주기 지원' 비판에 직면했던 사례에서 볼 수 있듯이 '남남갈등'을 부추길 소지가 있다.[17] 인간안보와 국가안보가 서로 경합하는 환경 속에서는 비정치적 이슈들이 안보이슈로 전환되어 대북 인도적 지원이 정치·안보 문제로 되기 쉽기 때문이다. 또한 대북지원의 전면적인 재개는 원칙적으로 핵 폐기를 전제로 하고 있는데, 여러 변수로 인해 핵문제의 근본적인 해결은 쉽지 않을 것이므로 적극적인 추진이 어려운 측면이 있다.

따라서 북한에 신재생에너지 단지를 조성하는 방식 등의 지원 방안을 생각해 볼 수 있다. 이러한 지원방식은 남측에서도 수입에 의존하는 에너지를 지원한다는 비판에서 상대적으로 자유로울 수 있고, 새로운 경제성장동력으로 주목받고 있는 국내 신재생에너지산업의 진흥을 유도할 수 있다는 점에서, 상대적으로 남남갈등을 유발할 가능성이 낮다. 동시에 2005년 이래 송전방식으로 개성공단에 제공하고 있는 전력공급비용을 절감함으로써 국내적 지지를 얻어낼 수 있을 것이며, 현재 북한의 기술력으로 신재생에너지를 군사용으로 전용하는 데에 한계가 있다는 점도 기존의 대북중유지원사업에서와 달리 갈등 요인을 줄여줄 것으로 예상된다.

둘째, 남북관계 차원에서 대북정책은 협력 당사자인 북한당국의 필요성을 충족시킬 수 있을지 여부가 핵심적인 성공요인으로 작용한다. 에너지 수급이 어려운 북한의 상황에 비추어 에너지지원사업이나 연구 인프

17 문경연, "대북지원의 인간안보적 재해석," 『북한연구학회보』 제16권 2호 (2012), pp. 295-328.

라 구축은 북한의 수용성이 매우 높은 분야이다. 그 중에서도 원료를 직접 지원하는 단기적인 응급조치 보다는 에너지문제를 근본적으로 해결할 신재생에너지의 지원이 북한의 필요에 더욱 적합한 방안이 될 것이다.

전술하였듯이 현재 북한의 전통적 전력공급시설은 낙후되어 있는 데다, 송배전시설이 열악하여, 전력은 사실상 발전소 주변 지역에 국한되어 공급될 뿐이다. 그런데 전력공급이 극도로 어려운 개마고원 등 내륙지역은 오히려 태양광과 풍력의 잠재량이 풍부하여, 재생에너지를 이용한 전력 공급을 하기에 상대적으로 좋은 조건을 갖췄다고 할 수 있다. 다만 북한의 신재생에너지는 기초연구 자체는 상당 수준 진행된 것으로 알려져 있음에도 자본력과 기술력이 연구수준에 미치지 못하여, 연구결과만큼의 생산이 이루어지지 못하고 있는 실정이다.

이러한 상황에서 남한에서 자본을 투입하여 신재생에너지 기술 개발을 추진하고, 이를 통해 생산 시설을 공급할 경우 북측의 수용 가능성이 클 것이라 판단된다. 특히, 북한이 큰 관심을 보이고 있는 풍력, 태양열, 태양광, 바이오매스 에너지 분야에 집중한다면 북측의 반응이 보다 긍정적일 것으로 예상된다.[18]

셋째, 국제적 차원에서 신재생에너지는 근래 환경 문제에 대한 관심 고조에 따라 대두된 '지속가능한 발전(Sustainable Development)'이라는 새로운 패러다임에 적합한 형태이다. 현재 선진국을 중심으로 천연자원의 고갈과 기후변화에 대응하여 에너지문제를 해결하고자 하는 노력이 진행되고 있으며, 그 결과 전체 에너지 중 신재생에너지의 비중이 점차 증가하고 있다. 국제사회의 에너지 원조 또한 지속가능성에 초점을 두고 진행되고 있다.

---

18 김상현, "남북한 신재생에너지기술 협력방안," 『한국기술혁신학회 2004년 춘계학술대회』 한국기술혁신학회 (2004.5), pp. 158-173.

대표적으로 UN은 2015년 SDGs'의 초안에 '에너지 접근성 보장'이라는 글로벌 목표(Goal 7)을 포함시키고 세부 목표들로 첫째, 보편적인 에너지 접근성 보장, 둘째, 재생에너지 비중의 상당 수준 확대, 셋째, 에너지효율 개선 속도 2배 증가를 설정했다.[19] 이러한 변화를 반영하여 대북 에너지지원 또한 지속 가능하며, 기후변화를 최소화할 수 있는 '신재생에너지' 활용 역량을 형성시키는 방향으로 접근하는 것이 국제적 원조 흐름에도 부합하는 것이라고 본다.

또한 북한의 경우에도 이러한 국제사회의 SDGs를 수용하고 있어, 더욱 적합성이 있다고 하겠다. 북한은 1992년 UN기후변화협약(United Nations Framework Convention on Climate Change)에 서명하고 이를 1994년에 비준하였고, 지난 2016년에는 국가의 자발적 기여방안(INDC)를 제출한 바 있다. 또한 북한의 「재생에네르기법」은 그 목적을 "재생에네르기의 개발과 리용을 장려하고 재생에네르기산업을 활성화하여 경제를 지속적으로 발전시키고 인민 생활을 높이며 국토환경을 보호하는 데 이바지"하는 것이라고 밝히고 있어, 법의 목적이 국제 사회가 제시하는 지속가능한 발전에 부합하는 것으로 보인다.[20]

## 3. LRRD 접근에 따른 신재생에너지지원 가능성

LRRD는 긴급구호와 발전의 간극을 '재건'을 통해 연결하고자 하는

---

19 임소영·김지혜·정선인·이정필, "CLMV 국가의 에너지 보급을 위한 개발협력 프로그램 연구," 『산업연구원 연구보고서』 산업연구원 제733호, 2014.

20 김윤성·윤성권·이상훈, "남북 재생에너지 협력을 위한 전략과 정책적 과제," 『환경법과 정책』 제21호 (2018), pp. 131-165.

접근 방식을 제시하고 있는데, 재건에 해당하는 내용은 결국 인도적 지원의 장기적 국면인 '개발'의 방향이 어떻게 설정되는가에 따라 좌우된다. 따라서 다양한 에너지원과 발전방식 중에서 선택이 가능한 에너지 분야에서는 어떠한 개발 프로그램을 선정하여 지원할 것인지를 먼저 구체화할 필요가 있다. 아래에서는 북한에 대한 에너지 분야의 지원을 LRRD 접근 방식을 적용하여 긴급구호, 재건, 개발로 구분하여 살펴보겠다.

### 1) 긴급구호(Relief)

긴급구호는 송전, 발전연료 지원과 같이 취약지역 주민들이 취사나 난방에 활용 가능한 에너지를 직접 제공하는 방식을 의미한다. 긴급구호의 성격을 가진 에너지지원은 전체 대북지원 규모에서 차지하는 정도가 미미하며, 그 사례를 찾아보기 어렵다. 정부에서 2004년 용천 폭발사고 수습용으로 아스팔트 2천 통, 휘발유 167톤, 경유 167톤을 지원한 것과 2005년 개성 주민의 난방, 취사용으로 연탄 5.5만 톤을 지원한 실적이 전부이다. 그 외에는 주로 남북철도 연결사업 공사용, 백두산 삼지연 공항 활주로 공사용 등 정책적 판단에 의해 제한적으로 시행된 것들이다. 이 외에 민간에서는 연탄 및 연탄보일러를 겨울철 난방 및 취사 연료로 지원한 바 있다.[21]

대북 송전 및 원료 지원은 절대적인 에너지 부족 상황에 처해 있는 북한에 반드시 필요한 긴급지원 방식이며, 직접 지원 방식은 북한의 경제 사정에 영향을 받지 않는다는 장점을 가진다. 북한의 화력발전소들이 발

21 민간의 연탄 지원은 (사)따뜻한 한반도 사랑의 연탄 나눔 운동에 의해 2004년부터 이행되고 있고, '목화정밀'과 '귀뚜라미보일러'는 연탄보일러 등을 지원한 바 있다. 김경술 (2012).

전연료 부족으로 전력생산에 어려움을 겪고 있어, 중유 또는 유연탄의 지원이 전력공급의 신속한 대안이 될 수 있다는 점도 긴급구호 형태의 에너지지원 필요성에 힘을 보탠다. 또한 효과가 기대보다 클 수 있는데, 최근 한국전기연구원(KERI)에 따르면, 북한의 경우 전기공급량이 경제성장에 미치는 탄력성이 크기 때문에, 북한의 발전량을 북한 발전량의 1.6%에 한국 발전량의 0.07% 수준에 해당하는 3.87억kWh만 증가시켜도 북한 경제성장률을 1% 포인트 높일 수 있다고 한다.[22]

그러나 송전 또는 발전연료 지원으로 대표되는 에너지 긴급구호 방식은 다음과 같은 한계를 가진다. 첫째, 송전은 남한 전력공급의 안정성을 저하시킬 수 있으며, 정부의 비용 부담 또는 국내 전력요금의 상승을 초래할 수 있다. 둘째, 발전연료 가격의 지속적인 상승과 화석연료 사용으로 인한 환경적 비용을 고려할 때 남한에서 부담하게 될 에너지 생산 비용 및 환경적 비용이 크다.[23] 셋째, 발전 연료의 전용 가능성을 배제할 수 없고, 북한의 노후화된 송배전시설을 감안할 때 효과가 제한된다. 더욱이 이러한 지원 사업은 단기적인 응급조치일 뿐 남한에 대한 에너지 수급 의존도를 높임으로써 북한의 에너지문제의 근본적 해결을 어렵게 만든다. 그러므로 지속 가능한 대북지원 및 북한의 에너지 자급 능력 확보를 위해서는 송배전 시스템의 복구, 발전시설 지원, 기술협력 등의 중장기적 지원이 필요하다.

---

22 https://www.keri.re.kr/_prog/_board/?code=sub0601&mode=V&no=9269&upr_ntt_no=9269&site_dvs_cd=kr&menu_dvs_cd=0601 (검색일: 2021.5.9).

23 김지효·김화영·허은녕, "개성공단 전력 공급 대안으로서의 풍력 에너지 고찰," 『한국신·재생에너지학회 춘계학술대회논문집』(2008), pp. 111-114.

### 2) 재건(Rehabilitation)

에너지 생산과 공급 인프라를 구축하는 재건은 주로 발전 및 송배전시설 복구를 의미한다. 기존 발전시설이나 송배전시설의 복구가 가장 직접적인 재건전략일 수 있지만, 화력발전시설의 복구는 발전연료의 확보가 가능할 경우에만 의미를 가진다는 점에서 한계가 있다. 신재생에너지를 활용한다면 이러한 한계를 극복할 수 있을 뿐 아니라 대북지원의 효과성 또한 제고할 수 있을 것으로 예상된다. 재건은 취약지역의 상황을 재해 이전의 상태 또는 정상상태로 복구하는 지원이라는 점에서 기존에 해당 지역에서 진행되고 있거나 관심을 가지고 있던 사업 중심으로 추진하는 것이 효과적이기 때문이다.

북한은 신재생에너지 분야에 있어 태양에너지와 바이오매스, 풍력 발전의 시설과 연구에 주로 투자하는 모습을 보였다. 이는 풍력 자원이나 바이오매스가 상대적으로 풍부한 북한의 여건 뿐 아니라 풍력, 태양광의 경제성 때문일 것이다. 풍력발전은 이미 기존 화석연료 발전의 원가 수준에 근접해 있고, 태양광은 또한 큰 폭으로 원가를 낮출 수 있을 것으로 보인다.[24] 바이오연료 또한 경제성이 있는 산업이지만 식량난에 시달리는 북한의 사정에는 적합하지 않아, 태양에너지, 바이오매스, 풍력을 중심으로 현재까지의 대북지원 상황을 점검하고, 북한의 에너지 취약상황의 '재건' 가능성을 모색한다. 신재생에너지를 활용한 재건 방안은 재생에너지 설비지원 사업으로 구체화될 수 있다.

먼저, 태양열을 이용한 발전시설은 상대적으로 저비용으로 지원이 가능하기 때문에 그간 기업, 민간단체 차원에서 다양한 시도가 있었다. 국

24 배성인, "북한의 에너지난 극복을 위한 남북 협력 가능성 모색 –신재생에너지를 중심으로–," 『북한연구학회보』 제14권 1호 (2010), pp. 59–90.

내에서는 2006년도에 한국태양열사업자협회가 태양열 온수 공급을 위해 관련 설비를 북한에 제공하기로 발표한 바 있었으나,[25] 예산 마련에 실패하여 결과적으로 무산되었다. 2009년에는 부산경남 우리민족서로돕기운동본부의 '평양우리햇빛발전소' 건립사업이 합의되었지만,[26] 현재는 남북관계의 경색으로 인해 진행되지 못하고 있는 실정이다.[27] 현재 정부는 개성공단 신재생에너지단지를 포함한 북한지역 태양열 에너지 발전시설을 지원과 관련하여 구체적인 계획을 수립하지 않고 있다. 하지만 북한 내에서 태양열 발전에 대한 관심이 높다는 점에서 후속 계획에서는 논의가 활성화될 수 있을 것으로 보인다.

바이오매스를 원료로 하는 재생에너지 시설지원 사업은 폭넓게 전개되지 않았는데, 국제기구와의 협력 하에 또는 지방자치단체 차원에서 추진된 사례가 있다. 구체적으로 지난 2008년과 2009년에 UN식량농업기구(UNFAO), 지구환경기구(GEF)와 협력해 추진한 '가축분뇨 바이오가스를 활용한 재생에너지단지조성사업'과 경기도에서 추진한 '개성 신재생에너지단지조성'사업계획이 진행된 바 있다. UN식량농업기구(UNFAO)는 지구환경기구(GEF)와 공동으로 사업을 진행하였는데 UN이 전체사업비 가운데 700만 달러를 1차 사업에 지원하기로 했고, 1차 사업 결과에 따라 2차와 3차 사업 진행과 지원 의사를 밝혔을 정도로 국제기구의 관심이 지대한 사업이었다.[28]

---

**25** 《헤럴드경제》, http://biz.heraldcorp.com/common_prog/newsprint.php?ud=20060329000327 (검색일: 2021.5.9.).

**26** 《연합뉴스》, https://www.yna.co.kr/view/MYH20091113010600038 (검색일: 2021.5.9.).

**27** DMZ 학술원, "그린데탕트를 통한 환경공동체 추진방향," 『통일부 연구보고서』 (2013).

**28** DMZ 학술원 (2013).

바이오매스는 향후 대북 에너지지원과 관련하여 중요하게 고려할 필요가 있다. 첫째, 바이오매스는 장기적 관점에서 에너지 혜택이 큰 분야이기 때문이다. 바이오매스 시설은 초기시설비용이 많이 들기 때문에 단기적으로는 혜택의 총량이 많지 않다. 하지만 장기적으로 남북의 폐기물을 처리하면서 에너지를 얻을 수 있기 때문에 혜택의 총량이 점차 커질 것으로 기대된다. 둘째, 바이오매스는 북한이 지대한 관심을 가지고 있는 사업이기 때문에 개성공단 내 신재생에너지단지조성사업 등을 대북 에너지지원 측면에서 중요하게 고려할 필요가 있다. 북한은 열공학연구소, 재생에너지개발센터, 김책공대가 중심이 되어서 바이오매스 소화기, 발효장치와 바이오매스 가스화 장치와 직접 연소로를 개발하고 있을 정도로 활발한 연구를 진행 중이다. 따라서 현재 진행 중인 태양광 중심의 개성공단 신재생에너지단지 조성 시범사업이 성공하는 경우, 바이오매스 사업의 추진논의 역시 활성화 될 수 있을 것으로 기대되고 있다.[29]

풍력 분야에서는 국제기구의 풍력시설 공급 사업이 주를 이루었다. 구체적으로 UNDP가 추진한 풍력에너지 중심의 농촌에너지지원사업, 스위스의 국제NGO '캄푸스퀴어크리스투스(Campus für Christus)'의 소형풍력발전기 공급 사업, 미국 UC버클리 부설 아태지역 에너지·환경안보 관련 싱크탱크인 노틸러스 연구소의 풍력발전기 지원 사업 등이 실시되었다. 현재까지 추진된 풍력에너지지원사업 중 가장 규모가 큰 장기 프로젝트는 UNDP가 2010년 2월부터 시행하고 있는 '농촌지역에너지지원사업'이다. 이 사업은 UNDP가 2010년 2월부터 약 250만 달러의 예산을 투자하여 진행 중인 '종자 생산 개선 사업', '수확량 조사 체계화 사업', '수확 후 손실 감소 사업', '풍력에너지 사업', '통계자료 수집 사업'과 함께 진행

29 김상현, "남북한 신재생에너지기술 협력방안," 『한국기술혁신학회 2004년 춘계 학술대회』 한국기술혁신학회 (2004.5), pp. 158-173.

되는 사업으로 현지 풍력발전설비 지원을 주목적으로 하며 다른 사업보다 많은 약 29억 원이 지원되었다.[30]

풍력은 발전단가나 여건상의 유리함에도 불구하고 개성공단이 풍력시설의 입지 여건에 적합하지 않기 때문에 현재 정부의 지원 계획에서 소외되어 있다. 풍력발전은 생산전력의 기준가격이 태양광 발전의 7분의 1 수준에 지나지 않으며, 북한이 매우 풍부한 풍력 자원을 가진 것으로 알려진 만큼 대북 에너지지원과 관련하여 주목해야 할 에너지원이다. 풍력시설의 입지여건상 개성공단 내에 직접 설치를 하는 것은 아니라고 할지라도 관련 기관이나 연구소의 입주가 이루어진다면 개성공단 신재생에너지 조성사업의 일환으로 이해할 수 있을 것이다.

### 3) 개발(Development)

신재생에너지단지 조성사업의 다른 한 축은 신에너지연구 인프라 구축사업이다. 직접적인 재생에너지 시설의 공급을 넘어서 남북 공동 내지 국제적인 협력을 통해 새로운 에너지자원의 연구·개발이 가능한 수준까지 이르는 것을 목적으로 하는 것이다. 이는 보다 장기적이고 지속적인 추진 노력이 필요한 사업이라고 할 수 있다.

기존에 스위스에 기반을 둔 국제NGO '캄푸스퓌어크리스투스(Campus für Christus)'가 북한의 신재생에너지 선진국 연수를 지원한 바 있고 독일의 NGO인 '한스자이델재단(Hans Seidel Foundation)'은 청정개발체제(Clean Development Mechanism, CDM)을 북한에 소개하고 훈련하는 프로그램을 추진하였다. 스위스 구호단체인 '아가페 인터내셔널(Agape International)'은 북한 비재래식에너지센터 건립을 진행하였다. 이러한 프로그램

30 DMZ 학술원 (2013).

들은 북한의 열악한 에너지 환경과 낮은 기술수준 그리고 자본력을 감안할 때 일회성 사업에 그칠 염려가 있다. 전문가를 육성하고 시설을 건립해도 지속적인 유지 및 기술개발의 능력이 부족하기 때문이다. 따라서 남한의 기술과 자본을 계속 지원하고 북측과 함께 그 혜택을 공유할 수 있는 신에너지를 개발하는 것이 효과적이다.

신에너지의 주요 분야는 연료전지, 석탄액화 및 가스화, 수소에너지이다. 그 중 수소와 산소의 화학에너지를 전기화학반응에 의해 전기에너지로 변환하는 연료전지기술은 남한이 북한에 비해 기술의 우위를 점하고 있어 향후 기술이전 및 공동기술개발이 가능한 분야이다. 반면 석탄이 풍부하여 에너지 자원으로 가장 많이 사용하는 북한은 상대적으로 석탄 액화 및 가스화 기술이 많이 축적되어 있다. 수소에너지의 경우 남한과 북한 모두 아직 선진국의 기술수준에 많이 못 미치고 있다.

한편, 연구개발단지를 조성하고, 연구원들이 한곳에 모여 일하려면 편의시설이나 숙소가 제공되어야 하고, 남측 연구원들의 출입이 가능하며, 안전이 보장되어야 한다. 이러한 조건을 만족시킬 수 있는 고려대상지역은 개성공단이 거의 유일하다. 개성공단은 2, 3단계 개발계획에서 기술집약적 산업 및 첨단산업을 유치하려는 계획을 가지고 있다. 따라서 신에너지 연구센터를 건립하는 것은 향후 개성공업지구 개발 계획 방향과도 일치한다. 비용은 2011년 '제주 글로벌 신재생에너지 연구센터'에 247억 원이 들어간 것을 참고하여 비슷하게 산정할 수 있다. 사업에 드는 초기 비용이 크기 때문에 단기적 혜택은 적겠지만 최첨단 기술개발 사업이기 때문에 장기적으로 기술개발이 성공할 경우 그 혜택의 총량이 크게 늘어날 것으로 전망된다.

마지막으로 신에너지 개발에는 고급기술이전이 필요하기 때문에 유럽이나 미국의 학자들과 교류할 기회를 많이 가지게 될 것이다. 그리고 성과를 내기 시작한다면 외국연구소나 관련 기구들이 관심을 표명할 가능성이 크다.

## 4. 신재생에너지지원의 실행방향과 전략

북한에 대한 신재생에너지지원의 실행방향으로서 인도주의적 필요와 빈곤의 문제가 서로 연계되어 있다고 보는 LRRD 접근 방식을 적용할 수 있다. 대북 에너지지원의 현실에서 인도적 지원, 재건, 개발지원은 공존하며 중첩된다. 따라서 단순히 긴급구호와 재건, 개발 국면에 해당하는 지원을 별개로 진행하며 단지 동일한 시기에 진행하는 것이 아니라, 지원의 효과성을 높일 수 있는 형태로 결합시킬 수 있어야 한다. 구체적으로, 일시적인 재난 상황에서의 에너지의 직접 지원 뿐 아니라 에너지 생산과 공급 관련 시설의 재건, 미래 에너지 부족 문제를 예방하기 위한 연구개발이 서로 상호 관련되어 동시에 발생해야 한다.

나아가 전술한 LRRD의 논의에서, 초기의 순차(Continuum) 접근 방식보다는 동시병행적(Contiguum) 접근 방식이 요구된다. 사실 지금까지 LRRD 방식은 선형적이고 일방(One–way)적인 성격으로 적용되어, 위기가 일상적인 상황이 아닌 돌출현상이라는 인식으로 접근하여 왔다. 따라서 단지 긴급구호가 개발지원으로 전환될 때 누구에게 무엇을 어떻게 넘겨야할 것인가를 고민하는 출구전략(Exit Strategy)으로 인식된 측면이 있다. 이와 달리 동시병행적 추진방식은 위기를 장기적인 보통상태로 간주하고, 단기적인 과제와 개발지원이라는 장기적인 과제를 동시에 지원할 수 있는 양방향적(Two–way) LRRD를 의미한다.[31]

이러한 LRRD 방식에서는 맥락특정성(Context Specificity)을 중시할 필

---

31 임강택·권태진 (2014).

요가 있다. 실제로 인도주의적 시스템의 주요한 문제는 너무 많은 조직들이 포함되어 있어 이들을 조정하는 문제가 복잡하다는 것이며, 따라서 단기적인 해법보다는 장기적인 공헌을 위해 상황에 맞는 모델을 찾을 필요가 있다.[32] 상황과 맥락에 따라 다양한 주체들을 이용할 수도 있을 것이다. 예를 들어 국제사회와의 협력 능력을 강화하는 작업에서 특별히 민간 부분의 역할이 보다 강조될 필요가 있다. 북한에 대한 인도적 지원은 정부뿐만 아니라 민간 차원에서도 활발히 추진하였으며 경우에 따라서는 정부보다는 민간이 더 잘할 수 있는 부분이 있어서, 민간 차원의 역할이 더욱 중요할 수도 있기 때문이다.

앞에서 분석한 북한의 현재 에너지 부족 현황과 전력공급현황, 그리고 신재생에너지 활용현황을 보면, 이러한 LRRD 방식이 적합하다. 상황에 따라 긴급구호가 시급한 지역이 존재하고, 또한 북한 전반적으로 에너지 생산기반을 복구 또는 재건함과 동시에 미래지향적으로 재해에 대비하는 역량을 개발해야 한다는 것을 알 수 있다. 따라서 긴급지원이 필요한 부분에 대한 접근과 상대적으로 덜 취약한 주민들의 상황 개선 및 미래에 발생할 수 있는 위기를 방지하기 위한 노력이 동시에 진행될 수 있도록 지원해야 한다. 한편에서는 위기상황에 대한 효과적인 긴급구호 제공과 함께 재난의 재발 방지 노력을 지속하면서, 다른 편에서는 복구와 개발을 위한 지원과 협력사업을 병행적으로 진행할 필요가 있다.

예컨대 민간에서 재생에너지 활용에 대한 공동연구, 재래식 에너지와 관련한 기술이전을 추진하였던 것은 긴급구호와 재건, 개발이 동시병행적으로 추진되면서 지원의 효과성을 제고할 수 있음을 보여주는 사례이다. 구체적으로 ㈜한국풍력에너지가 북한의 삼천리총회사와 공동학술회의를 열어 북측의 풍력자원을 조사하고 마식령지구에 계측타워를 설치

32 Audet (2015).

한 바 있다. 또한 '귀뚜라미보일러'는 북한의 실정에 맞는 연탄보일러를 개발하여 기술을 이전하고 견본품과 부속품을 지원한 바 있다.[33]

국제기구에서도 북한에 통합적인 에너지지원을 시행한 바 있는데, 앞서 풍력에너지지원에서 언급했던 '농촌지역에너지지원사업'이 그 사례이다. 이 사업은 풍력 에너지와 관련한 설비 지원 및 조사, 풍력 에너지 장비의 자체 제작 지원, 풍력에너지 전문가와 기술자 양성 사업을 통합하여 재건과 개발을 동시에 지원하는 프로젝트이다.[34] 이처럼 재생에너지의 설비 지원과 기술이전, 연구조사, 전문가 양성 등의 지원을 결합하는 것은 대북 에너지지원의 재건 국면과 개발 국면을 연결하여 중·장기적 지원을 동시병행적으로 추진하는 방안이 될 수 있다.

이러한 LRRD 방식을 적용한 신재생에너지지원을 구체적으로 실행하기 위한 전략을 국내적, 남북관계, 국제적 차원으로 구분하여 생각해 볼 수 있다. 먼저 국내적 차원에서 보면, 우선 '남남갈등'의 소지가 있는 대북지원의 특성을 고려하여 사업추진의 정당성과 동력확보를 위해 국민들의 지지기반이 구축될 필요가 있다. 이를 위해 관련부처, 전문가, 기업, 시민단체 등이 참여하는 공론의 장을 만들고, 신재생에너지지원에 대한 지지여론을 형성하고 국민들의 동의를 확보해야 한다.

또한 신재생에너지단지조성과 같은 중장기 사업을 성공적으로 추진하기 위해 국내 조직과 제도를 정비할 필요가 있다. 조직적 측면에서 통합적인 실행기구의 설치, 그리고 법·제도 측면에서 사업지원을 위한 관련법령의 정비 등이 이루어져야 한다. 먼저, 부처 간 칸막이를 없애고 사업과 정책을 총괄하는 통합적인 운영기구를 설치하여 신재생에너지 대북지원을 추진할 필요가 있다. 이를 위해 정부 관련부처 산하 사업기관 및

---

33 김경술 (2012).

34 DMZ 학술원 (2013).

연구기관 등이 참여하는 조직을 설치하여 운영하고, 주관부처인 통일부, 그리고 사업부서의 역할을 할 환경부와 산업통상자원부에 전담부서 등 실행조직을 설치하는 방안을 모색할 수 있을 것이다.[35]

법적으로는 「남북관계 발전에 관한 법률」에 따라 남북한 간의 관계는 국가 간 협력관계가 아니라 민족 내부의 특수한 관계로 간주되어 대외경제협력기금(Economic Development Cooperation Fund)을 이용한 사업을 할 수 없으나, 「남북 교류협력에 관한 법률」에 근거하여 신재생에너지 협력사업을 할 수 있다. 그러나 현재는 교역 및 경제분야 협력으로 구분되면 보증이나 융자만 가능하도록 되어 있다. 법에 이윤을 추구하지 않는 개발협력사업이 가능하도록 관련조항을 개정할 필요도 있으며, 나아가 북한 내 설비공급 등이 가능하도록 신재생에너지법의 보완도 필요하다.

다음으로 남북관계의 차원에서 바라보면, 기본적으로 남북 신재생에너지 협력은 자본과 인력, 시간을 필요로 하는 장기적인 계획이라는 점에서 합의와 추진이 쉽지 않다. 다시 말해, 남북 상호간 신뢰가 바탕을 이루지 않으면 어려운 일이다. 더욱이 LRRD의 재건이나 개발은 주로 협력사업의 형태로 이뤄진다는 면에서 긴급구호에 비해 북한의 협조가 더 필요하다고 할 수 있다. 따라서 북한 내 정치적 의미에서 '북한의 수용성'을 고려하여 환경과 상황변화에 따라 구체적인 추진전략과 세부사업계획을 선택하고 실행가능성 및 지속가능성을 제고할 필요가 있다.

구체적으로, 남북관계 조정기에는 구체적인 전략과 사업을 개발하여 기반을 구축하고, 기술원조 등 시범사업을 추진한다. 긴장국면이 완화되고 신뢰가 형성되어 가는 남북관계 개선기에는 실무급에서 북한과의 협

---

35 또한, 국내 남북협력기금, 국제기구기금 및 관련국 ODA자금, 민간자금을 활용한 기금을 운용하는 것을 생각해 볼 수 있다. 추장민 외, "한반도 '그린데탕트' 추진방안에 관한 연구," 『한국환경정책평가연구원 연구보고서』 제19호 (2013).

력채널을 구축하고 점진적으로 다양한 채널을 통해 교류협력의 규모와 분야를 확대한다. 나아가 평화공존 시기에는 남북한 간의 신뢰를 바탕으로 협력하여 본격적으로 신재생에너지 대북지원사업을 추진하는 것이다.

마지막으로 북한과의 신재생에너지 협력은 남북한만의 문제가 아니라, 동북아 차원의 협력, 나아가 국제적 차원에서의 협력이 함께 추진되어야 하기 때문에, 국제적인 측면에서의 논의가 필수적이다. 이를 위해 신재생에너지 대북지원을 추진할 국제적 협력체계를 구축하고, 정치적·재정적 지원을 확보할 방안이 모색되어야 한다.

먼저, 독립적이며 공정한 것으로 받아들여지는 국제기구나 전문기관을 활용하여 대북지원의 실행을 현실화할 필요가 있다.[36] 또한 UN 등 다양한 국제기구와의 네트워크를 통해 국제적인 여론을 조성하고 공감대를 형성하여, 미국, 중국, 일본, 러시아 등 주변국들의 협조를 얻어내어 신재생에너지단지조성사업의 국제적 기반을 조성할 필요가 있다. 나아가 여러 국제기구 및 국가들과 공동으로 기금을 조성할 수 있는 방안을 모색할 수도 있을 것이다.

## Ⅳ. 맺으며

결론적으로, 북한에 대한 신재생에너지지원은 여러 측면에서 적합하다고 하겠다. 우리의 내부적인 갈등을 넘어서 동의를 얻어내는 데에 효과적

36 예를 들면 UNDP, UNEP, IUCN, GCF 등 국제기구, 한스자이델재단과 같은 독일, 중국 등 제3국의 기관 등과 긴밀히 협력하여 국내외 네트워크를 구축하고 사업을 추진해 나가는 방안이 모색되어야 할 것이다. 추장민 외 (2013).

일 뿐만 아니라, 신재생에너지에 대한 북한의 정책적 노력 등을 고려해 볼 때 북한의 수용가능성이 높으며, 또한 국제적으로 지배적인 담론으로 자리 잡고 있는 '지속가능한 발전(Sustainable Development)'의 패러다임에도 부응하는 것이다. 종합적으로 국내적, 남북관계, 그리고 국제적 차원에서 모두 설득력이 있어 현실적인 대안이 될 수 있다.

또한 이러한 대북 신재생에너지지원을 위해서는 인도주의적 필요와 빈곤의 문제가 상호 관련되어 동시에 발생한다는 믿음에 기초하고 있는 LRRD 방식을 적용하여 추진해야 한다. 현재 북한의 심각한 에너지 부족 현황과 신재생에너지 활용현황을 살펴보면, 상황과 맥락에 따라 위기 상황에 대해 효과적으로 대응하는 긴급구호(Relief), 그리고 이와 함께 전반적인 에너지 생산기반을 재건(Rehabilitation)하고 재해에 대비하는 역량의 개발(Development)을 병행해야 할 필요가 있는 것이다. 이러한 LRRD 방식을 통한 남북 신재생에너지 협력을 추구하기 위해서는 국민들의 동의 확보, 북한의 수용성을 고려한 협조전략, 동북아와 국제적 차원에서의 협력체계 구축 등 구체적이고 실현가능한 전략들이 모색되어야 할 것이다.

북한의 심각한 에너지 빈곤 상황은 주민들의 삶을 황폐화시키고 생존권을 위협하고 있으며, 원칙적으로 북한주민들의 삶을 개선시키는 것은 인도주의적 차원에서 국제사회에서 요구하는 보편적 인권의 문제이자, 현실적으로 우리가 나서서 해결해야 할 과제이다. 특히 북한에 대한 에너지지원은 북한주민들의 삶의 질을 직접적으로 향상시킬 수 있을 뿐만 아니라, 보건, 교육 등 타 분야와 밀접한 관계를 지니고 있는 에너지 분야의 특성으로 인해 전반적인 북한의 역량발전에 기여할 수 있을 것이다. 또한 북한에 대한 신재생에너지지원은 남한의 신재생에너지 산업의 성장을 견인하여 우리의 지속가능발전을 가능하게 할 것이다.

나아가, 남북한 관계에 있어 안정적인 평화는 이러한 지속가능발전을 추구함으로써 달성가능하다고 할 수 있다. 남북한 관계는 복합적이고 다양한 변수들을 고려해야만 하고, 대북지원 전략들 또한 북핵문제와 연계되어 있다. 핵무기 관련 협상은 계속되어 잘 진행될 때도 있고, 또 난관에 부딪칠 때도 있을 것이나, 핵문제가 결코 단숨에 해결될 수 있는 쉬운 문제가 아님은 분명하다. 핵협상의 성패와는 별도로 지속적인 개발 활동은 외교적 행위들에 비해 하위(Downstream)정치의 측면에서 분쟁을 예방하는 데에 기여할 것이다.

남북 신재생에너지 협력은 국내적, 남북관계, 국제적 차원에서 현실적으로 적합할 뿐만 아니라, 특히 LRRD 방식을 적용하여 긴급구호와 재건, 개발 간의 간극을 최소화하고 원조효과성을 제고하는 것이 가능할 것이다. 이러한 협력을 통해 북한의 역량발전과 함께 우리가 달성하고자 하는 남북한 모두의 지속가능한 발전, 그리고 궁극적으로는 한반도의 평화를 확보하는 데에 기여할 것이다.

김정은 집권 이후 당국이 책임져야 할 에너지 사업영역까지 주민들에게 강요하는 등 민간 부담이 높아지고 북한의 에너지 부문 자립이 요원해 보이는 상황 펼쳐지는 가운데,[37] 최근 관련 논의에서도 북한 내부적으로 전통적 에너지에서 벗어나 재생에너지를 확대해 나가기 위한 기술개발 및 법제 개선, 남북 협력과 국제적 지원의 활용 등이 주장되고 있다.[38] 나아가 한반도 에너지 전환이나 에너지공동체 담론으로서의 접근,[39] 그리

---

37 박민주·김석향, "북한 "에네르기" 담론의 변천사," 『사회과학연구』 제28권 1호 (2020), pp. 8-43.

38 박문숙, "북한 재생에너지분야 법제 현황과 국제적 대응," 『통일법제 이슈페이퍼』 제8호, 2020.

39 이정필·권승문, "한반도 에너지 전환 경로와 시나리오 구상하기," 『공간과 사회』 제30권 1호 (2020), pp. 167-213; 황진태, "한반도 에너지 전환의 개념화를 위한 시론," 『공간과 사회』 제30권 1호 (2020), pp. 124-166.

고 주요 공여국, 국제기구, 민간 등 다양한 행위자의 협력에 의한 국제사회의 개발협력 패러다임인 SDGs에 기반을 둔 접근 방법 등이 활발히 논의되고 있다.[40]

40 조진희·강우철, "지속가능발전목표(SDGs) 관점에서 본 북한 에너지 정책과 남북협력 시사점,"『입법과 정책』 12-2 (2020), pp. 175-201.

## 더 읽을거리

문경연, "대북지원의 인간안보적 재해석," 『북한연구학회보』 제16권 2호 (2012), pp. 295–328.

이종무·김태균·송정호, 『수원국의 역량발전을 위한 개발협력전략과 사례연구』 (서울: 통일연구원, 2011).

Audet, François. "From disaster relief to development assistance: why simple solutions don't work," *International Journal* 70–1 (2015), pp. 110–118.

Hinds, Róisín. *Relationship between humanitarian and development aid* (GSDRC Helpdesk Research Report 1185) (UK: GSDRC, 2015).

Steets, Julia. *Donor strategies for addressing the transition gap and linking humanitarian and development assistance: a contribution to the international debate.* (Berlin: GPPI, 2011).

제9장
# 북한개발협력을 위한 취약국 지원 접근에 대한 비판적 검토*

손혁상(경희대학교)

김선주(경희대학교)

## I. 들어가며

2015년 9월 UN총회에서 채택된 SDGs의 가장 눈에 띄는 특징 중의 하나는 새천년개발목표(Millennium Development Goals, MDGs)가 다루지 않은 '평화', '인권', '민주주의' 및 '효과적 제도'를 강조하는 16번 목표를 포함한 것이다. 최근 국내외적으로 해당 항목에 관한 관심이 제고되면서

* 이 장은 2018년 대한민국 교육부와 한국연구재단의 지원을 받아 수행된 연구(NRF-2018S1A3A2075117)로 2019년 『국제정치논총』 제59권 1호에 게재된 "북한개발협력을 위한 취약국지원 전략 유용성에 대한 비판적 검토"를 토대로 작성되었다. 논문이 책으로 나올 수 있도록 허락해준 국제정치논총 편집위원회에 감사드린다.

국내 무상원조 집행기관 한국국제협력단(KOICA)은 2018년 SDG 16번 이행을 기관의 혁신중점과제로 두고 관련 사업의 추진과 확대를 천명하였다. 주요 공여국인 영국은 SDG 16번 이행을 위해 취약국 문제 해결에 박차를 가하고 있는 대표국가 중 하나로 법·제도 구축에 집중하여 총 원조액의 약 50%에 해당하는 금액을 취약국의 불안정성 개선과 부패방지를 위해 지원하고 있다.[1] SDG 16번은 평화논의가 핵심인 만큼 분쟁 및 취약국에 대한 고려가 필수적으로 이는 한반도 평화구축 논의와도 자연스럽게 연결되고 있다. 즉 국제적으로는 취약국 문제 해결, 국내에서는 한반도 평화구축과 취약국으로 간주되는 북한에 대한 논의가 중심이 되고 있다.[2]

본 연구는 북한을 취약국으로 무비판적으로 분류하여 경제제재 국면

---

1 곽재성 외, 『SDG16 달성을 위한 KOICA 이행방안 연구』(성남: 한국국제협력단, 2018), p. 49.

2 김석진, 『개발원조의 국제규범과 대북정책에 대한 시사점』(서울: 산업연구원, 2009); 김석진, "대북 개발지원의 과제와 추진방향," 『KIET 산업경제』 5월호 (2006), pp. 34-46; 이조원, "취약국가 모델과 북한에 대한 개발협력연구," 『북한연구학회보』 제12권 (2)호 (2008), pp. 289-321; 박형중 외, 『국제사회의 개발지원 이론과 실제: 북한개발지원을 위한 모색(총괄보고서)』(서울: 통일연구원, 2008); 장형수 외, 『북한개발지원을 위한 국제협력방안』(서울: 통일연수원, 2009); 전승훈 외, 『개발협력 경험의 대북지원 활용방안』(성남: 한국국제협력단, 2010), pp. 1-174; 강동완, "남북한 통합대비 북한개발지원 추진방안-"개발협력관점에서의 식량지원"을 중심으로," 『통일과 평화』 제3집 (1)호 (2011), pp. 253-300; Kim Jiyoung, "The politics of foreign aid in north korea," *The Korean Journal of International Studies* 12-2 (2014), pp. 425-450; 김지영, "국제사회의 대북 인도적 지원의 실제와 효과성: 탈북민의 인식조사 결과를 중심으로," 『한국동북아논총』제21권 (1)호 (2016), pp. 87-103; 권율 외, 『아시아 취약국 ODA 지원 전략과 CPS 개선방향』(세종: 대외경제정책연구원, 2015); 박지연, "제12장: 취약국 원조논의와 북한개발협력," 『북한개발협력의 이해: 이론과 실제』(서울: 오름, 2016), pp. 369-397.

과정이나 종료 이후 북한개발협력에서 취약국 지원 전략을 적용하는 접근의 적절성과 타당성에 대한 문제의식에서 출발한다. 이제까지 진행된 북한과 취약국 관련 연구들은 대부분 북한을 취약국으로 간주하고 있지만 다양한 문건에서 북한의 취약국이 아닌 모습을 발견할 수 있었으며 취약성 평가결과, 북한이 일정 수준의 안보와 복지를 제공하는 국가로 평가받고 있다는 점이 본 연구의 문제의식을 뒷받침한다. 골드스톤 외(2003)의 연구, 조지메이슨대학교(George Mason University)와 브루킹스(Brookings)의 취약성 평가결과는 모두 북한이 일정 부분에서 취약성을 보유하나 취약국이 보유하지 않은 안정성도 가지고 있는 점을 함께 지적하였다.[3] 취약성 평가결과 이외 다른 자료에서도 북한을 일방적으로 취약국으로 분류하기 어려운 점을 보여준다. 국가의 기초서비스 제공 능력을 나타내는 취약국의 주요 지표인 5세 미만 아동 사망률 살펴보면 유니세프(UNICEF)의 세계아동보고서 검토결과 2016년 북한의 5세 미만 아동 사망률 추정치는 인구 천 명 당 20명 수준으로 1990년도 추정치(인구 천 명 당 43명)에 비해 그 비율이 줄어들었고,[4] 해당 추정치는 아프가니스탄(인구 천 명 당 70명)과 말리(인구 천 명 당 111명)의 추정치보다 현저히 낮음을 확인할 수 있다.[5]

이러한 문제의식에 기초하여 본 연구는 북한개발협력 접근에 있어 외부적으로 주어진 취약국 지원 전략보다는 국제사회의 경제제재와 북한

---

3 이에 대해서는 제4장 2절 '북한에 대한 국제사회의 취약성 평가' 부분에서 좀 더 구체적으로 논의함.

4 UNICEF, *The State of the World's Children 2017: Children in a digital world* (New York, 2017), p. 154.

5 아프가니스탄과 말리는 2018년 12월 현재 세계은행의 취약국 목록인 '취약상황에 대한 통합목록(Harmonized List of Fragile Situations)'에서 확인할 수 있는 국가들임.

의 내부의 사회경제적 특수성을 고려하는 북한의 개발수요에 천착해야 한다고 주장한다. 특정 국가의 개발수요에 기반을 둔 원조전략은 이미 2005 OECD 개발원조위원회(DAC)의 파리 원조효과성의 다섯 가지 원칙 중 주인의식(Ownership)과 원조일치(Aid Alignment)에서도 강조하듯이 국제적으로 합의된 일반적 접근이다. 따라서 최근 UN을 비롯한 국제기구가 북한당국과 합의한 전략프레임워크와 북한이 2016년에 발표한 국가경제개발 5개년 전략 분석을 통해 북한의 개발수요를 분석한다. 다음 장에서는 취약국 논의를 이끌어가기 위한 이론적 논의로 국제사회 공여자들의 취약국 개념논의와 취약성 모델을 검토한 후 취약국 지원을 위한 국제사회 논의동향에 대해 살펴본다. 제3장에서는 국제사회의 취약국/취약성 측정 방식에 대해 검토한 후 해당 내용을 기초로 북한에 대한 취약성 측정 결과를 살펴보고 북한을 취약국으로 전제한 선행연구를 확인한다. 제4장에서는 효과적인 북한개발협력을 위한 적절한 접근법을 제안하고자 국제사회와 북한의 관점에서 북한의 개발수요와 우선순위를 확인할 수 있는 내용을 검토하고 해당 내용을 종합하여 북한 내 실질적인 필요와 우선과제를 확인하고자 한다. 마지막 장에서는 검토결과를 전반적으로 요약하고 효과적인 북한개발협력을 위해 국제사회와 북한이 공통적으로 강조하는 내용에 기초하여 접근해야 함을 서술한다. 본 연구는 논쟁거리인 북한의 취약국 여부를 재점검하고 효과적인 북한개발협력을 위해 적용할 수 있는 방안을 제시하고자 한다.

## Ⅱ. 취약국에 대한 국제사회 논의 동향 분석[6]

6 '취약국 개념 및 국제사회 논의 동향'은 김선주(2018) 석사논문의 '제2장 취약국/취약성의 정의 및 국제사회 취약국 논의 동향' 내용을 참고하여 작성하였음.

## 1. 취약국 개념의 다면성과 취약성 모델

국제사회의 개발원조가 시작된 이래 전 세계의 빈곤 감소에는 큰 성과가 있었다. 하지만 여전히 전 세계 약 15억 인구가 취약국에 거주하고 있으며,[7] 남아있는 빈곤 인구마저 취약국에 집중되고 있다.[8] 이런 상황은 국제사회의 수많은 공여자들의 취약국에 대한 관심증대에 기여했지만, 여전히 취약국에 대한 국제적으로 통일된 개념이 존재하지 않는다. 따라서 수많은 연구들은 일반적으로 '국가 역량이 부족하며 저개발로 인한 어려움으로 국민들에게 기초재화를 제공할 의지와 능력이 없는 국가'를 취약국으로 이해하고 있다.[9]

국제적으로는 OECD와 세계은행의 개념이 가장 널리 쓰이고 있다. OECD는 '국가 내 사회와 상호 건설적인 관계 형성이 부족하며, 기초 거

7 World Bank, *World Development Report 2011: Conflict, security, and development* (Washington DC, 2011), pp. 1-2; OECD, *State of fragility 2016: Understanding Violence* (Paris: OECD Publishing, 2016), p. 16.

8 OECD, *State of fragility 2018* (Paris: OECD Publishing, 2018), p. 3.

9 배재현·노우영, "국제사회의 취약국 지원원칙과 한국의 취약국 지원 방안마련을 위한 탐색적 연구," 『행정논총』 제50권 (1)호 (2012), pp. 279-301; Park Jiyoun, "Norms and realities of applying the aid discourse on fragile states to north korea," *Asian Politics & Policy* 8-4 (2016), pp. 559-574; 이조원 (2008), pp. 289-321; 김석진 (2009), pp. 37-40; Kwon, Yul. et al., "Korea's ODA policy for fragile states in Asia," *World Economy Brief* 16-20 (2016), pp. 1-7; 권율 외 (2015), pp. 26-29; 권혁주 외, "분쟁과 갈등으로 인한 취약국가의 개발협력: 취약국가 모형과 정책대안 모색을 중심으로," 『행정논총』 제48권 4호 (2010) pp. 171-199; 권혁주, "취약국가의 지원을 위한 글로벌 수준의 정책적 접근: 뉴딜의 경험과 과제," 『국제개발협력』 2호 (2017), pp. 3-22; 이승철, "OECD 취약국 지원원칙이 KOICA 취약국 지원 전략에 주는 시사점," 『국제개발협력』 2호 (2017), pp. 75-92.

버넌스 기능을 수행할 역량이 미흡한 국가'라고 정의하고 있다.[10] 세계은행은 '취약상황'에 대한 정의를 통해 '취약국'에 접근하며, 국가정책 및 제도평가(Country Policy and Institutional Assessment, CPIA)결과[11]와 평화유지군 존재여부를 취약국 구분의 가장 핵심적인 요소로 보고 있다.[12] 특히 국가 '취약성'은 국가 역량의 문제일 뿐 아니라 사회 내 존재하는 그룹 사이의 병리적 관계와도 관련이 있다고 파악하였다. 즉 국가역량과 함께 사회 구성원들 간의 상호작용까지 함께 고려하고 있는 것이다.[13] 이에 '제도적 역량과 거버넌스가 부족하고 정치적 불안정성이 팽배한 국가'를 취약국으로 이해하고 있다.[14]

개별 국가들도 각자의 관점에서 취약국을 정의한다. 영국 국제개발부(DFID)는 취약국을 '정부가 빈곤층을 포함한 대다수의 사람들에게 기초적인 편의를 제공하지 않거나 제공할 수 없는 국가'로 이해한다. 이 정의에 따르면 DFID는 한 국가가 분쟁을 겪고 있다고 하더라도 그 국가가 일정 수준의 서비스를 국민들에게 지속적으로 제공할 수 있다면, 그 국가를 취약국으로 정의하지 않는다는 것을 의미한다.[15] 미국 국제개발처(US-

---

10 OECD, *Supporting Statebuilding in Situations of Conflict and Fragility: Policy Guidance, DAC Guidelines and Reference Series* (Paris: OECD Publishing, 2011), p. 21.

11 CPIA 3.2 혹은 그 이하.

12 World Bank, *Definition of fragility, the IDA exceptional allocation framework and the post-conflict performance indicators framework – Q&A –* (2013). pp. 1-6.

13 Alexandre Marc, et al., *Societal dynamics and fragility: Engaging societies in responding to fragile situations (English), New frontiers of social policy* (Washington DC: World Bank Publishing, 2012), pp. 11-121.

14 Frances Stewart and Graham Brown, *Fragile states, CRISE Working Paper* 51 (University of Oxford, 2009), p. 1.

15 Frances Stewart and Graham Brown (2009), p. 2.

AID)는 2005년에 수립한 취약국 전략에서 '넓은 범위에서 실패하고 있는, 실패한, 그리고 회복중인 국가(Failing, failed and recovering states)'를 취약국으로 정의하고 있다.[16] 또한 USAID는 취약국이 실패와 회복의 과정을 자주 겪고 이에 대한 예측이 어려워, 취약국의 구분이 항상 명백하지 않다는 점을 언급하였다. 따라서 USAID는 취약국 분류보다 그 국가가 얼마나 빨리 안정적인 상태가 되는지를 더 강조하며, 이런 이유에서 '이미 위기에 처한 국가들(Countries that are already in crisis)'과 '위기에 취약한 상태인 국가들(Fragile states that are vulnerable)'에 대한 전략이 구분되어야 한다는 점을 강조한다.[17]

**〈표 1〉 주요 공여국/공여기관의 취약국 정의[18]**

| 공여자 | 취약국 정의 |
|---|---|
| OECD | 국가 내의 사회와 상호 건설적인 관계 형성이 부족하며, 기초적인 거버넌스 기능을 수행할 역량이 부족한 국가 |
| World Bank | 제도적 역량과 거버넌스가 부족하고 정치적 불안정성이 팽배한 국가를 취약국으로 파악(사회 내 존재하는 그룹들 간 관계를 함께 고려하여 CPIA 기반 취약국 판단) |
| USAID | 일반적으로 넓은 범위에서 실패하고 있는, 실패한, 그리고 회복하고 있는 국가 |
| DFID | 정부가 빈곤층을 포함한 대다수의 사람들에게 기초적인 역할을 제공하지 않거나 또는 제공할 수 없는 국가 |
| AusAID | 정부가 효과적 통치역량을 보유하지 않아 지역사회와 내실 있는 관계형성이 부족한 국가 |
| ADB | 거버넌스가 약하며 공공행정, 법규가 효과적 작용을 하지 않고 불안정성이 팽배한 국가 |
| KOICA | 사회·경제·정치·환경 위험에 대한 국가의 역량 부족으로 지속가능한 개발의 가능성이 거의 없어 도전에 직면한 국가 |

하지만 취약국 기반 접근은 정치적인 민감성을 동반한다. 뿐만 아니라

16 USAID, *Fragile states strategy,* (Washington DC, 2005), p. 1.

17 USAID (2005), p. 1.

18 OECD (2016), World Bank (2013), USAID (2005), 이승철 (2017), ADB (2012), 한국국제협력단 (2016) 등의 내용을 참고하여 저자 작성.

취약국이라는 개념이 국가중심적 거버넌스에 집중되어 있다는 점과 국가가 보유한 취약성에는 낮은 국가역량 이외에도 다양한 원인이 있다는 주장이 제기되고 있다. OECD는 취약성을 '복합적 위험에 노출될 경우 국가와 체제 혹은 공동체가 그 위험을 관리, 수용하고 완화시킬 수 있는 대응능력이 부족한 상태'라고 정의하고 '다면적 취약성 모델'을 통해 취약성을 분석하고 있다.[19] OECD는 2018년 보고서에서도 국가 취약성의 복잡성과 다면성을 강조하고 취약성 맥락에 따른 차별적 접근의 필요성을 지적하였다. 특히 취약국 지원에 참여하는 공여자들은 취약성의 다면성적 특징을 기초로 드러나지 않은 위험도 사전에 고려해야 함을 강조하고 있다.[20]

〈표 2〉 OECD 다면적 취약성 모델[21]

| 구분 | 설명 |
|---|---|
| 경제적 취약성 | 거시경제 충격, 불평등한 성장, 높은 청년 실업률과 같은 경제적 기반과 인적자본 영역의 취약성 |
| 환경적 취약성 | 자연재해, 오염, 전염성 질병 등에 대한 노출을 포함하여 국민의 삶과 생계에 영향을 미치는 환경적, 기후적 건강 위험에 있어서의 취약성 |
| 정치적 취약성 | 정치적 과정, 사건, 혹은 정치적 결정에 내재하고 있는 위험과 정치적 포괄성의 부족(엘리트 집단 포함), 투명성, 부패 그리고 억압을 피하고 변화를 수용하는 사회적 능력 |
| 안보적 취약성 | 정치적, 사회적 폭력을 포함하여 범죄와 폭력에 대한 전반적인 안보에 대한 취약성 |

19 OECD (2016), p. 73; 김준모, "지속가능개발목표 달성을 위한 분쟁해결 및 취약국 지원," http://mcms.mofa.go.kr/webmodule/htsboard/template/read/hbdlegationread.jsp?typeID=15&boardid=11076&seqno=1282175&c=TITLE&t=&pagenum=1&tableName=TYPE_LEGATION&pc=&dc=&wc=&lu=&vu=&iu=&du= (검색일: 2018.10.4.).

20 OECD (2018), p. 11.

21 OECD(2016), p. 73의 〈표 3.1〉 취약성의 5가지 측면에 해당하는 내용을 요약하여 정리함.

| 사회적 취약성 | 문화적으로 정의되거나 혹은 구조적인 집단 간 불평등, 사회적 분열을 포함한 수직적, 수평적 불평등에서 기이한 사회 통합의 취약성 |
|---|---|

## 2. 국제사회의 취약국 논의 동향

국제사회가 분쟁 및 취약국 문제에 주목하게 된 가장 큰 계기는 2001년 미국에서 발생한 9/11테러였지만, 실질적으로 1990년대 초반부터 취약국 지원 노력을 지속하였다. OECD/DAC이 이 논의를 초기에 주도하였는데, 90년대 초에는 OECD/DAC의 분쟁, 평화, 개발협력 네트워크(Conflict, Peace and Development Co-operation, CPDC)를 시작으로 2005년 OECD/DAC의 취약국 그룹(Fragile States Group, FSG)이 활동을 시작하면서 국제사회의 취약국 지원을 위한 '분쟁방지' 중심의 가이드라인을 제공하였다. 1997년 '분쟁, 평화 및 개발협력에 대한 가이드라인'[22]에서는 분쟁 및 취약국이 복합적인 위기에 놓여있기 때문에 국제적인 지원이 필요함을 지적하면서 정부, 정부 간 기구, NGO 사이의 통합적이고 일관된 대처의 필요성을 강조하였다.[23] 2001년에는 '분쟁방지를 위한 가이드라인'[24]을 통해 분쟁예방이 지속가능발전과 빈곤퇴치를 위한 핵심요소임을 강조하였다.

위 내용이 '분쟁방지' 차원에서의 분쟁 및 취약국 지원 노력이라면 '원

22 원문 명은 'Conflict, Peace and Development Cooperation on the Threshold of the 21st Century'

23 OECD, "Part I: Helping prevent violent conflict: Orientations for external partners-part II: Conflict, peace and development co-operation on the threshold of the 21st century." in *The DAC guidelines: Helping prevent violent conflicts,* (Paris: OECD Publishing, 2001), p. 28.

24 원문 명은 'The DAC Guidelines: Helping Prevent Violent Conflict'.

조효과성' 측면에서도 분쟁과 취약국 이슈가 다루어졌다. OECD/DAC이 2005년 제2차 원조효과성 고위급포럼에서 결의한 '파리선언'은 취약국에 대한 효과적인 원조 내용을 포함하고 있다. 2007년에 OECD/DAC은 '파리선언'의 내용을 토대로 '취약국, 취약상황에 대한 국제사회의 모범적 개입원칙'[25]을 수립하여 취약상황에 대한 국제사회의 원조효과성을 제고하고자 하였다.

〈표 3〉 OECD/DAC의 국제사회의 취약국 지원을 위한 모범적 개입원칙[26]

| |
|---|
| 1. 맥락을 파악할 필요가 있음. |
| 2. 모든 활동이 해가 되지 않는지 확인할 필요가 있음. |
| 3. 국가건설을 주요 목적으로 둘 필요가 있음. |
| 4. 예방을 우선시할 필요가 있음. |
| 5. 정치, 안보, 개발 사이의 연결고리를 인식할 필요가 있음. |
| 6. 포괄적이고 안정적인 사회의 기반으로서 비차별주의를 촉진할 필요가 있음. |
| 7. 다른 맥락에선 다른 방식으로 지역적 우선순위를 조정할 필요가 있음. |
| 8. 국제적 행위자들 사이에 실질적 협력 체계를 합의할 필요가 있음. |
| 9. 성공을 위해 충분한 기간을 가지고 개입하되 빠르게 행동할 필요가 있음. |
| 10. 배재(원조고아)는 피해야 할 필요가 있음. |

2008년 OECD/DAC은 CPDC와 FSG를 하나로 통합하여 '분쟁과 취약성에 대한 국제적 네트워크(International Network on Conflict and Fragility, INCAF)'를 산하기구로 설립하고 분쟁 및 취약국 이슈를 집중적으로 다루고자 하였다. INCAF는 취약국 지원 시 '모범적 개입원칙'과 '범국가적 접근법(Whole−of−Government Approach)'[27]의 적용을 강조하고 있다.[28] 같

25 원문 명은 'Principles for Good International Engagement in Fragile States'.

26 OECD (2011a), p. 10.

27 국가 내에서 정치, 경제, 안보, 사회 등 각 부문을 담당하고 있는 정부 부처들이 개발원조와 인도적 지원에 대한 책무성을 가지고 함께 참여하여 취약국 문제 해결을 도모하는 접근 방식(OECD, 2008).

은 해인 2008년 '평화구축과 국가형성을 위한 국제대화(International Dialogue on Peacebuilding and Statebuilding, IDPS)'의 장도 형성되었다. 이 역시도 '파리선언'과 '모범적 개입원칙'이 토대가 되었으며 가나 아크라에서 개최된 제3차 고위급포럼에서 수많은 취약국들이 선진 개발 파트너들과 동등한 목소리를 낼 수 있도록 요구한 점도 국제대화 형성에 크게 기여하였다.[29] 2010년 동티모르에서의 국제대화에서는 스스로 취약국이라고 인정한 G7+ 국가들이 '딜리선언'에 합의하고, 이를 기반으로 '몬로비아로드맵'을 채택, 이후 2011년 부산에서 개최된 제4차 고위급포럼을 통해 '몬로비아로드맵'을 승인하여 40개 이상의 국가와 기관의 서명을 받고 '뉴딜'[30]이 합의되었다.

'뉴딜'은 취약국에 효과적으로 개입하기 위한 원칙으로 '평화구축 및 국가재건 목표(Peacebuilding and Statebuilding Goals, PSGs)', FOCUS원칙, TRUST원칙 세 가지로 구성되어 있다. 현재는 '뉴딜'이 국제사회에서 통용되는 유일한 취약국 개입원칙으로 기존의 원칙과 방식을 보완하여 취약국, 공여자, 시민사회 삼자가 함께 합의한 내용이라는 점에서 큰 의미를 지닌다. 이전까지의 합의는 공여자 주도로 이루어진 경우가 대부분 이었으나 '뉴딜'의 경우 스스로 취약국이라고 인정한 G7+국가들의 목소리가 합의내용에 반영되고 G7+국가들이 파트너로서 합의점을 함께 도출할 수 있었다는 점에서 큰 차이가 발생한 것이다.[31] 2016년 4월 스톡홀름에서의 5번째 국제대화는 '뉴딜'에서 강조했던 원리들을 재차 확인하고

---

28 OECD, *OECD development co-operation peer review: Australia 2008* (Paris: OECD Publishing, 2008), p. 34.

29 IDPS Website, https://www.pbsbdialogue.org/en/ (검색일: 2018.4.7.).

30 원문 명은 'A New Deal for Engagement in Fragile States'.

31 권혁주 외, 『분쟁 및 취약국 지원현황 분석: 뉴딜 이행현황을 중심으로』(서울: 한국국제협력단, 2015), p. 25.

이 원리들이 SDGs 달성을 위해 활용되어야 함에 합의하였다. 뿐만 아니라 '뉴딜' 원칙의 이행을 지속하기 위해 향후 5년간 '뉴딜'의 연장을 선언하기도 하였다.[32]

**〈표 4〉 효과적인 취약국 지원을 위한 뉴딜[33]**

<table>
<tr><th colspan="2">평화구축 및 국가건설 목표</th></tr>
<tr><td colspan="2">1. 정당한 정치 : 포용적인 정치적 합의와 분쟁해결 방식 배양<br>2. 안보 : 국민안보 확립 및 강화<br>3. 정의 : 불공정 해소 및 국민의 사법 접근성 증진<br>4. 경제적 토대 : 일자리 창출과 생활환경 개선<br>5. 조세 수입 및 서비스 : 조세 수입 관리 및 책임 있고 공정한 사회서비스 전달 역량구축</td></tr>
<tr><th>개입원칙 이행 방안: FOCUS</th><th>공여국과 취약국의 파트너십 구축 방안: TRUST</th></tr>
<tr><td>F: Fragility Assessment(취약성 평가)<br>O: One Vision, One Plan<br>(하나의 비전, 하나의 계획)<br>C: Compact(이행협약)<br>U: Use(활용)<br>S: Support Political Dialogues and Leadership<br>(정치적 대화와 리더십 지원)</td><td>T: Transparency(투명성 제고)<br>R: Risk Sharing(위험 분담)<br>U: Use of Country Systems<br>(취약국 시스템 사용)<br>S: Strengthen Capabilities(역량강화)<br>T: Timely Predictable Aid(시의적절하고 예측 가능한 원조)</td></tr>
</table>

위에서 논의한 바와 같이 취약국에 대한 정의는 다양하고 취약성에 대한 개념도 지속적으로 발전을 거듭해왔다. 2018년 OECD 취약성 보고서도 취약성의 다면성으로 인해 어느 국가나 취약성을 내재할 수 있다는 점을 보여주었다[34]. 즉 소득이나 국가 내 제도, 분쟁 여부 등과 같이 이제까지 취약국의 특성으로 여겨졌던 요인만 가지고는 취약국을 분류할 수

32 IDPS, "Stockholm declaration: Addressing fragility and building peace in an changing world." Paper presented at International Dialogue on Peacebuilding and Statebuilding Fifth Global Meeting (Stockholm, 2016), pp. 1-4.

33 New Deal Website, "Understanding the New Deal."을 참고하여 저자 작성(검색일: 2018.4.7.).

34 OECD (2018), p. 17.

없게 되었다. 이런 면에서 이제까지의 국제사회 취약국 지원에 대한 논의 동향은 논의대상에 대한 범위를 확장하지 못하고 있다는 점에서 한계가 있다. 뿐만 아니라 북한은 2008년부터 OECD 기준 하에 매년 취약국으로 분류되어 왔다. 그럼에도 불구하고 국제사회의 취약국 지원을 위한 담론들은 북한개발에 적절히 적용되고 있지 않다[35]. 다음은 북한에 대한 국제사회의 취약성 평가 결과와 북한을 취약국으로 전제한 연구들을 재조명하고자 한다.

## Ⅲ. 국제사회의 취약성 평가와 북한

### 1. 국제사회의 취약국 선정과 취약성 평가

2018년 12월 현재 세계은행의 '취약상황에 대한 통합목록(Harmonized List of Fragile Situations)'이 국제적으로 가장 널리 알려진 취약국 목록이라고 할 수 있다. 동 목록은 세계은행, 아시아개발은행(ADB), 아프리카개발은행(AfDB)의 CPIA점수와 UN의 평화유지활동/평화구축 활동 여부를 종합적으로 고려한 결과이다. OECD는 2016년 취약성 모델을 도입하기 전, 취약국 확인에 있어서는 세계은행의 명단과 취약국 지수(Fragile States Index, FSI)를 함께 참고하곤 하였다.[36]

35 Park Jiyoun (2016), pp. 559-574.

36 World Bank Website, "Harmonized List of Fragile Situations." http://www.worldbank.org/en/topic/fragilityconflictviolence/brief/harmonized-list-of-fragile-situations (검색일: 2018.7.9.).

하지만 2016년 보고서에서 OECD는 더 이상 취약국 명단을 발표하지 않겠다는 점을 명시했다.[37] OECD는 2014년까지 취약국 명단을 사용하여 취약국과 그렇지 않은 국가를 구분하였지만, 국가 취약성의 다면성과 보편성에 주목하면서 이분법적 분류는 의미가 없다는 점을 인식하게 되었다.[38] 이에 따라 OECD는 2016년 보고서에서 56개의 취약성 보유국만을 제시하였다. 하지만 취약성을 보유한 56개국을 보고서에 명시하고 있다는 점은 동 국가들을 잠정적인 취약국으로 고려할 수 있는 근거를 마련해주는 것이라고 할 수 있다.[39] 이외 DFID, KOICA와 같은 양자 기관들은 별도로 취약국 명단을 선정하여 실무적인 목적으로 활용하고 있다. 2000년 이후부터 연구기관과 개별 연구자들을 중심으로 개별국가에 대한 취약성을 측정하고 그 결과를 공개하였다. 이후에는 국제사회의 '취약성 평가'에 대해 간략히 다루고 해당 내용을 토대로 북한에 대한 취약성 평가결과를 검토한다.

콜(Call)은 국가 취약성을 역량, 안보, 정당성 차원에서 고려하고 있다. 해당 국가역량에 결함이 있을 경우 '약한 국가(Weak States)'로, 안보 측면에 결함이 있다면 '전쟁으로 피폐한 국가(War–torn States)', 정당성에 문제가 있다면 '억압적 전제정치 국가(Repressive Autocracies)'로 분류하였다.[40] 이에 따라 콜은 취약성을 구성하는 세 가지 기준의 성과가 저조한 20개의 국가를 선정한다. 이 외에 골드스톤 외(Goldstone et al.)는 '실패하고 있는 국가'와 '실패한 국가'를 구분하여, 가능한 시나리오를 분석하고 이 틀

---

37 OECD (2016), p. 70.

38 OECD (2016), p. 70.

39 2018년 OECD의 취약성 보고서에서는 2016년과 동일한 프레임을 활용하여 취약상황에 있는 58개국을 제시해주었음(OECD, 2018).

40 Charles T. Call, "Beyond the 'Failed state': Toward conceptual alternatives," *European Journal of International Relations* 17(2) (2010), pp. 309-310.

에 적용되는 국가들을 취약국으로 제시한다.[41] 그래빙홀트 외(Grävingholt et al.)의 연구는 국가 취약성을 국가의 권위, 역량, 정당성 차원에서 측정하며 특히 권위의 측면에서는 폭력에 대한 전면 통제권, 역량의 측면에서는 기초 사회적 재화의 제공, 정당성의 측면에서는 법률/규율에 대한 수용여부가 주요 기준이다.[42] 비슷한 기준을 적용하여 국가의 권위, 기초 사회적 재화의 지원, 정당성 차원에서 국가 취약성을 평가하고, 취약국에 대한 잠정적인 목록과 국가마다 세 가지 차원의 취약성에 대한 '실패'지수와 '위기'지수를 제시하는 연구도 있다.[43] 대체로 개별 연구자들은 국가의 통치권위, 서비스 제공 역량, 그리고 정당성을 취약성 측정의 주요 기준으로 삼고 있다.

연구기관들도 다양한 방법으로 국가 취약성을 파악하고 있다. 가장 대표적인 취약성 측정 틀은 칼턴대학교(Carleton University)의 외교정책에 대한 국가지표(Country Indicators for Foreign Policy, CIFP)를 활용한 취약성 지수이다. 이는 198개 국가의 국가 지휘권, 정당성, 역량에 대한 취약성 측정결과에 기초하여 취약국 순위를 제공하며 좀 더 구체적으로 이 세 부분을 75개의 세부 지표를 활용하여 거버넌스, 경제, 안보, 인간개발, 인구, 그리고 환경차원에서 검토하였다. 결과치가 6.5점을 넘는 경우 해당 국가의 취약성은 상당히 심각한 수준을 나타내는 것으로 보았으며, 본 지수는 2005년 이래 지속적으로 발전하여 현재까지 광범위하게 사용되고 있

41 Jack Goldstone et al., "Strategy framework for the assessment and treatment of fragile states," *Project to Develop Strategies for Failing, Failed, and Recovering States PPC IDEAS* (2003), p. 1-154.

42 Jörn Grävingholt et al., "Disaggregating state fragility: A method to establish a multidimensional empirical typology." *Third World Quarterly* 36-7 (2015), pp. 1281-1298.

43 Frances Stewart and Graham Brown (2009), pp. 9-10.

다.[44]

브루킹스(Brookings)는 개발도상국의 국가취약성 지수(Index of state weakness in the developing world, ISW)로 141개 개발도상국의 경제, 정치, 안보, 사회복지 부문에 대한 상대적 성과에 따라 취약성을 평가하였다.[45] 측정지표 20개가 활용되었으며, 2008년에 일회적으로 취약국 순위가 발표되었다.[46] 조지메이슨대학교의 국가취약성지수(State Fragility Index, SFI)는 2007년부터 출간해온 '전 세계 분쟁, 거버넌스, 국가 취약성에 대한 보고서'를 통해 도입되었다. 특히 안보, 정치, 경제, 사회에 대한 효과성과 정당성을 측정하고 무력충돌, 레짐 종류, 석유/가스 총생산과 소비 및 지역적 변인도 함께 고려하며, 2016년에는 167개국이 평가 대상이 되었다.[47]

이 외에도 1970년대 중반 등장하여 현재 취약성 평가방식 중 가장 흔하게 활용되고 있는 CPIA(Country Policy and Institutional Assessment)가 있다.[48] 이는 국가 정책과 제도적 틀이 빈곤감소, 지속가능성장, 개발원조의 효과적인 활용 측면에 얼마나 호의적인지를 평가하는 데 목적이 있다.[49] 특히 세계은행이 이 평가방식을 활용하는 가장 대표적 기관이다. 또 다른 취약성 평가방식 중 하나인 FSI(Fragile State Index)는 FFP(Fund for

---

44 David Carment et al., *Assessing state fragility, with a focus on climate change and refugees: A 2016 country indicators for foreign policy report* (Ottawa: Carleton University, 2016), p. 2.

45 Susan E. Rice and Stewart Patrick, *Index of state weakness in the developing world. Foreign Policy at Brookings* (2008), pp. 1-47.

46 Ines A. Ferreira, "Measuring state fragility: A review of the theoretical groundings of existing approaches," *Third World Quarterly* 36-5 (2017), pp. 1294-1297.

47 Monty G. Marshall and Gabrielle Elzinga-Marshall, *Global report 2017: Conflict, governance, and state fragility* (VA: Center for Systemic Peace, 2017), p. 34.

48 Ines A. Ferreira (2017), p. 1298.

49 Ines A. Ferreira (2017), p. 1298.

Peace)가 분쟁측정 도구(Conflict Assessment System Tool, CAST)를 취약성 평가에 활용하는 지수이다.[50] OECD/DAC에서 과거 취약국 명단을 발표할 때 활용하기도 했고 DFID의 취약국 선정도 이 자료를 토대로 한다.[51]

지금까지의 논의와는 조금 다른 맥락에서 개별국의 정치적 상황과 분쟁, 평화에 초점을 둔 취약성 측정노력도 있다. 세계은행에서 발표하는 세계거버넌스지표(World Governance Indicator, WGI) 중 정치적 안정성과 폭력의 부재에 대한 지표(Political Stability and Absence of Violence)는 국가 취약성 관련 논의의 토대가 되어준다.[52] 메릴랜드대학교(University of Maryland)의 취약성 지수는 평화, 분쟁, 불안정성 지수(Peace and Conflict Instability Ledger, PC)를 통해 확인할 수 있다. 2001년부터 2012년까지 총 6회, 160개 국가를 대상으로 정권지속성, 영유아사망률, 경제개발수준, 군사화, 주변국과의 관계를 기초로 국가 취약성을 측정하였다.[53] 마지막으로, IEP(Institute for Economics and Peace)는 전 세계 평화지표(Global Peace Index, GP)를 통해 비평화정도를 측정하고 이를 국가별 평화 수준 분석에 활용한다.[54] 이 지표는 문화/제도가 국가 평화에 미치는 영향에 초점을 맞추고 있으며 군사화, 사회 안정 및 안보, 국내외 갈등 지표와 이에 대한 하위 지표 각 7개, 10개, 5개씩을 두고 있다.[55]

---

50 Ines A. Ferreira (2017), p. 1298.; J. J. Messner et al., *2018 Fragile States Index* (The Fund for Peace, 2018), p. 28.

51 Ines A. Ferreira (2017), p. 1298.

52 박지연 (2016), p. 383.

53 박지연 (2016), pp. 384-385.

54 박지연 (2016), p. 385.

55 박지연 (2016), p. 385.

## 2. 북한에 대한 국제사회의 취약성 평가

북한을 아프가니스탄, 코소보, 시리아 등과 같은 취약국으로 분류해야 하는지에 대해서는 측정지표의 결과 수치와 함께 북한상황에 대한 종합적인 고려가 필요하다. 이 절에는 국제사회가 평가한 북한의 취약성을 분석한다. 우선 콜의 분류에 따르면 북한은 국가 정당성에 있어 가장 취약한 국가로 꼽힌다.[56] 국가 정당성에 대한 취약성 측정을 위해 프리덤하우스(Freedom House)의 국가자율성 및 민주주의에 대한 측정치와 개별국가에 대한 레짐 측정 자료(Polity Ⅳ Project)를 활용하였다. 프리덤하우스의 자료(2018)에 따르면 북한은 정치적 권리와 국민의 자유 측면에서 최고점을 기록하여 가장 자유롭지 못한 국가 중 하나로 분류되었으며,[57] 2013년 기준 북한 정권 경향자료를 통해서도 북한이 전제정치/독재국가로 분류되고 있다는 점을 확인할 수 있었다.[58]

골드스톤 외의 분석에 따르면 북한은 적절한 안보를 제공하나 기초재화의 제공이나 경제적 발전의 측면에서 실패한 것으로 여겨지는 '실패의 위기에 있는 국가'로 분류되었다.[59] 그래빙홀트 외의 연구에서도 북한은 정당성 차원에서 상당히 취약한 국가로 고려되고 있었다. 북한은 취약한 정당성으로 인해 가장 억압적인 체제를 보유하고 있는 국가 중 하나로 여겨지며, 이 점이 기초 재화와 안보 제공의 기반에도 영향을 끼칠 수 있다

---

56 Charles T. Call (2010), p. 310.

57 Freedom House Website, "Freedom in the World 2018," https://freedomhouse.org/report/freedom-world/freedom-world-2018 (검색일: 2018.7.13.).

58 Polity IV Project Website, "Polity IV Individual Country Regime Trends, 1946-2013", http://www.systemicpeace.org/polity/polity4x.htm (검색일:2018.7.13.).

59 Jack Goldstone et al. (2003), p. 49.

는 점을 지적하였다.[60] 그러나 스튜어트와 브라운도 북한을 정당성 부분에서 절대적으로 실패한 국가로 분류하였으나(2004년 기준), 기초 사회적 재화 지원 능력에 대한 파악이 어렵고 권위의 취약성은 '위기'와 '실패' 두 범주에 포함되지 않는 것으로 분석되었다.[61]

칼턴대학교의 CIFP 기반 2015년도 취약국 목록에서 북한은 198개국 중 38위를 차지하였다. 특히 취약성 판단기준 중 정당성 부문에 있어서 북한은 7.5점을 기록하면서 7위를 차지하였다. 국가 권위/지휘권이나 국가 역량 차원에 있어 북한은 상위 20위 안에 들어있지 않으나 정당성 차원에서는 다른 분석 결과와 마찬가지로 상위권에 위치하고 있음에 따라 정당성이 상당히 취약한 국가로 고려되고 있었다.[62] FFP의 취약성 평가에서 북한은 2018년 178개국 중 28번째로 취약한 국가로 평가되었다. 동 평가는 점수가 낮을수록 취약성이 낮은 것을 의미하며, 90점 이상 기록할 경우 취약성이 높은 것으로 고려된다. 북한의 취약성은 2005년 이후 전반적으로 완화되었다고 평가되고 있지만, 지난 10년간 90점 이상의 점수를 기록한 것으로 보아 여전히 높은 취약성을 지닌 국가로 여겨지고 있다.[63] [64]

브루킹스의 2008년 취약성 평가 결과에서도 북한은 141개국 중 15위를 차지하였으며 동시에 동아시아·태평양 지역에서 가장 취약한 국가로 선정되기도 하였다. 안보와 사회복지 부문에 있어 북한의 취약성은 정치, 경제 부문에 비해 안정적이라고 평가되지만, 정치와 경제 부문은 상당히

---

60 Jörn Grävingholt et al. (2015), p. 1287.

61 Frances Stewart and Graham Brown (2009), p. 9.

62 Carment et al. (2016), p. 9.

63 박지연 (2016), p. 382.

64 2018년의 경우도 북한은 국가 '정당성/합법성' 부문에서 가장 취약하다고 평가받고 있음.

취약한 것으로 분석되고 있다.[65][66] 조지메이슨대학교의 SFI 기반 취약성 평가 결과, 북한은 2016년 기준 취약성이 낮은 그룹에 포함되어 있었다. SFI는 안보, 정치, 경제, 사회 부문의 효과성과 정당성을 0점(취약성 없음) – 4점(매우 높은 취약성)으로 평가하며, 전체 점수를 합산하여 해당 국가의 취약성을 판단한다.[67] 북한은 취약성 점수 합산 결과 7점을 기록하여 국가 전체적 취약성은 낮은 수준으로 평가되고 있었다. 그중 효과성 측면은 2점을 정당성 측면을 5점을 기록하였고, 특히 안보 부분의 정당성의 경우가 3점을 기록하면서 평가 지표들 중 가장 높은 취약성을 띠고 있다는 점을 발견할 수 있었다.[68]

세계은행에서 발표하는 WGI 중 정치적 안정성과 폭력의 부재에 대한 지표를 통한 취약성 검토결과, 북한은 2007년과 2008년을 제외하고 모두 음(–)의 값을 기록하였다.[69] 해당 지표의 측정치가 –2.5점인 경우 취약성이 가장 높기 때문에 북한의 점수가 음의 값을 기록한 것은 취약성이 높다는 것을 의미하며, 특히 2015년은 –1.15점을, 2016년은 –0.71점을 기록하면서 취약성이 상당히 높게 평가되고 있음을 확인할 수 있었다.[70] PC

65 Susan E. Rice and Patrick (2008), p. 11.

66 정치, 경제, 안보, 사회복지 4가지 차원에 대해 부분별 0-10 범위에서 점수가 측정됨(0점에 가까울수록 취약성이 높다는 것을 의미함). 북한은 안보영역에서는 7.28점, 사회복지 영역에서는 6.73점을 기록하였으며 정치(0.95점), 경제(0.52) 부분에 비해 상당히 안정적인 상태임을 확인할 수 있음(Rice and Patrick, 2008). 특히 북한은 안보 영역에서는 분쟁강도, 분쟁으로 영향받은 지역, 쿠데타 발생과 같은 지표에서는 10점 만점에 10점을 기록하면서 상당히 높은 안정성을 보여주기도 하였음(Rice and Patrick, 2008).

67 0-3점: 취약성 없음, 4-7점: 취약성 낮음, 8-11점: 취약성 보통, 12-15점: 취약성 심각, 16-19점: 취약성 높음, 20-25점: 취약성 매우 높음(박지연 2016).

68 Marshall and Elzinga-Marshall (2017), p. 48.

69 박지연 (2016), p. 383.

70 WGI Webpage, "Interactive data access," http://info.worldbank.org/governance/

지수에 따르면 2012년 기준 북한은 취약성이 낮다고 평가된다.[71] 경제개방도와 군사화는 취약성이 높다고 평가되나 이를 제외한 정권지속력, 영유아사망률, 주변국과의 관계에 있어서는 취약성이 낮거나 중간으로 평가되고 있었으며 이 결과에 대한 박지연의 연구에 따르면 북한의 취약성이 개선된 요인으로 중국 등과의 관계개선 수준의 변화(중간→낮음)를 꼽았다.[72]

2018년 북한은 GPI 기준 전체 163개국 중 150위를 차지하였다. 이는 북한의 상황이 비평화에 가깝다는 의미이다. GPI는 군사화, 사회 안정 및 안보, 국내외 갈등 지표와 이에 대한 하위 지표 각 7개, 10개, 5개씩을 가지고 있는데, 2018년 보고서에 따르면 북한은 군사화 지수에서 약 3.18점, 사회 안정 및 안보 지수에서 약 3.10점, 국내외 갈등 지수에서 약 2.61점을 기록하였다.[73] 측정치가 2점 이상인 경우 비평화에 가깝다는 점을 토대로 보아,[74] 북한은 세 부분에서 모두 취약성을 띠고 있었다. 특히 군사화 부분에 있어 북한은 하위 5순위 안에 들어가면서 상당히 높은 취약성을 띄는 것을 확인할 수 있었다.

---

WGI/#home (검색일: 2018.12.25.).

**71** J. Joseph Hewitt et al., *Peace and conflict 2012 (executive summary)* (University of Maryland, 2012), p. 14.

**72** 박지연 (2016), pp. 384-385.

**73** Institute for Economics & Peace(IEP), *Global peace index 2018: Measuring peace in a complex world*, (Sydney, 2018), pp. 90-92.

**74** 박지연 (2016), p. 385.

〈표 5〉 북한에 대한 취약성 평가 요약[75]

| 평가 주체 | 평가 결과 |
|---|---|
| Call, Charles T. | 국가 역량과 안보의 문제보다 국가 정당성/합법성 확보 측면이 취약함. |
| Goldstone et al. | 적절한 안보를 제공하나 기초 재화를 제공하기 어려운 상황이며 경제적 무능함까지 동반하고 있음. 이에 '실패할 위기에 있는 국가'로 분류됨. |
| Grävingholt et al. | 국가 권위, 역량, 정당성 측면에서 취약성을 파악하며 북한은 정당성 차원에서 상당히 취약한 국가임. |
| Stewart and Brown | 권위, 기초 사회적 재화 제공 능력, 정당성 차원에서 취약성을 파악하며, 북한은 정당성 부분에서 상당히 취약한 국가임. |
| Carleton University | CIFP기준 북한은 전체 198개국 중 38번째로 취약한 국가임(2015). 특히 국가 정당성 부분에서는 전체 중 7번째로 취약한 국가로 평가됨. |
| IDA | 북한은 IDA로부터 지원을 받지 않음에 따라 대상에서 제외됨. |
| Fund for Peace | 2018년 기준 북한은 178개국 중 28번째로 취약한 국가로 평가됨. 최근 10년간 90점 이상의 점수를 기록하면서 높은 취약성을 띠고 있으며, 2018년을 기준으로 국가 정당성/합법성 부분이 가장 취약하다고 평가되고 있음. |
| Brookings Institution | ISW를 기반으로 국가 취약성을 파악하며, 북한은 2008년 기준 141개국 중 15위를 차지하였음. 특히 북한은 동아시아·태평양 지역에서 가장 취약한 국가이며. 독재체재와 경제적 불안정이 가장 큰 요인으로 지적되고 있음. |
| George Mason University | SFI를 토대로 북한의 취약성을 확인할 경우 2016년 기준 취약성이 낮은 그룹에 속하였음. 특히 안보의 정당성 부분에서 높은 취약성을 보임. |
| World Bank | WGI 중 Political Stability and Absence of Violence를 토대로 국가 취약성을 파악하며, 북한은 2015년 -1.15, 2016년 -0.71점을 기록하여 취약성이 높다고 평가되고 있음(취약성이 가장 높은 경우: -2.5). |
| University of Maryland | PC 지수에 따라 북한은 2012년 기준 취약성이 전반적으로 낮다고 평가됨. 경제 개방도, 군사화 부분의 취약성이 높다고 평가되나 정권지속력, 영유아사망률, 주변국과의 관계 부분에서는 취약성이 낮거나 중간인 것으로 평가됨. |
| Institute for Economics and Peace | GPI를 토대로 국가 취약성을 파악하며 2018년 기준 163개국 중 북한은 150위를 차지하면서 비평화에 가까운 상태인 것으로 평가되었음. 크게 군사화, 사회 안정 및 안보, 국내외 갈등 세 가지 지표 중에서도 군사화 부분에서 하위 5개국 순위에 들면서 상당히 높은 취약성을 띠는 것으로 평가되었음. |

국제사회의 북한 취약성 측정 결과는 대체로 정치적 억압과 제체의 정

75 저자가 위 내용을 요약하여 작성함.

당성 문제에 초점을 맞추고 있다. 경제문제의 취약성은 시기적으로 변화하는 데 비해 정당성의 문제는 지속적인 취약 요인으로 평가한다. 그러나 북한 정치체제의 정당성에 관한 평가결과를 가지고 북한을 취약국으로 분류하여 뉴딜의 3대 구성요소에 기초한 접근 방법을 다른 취약국과 같은 방식으로 적용하는 것에 대한 적절성 평가는 여전히 필요하다. 다음 장에서는 국내에서 북한을 취약국으로 전제한 선행연구에 대한 분석을 하고자 한다.

## 3. 북한을 취약국으로 전제한 선행 연구 분석

북한과 취약국 관련 국내 연구들은 대부분 북한을 취약국으로 전제한다. 김석진의 대북개발지원의 효과적인 추진을 위한 방향설정 연구에서는 북한을 취약국이라고 직접적으로 명시하지는 않았지만, 가난하고 정책·제도가 취약한 국가들(세계은행 취약국 명단의 국가들)을 북한과 처지가 비슷한 국가로 분류하여 지원규모 비교대상으로 삼았다는 점에서 북한이 취약국이라는 점을 전제하고 있다는 점을 가늠할 수 있다.[76] 김석진의 주요 국제규범과 북한에 대한 적용방안 연구에서도 마찬가지로 북한을 국제사회와 정상적 관계를 맺고 있지 않은 고립주의 취약국으로 고려하였다.[77][78]

이조원의 연구는 취약국 모델을 분석하여 북한이 수원국의 지위를 얻

---

**76** 김석진 (2006), pp. 34-36.

**77** 김석진 (2009), p. 89.

**78** 김석진 (2009)의 연구에서는 해외개발연구소(ODI: Overseas Development Institute)의 취약국 유형(2005년 기준)에 따라 북한을 비정당성과 분쟁, 고립주의 문제가 있는 취약국으로 분류한 내용을 활용하였음(p. 38).

어 개발지원을 받을 수 있는 방안의 모색을 목적으로 하였다.[79] 동 연구에서 북한은 미얀마, 짐바브웨와 같이 개발협력능력은 있으나 의지가 부족한 취약국으로 분류되고 있으며, 이런 특이점으로 인해 개발지원을 위한 새로운 접근이 필요함을 지적하였다. 박형중 외의 취약국에 대한 개발원조 연구에서는 북한이 국제사회를 통해 지원을 받을 때 필요한 조건을 충족하지 못한다는 점과 이후 개선의 여지가 불명확하다는 점의 두 가지를 지적하면서 북한을 취약국으로 다뤄야 할 필요가 있다는 점을 명시하고 있다.[80] 장형수 외의 연구에서는 급변사태 시 대북지원을 위한 국제협력에 대해 다루고 있는데, 이때 북한이 취약국이라는 점을 전제로 대북지원을 위한 국제협력에서 원조공여자 간 협력의 중요성을 강조하고 있다.[81] 또한 김정일 사망과 같은 북한 내부 상황변동 혹은 급변사태의 지속 시 북한이 국제금융기구의 기술과 자금지원을 받을 수 있도록 해야 한다고 제안하고 있다.[82] 전승훈 외의 연구는 북한의 경제난과 식량문제를 해결할 역량이 부족하다는 점에서 국가의 취약성이 높다고 평가하며, 외부 도움 없이는 발전이 어려운 취약국으로 분류하고 있었다.[83]

강동완의 연구는 개발협력 관점에서 식량지원을 중심으로 북한지원을 위한 추진방향에 대해서 논한다.[84] 저자는 취약국인 북한이 우리의 안보를 위협하는 요인일 수 있으므로 대북지원에 있어 개발협력으로의 전환이 필요함을 이야기하면서 안보적 접근의 필요성을 제안하고 있다. 김지영의 연구에서도 북한이 UN의 25개 저개발국가 중 하나이며, MDGs 성

79 이조원 (2008), pp. 290-313.

80 박형중 외 (2008), pp. 69-72.

81 장형수 외 (2009), p. 133.

82 장형수 외 (2009), pp. 124-134.

83 전승훈 외 (2010), p. 48.

84 강동완 (2011), pp. 254-290.

과가 저조한 국가에도 포함되고, 인간개발지수(Human Development Index, HDI)의 측면에서도 동아시아 국가들 중 유일하게 낮은 지수를 보인다는 점을 지적하면서 북한이 취약국 조건을 충족하고 있음을 보여주었다.[85] 김지영의 대북 인도적 지원에 대한 연구에서도 저자는 북한이 취약국의 특징을 가진다는 점을 명백히 하였고 특히 대북 인도적 지원도 취약국 문제와 관계가 깊어 타 지원 양상과 다른 특수한 형태임을 지적하였다.[86]

아시아 취약국 ODA 지원 전략과 국가협력전략(Country Partnership Strategy, CPS) 개선방향에 대한 권율 외의 연구에서는 OECD/DAC의 2015년 취약국 명단을 북한을 포함한 아시아 취약국 8개국을 대상으로 취약국 지원을 위한 원조효과성 제고 방안을 도출하고자 하였다.[87] 박지연의 연구에서도 북한은 취약국으로 고려되고 있었다. 동 연구에서는 국제사회가 다양한 취약성 평가 결과를 기반으로 북한을 취약국으로 고려하고 있다는 점을 지적한다.[88] 다만 스스로 취약국이라고 인정하는 G7+ 그룹과는 달리 북한은 자체적으로 취약성 평가를 진행한 바가 없으며 취약국 지원과 관련이 있는 공여국이나 공여기관과 특정한 협정을 맺은 바도 없고 국제사회의 원조담론에도 참여한 바가 없다는 점이 차이라는 점을 덧붙였다.[89] 즉 저자는 북한이 취약국인 것은 명백하나 북한 지원에 있어서는 취약국에 적용되는 규범과 담론이 적용되고 있지 않음을 강조하였다.

위와 같이 대부분의 국내 선행연구는 북한이 보유하고 있는 취약성에 집중하기보다는 취약국이라는 점에 초점을 맞추었다. 물론 북한을 취약

---

**85** Kim Jiyoung (2014), p. 426.

**86** 김지영 (2016), p. 88.

**87** 권율 외 (2015), pp. 18-140.

**88** 박지연 (2016), pp. 559-574.

**89** 박지연 (2016), p. 571.

국으로 보는 경우 취약성 평가 자료를 근거로 삼은 경우도 있다. 그러나 북한개발협력에서 국제사회가 측정한 지표를 중심으로 취약국 접근을 할 경우에는 북한의 취약성 개선을 위한 효과성이 오히려 장애가 될 가능성도 있다. 한 국가를 취약국으로 지정하는 문제는 정치적으로 민감한 사항일 수 있다는 점을 고려해야 하며 특히 북한의 경우 북한체제가 가지는 비교적 안정된 정치상황과 내부적 분쟁가능성이 낮은 특수성에 주목할 필요가 있다. 더욱이 국제사회에서 취약국에 대한 정의가 명확하지 않고 취약국 분류에도 다양한 기준이 활용됨에 따라 '취약국'과 '취약성'을 파악할 때 애매한 상황들이 빈번하게 발생한다. 이런 상황들은 종합해 보면, 북한을 단순히 취약국으로 전제하는 것은 정치적 목적은 달성될 수 있을지 몰라도 개발협력의 효과성 달성에는 한계를 보인다. 따라서 다음 장에는 북한의 개발협력 수요와 우선순위가 어디에 있는지 북한당국의 경제개발전략과 UN을 중심으로 한 국제기구의 접근을 통해 살펴보고, 마지막 장에서는 이와 연관된 북한개발협력 방향에 대한 논의를 하고자 한다.

## Ⅳ. 북한개발협력을 위한 수요 및 우선순위

취약성 평가결과 북한은 다른 부분보다 정당성이 취약한 국가로 평가되고 있었으며 그 외에 다른 부분은 과거에 비해 개선되었거나 다소 안정적인 측면을 보유하는 것을 확인할 수 있었다. 하지만 개발협력분야와 ODA는 경제발전과 복지증진에 목적을 두고 있으므로 북한개발지원을 위한 국가 정당성 개선 노력은 ODA의 지원목적에서 벗어나게 된다. 따라서 북한을 단순히 취약국으로 간주한다거나 취약성 측면에서 접근하기보다는 북한이 실질적으로 필요한 개발수요를 파악하고 그 우선순위에 맞게 경제성장과 복지증진 차원에서 접근할 필요가 있다. 북한의 개발수요와 우선순위는 국제사회와 북한의 두 가지 관점에서 검토한다.

## 1. 국제사회 관점에서 바라본 북한개발협력을 위한 수요 및 우선순위

### 1) UN과 북한의 상호 협력을 위한 전략프레임워크 2017-2021

2016년 북한정부와 UN은 상호협력을 위한 전략프레임워크(Strategy Framework for Cooperation Between the United Nations and the Democratic People's Republic of Korea, UNSF)에 합의하였다. UN은 전략프레임워크에서 국민들, 특히 취약계층의 삶의 질 개선을 위한 북한당국의 노력을 지지하고 이를 효과적으로 증진시키는 것을 활동목적으로 명시하고 국제적으로 통용되는 가치와 기준을 북한에 전하는 데에도 전념할 것이라는 점도 강조하였다.[90] 동 프레임워크에서 UN과 북한정부는 네 가지 전략적 우선순위와 함께 UN이 직접적으로 기여하기 위한 국가의 전략적 목표 14가지를 수립하였다. 또한 UN은 북한정부를 지원하는 과정에서 SDGs의 지역화, 인권기반 접근, 성 평등, 지속가능한 환경, 제도적 지속가능성, 회복력, 성과 기반 관리 등의 원칙을 추구할 것임을 밝히면서 이번 전략프레임워

---

90 UN and DPRK, *Towards sustainable and resilient human development: The Strategic Framework for Cooperation between the United Nations and the Government of the Democratic People's Republic of Korea 2017-2021* (2017) p. 12.

크를 통해 인간개발 실현에 기여하려는 의지도 밝히고 있다.[91] 하지만 이번 전략프레임워크도 대북제재 하에서 협의된 바, 주로 정치적으로 민감하지 않은 부분에 대해 우선순위가 합의된 것으로 볼 수 있으며 그럼에도 불구하고 대북제재가 UN의 북한에 대한 인도적 지원을 허용하고 있어 효과적인 개발과 인도적 차원의 활동은 지속할 것임을 밝히고 있다.[92]

〈표 6〉 UN과 북한정부의 협력을 위한 전략프레임워크 2017-2021[93]

| 우선순위 | SDGs | 전략적 목표 |
|---|---|---|
| 1. 식량 및 영양안보 | 2,9 | 1-1. 지속가능한 식량 생산, 생산성 및 농업, 원예, 어업, 축산업 공정과정 강화<br>1-2. 취약계층의 생계 및 식량에 대한 접근성 향상<br>1-3. 노인, 5세 미만 아동, 여성뿐만 아니라 여타 취약계층의 영양 상태 개선 |
| 2. 사회 개발 서비스 | 3,4,6 | 2-1. 지속적이며 동등한 보편적 보건서비스 보급(특히 취약계층을 중심으로)<br>2-2. 전염성/비전염성 질병, 모성 및 아동기 질환 치료를 위한 보건서비스 강화<br>2-3. 보건 관련 위기대응능력 강화<br>2-4. 가정, 교육기관, 보건시설에 대한 지속적이고 동등한 식수 위생 보급<br>2-5. 유치원, 초중고등 교육 및 기술/직업교육과 훈련 수준 개선 |
| 3. 복원력 및 지속 가능성 | 7,11, 12,13,15 | 3-1. 재난과 기후변화에 대한 지역사회(특히 취약계층 집단)의 대응능력 향상<br>3-2. 지속가능하고 현대적인 에너지에 대한 지역사회(특히 취약계층 집단)의 접근성 향상<br>3-3. 환경 관리, 에너지, 기후변화, 재난위기관리에 대한 정부기관의 통합적이고 공한 접근법 적용 |
| 4. 데이터 및 개발 관리 | | 4-1. 프로그램 개발과 의사결정을 위한 데이터의 사용과 접근성 및 이용가능성 제고<br>4-2. 국제기술규범과 기준 적용 능력 향상<br>4-3. 국제협약 및 국제 메커니즘에 대한 북한의 준수 강화 및 증거기반 보고 체계 강화 |

91 UN and DPRK (2017), p. 13.

92 UN and DPRK (2017), p. 13.

93 UN and DPRK (2017) 내용을 요약하여 정리함.

위와 같은 UN과 북한의 협력에 대한 합의는 실질적으로 2000년대 초반부터 시작되었다. 전략에 합의한 이유에는 다양한 요인이 존재하지만 그 중 북한이 2005년 이후 국제사회에 대해 인도적 지원이 아닌 개발지원을 요구하였고, UN 측에서는 일방적인 원조제공이 아닌 개발협력과 관련된 국제사회의 원칙과 규범을 적용하고자 하였다.[94] 또한 북한에서 시장에 대한 관심이 증가하고 국제NGO 등 다양한 국제사회 행위자들에 대해서도 다소 수용적인 태도가 감지되었다. 김일성종합대학 홈페이지에서 실린 "현대국제사회에서 국제기구가 수행하는 기능에 대한 리해"라는 학보는 국제기구의 기능을 파악하고 국제기구와의 사업 수행의 중요성을 지적하였다.[95] 이런 내용들을 토대로 가장 최근 합의된 전략프레임워크 2017–2021은 북한이 국제기구와의 협력의지가 있고, 더불어 현재의 북한 상황과 그에 따른 개발 우선순위를 추론할 수 있다.

### 2) 2018 북한의 필요와 우선순위(2018 DPR Korea Needs and Priorities)

UN 북한사무소는 북한의 현 상황에 기초한 인도적 지원과 개발협력 수요 분석결과를 아래 〈표 7〉과 같이 제시하였다. 보고서에 따르면 현재 북한 내 지원이 필요한 인구수는 약 1,030만 명으로 추정되며(2017년 1,800만 명), 이 수는 분야 간의 중복을 고려하여 우선분야 중 그 수가 가장 큰 '식량안보 지원 필요 인원수'를 활용한 것이다.[96][97]

---

94 정구연, "제4장: UN의 대북지원 현황과 평가"『북한개발협력의 이해: 이론과 실제』(서울: 오름, 2016), pp. 139-140.

95 한영서, "현대국제사회에서 국제기구가 수행하는 기능에 대한 리해," http://www.ryongnamsan.edu.kp/univ/pub/journal/1665 (검색일: 2019.2.23.).

96 UN, *2018 DPR Korea Needs and Priorities*, (2018), p. 17.

97 이 중 2018년 지원 사업대상은 약 600만 명임(UN 2018).

〈표 7〉 지원필요 인원 및 목표 인원[98]

| 분야 | 전체 | | |
|---|---|---|---|
| | 지원 필요 인원 | 목표 인원 | 전체 대비 비율 |
| 식량안보 | 10,300,000 | 3,985,389 | 39% |
| 영양 | 10,175,738 | 2,167,722 | 21% |
| 보건 | 9,108,123 | 2,239,737 | 25% |
| 식수 위생 | 5,700,000 | 356,891 | 6% |
| 총* | 10,300,000 | 5,980,119 | 58% |

* 해당 부분에 해당하는 숫자는 중복이 포함되어 있어서 각 열의 합산 내용이 아님.

식량안보분야 우선순위는 다섯 가지로 확인되었다: 1) 기후 관련 재해에 대응하기 위한 식량안보 증진, 2) 비료, 씨앗, 농기구, 가축 등 농업 투입물 제공, 3) 척박한 토지 회복 지원, 4) 경사지 관리 지원, 5) 식량지원 및 농업기반 회복과 재난위기 관리를 위한 역량강화. 위와 같은 전략을 토대로 두 가지 목표도 수립하였다: 1) 지속가능한 식량 기반 접근법을 개선하여 국내 생산성을 확대하여 국민들에게 적절한 식량을 공급, 2) 협동농장 및 소규모 농업 종사자의 회복력을 강화하여 기후 관련 재난과 충격 재발 방지.[99]

영양분야에서 UN은 생후 1000일에 집중한 영양지원을 실시할 계획이며 동시에 산모와 청년들에 대한 영양 공급과 현재 진행 중인 영양지원사업을 강조하면서, 1) 5세 미만 아동들과 산모 그리고 출산 이후 여성들의 영양 손실 예방, 2) 미량영양소 및 식이보조제 제공을 통해 취약집단에게 영양가가 풍부하고 안전한 식품을 충분히 제공하여 접근성 개선이라는 두 가지 목표를 설정하였다.[100]

98 UN (2018), p. 17.
99 UN (2018), p. 19.
100 UN (2018), p. 20.

북한은 기본적으로 국가가 전 국민을 대상으로 보건서비스를 무료로 제공함에 따라 모성사망률 및 5세 미만 아동 사망률의 감소 그리고 예방접종률 및 산후 조리 현황 개선 등의 성과가 있었다. 하지만 북한 보건 분야의 심각한 문제는 보건서비스에 대한 도시와 지방간 접근성의 차이이다.[101] 보건서비스 분야에서는 세 가지 전략을 제시하고 있다: 1) 기초자원의 제공[102], 2) 역량강화[103], 3) 도시와 지방간 격차 해소. 이런 전략을 기초로 두 가지 목표도 수립하였다: 1) 전염성/비전염성 질병으로 인한 사망률, 예방 가능한 질병으로 인한 사망률, 영유아 및 모성 사망률 감소, 2) 예방접종비율 95%로 유지.[104]

깨끗한 물 공급이 어렵거나 위생상태가 적절치 않은 경우는 북한주민들에게 다양한 문제를 일으킬 수 있다. UN에 따르면 설사병, 폐렴과 같은 질병은 북한 내 5세 미만 아동 사망률에 가장 크게 기여하는 요인이며, 이는 깨끗한 물의 부족과 위생상태 및 위생습관이 적절치 않아 발생하게 된다. 식수위생 분야의 핵심은 깨끗한 물과 위생 서비스에 대한 접근성의 개선으로, UN은 이를 위해 1) 물 공급 시스템 건축 및 재건, 2) 학교, 육아보육기관, 유치원, 병원, 보건소와 같은 시설 내 여성위생시설 및 세면대 설치('비누로 손 씻기'와 같은 기초 문구 부착), 3)하수 및 폐기물 관리 등의 세 가지 전략을 세웠다.[105]

---

101 도시 지역에 비해 지방에서는 5세 미만 아동 사망률이 약 1.2배 정도 높은 것으로 확인됨(UN 2018).

102 UN은 기초자원(질병 치료를 위해 필수적인 의약품 및 기초적 의료기구)의 제공을 통해 그리고 장애인을 위한 보조도구 지원 등을 통해 보건시설 개선에 집중할 계획을 가지고 있음(UN 2018).

103 UN은 보건 인력의 역량강화를 위한 치료 가이드라인을 개발하여 보급할 예정임(UN 2018).

104 UN (2018), p. 21.

105 UN (2018), p. 22.

## 3. 북한 관점에서 바라본 북한개발협력을 위한 수요 및 우선순위

북한정부는 과거 김일성 집권 시기 경제발전 전략을 몇 차례 수립한 바 있었으나 김일성 사망 이후에는 별도의 경제발전 계획을 수립하지 않았다.[106] 이후 2011년 '국가경제개발 10개년 전략계획'을 수립하고 이를 이행하고자 하였으나 이 역시도 무산되었다.[107] 따라서 이번 '국가경제개발 5개년 전략(2016–2020)'은 과거의 경제개발 노력을 다시 시도하기 위한 노력이라고 볼 수 있다.[108] 이번 전략은 '국방건설과 경제건설 및 인민생활에 필요한 물질적 수단들의 자체 생산을 보장하는 것'을 목표로 삼고 이를 위해 원료와 연료, 설비의 국산화, 에너지문제(전력문제) 해결, 식량의 자급자족 달성이 뒷받침되어야 함을 강조하고 있다.[109] 즉 '자립경제'와 '과학기술의 경제와의 일체화' 두 방향성을 가지고 목표를 달성하기 위한 바탕으로 삼고 있는 것이다.[110]

북한정부는 방콕에서 열린 UN 아시아태평양 경제사회이사회(United Nations Economic and Social Commission for Asia and the Pacific, UNESCAP)[111]

---

106 통일연구원, "북한 제7차 당 대회 분야별 평가 및 향후전망," 제13차 KINU 통일포럼(5월) (2016), p. 39.

107 통일연구원 (2016), p. 39.

108 통일연구원 (2016), p. 39.

109 통일연구원 (2016), pp. 42-47.

110 통일연구원 (2016), pp. 39-41.

111 UNESCAP는 아시아태평양 지역개발 기구로 다양한 분야에서 해당 지역의 성과기반 사업을 수행하고 기술지원과 역량강화를 위해 노력함. 53개의 회원국과 UN 회원국이 아닌 9개의 준회원국으로 구성되며 UN의 5개 지역 이사회 중 가장 포괄적이고 큰 규모임. 위원회는 1947년 설립되어 약 70년간 관계를 형성하고 있으며 북한은 1992년 가입함. 매년 장관급 회의를 통해 아시아태평양 지역의 포괄적이고 지속가능한 경제사회 개발을 위한 중요 이슈에 대해 논의하며 이외에도 전략프레임워크 및 프로그램 점검, 부속기구 및 사무국 추천 등 기타 필요

72번째 세션에서도 동 경제발전 5개년 전략의 목표와 특징에 대해 설명한 바 있다. 당시 발표에서 북한은 자국 경제성장을 위해 STI분야(과학, 기술, 혁신 분야) 연구에 대한 투자를 증대할 것임을 밝히고 있다. STI에 대한 투자 증대는 지역 내 자원과 기술 활용, 국민의 삶의 질 증대 등 국가개발을 위한 전 분야에 기여할 것이며, STI가 국가 경제의 핵심을 이루고 있기 때문에 국가 경제를 전반적으로 재 활성화시킬 수 있다는 점을 강조하였다.[112]

북한은 경제발전 5개년 전략을 제외하고 개발협력 차원의 전략은 별도로 수립하고 있지 않다. 하지만 북한이 경제발전을 상위목표로 둔다고 해서 국제사회와의 파트너십, 개발협력 혹은 국제개발 패러다임을 이끄는 SDGs에 관심을 두지 않는 것은 아니다. 북한이 UN과의 전략프레임워크에 합의한 점 그리고 UNESCAP에서 지속가능발전을 위한 주요 이슈와 SDGs를 달성하기 위한 전망을 발표한 점은 국가발전을 위한 노력이며 SDGs 달성을 위한 진보적 태도를 확인할 수 있는 부분이었다. 따라서 이런 논의를 바탕으로 이하에서는 국제사회와 북한이 북한개발협력을 위해 공통적으로 강조하는 우선과제를 확인해 보고자 한다.

---

한 안건에 대해서 논의함(UNESCAP Website, Our Work). 2018년까지 74회 세션을 진행하였으며 북한의 주 UNESCAP 북한 대표부 김재훈 상임대표는 2016년 방콕에서 열린 72번째 세션에서 성명을 발표한 바 있음.

112 Kim Jae-Hon, "Statement by Mr. Kim Jae Hon Permanent Representative of the Democratic People's Republic of Korea to UNESCAP," Paper presented at the 72nd Session of the United Nations Economic and Social Commission for Asia and the Pacific, Bangkok. (2016), pp. 1-4.

## 4. 소결: 북한개발협력을 위한 개발수요 및 우선순위 검토결과

UN의 전략프레임워크와 북한 경제발전전략 모두 식량문제를 공통으로 개발지원을 통해 우선적으로 해결해야 할 과제임을 밝히고 있다. 특히 1995년 북한은 극심한 식량난으로 인해 국제사회에 지원을 요청하였고, 이를 계기로 대북지원이 시작되었다는 점에서 북한의 식량문제는 과거부터 현재까지 지속된 만성적인 숙제이고 여전히 인도적 지원의 필요성이 존재하고 있음을 보여준다. 다만 아래 〈표 8〉에서 보듯이 UN의 농업개발을 통한 식량안보 확보와 북한 경제발전전략에 포함되어 있는 식량의 자급자족 목표는 인도적 지원의 범위를 넘어 개발협력의 차원으로 전환하는 경향을 나타낸다.

국제사회의 경제제재로 인해 UN의 전략프레임워크가 식량과 사회개발 분야에 집중되어 있는 데 반해 북한의 자체 발전전략은 원료와 연료 및 설비의 국산화와 전력 등 에너지문제 해결에 우선순위를 두는 차이가 있다. 특히 부분, 경제발전 5개년 전략에서 언급한 '과학·기술'과 UNSF 내용 중 '데이터 관리' 두 가지는 과거에는 강조되지 않았던 새로운 개발수요 분야이다. 특히 데이터 관리 개선 문제는 북한에 대한 정확한 진단을 위해 정보접근성 및 정보공유의 취약성 해결을 강구하고 북한이 국제사회의 기준과 규범을 국내에 적용하는 문제와도 맞물려있다. 요약하면 인도적 지원분야인 식량안보, 사회개발 서비스, 재난위험경감과 북한의 사회경제적 상황파악을 위한 데이터 관리개선이 경제제재 하에서 UN이 북한과 합의한 원조의 우선순위라면, 북한은 에너지, 과학기술, 농업개발을 통한 식량의 자급자족 분야에서 개발협력을 우선적으로 요구하고 있다.

〈표 8〉 북한개발협력을 위한 개발수요 및 우선순위 종합검토결과[113]

| 제목 | UNSF | DPRK Needs and Priorities | 국가경제발전 5개년 전략 |
|---|---|---|---|
| 연도 | 2017 | 2018 | 2016 |
| 주요내용 | 식량/영양안보 | 식량안보(농업) | 원료와 연료, 설비의 국산화 |
| | 사회개발 서비스 | 영양 | 에너지 (전력)문제 해결 |
| | 복원력 및 지속가능성 | 보건 | 식량의 자급자족 |
| | 데이터 및 개발관리 | 식수위생 | 과학기술의 고도화 |

## V. 맺으며

본 연구는 북한의 취약국 여부에 대한 문제 제기를 시작으로 북한에 대한 취약성 평가결과를 재점검하였으며 이어 북한개발협력에 대한 적절한 접근법 확인을 위해 국제사회와 북한의 시각에 기초한 북한개발협력 수요와 우선과제들을 검토하였다. 기존의 북한과 취약국에 대한 선행연구들이 북한을 단순히 취약국으로 고려하였으나 북한의 취약성을 재검토한 결과 북한은 다른 부분보다 정당성 차원에서 취약한 국가이며 심지어 취약국이 아닌 면모도 새롭게 발견할 수 있었다. 이에 효과적인 북한개발협력을 위해서는 북한을 취약국으로 보거나 북한 취약성에 기초하여 접근하는 것이 아니라 북한의 실질적인 개발수요와 우선순위에 기초한 접근법이 더욱 타당함을 확인할 수 있었다.

기존 연구들은 일반적으로 북한을 취약국으로 고려하고 있었다. 해당

113 UNSF, 국가경제발전 5개년 전략, DPRK Needs and Priorities를 검토하여 저자 작성.

연구들은 북한의 개발협력에 대한 의지부족, MDGs 달성성과 저조, 혹은 낮은 HDI지수 등 북한이 취약국이 가진 면모를 공통적으로 보유하고 있다는 점을 지적하면서 북한을 취약국으로 고려하는 이유를 제시해주기도 하였으나, 몇몇 연구들은 특정 근거 없이 북한이 취약국이라는 점을 전제하고 연구를 수행하기도 하였다. 하지만 북한에 대한 취약성 평가를 재검토한 결과 북한은 국가의 역량, 안보 등의 차원에서는 비교적으로 안정적인 것으로 평가된 반면 '정당성' 차원에서는 상당한 취약성을 보유하는 국가로 평가되고 있었다. 물론 북한이 역량과 안보 차원에서 안정성을 띈다는 것이 중견국이나 선진국에 견줄 정도의 안정성을 보유한다는 것을 의미하지는 않는다. 하지만 북한의 취약성 중 가장 심각하다고 지적되는 부분이 '정당성'이고 다른 부분에 있어서는 개선되고 있거나 취약성을 거의 띠지 않는 모습을 찾아볼 수 있었다. 특히 북한의 정치의 효과성과 안보 측면에서는 일정 능력을 갖추고 있다고 평가받고 있으며 사회보장에 있어서도 주민들에게 일정 수준 이상을 제공하고 있다고 평가받고 있다.

즉 북한에 대해서는 취약국 기반 혹은 취약성 기반으로 접근할 경우 논쟁의 여지가 더욱 커지며 여러 한계에 봉착할 수 있다. 특히 가장 취약하다고 평가받는 '정당성'을 기반으로 북한개별협력에 접근할 경우 ODA의 '경제성장과 복지증진'이라는 목적에서 벗어나게 되며 해당 부분에 대한 개입은 국정개입으로 간주될 가능성이 존재한다. 따라서 본 연구에서는 국제사회와 북한의 시각에서 북한개발수요와 우선과제에 대해 확인하고, 해당과제에 대한 우선적 개선의 필요성을 확인하였다.

북한의 개발수요와 우선과제를 확인하기 위해 본 연구는 'UN과 북한의 상호협력을 위한 전략프레임워크(2017–2021)'와 '2018 북한의 필요와 우선순위', '국가경제발전 5개년 전략(2016–2020)'을 검토하였다. 이를 통해 확인한 우선과제는 '식량안보' 부분으로 이는 1995년 북한에 대한 국제사회의 지원을 시작하던 시기부터 지속되어오고 있던 문제이다. 해당 영역은 실제로 국제사회의 대북지원과 국내 대북지원 분야에서 가장 많은 부분을 차지함에도 불구하고 문제점이 계속되고 있다. 따라서 대북식량지원의 효과성을 재점검하고 개선 방안에 대한 심도 있는 논의의 필요성이 엿보이는 부분이다. 뿐만 아니라 대북지원을 위한 최우선과제는 아니지만 이전에는 대북지원 영역에서 지적되지 않았던 '데이터 관리', '과학·기술' 등과 같은 새로운 부분에서 필요가 발생하고 있다는 점에도 주목할 필요가 있다.

북한연구에서 항상 어려움을 겪는 북한 현실에 대한 정확하고 객관적인 자료 부재의 어려움을 본 연구도 경험했으며, 이 때문에 북한의 취약성문제에 대한 논란이 없는 판단기준을 제시하지는 못하였다. 그러나 북한 핵문제가 단기간에 해결되지 않고, 경제제재가 조치가 완전히 풀릴 때까지는 상당 기간이 필요하다는 조심스러운 가정 하에서 최소한 북한개발협력에 있어서는 취약국이라는 거시적 분류에 의한 접근의 적절성에 문제의식을 제기하였다. 북한이 당면하고 있는 개발수요를 북한 내부의 개발전략과 국제사회와 북한당국이 합의한 전략프레임의 공통분모에서 출발하는 것을 제안한다.

## 더 읽을거리

박지연, "제12장: 취약국 원조논의와 북한개발협력," 『북한개발협력의 이해: 이론과 실제』(서울: 오름, 2016).

배재현·노우영, "국제사회의 취약국 지원원칙과 한국의 취약국 지원 방안마련을 위한 탐색적 연구," 『행정논총』 제50권 1호 (2012).

Grävingholt, Jörn., Ziaja, Sebastian., Kreibaum, Merle. "Disaggregating state fragility: A method to establish a multidimensional empirical typology." *Third World Quarterly* 36–7 (2015).

Park, Jiyoun. "Norms and realities of applying the aid discourse on fragile states to north korea." *Asian Politics & Policy* 8–4 (2016).

맺음말

# 지속가능한 파트너십과 북한개발협력을 위한 제언

문경연(전북대학교)

이 책은 한국연구재단의 사회과학연구(SSK) 지원 사업으로 경희대학교(연구책임: 손혁상교수)가 2012년부터 2021년 현재까지 '국제개발협력과 포괄적 파트너십'(이하 '경희대 SSK팀')이라는 대주제 하에 수행한 논문들을 바탕으로, 이들 연구 성과의 사회적 확산을 위해 북한개발협력에 관한 논문들을 편저서 형태로 엮어낸 결과물이다.

경희대 SSK팀은 국제개발협력의 현장에서 확인되는 다양한 형태의 파트너십에 대해 연구하였다. 1980년 후반부터 주목받기 시작한 국제개발협력 분야에서의 파트너십 개념은 제2차 세계대전 이후 개도국에 대한 지속적인 원조에도 불구하고 의도했던 빈곤퇴치와 경제발전이라는 목적 달성의 실패 원인에 대한 문제의식에서 비롯되었다. 그리고 이러한 문제의식은 원조 목표의 달성을 위해 원조 행위에 참여하는 다양한 주체들(공여국, 수원국, 국제기구, NGO 등)의 자원, 기술, 지식, 전문성 등을 효율적이고 효과적이며, 상호보완적으로 활용하기 위한 프레임워크로써 '파트너십'의 중요성 인식으로 이어지게 되었다.[1] 이후 2000년 '새천년개발목표(MDGs)'와 2015년 'SDGs'의 마지막 목표에 '파트너십'이 포함되며 그 중요성이 강조되어 왔으며, 4차례에 걸친 '원조효과성 고위급회담(High Level Forum on Aid Effectiveness, HLF)'에 기반을 둔 원조효과성 레짐이 파트너십의 개념을 더욱 구체화하고 체계화하는 한편, 주요 개발주체들의 참여를 독려하면서 '파트너십' 개념은 국제개발협력 분야에서 핵심적인 주제로 자리 잡게 되었다.

이 책의 핵심적인 주제는 앞서 논의한 개발협력 현장에서의 '파트너십'과 함께 이 '파트너십'을 어떻게 지속가능하게 할 것이냐이다. 특히 북한이 핵개발 등과 같은 정치, 안보적 현안 이슈로 국제사회와 대립하면서 대북지원의 원조 및 지원 규모와 방식, 시기가 심한 변동 양상을 보인 만큼 '지속가능성'은 중요한 화두가 아닐 수 없다. 1987년 세계 환경 개발회의에서 처음 사용된 '지속가능한 발전(Sustainable Development)' 개념은 미래 세대를 위한 환경적 측면에서의 지속가능성에 초점을 맞추어 왔으나, 국제개발협력 분야에서는 이러한 환경적 측면에서의 지속가능성뿐만 아니라, 사업운영 측면에서의 지속성을 의미하기도 한다. 첫째, 원조효과성의 맥락에서 개발협력사업은 시간적 측면에서 지속성을 가져야 한다고 하는데, 이러한 시간적 측면에서의 지속성은 수원국으로 하여금 공여국 및 공여기관의 지원과 협력에 대한 예측 가능성과 사업에 필요한 역량 구축을 위한 시간적 여유를 확보하는 데 필수적이라는 측면에서 의미를 가진다. 둘째, '지속가능'이라는 개념은 원조의 원칙 측면에서 의미를 가지는데 원조가 지속성을 가지기 위해서는 확고한 원칙이 필요하며, 이러한

1 국제개발협력에서 '파트너십' 개념의 정의와 발전에 대해서는 손혁상 외. "국제개발협력에서 국제기구-NGO 파트너십 연구," 『국제개발협력연구』 제11권 2호(2019) 참조.

원칙과 관련한 규범적 가이드라인은 '원조 여부에 대한 결정은 비정치적, 비차별적이어야 한다'는 것이다. 특히 북한에 대한 원조가 일종의 현안 이슈를 풀어내기 위한 지렛대로 인식되고 사용된 탓에 사업의 지속성을 약화시킨 측면이 있다는 점에서 이 요소는 북한에 대한 함의가 크다고 하겠다. 셋째, '지속가능성'의 또 다른 속성은 사업의 투명성, 효율성, 효과성을 보장할 수 있는 접근법(Approach) 및 파트너십(Partnership)의 설정과 사업모델(Modality)의 선정과 관련된다. 즉, 지속가능한 사업이 이루어지기 위해서 공여국 및 공여기관은 원조 및 개발협력사업이 이루어지는 수원국 내 현장에 대한 접근성(Accessibility)과 투명성(Transparency)을 요구할 권리가 있는 것이고, 수원국은 이를 보장해야 할 의무를 가지게 된다. 즉, 수원국은 원조나 개발협력사업을 지원 받음에 있어 국제사회가 수립한 규범과 원칙, 가이드라인의 준수 및 내재화를 요구받게 된다. 아울러 수원국의 사업에 대한 책무성과 주인의식은 사업의 성공에 있어 핵심적인 요소라는 점에서 지속가능성을 위한 선결요건이라고 해도 과언이 아니다.

이러한 이론적 논의를 바탕으로, 이 책은 '지속가능한 파트너십'에 기반을 둔 북한개발협력 방안을 모색하고자 그동안 경희대 SSK팀이 연구한 논문 중에서 북한에 대한 개발협력에서 확인된 다양한 접근법과 파트너십 그리고 협력 방식으로서의 사업모델에 대한 연구 성과물을 엮어낸 것이다.

먼저, 북한개발협력을 위한 접근법에서는 SDGs 채택 이후 변화하고 있는 국제사회의 국제개발협력 논의 지형의 변화, 즉, 개도국의 빈곤퇴치와 발전에 집중했던 MDGs와 달리 공여국의 국내이행목표로서의 의미를 가지는 SDGs가 채택되면서 국제개발협력분야 종사자의 전유물이었던 발전목표가 여러 사회구성원의 관심과 책임 및 의무를 발생시키는 소위 SDGs 주류화 현상이 진행되고 있다. 과거 남측 민간단체들의 북한개발협력사업은 '우리 민족끼리' 개념과 북한의 '특수성'을 고려해 형성되는 형태가 주를 이루었으나, SDGs 시대를 맞아 변화된 국제환경은 북한 개발협력에 있어 새로운 접근법을 요구하고 있다. 따라서 UN SDGs 시대 북한개발협력에 대한 접근법을 고찰하는 부분에서는 변화하는 환경을 고려한 새로운 접근법에 대한 모색을 시도하였다.

구체적으로, 1장, '북한개발협력의 평화–개발 연계'에서 김태균은 대북지원의 이중적 딜레마로 북한의 비협조적 태도와 국제원조 기구 간 조정기제의 한계를 지적하면서 향후 대북지원 재개 시 이와 같은 이중적 딜레마를 극복하기 위한 새로운 접근법으로 '평화–개발 연계(Peace–Development Nexus)' 방안을 제시하였다. 이 접근법은 SDGs 채택 이후 평화 없이는 지속가능한 개발이 어려우며, 개발 없이는 평화 또한 안정적일 수 없다는 '인도주의–개발–평화 연계(Humanitarian–Development–Peace Nexus, HDP Nexus)' 접근법에서 '평화'와 '개발' 간의 상보관계에 초점을 맞춘 것이다. 이러한 인식 아래 김태균은 향후 남북대화 및 북미대화가 정상궤도에 올랐을 경우 한국 및 국제사회가 통합된 조정기제를 바탕으로 평화를 대북지원 및 개발원조의 조건으로 제시할 필요가 있다는 주장을 전개하였다. 과거 여러 국제원조기구 간 조정기제가 부재하였고, 이 책의 6장, '북한의 국제원조 수원거버넌스 변화 연구'에서 문경연과 홍지영이 분석하였듯이 북한이 분절화된 수원 거버넌스를 운영해왔다는 점에서 북한 내부의 조정기제 또한 개선이 필요하다. 이런 점에서 김태균의 연구가 의미를 가진다. 또한 평화를 조건으로 하는 개발지원 방식 역시 북한의 특수성을 고려할 때 유의미한 정책적 함의를 가진다. 다만 정상궤도에 이른 후에 남북한 또는 북한과 국제사회가 평화를 조건으로 국제개발협력사업을 실행하는 것도 좋으나, 그 전에 북한과 국제사회 사이의 대화를 정상궤도에 올리는 평화구축(Peace Building) 과정에서 대화 정상화의 지렛대나 촉매제로서 개발협력사업이 어떠한 역할을 할 수 있을 것이냐에 대한 고민 또한 필요하다고 하겠다.

2장, '삼각협력을 통한 북한개발협력 접근 모색'에서 손혁상은 북한에 대한 국제개발협력의 한 방안으로 '삼각협력'을 제시하고 있다. '삼각협력'은 일반적으로 원조의 핵심 요소인 재원을 제공하는 공여국과 해당 재원을 바탕으로 지식, 기술, 서비스, 물자를 제공하는 원조 이행 주체로서 주축국 역할을 하는 신흥국 그리고 이러한 지원의 대상이 되는 개도국으로 구성된다. '삼각협력' 방식의 지원은 원조의 효율성과 효과성을 확보하는 데 유효한 방법으로서 주목받고 있으며, 특히 물리적 거리나 정치적 거리를 극복하는 데 있어 유용한 방식으로 인정받고 있다. 또한 주축국 역할을 하는 신흥국은 자국이 비교적 최근 터득한 발전 노하우와 지식 그리고 기술을 개도국과의 우호적 관계를 바탕으로 전수한다는 점에서 국제개발협력 커뮤니티가 주목하고 있는 방식이다. 이러한 맥락에서 북한에 대한 긴급구호 및 개발협력사업의 필요성 그리고 교류협력을 통한 북한과의 신뢰기반 조성 등의 관점에서 대북협력사업을 재개해야 하지만 북한이 핵무기 개발 문제로 한국 및 국제사회와 대립하고 있어 양자협력 방식에 대해 정치적으로 부담이 있는 한국정부와 민간단체가 고려할 수 있는 우회적 접근 방식으로써 '삼각협력' 방식을 제시한 손혁상의 주장은 의미가 있다. 특히 손혁상은 '삼각협력'의 핵심인 주축국 선정을 위한 기준으로 한국과의 외교·경제관계, 북한과의 외교·경제관계, 대북원조 규모 및 연속성, 삼각협력에서의 주축국 경험 여부, 체제전환국 여부를 제시하고, 이에 따라 우리 정부가 북한에 대한 '삼각협력' 방식의 개발협력사업을 추진할 때 주축국 역할을 할 수 있는 국가로서 중국, 베트남, 러시아, 인도를 도출하였다. 또한 손혁상은 최근 국제개발협력 방식에서 그 비중이 확대되고 있는 다자성양자 사업 방식이 북한이 꺼려하는 양자협력 방식의 대안이 될 수 있다고 보고 북한과의 우호적 관계를 유지하고 있는 국제기구 선정 기준으로 북한 상주 국제기구 여부, 한국 다자협력 중점 국제기구, 대북 다자원조 기금 규모 및 연속성에 기반을 두어 WFP, UNICEF, WHO, FAO를 한국이 다자성양자 사업을 추진함에 있어 함께 협력할 국제기구로 선정하였다. 손혁상의 연구는 현재의 교착국면을 극복할 수 있는 개발협력 접근법으로서의 삼각협력과 삼각협력 추진 시 한국이 협력할 국가와 국제기구를 논리적 프레임워크를 바탕으로 제시했다는 점에서 정책적 함의가 큰 연구라고 하겠다. 특히 과거 우리 정부가 북한에 대한 기술협력사업을 할 당시 실제로 위에서 도출한 중국, 베트남, 러시아와의 협력을 바탕으로 수행되었다는 점에서 이 연구는 의의를 가진다. 하지만 과제 또한 존재한다. 북한에 대한 삼각협력 방식의 개발협력사업에 있어 국가 행위자뿐만 아니라 NGO들의 역할이 매우 컸음을 인정하지 않을 수 없다. 미국과 스웨덴의 대학 및 싱크탱크, 싱가포르의 조선익스체인지 등 비정부 행위자들이 북한개발협력, 특히 기술협력사업의 주요 주체로서 활발히 활동해 왔기 때문이다. 또한 향후 북한의 경제발전 측면에서 국제통화기금(IMF), 세계은행(World Bank)의 지원 및 이들 국제금융기구들과의 다자성양자 사업이 필수적이라는 점에서 과거의 성과실적(As-Is)과 함께 미래의 방향성(To-Be)을 고려한 협력 주체의 선정에 대한 고민이 지속되어야 할 것이다.[2]

다음으로, 지속가능한 북한개발협력을 위한 파트너십을 모색하는 부분에서는 다양한 행위 주체들을 포괄하고 참여시키는 바람직한 통일거버넌스 방향, 국제협력을 통한 대북개발협력사업의 시너지 효과 제고를 위한 아세안(ASEAN) 국가와의 협력 필요성, 대북지원에 있어 핵심적인 주체로 활동해온 대북지원 민간단체(NGO)와 정부 간 파트너십 그리고 한

2 북한을 대상으로 한 '삼각협력' 방식의 기술협력사업에 대해서는 최창용과 문경연이 '7장. 북한 대상 기술협력 분석과 협력 방안연구'에서 구체적으로 다루었다.

국을 비롯한 국제사회의 파트너로서 북한 내부의 수원거버넌스를 분석하였다.

먼저, 3장, '거버넌스 이론의 한반도통일거버넌스에의 함의'에서 문경연, 허인혜와 김석우는 분권화 원칙 적용, 합의에 의한 제도 형성, 효율적 네트워크 형성을 기반으로 하는 다층적 한반도통일거버넌스 구축을 제안하고 있다. 이 연구가 의미 있는 점은 앞서 북한개발협력을 위한 새로운 접근법으로 제시된 김태균의 '평화-개발' 연계 방식, 삼각협력과 다자성양자 사업의 필요성을 뒷받침하는 이론적 바탕이 될 수 있다는 점이다. 문경연 외는 시스템의 효과적인 유지와 발전을 목표로 하는 '거버넌스' 이론에 기반을 두어 특정의 정책이 야기할 가능성이 있는 부작용에 대한 선제적 대응책을 강구하는 예방적 정책 패러다임에 의거한 거버넌스 수립이 필요하다고 주장한다. 이를 바탕으로 한국 내 통일거버넌스 측면에서는 통일부총리제도의 도입과 같은 '범부처적 리더십을 발휘하는 통일거버넌스' 마련 및 남북 화해와 교류, 대북지원 영역에 있어 활발히 활동해 온 민간단체(NGO)와 기업을 정부와 연결하는 '민-관 및 산-관 협의채널 구축'의 필요성을 제안하였다. 남북관계에서의 통일거버넌스에 대해서는 남북정상회담이라는 구심점을 바탕으로 하면서 각 부처 및 다양한 주체들이 북한과 교류·협력하는 분권화 원칙의 중요성과 남북 간 신뢰구축과 합의의 제도화를 강조하였다. 아울러 남북한 민간단체 간 교류협력 활성화로 접촉면 확대와 이에 기반을 둔 신뢰형성의 가능성을 높이는 노력이 필요하다고 주장한다. 끝으로 국제사회 차원의 통일거버넌스에 대해서는 한국의 구심적 역할과 통일공공외교의 필요성, 주변 국가들의 합의에 기초한 제도적 노력의 전개 그리고 개별 국가, NGO, 기업이 포함된 다층적 네트워크 형성을 제안하였다. 문경연 외의 연구는 우리 정부의 통일거버넌스 체계 수립에 많은 함의를 가진다. 특히 '거버넌스 개념'에 대한 탄탄한 이론적 논의를 바탕으로 '통일거버넌스' 구축을 시도

하였다는 점에서 의의를 가지며, 여기서 제시된 여러 정책적 함의가 실제 우리 정부의 대북정책에 반영되어 이행되고 있거나, 다른 연구에서 그 필요성이 꾸준히 제기되어왔다는 점에서 더욱 그러하다. 무엇보다도 문경연 외의 연구가 제시한 '통일거버넌스'의 세 축에 대한 정책적 시사점이 통일부의 거버넌스 및 조직 개혁에 대한 시사점을 가지며, 이 책의 중심 주제인 북한개발협력에 관련해 다양한 주체와의 협력의 중요성과 이를 위한 네트워크와 거버넌스 체계 마련 그리고 우리 정부의 구심적 역할 수행의 필요성은 아무리 강조해도 지나치지 않다.

4장, '김정은 집권 이후 북한과 아세안(ASEAN) 국가 간 관계 변화 연구'에서 이진영과 손혁상은 북한과 아세안 국가들 간의 정치·외교·경제관계가 긴밀함을 증명하였다. 이는 북한이 핵문제로 국제사회와 대립하고 있는 가운데, 북한에 대한 레버리지 역할을 하는 데 있어 중요한 행위자가 누구냐 혹은 3장에서 손혁상이 제시한 삼각협력 방식의 북한개발협력사업 추진 시 주축국으로서 아세안 국가들이 어떠한 역할을 할 수 있을 것인가라는 질문에 대한 유의미한 단서가 될 것이다. 또한 바로 앞 장인 4장에서 통일거버넌스 측면에서 통일공공외교의 중요성을 강조하였는데, 북한과 밀접한 관계를 유지하고 있는 아세안 국가들에 대한 통일공공외교는 북한에 대한 레버리지 강화 측면에서도 의미를 가진다고 하겠다. 손혁상은 아세안 국가와 북한의 경제관계 측면에서는 강해진 대북제재가 영향을 미치기는 하였으나 정치인사들의 교류 및 친선관계는 큰 변화가 없음을 확인하였다. 그리고 북한에 우호적인 아세안 국가들로 인도네시아, 싱가포르, 태국, 베트남, 필리핀을 제시하였다. 이들 국가들은 국제사회의 대북제재가 강화된 이후에도 북한의 전통적 우방 국가들로 남아있다는 점에서 북한의 신뢰를 얻고 있다고 평가할 수 있으며, 이러한 신뢰수준을 고려할 때 삼각협력의 주축국으로 역할을 고려할 수 있다. 특히 인도네시아, 베트남의 경우 빠른 경제성장 과정에서의 노하우와 기술을 축적하고 있다는 점에서 8장에서 최창용과 문경연이 제시한 북한에 대한 기술협력사업 추진 시 주축국 역할과 콘텐츠 제공이 가능한 국가라고 하겠다.

5장, '대북 인도적 지원을 위한 정부–NGO 파트너십 관계 변천사'에서 김지영과 이지선은 북한에 대한 인도적 지원 분야에서 한국정부와 대북 지원 민간단체(NGO) 간의 관계 변화를 분석하였다. 아딜 나잠(Adil Najam)의 4C의 개념에 기반을 두어 김영삼 정부는 대립관계, 김대중 정부는 상호보완관계, 노무현 정부는 협력관계, 그리고 이명박 정부와 박근혜 정부는 대립관계로 규정하였다. 김지영·이지선의 연구가 이 책의 중심 주제인 북한개발협력을 위한 파트너십의 관점에서 주는 시사점은 다음과 같다. 첫째, 4장의 문경연 외에서 논의한 통일거버넌스의 방향에서 제기된 바와 같이 정부와 민간단체 사이에는 협력적 파트너십과 이를 위한 네트워크의 제도화가 필요하다. 국제개발협력 영역에서 정부–NGO의 파트너십에 대한 연구는 이론적으로 그리고 정책적 측면에서도 이미 검증을 마친 주제이다. NGO는 고유의 역할과 기능, 사명감, 전문성을 바탕으로 정부 영역의 협력자이자 보완자 그리고 동등한 파트너로서 협업과 분업이 가능한 국제개발협력의 명확한 주체이다. 하지만 우리 정부는 대북지원에 있어 대북지원 NGO와의 관계를 선택적으로 설정하였다. 정치적 이데올로기와 정부 성향에 따라 정부–NGO와의 관계가 달라지는 전근대적 관행을 극복해야 할 시점이다. 둘째, 대북지원 NGO 또한 정부와의 관계에서 고유의 영역을 확보하고 제도화하기 위한 처절한 노력이 필요한 시점에 와 있다. 이명박, 박근혜 정부시기 정부와 대북지원 NGO 관계는 대립적이었다. 북한이 아닌 개도국에 대한 개발협력사업을 추진해온 NGO는 예외적으로 협력관계를 형성하였으나, 이 역시 제도화되지 못했고 협력의 수준 또한 미미하였다. NGO를 통한 국제개발협력사업 추진 비율이 낮았던 것뿐만이 아니라 우리 정부의 원조정책 수립 과정에서

NGO의 목소리가 반영되는 것 자체가 어려웠다. 김대중, 노무현 정부 시절 정부–NGO 관계는 우호적이었으나, 이 또한 제도화되지 못한 전례가 있다. 한편, 문재인 정부의 출범 이후 대북지원단체들은 대북지원사업 재개에 대한 정부의 설득 및 통제 속에서 정부의 대북정책과 보조를 맞추는 전략을 취하였다. 이에 따라 인도주의, 공평, 중립이라는 사명을 바탕으로 활동해야 할 대북지원 NGO가 정부와 타협하였으므로 북한에 인도적 악재가 발생하더라도 실질적인 역할을 수행하지 못할 것이라는 우려가 대두되었고 관변단체라고 비판받기도 하게 되었다. 따라서 셋째, NGO의 대(對) 정부, 대(對) 시민사회 정책옹호활동은 지속되어야 하며 특히 정부에 대해 비판적 목소리를 잃어서는 안 된다.

6장, '북한 국제원조 수원거버넌스의 변화 분석'에서 홍지영과 문경연은 '북한 수원거버넌스의 형성과 변화를 고찰하였다. 1995년부터 2003년까지 국제사회로부터 인도적 지원이 주를 이루던 시기에 비교적 단일한 거버넌스를 유지하였던 북한은 경제난에 대한 자신감을 회복한 2004년 이후 기존의 구호지원이 아닌 개발협력사업으로의 전환을 요구하면서 한국과 국제사회를 분리시키는 분절적 형태의 거버넌스 체제로 변화하였다. 북한이 이러한 분절적 거버넌스를 수립하게 된 동기가 의도적이었건, 북한의 거버넌스 체계의 특징에 기인한 어쩔 수 없는 선택이었건 간에, 이러한 분절화는 원조효과성을 떨어뜨린다는 문제가 있다. 북한과 국제사회 간 대립의 핵심인 비핵화 협상이 평화적으로 타결될 경우, 북한 내부의 인도적 상황과 비핵화 합의에 대한 인센티브 측면에서 대규모 지원이 재개될 것이라는 전망이 현재 우세하다. 이것이 실현될 경우 과연 지금의 분절적 수원체계가 원조의 효율성과 효과성을 얼마나 이끌어 낼 수 있을 것인가에 대한 우려가 있다. 무엇보다도 북한은 한국정부와 민간단체를 국제사회와 분리시키는 수원거버넌스를 유지하여 우리 정부 및 민간단체를 국제기구, 국제NGO, 개별 공여국과 분절시키는 정책을 취해왔다.

하지만 북한의 수원거버넌스 개선은 우리 정부와 민간단체 입장에서는 북한개발협력에 소요되는 개발재원을 국제사회와 분담한다(Burden Sharing)는 의미를 가지며, 우리가 국제사회의 노하우와 기술을 습득하는(Knowledge Sharing) 계기가 될 수 있고, 북한은 원조효과성(Aid Effectiveness) 향상을 기대할 수 있다는 점에서 북한의 태도 변화와 국제사회의 공동 노력이 필요한 이슈라고 하겠다.

끝으로 이 책은, '지속가능한 북한개발협력을 위한 사업모델' 즉, 북한개발협력의 프로젝트 및 프로그램 측면과 섹터 접근방안을 모색하였다. 먼저 7장, '북한 대상 기술협력의 특징과 협력 방안'에서 최창용과 문경연은 북한을 대상으로 한 다양한 기술협력사업의 추진현황을 고찰하고 이들 사업 과정에서 도출된 문제점들을 확인하였다. 구체적으로, 북한을 대상으로 진행되었던 역량 강화 프로그램과 기술협력사업들은 정치적 환경 변화에 따른 불안정성을 노출하였고, 이로 인해 사업의 지속성과 일관성 부재, 사업 간 연계성과 조정의 취약성이 발견되었다. 또한 사업의 수요자는 북한이라는 단일 주체인 반면 지식공유 및 공급의 주체는 매우 다양하여 이들 공급주체 간 조정 기제 및 협업 체계 역시 취약한 것으로 평가하였다. 이러한 문제점에도 불구하고 기술협력사업은 3장에서 손혁상이 제시한 삼각협력이나 다자성양자 사업 시도 시 북한 인력을 대상으로 하는 대표적이고도 중요한 역량강화 프로그램이 될 수 있다. 특히 북한이 UN기구들과 채택한 'UN–DPRK Strategic Framework 2016~2021'에서 기술협력의 중요성을 강조하였다는 점에서 북한에 대한 기술협력사업은 실현 가능성이 높다고 하겠다. 하지만 7장에서 최창용과 문경연이 주장하듯 기존 대북기술협력 프로그램과 기 수행된 체제전환국 대상 지식공유사업에 대한 경험을 통해 대북기술협력이 진행될 경우, 북한의 수요조사 및 현황 분석을 위한 관계기관의 협력, 실무역량 강화 프로그램, 단계별 자문 전략 등에 대한 사전정책협의와 조정 등 사업단계별 기획과 집행과정에서 다양한 사업 주체들 간의 조정을 위한 거버넌스와 로드맵에 기반을 둔 체계적인 사업 추진이 필요하다. 아울러 사업에 대한 북한 측의 주인의식과 사업 후 성과측정 및 종료평가에 있어서 북한의 투명성 보장과 책무성 확보를 위한 노력이 뒷받침될 때 기술협력과 같이 정치적으로 민감한 사업이 지속가능성을 확보할 수 있다.

8장, 'LRRD 접근을 통한 남북 신재생에너지 협력'에서 허준영·유진아·우창빈은 북한의 에너지문제 해결을 위한 국제개발협력에 초점을 맞추고 있다. 개도국의 발전과 인도주의 문제 측면에서 에너지문제는 핵심적인 이슈이다. 특히 산악지형이 많아 농업에 불리한 지형 조건과 높은 위도에 위치한 특성으로 인해 경작가능기간이 짧은 북한은 에너지 집약적 농업구조를 가지고 있다. 이러한 구조적 특징을 가진 북한은 1990년대 시작된 탈냉전과 함께 우방국으로부터 에너지 지원의 감소, 핵개발 프로그램으로 인한 대북제재 등으로 에너지 공급에 차질이 있을 수밖에 없었고, 이것이 다른 이유들과 복합적으로 작용해 지금의 인도주의 위기 상황에 이르게 되었다. 예를 들어, 에너지는 농업 생산에서 절대적인 역할을 하는 비료 생산에 있어서도 중요한 요소인데, 북한의 에너지원 공급 부족은 비료 생산에 직접적인 영향을 미친 것으로 알려지고 있다. 여기에 더해, 2004년 이후 북한은 긴급구호 성격의 지원이 아닌 국가발전을 위한 개발지원을 요구하고 있다. 현재 북한의 인도주의 상황을 고려할 때 구호 형태의 지원이 더 절실하다는 것이 저자의 판단이나, 국제사회에 대한 의존을 낮추고 북한이 자립적으로 지속가능한 발전을 할 수 있게 하기 위한 재건 및 개발 측면에서의 지원 또한 병행될 필요가 있다는 점에서 LRRD 개념의 적용은 적실성을 가진다고 하겠다. 아울러 4차 산업혁명으로 일컫는 최근의 비약적인 과학기술 발전과 함께 혁신적 신기술은 에너지 분야 국제개발협력에도 큰 변화를 가져왔다. 이에 따라 최근에는 에너지문제 해결을 위해 예전처럼 국가 거점지역에 발전소를 건설하는 프로젝트 대신 신재생에너지 기술을 이용하여 커뮤니티 단위에서 에너지를 공급하는 사업의 효율성과 효과성이 주목받고 있다. 따라서 이러한 모델의 북한 적용을 모색한 허준영 외의 연구는 유의미한 정책적 시사점을 가진다고 하겠다.

이 책의 마지막 장인 9장, '북한개발협력을 위한 취약국 지원 접근에 대한 비판적 검토'에서 손혁상·김선주는 국제개발협력분야에서 사용되는 취약국 지원 전략을 북한에 적용하는 데 있어서의 문제점을 지적하고 있다. 손혁상·김선주가 지적하였듯이 취약국 지원 전략은 국제개발협력에서 취약국의 특성을 고려한 지원 전략 수립을 강조한다는 점에서 의미를 가지나, 이 개념이 북한에 그대로 적용되기는 어렵다. 비록 국제사회의 다양한 주체별로 취약국 개념에 대한 정의가 다르긴 하나, 결론적으로 북한에는 취약국의 일부 주요 특성이 있긴 하지만, 취약하지 않은 요소들도 있다는 점을 확인하였다. 또한 취약국 리스트에 명명된 국가들의 반발로 국제사회가 취약국 개념을 더 이상 사용하지 않는 추세라는 것도 고려될 필요가 있다. 따라서 손혁상·김선주는 기존의 취약성 평가결과를 재검토할 필요성을 제기하며, 대안 전략으로 북한 내부의 개발전략과 국제사회와 북한당국이 합의한 전략프레임의 공통분모를 기반으로 식량, 데이터, 과학기술 등의 분야에 집중하는 대북개발협력정책의 수립을 제안하고 있다. 북한이 반발하는 요소보다 협력의 지점을 찾아내고 그 지점에서 협력을 시작한다는 전략적 방향을 택한 것으로 현재 중단된 북한개발협력의 물꼬를 틀 수 있는 방안을 제시하고 있다는 점에서 유의미한 정책적 함의를 가진다. 다만 손혁상·김선주의 연구는 취약국 개념의 핵심 요소인 국민이 누려야 할 기본적인 서비스를 제공하지 못하거나 이러한 서비스 제공에 실패한 정부 혹은 국가 거버넌스를 개발협력사업을 통해 어떻게 개선할 수 있을 것이냐에 대한 답을 과제로 남겨두고 있다.

문재인 정부의 출범과 함께 통일부는 'SDGs'에 대한 학습과 이 프레임워크를 북한개발협력에, 나아가 한반도 평화 모색을 위한 발판으로 활용하기 위한 정책 연구를 강화하고 있다. 국책 연구소들은 기관별 소관 분야와 관련하여 해당 SDGs 목표를 분석하고 북한 SDGs 현황, 나아가 해당 목표에 대한 남북 SDGs 목표와 이행방안을 수립하기도 하였다. 서울대 통일평화연구원을 중심으로 전북대, 강원대, 부산대, 충남대 등 국·공립대는 네트워크를 조직하여 '한반도 SDGs 수립' 연구를 수행하고 있다. 북한개발협력의 핵심적인 주체인 대북지원민간단체 역시 '우리민족끼리' 등, 남북관계의 '특수성'을 고려한 대북지원사업 개발 방식에서 벗어나 국제사회가 준용하고 있는 국제개발협력이론, 접근법, 파트너십, 모델들을 북한에 적용할 수 있는 방안에 대한 학습을 시작하였다. 이 과정에서 SDGs는 이런 다양한 주체들의 공통된 관심사를 연결하는 핵심고리이자 프레임워크로 자리매김하였다.

북한 역시 SDGs의 중요성을 인식하고 있는 것으로 보인다. 북한과 국제기구 간 협력 문서인 'UN Strategic Framework 2016~2021'에서 '북한은 SDGs의 이행을 위해 노력'한다는 문구와 함께 북한의 노력을 뒷받침할 국제사회의 지원과 기술·지식 협력을 강조하였다. 아울러 북한은 SDGs 국내이행 보고체계인 '자발적 국가검토(Voluntary National Review, VNR)'에 참여하기로 하고 UNESCAP의 기술지원 아래 2021년 7월 UN에서 북한 SDGs 이행보고를 준비하고 있다.

이 책은 국제개발협력에서 논의되고 있는 다양한 접근법, 여러 이행주체 간 파트너십, 협력과 지원방식 즉 사업모델에 대한 개념, 역사, 특징에 대한 분석을 바탕으로 이들 주제들의 북한개발협력에의 적용 가능성을 검토하였다. 특히 이론적 논의에 머물지 않고, 지금의 중단된 대북지원을 재개하고 또 대북지원 재개 시 지속가능한 북한개발협력의 방향성을 제시하기 위한 정책적 시사점 제시에 초점을 맞추었다. 북한에 대한 국제사회의 지원이 시작된 1995년 이래 우리 정부와 민간단체의 대북지원은 국제사회가 사용해온 MDGs나 SDGs 프레임워크가 아닌 '우리민족끼리'라는 원칙에 따라 형성된 다른 접근법, 파트너십 그리고 사업모델을 사용해왔다. 이 책이 북한에 대한 개발협력의 두 주체인 한국과 국제사회, 해외 개도국에 대한 지원을 주로 하는 국제개발협력그룹과 대북지원그룹 간 차이와 간극을 좁히는 데 기여하기를 기대해 본다.

## 저자 소개

김석우 (서울시립대학교 국제관계학과 교수)

University of North Carolina at Chapel Hill 정치학 박사. 국제정치와 국제개발협력, 파트너십 이론과 개발협력 평가 등을 연구하고 있다.

김선주 (경희대학교 국제개발협력연구센터 객원연구원)

경희대 공공대학원 석사. 전 KOICA 개발코디네이터(파키스탄).

김지영 (숭실대학교 정치외교학과 부교수)

University of California, Irvine 정치학 박사. 북한개발협력, 아프리카 개발협력, 비교 및 국제정치경제 등을 연구하고 있다.

김태균 (서울대학교 국제대학원 교수)

Oxford University 사회정책학 박사. Johns Hopkins University-SAIS 국제관계학 박사. 국제개발, 글로벌 거버넌스, 국제정치사회학 등을 연구하고 있다.

문경연 (전북대학교 국제인문사회학부 부교수)

Cranfield University 국제개발협력 박사. 식량지원 등 인도주의 규범, NGOs 북한개발협력을 연구하고 있다.

손혁상 (경희대학교 공공대학원 교수)

경희대 정치학 박사. 국제개발, 세계시민사회, 개발평가 등을 연구하고 있다.

우창빈 (경희대학교 국제개발협력연구센터 학술연구교수)

성균관대학교 정책학/행정학 박사. 국제개발협력과 거버넌스, 지속가능발전목표(SDGs) 이행, 삶의 질 관련 정책 등을 연구하고 있다.

유진아 (Rutgers University 행정학 박사과정)

공공 조직 관리, 협력적 거버넌스, 서비스 전달 체계 등에 관심을 가지고 연구하고 있다.

이지선 (경희대학교 국제개발협력연구센터 학술연구교수)

King's College London 개발학 박사. 대북지원, 법과 개발, 평화, 아프리카, 원조외교사, 공산권원조 등을 연구하고 있다.

이진영 (전북대학교 국제인문사회학부 조교수)

경희대학교 정치학 박사. 아세안(ASEAN) 지역협력체, 개발격차(development gap), 개발협력 파트너십 등을 연구하고 있다.

최창용 (KDI 국제정책대학원 교수)

Syracuse University. Maxwell School 사회과학(정책학 전공) 박사. 국제개발협력위원회 민간위원이며 국제/북한개발협력, 거버넌스개혁, 개발금융 등에 관심을 갖고 연구를 진행하고 있다.

허인혜 (전북대학교 윤리교육과 조교수)

고려대학교 정치학 박사. 한국정치와 북한정치 그리고 정치경제를 연구하고 있다.

허준영 (한국행정연구원 연구위원)

Freie Universität Berlin 행정학 박사. 북한개발협력, 인도적 지원, 역량개발 및 협력 거버넌스 등에 관심을 갖고 연구하고 있다.

홍지영 (한국수출입은행 북한·동북아연구센터 책임연구원)

서울대학교 정치학 박사. 국제개발, 북한개발협력, 인도적 지원, 국제규범과 글로벌 거버넌스 등을 연구하고 있다.

# 찾아보기

ㅎ

# 지속가능한 북한개발협력
## – 새로운 접근과 파트너십의 모색

**발행일** 1쇄 2021년 6월 28일
**엮은이** 김석우 · 문경연 · 홍지영
**펴낸이** 여국동

**펴낸곳** 도서출판 인간사랑
**출판등록** 1983. 1. 26. 제일 - 3호
**주소** 경기도 고양시 일산동구 백석로 108번길 60 - 5 2층
**물류센타** 경기도 고양시 일산동구 문원길 13 - 34(문봉동)
**전화** 031)901 - 8144(대표) | 031)907 - 2003(영업부)
**팩스** 031)905 - 5815
**전자우편** igsr@naver.com
**페이스북** http://www.facebook.com/igsrpub
**블로그** http://blog.naver.com/igsr
**인쇄** 하정인쇄 **출력** 현대미디어 **종이** 세원지업사

**ISBN** 978 - 89 - 7418 - 417 - 9 93340